FOURTH EDITION

Quant à moi...

Témoignages des Français et des Francophones

MANUEL DE CLASSE

S0-ABA-862

Jeannette D. Bragger
The Pennsylvania State University

Donald B. Rice
Hamline University

HEINLE
CENGAGE Learning

Australia • Brazil • Japan • Korea • Mexico • Singapore • Spain • United Kingdom • United States

HEINLE
CENGAGE Learning·

**Quant à moi... : Témoignages
des Français et des Francophones,
Manuel de classe, Fourth Edition**
Bragger • Rice

Executive Editor: Lara Semones

Acquisitions Editor: Nicole Morinon

Associate Development Editor: Cat
Thomson

Editorial Assistant: Cat Mooney

Media Editor: Morgen Murphy

Executive Marketing Manager:
Lindsey Richardson

Marketing Coordinator: Jill D'Urso

Senior Marketing Communications
Manager: Stacey Purviance

Senior Content Project Manager:
Esther Marshall

Senior Art Director: Cate Rickard Barr

Senior Print Buyer: Elizabeth
Donaghey

Permissions Editor: Sylvie Pittet

Photo Manager: Dean Dauphinais

Photo Researcher: Christina Micek

Cover Designer: Brian Salisbury

Compositor: Greg Johnson, Art
Directions

Cover Images: map: © Image Source
Pink/Alamy; photos clockwise:
First Light Collection/Getty Images,
© Roderick Chen; Stone Collection/
Getty Images, © John Lamb; Stone
Collection/Getty Images, © Siegfried
Eigstler; henis.fr Collection/Getty
Images, Franck Guiziou; Stone
Collection/Getty Images, © Nicholas
DeVore; henis.fr Collection/Getty
Images, © Bertrand Gardel

For product information and technology assistance, contact us at
Cengage Learning Academic Resource Center, 1-800-423-0563

For permission to use material from this text or product,
submit all requests online at **www.cengage.com/permissions.**
Further permissions questions can be e-mailed to
permissionrequest@cengage.com.

Library of Congress Control Number: 2008939493

Student Edition:
ISBN-13: 978-1-4282-3132-0
ISBN-10: 1-4282-3132-3

Heinle
20 Channel Center St.
Boston, MA 02210
USA

Cengage Learning products are represented in Canada by Nelson Education, Ltd.

For your course and learning solutions, visit **www.cengage.com.**

Purchase any of our products at your local college store or at our preferred online
store **www.ichapters.com.**

Printed in the United States of America
1 2 3 4 5 6 7 13 12 11 10 09

Table des matières

To the Student

Bonjour! Welcome to **Quant à moi...**, a comprehensive intermediate French program designed to follow up on the beginning French course(s) you've taken in high school or college.

The **Quant à moi...** program consists of the following components:

- The **Manuel de classe** is your in-class textbook. You'll need to bring it to class every day.

- The **Manuel de préparation** provides follow-up for work done in class and preparation for your next class period(s). Your instructor may ask you to bring this to class also.

- The **Audio CDs** contain interviews with native speakers of French, so that you can experience and work with authentic spoken language on a regular basis. These speakers come from different parts of the French-speaking world and they each have a unique speech pattern (faster, slower, regional accents, etc.).

- The **Website academic.cengage.com/french/quantamoi** provides self-correcting activities based on the grammar structures and words and phrases in each chapter. Also included are thematically related cultural activities designed to give you more opportunity to explore French and Francophone sites and video activities.

   In addition, the Website gives you references to music (iTunes) and films that are thematically linked to the chapters. If you have a copy of the computerized writing assistant, *Système-D,* then you should consult this site to find a correlation guide for the writing activities in your **Manuel de préparation.**

Quant à moi... is organized as follows:

CHAPITRE PRELIMINAIRE: «C'est la rentrée»

This preliminary chapter helps you reactivate the French you already know as you get acquainted with your classmates and your instructor. Even if you're a bit rusty on the first day, you'll find that you'll get back into the language fairly easily through the familiar material in this chapter.

CHAPITRE 1: «Passons à table!»

CHAPITRE 2: «Chacun chez soi»

CHAPITRE 3: «On s'amuse»

CHAPITRE 4: «Qui êtes-vous?»

CHAPITRE 5: «Raconte!»

CHAPITRE 6: «Hier, aujourd'hui, demain»

In **Quant à moi...**, you'll get the opportunity to enhance your writing and discussion skills through a variety of topics of broad general interest. You'll deal with social issues that concern us all (human relationships, hunger, homelessness, prejudice, the environment, etc.), and you'll read different types of texts (magazine articles, literary excerpts, short narratives, folk tales, etc.) that will help you acquire the vocabulary and writing/discussion skills you need to engage in interesting exchanges either in writing (e.g., e-mails, compositions, short essays) or in speaking.

Acknowledgments

Many people have contributed to the development of **Quant à moi...** In particular, we would like to thank Nicole Morinon and Esther Marshall, who guided this major revision project with expertise, patience, and a sense of humor.
We would also like to express our thanks to Delphine Chartier, native reader; Sev Champeny, copyeditor and proofreader; Carole Figuet, proofreader; Greg Johnson, compositor; Sylvie Pittet, permissions editor, Christina Micek, photo researcher.

We would also like to acknowledge the following colleagues who made excellent suggestions for revisions:

Reviewers

William G. Allen, *Furman University*
Julie A. Baker, *University of Richmond*
Linda Beane-Katner, *St. Norbert College*
Evelyne Bornier, *Southeastern Louisiana University*
Kristine Butler Karlson, *University of Wisconsin—River Falls*
Philippe Chavasse, *Rochester Institute of Technology*
James N. Davis, *University of Arkansas*
Signe Denbow, *Ohio University*
Laura Dennis-Bay, *University of the Cumberlands*
Susan J. Dudash, *Utah State University*
Dennis Durocher, *Nicholls State University*
Zoe Erotopoulos, *Fairfield University*
Christine A. Ferris, *Western Oregon University*
Janette Funaro, *Johnson County Community College*
Maria Antonieta Garcia, *Florida International University*
Vicki Hamblin, *Western Washington University*
Bette Hirsch, *Cabrillo College*
Amy L. Hubbell, *Kansas State University*
Adam John, *Albright College*
Caroline Germaine Marthe Jumel, *Oakland University*
Jean-Marc Kehrès, *Trinity College*
Kathy M. Krause, *University of Missouri—Kansas City*
Cecile Guillard, *Vanderbilt University and Fisk University*
William Langen, *St. Cloud State University*
Lara Lomicka Anderson, *University of South Carolina*
Brian Martin, *Williams College*
Heather McCoy, *Pennsylvania State University*
Mary McCullough, *Samford University*
Josy McGinn, *Syracuse University*
Nicole Mills, *University of Pennsylvania*
Susan Myers, *William Jewell College*
Aparna Nayak-Guercio, *California State University, Long Beach*
Linda W. Nodjimbadem, *University of Texas at El Paso*
Anne-Marie Obajtek-Kirkwood, *Drexel University*

Therese O'Connell, *Jacksonville University*
Sara Pappas, *University of Richmond*
Kashia Pieprzak, *Williams College*
Peggy Rocha, *San Joaquin Delta College*
Chantal Roussel-Zuazu, *University of Texas at Tyler*
Randolph Runyon, *Miami University*
Annette Sampon-Nicolas, *Hollins University*
Benjamin M. Semple, *Gonzaga University*
Stephanie Schechner, *Widener University*
Sandhya Shanker, *Michigan State University*
Patricia Siegel, *The College at Brockport, State University of New York*
Barbara Stoller, *Kingwood College*
Michellle Stoneburner, *University of Indianapolis*
James Tarpley, *Florida State University*
Sandra Trapani, *University of Missouri—St. Louis*
Stephen Walton, *Portland State University*
Jonnie Wilhite, *Kalamazoo Valley Community College*
Fabienne Witte, *Irvine Valley College*
Catherine Wiebe, *University of Oregon*
Amy S. Wyngaard, *Syracuse University*
Samuel Zadi, *Wheaton College*

Supplemental Authors

Dotty Dye, *Arizona State University* (Companion website cultural activities)
Lynne Lipkind (Companion website video activities)
Christina Lux, *University of Kansas* (Testing program)
Lara Mangiafico, *University of Michigan* (Lesson plans and sample syllabi)
Kimberly Swanson, *University of Kansas* (Testing program)
Catherine Wiebe, *University of Oregon* (Companion website grammar quizzes)

Finally, we wish to thank our families who have patiently encouraged and supported us during the preparation of this edition. As for Alexander (age 25) and Hilary (age 20), it is with both pride and amusement that they continue watching as the shelf of French books in their father's study grows longer and longer.

J.D.B.
D.B.R.

Le monde francophone

As the title **Quant à moi...** and the subtitle (**Témoignages des Français et des Francophones**) indicate, this program gives you a variety of perspectives on the many topics you'll be studying. On this page, you can meet for the first time the "witnesses" (**témoins**) from all over the French-speaking world who will be giving you their points of view. You can use the maps located in the **Manuel de classe** as well as **Google Earth**™ (Visit: **academic.cengage.com/french/quantamoi**) to pinpoint their geographical locations.

Anne-Marie Floquet
Paris, France
professeur de lettres classiques

Emmanuel Roger
Lille, France
professeur d'anglais

Robin Côté
Rimouski, Québec
chercheur en physique

Delphine Chartier
Toulouse, France
professeur

Xavier Jacquenet
Dijon, France
étudiant en histoire

Valérie Ecobichon
Saint-Maudez, France
bibliothécaire

Christophe Mouraux
Liège, Belgique
instituteur

Fatim Kramer
Casablanca, Maroc
ingénieur projet

Henri Gaubil
Ajaccio, Corse
représentant de commerce

Corinne Bernimoulin-Schmid
Genève, Suisse
physiothérapeute ostéopathe

Anne Squire
Levallois-Perret, France
musicienne

Mireille Sarrazin
Lyon, France
comédienne de théâtre

C a n a d a

Québec

Nouveau-Brunswick

Québec

Montréal

Maine

Amérique du Nord

États-Unis

Nouvelle-Angleterre

St-Pierre-et-Miquelon

Nouvelle-Écosse

Louisiane

Océan Atlantique

La Nouvelle-Orléans

Haïti

Les Antilles

Port-au-Prince

Guadeloupe

Martinique

Cayenne

Océan Pacifique

Guyane française

Amérique du Sud

Wallis et Futuna

Polynésie française

Vanuatu

Australie

Nouvelle-Calédonie

Tahiti

Dovi Abe
Dakar, Sénégal
fonctionnaire

Nadia Aouad
Beyrouth, Liban
professeur de français

Philippe Heckly
Asnières, France
ingénieur

Véronica Zein
Savigny-sur-Orge, France
étudiante en droit

Pierre Hurel
Paris, France
musicien
et professeur

Sophie Everaert
Bruxelles, Belgique
psychologue

Bruxelles

E u r o p e

Belgique
Luxembourg
Genève
Suisse

Paris
France
Andorre
Corse
Monaco

A s i e

Tunis
Rabat Alger **Tunisie**
Maroc

Liban

Algérie

Viêt-Nam
Hanoi
Laos
Vientiane
Cambodge
Pondichéry
Phnom
Penn

Mauritanie **Mali** **Niger** **Tchad**
Sénégal
Guinée
Burkina-Faso
Côte
d'Ivoire
Togo **Gabon**
Bénin **Congo**
Cameroun
République
démocratique
du Congo

République
centrafricaine

République
de Djibouti

Ruanda
Burundi

Seychelles

Comores
Mayotte

Océan
Indien

A f r i q u e

Maurice
Réunion

Antananarivo
Madagascar

Australie

Océan
Atlantique

Océan
Indien

Antarctique

Océan
Pacifique

Terres australes
et antarctiques
françaises

Pays et régions où le
français est langue officielle

Pays et régions où le
français est langue co-officielle

Pays et régions où le
français est langue administrative

Pays et régions où l'influence
culturelle française reste importante
et où le français est encore une
langue courante

Florence Boisse-Kilgo
Carpentras, France
employée de bureau

Habib Smar
Bordeaux, France
représentant de
commerce

Nezha Le Brasseur
Casablanca, Maroc
professeur de sciences
naturelles

Hélène Perrine
Marseille, France
employée de magasin

Djamal Taazibt
Alger, Algérie
professeur de psychologie
industrielle

Chapitre préliminaire

Cinq étudiants

C'est la rentrée et cinq étudiants français vous parlent de leurs études et aussi de leurs vacances.

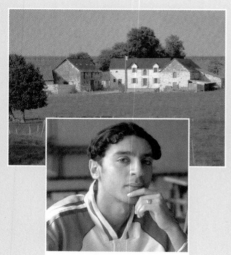

Aminata Mansour

Ahmed Alaoui

Lola Ducharme

A. Bonjour! Je suis en première année à l'université Pierre Mendès-France à Grenoble. Je prépare une licence de psychologie. Ce semestre, j'ai deux cours de psychologie, un cours de statistiques et un cours d'anglais. L'été dernier j'ai voyagé en Europe de l'Est avec des copains. Nous avons visité la République tchèque et la Hongrie.

B. Salut! Moi, je suis en première année. Je fais mes études à l'université Louis Pasteur à Strasbourg. Je fais des études scientifiques. J'ai des cours de biologie, de physique, de maths et d'allemand. Mes vacances ont été très calmes. J'ai passé tout l'été chez des amis en Auvergne.

C. Bonjour! Moi, je suis étudiante à l'université Nancy 2. C'est ma troisième année à l'université. Je prépare une licence d'histoire de l'art. Cette année, j'ai des cours d'archéologie, d'art classique et médiéval et aussi d'art moderne. Pendant l'été, j'ai travaillé comme serveuse dans un restaurant sur la plage aux Sables d'Olonne. J'ai beaucoup aimé la plage, mais le travail était assez dur.

C'est la rentrée

Sébastien Hamel

Marie-Noëlle Alazard

Objectives

In this chapter, you will learn to:

- introduce yourself to your classmates;
- talk about your vacation;
- talk about the courses you're taking;
- talk about where you're from and where you're living;
- talk about stereotypes.

Après les grandes vacances!

D. Bonjour! Moi, je suis en deuxième année à l'université de Toulouse-Le Mirail. Je me spécialise en anglais. J'ai un cours de littérature américaine, un cours de langue anglaise écrite et un cours de langue anglaise orale ainsi qu'un cours de civilisation américaine. L'été dernier j'ai fait un stage dans une maison d'édition à New York. C'était vraiment formidable!

E. Salut! C'est ma deuxième année à l'université Paris X-Nanterre. Je prépare une licence d'économie et gestion. Ce semestre, j'ai des cours de microéconomie, de statistiques, de relations internationales et d'espagnol. Pendant l'été j'ai travaillé comme monitrice dans une colonie de vacances près de Montpellier. C'était très amusant!

 academic.cengage.com/french/quantamoi
    iTunes Playlist
    Heinle iRadio Podcasts
    Cultural, Grammar, Video Activities
    Google Earth coordinates

 CD1, Track 2   **A faire!** MP: pp. 1–12

 Système-D

DICO

la licence *first degree after three years of university studies*

A. Trois étudiants au café. Ecoutez la conversation entre trois étudiants (Mélodie, Anne, Cyril) qui se trouvent à la terrasse d'un café près de l'université de Bourgogne à Dijon. Ensuite, complétez le tableau en précisant leur ville d'origine, leur année à l'université, leur spécialisation, leurs cours et ce qu'ils ont fait pendant les vacances d'été.

Nom	Ville	Année	Spécialisation	Cours	Vacances
Mélodie					
Cyril					
Anne					

B. Questions et répliques. Trouvez dans la colonne de droite la meilleure réplique aux questions de la colonne de gauche.

1. Tu t'appelles comment?
2. Tu viens d'où?
3. Tu es en quelle année?
4. Qu'est-ce que tu prépares comme diplôme?
5. Qu'est-ce que tu fais comme études?
6. Qu'est-ce que tu as comme cours?
7. Qu'est-ce que tu as fait cet été?
8. Comment est-ce que tu as passé les vacances?

a. Je prépare une licence d'allemand.
b. Rien d'intéressant.
c. J'ai travaillé pour mon oncle.
d. Je suis de Rennes.
e. En troisième année.
f. Moi, c'est Jean-Pierre.
g. Je suis en philosophie.
h. J'ai latin, grec et espagnol.

Pour mieux vous exprimer

Demander et donner le nom de quelqu'un

Tu t'appelles comment?   Moi, c'est...
Comment tu t'appelles?   Je m'appelle...

Demander et dire d'où on vient

Tu viens d'où?   Je viens de...
Tu es d'où?   Je suis de...

Demander et dire ce qu'on fait comme études

Qu'est-ce que tu prépares comme diplôme?	Je prépare un diplôme de (maths).
Qu'est-ce que tu fais comme études?	Je fais des études de (droit).
Tu es en quelle année?	Je suis en première (deuxième,...) année.
Qu'est-ce que tu as comme cours?	J'ai un cours de... (des cours de...).
Quels cours (est-ce que) tu as?	J'ai (littérature espagnole,...).

Demander et dire ce qu'on a fait pendant les vacances

Qu'est-ce que tu as fait pendant les vacances?	Moi, je suis allé(e)...
	Rien d'intéressant.
Comment est-ce que tu as passé les vacances?	Moi, j'ai passé (un mois) à...
	J'ai travaillé chez (avec, pour...)
	J'ai rendu visite à...
	J'ai voyagé en (au) (à)...
	Je suis resté(e) ici.

Présenter quelqu'un

(Mike), je te présente (Judy). (Judy, Mike).
(Monsieur... / Madame...), je vous présente (Alex).

C. Faisons connaissance! Posez des questions à un(e) camarade de classe afin de vous renseigner sur:

1. sa ville d'origine
2. son année à l'université
3. sa spécialisation
4. ses cours
5. ce qu'il/elle a fait pendant les vacances

D. Faisons connaissance! (suite) Faites le tour de la classe en vous présentant aux autres étudiants et en vous renseignant sur leur ville d'origine, leur année à l'université, etc.

E. Faisons des présentations. Présentez à la classe un(e) des étudiant(e)s avec qui vous avez parlé (Exercice D). Donnez tous les renseignements que vous avez appris.

Do **A faire! (CP-1)** on page 2 of the **Manuel de préparation.**

RAPPEL

Le présent de l'indicatif

-er	-ir	-re	pronominal
je regarde	je finis	j'attends	je m'amuse
tu regardes	tu finis	tu attends	tu t'amuses
il/elle/on regarde	il/elle/on finit	il/elle/on attend	il/elle/on s'amuse
nous regardons	nous finissons	nous attendons	nous nous amusons
vous regardez	vous finissez	vous attendez	vous vous amusez
ils/elles regardent	ils/elles finissent	ils/elles attendent	ils/elles s'amusent

D'autres verbes fréquemment utilisés

avoir   j'ai, tu as, il/elle/on a, nous avons, vous avez, ils/elles ont

être   je suis, tu es, il/elle/on est, nous sommes, vous êtes, ils/elles sont

aller   je vais, tu vas, il/elle/on va, nous allons, vous allez, ils/elles vont

faire   je fais, tu fais, il/elle/on fait, nous faisons, vous faites, ils/elles font

vouloir   je veux, tu veux, il/elle/on veut, nous voulons, vous voulez, ils/elles veulent

pouvoir   je peux, tu peux, il/elle/on peut, nous pouvons, vous pouvez, ils/elles peuvent

prendre   je prends, tu prends, il/elle/on prend, nous prenons, vous prenez, ils/elles prennent

falloir   il faut

F. Une journée typique. Expliquez à vos camarades ce que vous faites dans une journée typique quand vous avez des cours. Commencez avec l'heure où vous vous réveillez, où vous vous levez et continuez avec tous les détails.

Les stéréotypes

Les Américains sont-ils tous matérialistes et superficiels? Les Français
sont-ils tous distants et intellectuels?
Les stéréotypes sont-ils faux? Ont-
ils une part de vérité? Comment
peut-on parler des gens qui viennent
d'une autre culture?

Des Français à Paris

Des Américains à New York

G. Des stéréotypes qui caractérisent les Américains? Avec vos camarades
de classe, mettez en commun les mots que vous avez encerclés dans l'Exercice
III du **Manuel de préparation.** Lesquels des mots sur votre liste semblent contenir une part de vérité en ce qui concerne les Américains? Quand vous aurez
terminé votre discussion, écrivez ces mots au tableau.

H. Et les valeurs? En vous basant sur les choix que vous avez faits dans
l'Exercice IV du **Manuel de préparation,** mettez-vous d'accord avec vos camarades sur les trois valeurs les plus importantes qui caractérisent la société
américaine. Soyez prêt(e)s à expliquer (avec des exemples) pourquoi vous avez
mis l'accent sur ces trois valeurs.

Modèle: —*A mon avis, une valeur importante, c'est la réussite matérielle.*
Ici, aux Etats-Unis, tout le monde veut vivre dans le confort.
On veut une grande maison, une ou plusieurs voitures et
beaucoup d'autres objets matériels. On a beaucoup de respect
pour les gens qui ont beaucoup d'argent.
—*Je suis d'accord. La réussite matérielle est beaucoup plus*
importante que l'honneur ou la justice ou même la liberté.
—*C'est vrai. Mais en même temps il y a beaucoup de gens pour*
qui le respect de l'individu est plus important que la réussite
matérielle. Par exemple, mon oncle...

I. Comment sont les Français? Identifiez les stéréotypes que vous avez à propos des Français et mettez-les sous forme de questions écrites que vous pourrez
poser à votre professeur.

Modèle: *anti-Américains*
Est-ce que les Français sont vraiment anti-Américains?

Do **A faire! (CP-2)** on page 11 of
the **Manuel de préparation.**

Chapitre 1

Un marché en plein air (outdoor)

«Passons à table!»

Un fast-food

Objectives

In this chapter, you will learn to:

- talk about food and dining;
- ask questions;
- use negations;
- interview someone;
- write up an interview.

In addition, you will read about and explore eating habits in France and the Francophone world as well as efforts to deal with hunger.

academic.cengage.com/french/quantamoi

iTunes Playlist
Heinle iRadio Podcasts
Cultural, Grammar, Video Activities
Google Earth coordinates

CD1, Tracks 3–16   A faire! MP: pp. 13–54

Système-D

Repères

Vous voulez manger quelque chose?

▼ *Comment! Vous ne déjeunez pas? Ah, vous allez faire votre jogging. Vous avez sans doute raison: plus d'une personne sur trois vivant en France est en surpoids.*

▲ *C'est le matin. Vous prenez quelque chose à la maison? Un jus de fruit? Des céréales? Ou bien un café et un croissant? Avec ou sans lait?*

▲ *Il est 10h du matin. Vous avez faim? C'est le moment de grignoter quelque chose. Pourquoi pas un gâteau ou un bout de fromage?*

A. Mots-clés. Trouvez dans **Repères** l'équivalent français des mots et des expressions suivants.

1. to eat (2)
2. snacking (1)
3. something fast, quick (1)
4. to be overweight (1)
5. to drink (1)
6. food, cooking (1)
7. to make a contribution (1)
8. humanitarian organization (1)
9. hunger (1)
10. poor nutrition (1)

CD1, Track 3

B. On prend quelque chose? Vous allez écouter cinq conversations. Associez chacune de ces conversations à un endroit où on peut prendre quelque chose à manger et/ou à boire.

dans une boulangerie-pâtisserie
dans un café
dans une crêperie
à la maison
au Quick
dans un restaurant chinois
dans un restaurant marocain

Bienvenue chez Quick

Ouvert

du lundi au jeudi de   10h30 à 0h
vend. et samedi de   10h30 à 1h
le dimanche de   11h00 à 0h

▲ *Midi. Vous voulez prendre quelque chose de rapide? Allez au Quick!*

▼ *Vous aimez la cuisine marocaine? On pourrait aller manger un couscous au restaurant Marrakech.*

▲ *Il est six heures du soir. Vous sortez du travail. Vous avez le temps de boire quelque chose? Un express? Un demi? Un Orangina? Une eau minérale? Un apéro?*

▶ *C'est la fin de la journée. Vous avez bien mangé aujourd'hui. Pourquoi pas faire un don à Action Contre la Faim? C'est une association humanitaire française qui est présente dans une ving-taine de pays, surtout en Afrique et en Asie, et qui combat la faim et la malnutrition.*

C. Il/Elle aimerait probablement… Utilisez une des expressions suggérées pour indiquer où et comment les personnes suivantes voudraient probablement manger.

Vocabulaire: dîner en famille / grignoter un biscuit ou un morceau de fromage / manger seul / prendre quelque chose de rapide / prendre quelque chose de léger *(light)* / prendre un repas copieux dans un restaurant deux ou trois étoiles / sortir manger avec des amis

> English regularly uses the verbs *to eat* or *to have* with meals: *Have you eaten (had) lunch yet? Where are we going to eat (have) dinner?* French speakers use the verb **prendre** (À **quelle heure est-ce que tu vas pren-dre le petit déjeuner?**) or a specific verb for each meal (**On va déjeuner ensemble? Où est-ce que vous voulez dîner?**).

1. M. Robardier vient d'être nommé président-directeur-général de la société *(company)* pour laquelle il travaille. Il veut fêter sa promotion et son aug-mentation de salaire avec sa femme.
2. Julien a deux examens importants à préparer, mais il a très faim aussi.
3. Laure Couturier et son mari Charles sont au régime *(on a diet)*. Ils espèrent perdre 10 ou 15 kilos chacun en deux mois.
4. Didier vient d'apprendre qu'il a très bien réussi au concours d'entrée au Conservatoire d'art dramatique. Il va pouvoir poursuivre son rêve de devenir acteur.

Quant à moi...

D. A vous d'abord! Posez les questions suivantes à un(e) camarade de classe afin de vous renseigner sur ses habitudes alimentaires.

> **Vocabulaire pour la discussion:** d'habitude / à peu près (environ)... fois par jour / vers... heures / ça dépend de... / manger seul(e) (avec..., en famille) / quelque chose de léger ou de rapide / un repas copieux / le repas principal (le repas le plus important)

1. Combien de fois par jour est-ce que tu manges (vous mangez) quand tu es (vous êtes) chez toi (chez vous)? Quand? Où? Avec qui?
2. Qui fait la cuisine chez toi (chez vous)? Il/Elle fait la cuisine tous les jours?
3. Tu vas (Vous allez) souvent au restaurant en semaine? Le week-end? Avec tes (vos) amis? Avec ta (votre) famille?

CD1, Tracks 4–7

Visit the **témoins** in their hometown on Google Earth.

E. Les témoins vous parlent. En écoutant quelques Français et Francophones vous parler de leurs habitudes alimentaires, faites les exercices selon les indications données.

Robin Côté
Rimouski, Québec

Le Québec
Population: 7 720 000
Langues: français, anglais
Importance: seule province canadienne où le français est la langue officielle; 70% des habitants se disent bilingues; Montréal, Québec; lacs et rivières

Vocabulaire utile

rôties *(toasts, French Canadian expression)*, **casse-croûte** *(snack)*, **en boîte** *(to a nightclub)*, **morceau** *(bite)*

1. Ajoutez les mots qui manquent. Utilisez une autre feuille de papier.

    —Bonjour, Monsieur.
    —Bonjour.
    —Comment vous appelez-vous?
    —Je m'appelle Robin Côté.
    —Vous pouvez épeler votre _____?
    —C-O accent circonflexe-T-E accent aigu.
    —Et quel âge avez-vous?
    —J'ai _____ ans.
    —Où est-ce que vous habitez?
    —Je _____ du Canada. J'habite un petit village _____ s'appelle Sainte-Luce, qui est à environ _____ kilomètres d'une ville de _____ habitants qui s'appelle Rimouski, et cette ville est située à environ _____ kilomètres au nord de Québec. C'est sur la rive _____ du fleuve Saint-Laurent.

—Est-ce que vous pouvez épeler Rimouski?

—C'est R-I-M-O-U-S-K-I.

—Combien de fois par jour est-ce que vous mangez normalement? A quelles heures, où, avec qui?

—Environ de _____ à _____ fois, dépendamment des journées, de mon horaire. Un petit déjeuner—on dit chez nous _____—simplement un café avec quelques rôties…

—Rôties?

—Des «toasts»… Puis, après ça, il y a ce qu'on appelle, nous, _____: le déjeuner. Bon, ça, c'est avec des copains, ça peut être un sandwich ou je sais pas trop… Après ça, il y a _____, ce que vous appelez le dîner. Ça peut être dans un restaurant ou à la maison. Puis, souvent, _____, après, il peut y avoir un petit casse-croûte, ça dépend. Si je vais aussi en boîte ou si _____, bon… ben… on va peut-être aller manger un petit morceau après.

Savigny-sur-Orge

Population: 36 612
Importance: commune de l'Ile de France (banlieue de Paris), lycée Jean-Baptiste Corot (aménagé dans un château du 12e siècle), Ecole d'Arts Plastiques

Véronica Zein
Savigny-sur-Orge, France

France

Vocabulaire utile

vers les alentours de *(about)*, **on s'assoit** *(we sit down [at the table])*, **soit… soit…** *(either . . . or . . .)*, **douée** *(talented)*

2. Complétez le dialogue en reproduisant les questions qui manquent. Utilisez une autre feuille de papier.

—Bonjour, Mademoiselle.

—Bonjour, Madame.

—_____?

—Je m'appelle Véronica Zein.

—Z-E-deux N?

—Z-E-I-N.

—_____?

—J'ai vingt ans.

—_____?

—J'habite à Savigny-sur-Orge. C'est dans la banlieue sud de Paris.

—_____?

—En général, trois fois: le matin, au petit déjeuner, avant d'aller en cours, vers midi, une heure, pendant mon heure de déjeuner, et le soir, quand tout le monde est à la maison, vers les alentours de huit heures et demie, neuf heures.

—_____?

—Oui.

—_____?

—Petit déjeuner, assez léger: en général, du pain et de la confiture, et un café…

—_____?

—Euh… non, parce qu'on ne se lève pas tous à la même heure, donc ça dépend… souvent avec la personne qui va partir en même temps que moi, ou toute seule. Le café est toujours prêt. A midi, je vais manger avec des amis, souvent au café. On reste à discuter.

—_____?

—Oh, quelque chose de très léger. Ça coûte trop cher!

—_____?

—Un sandwich, et puis un petit café pour terminer, toujours. Et le soir, on s'assoit, on mange un bon repas en famille.

—_____?

—Soit ma mère, soit moi.

—J'ai entendu que votre mère est très douée.

—Oui, c'est une excellente cuisinière, elle m'a très bien appris.

Nezha Le Brasseur
Casablanca, Maroc

Casablanca

Population: 3 700 000 (ville), 7 000 000 (agglomération)

Langues: arabe (langue officielle), français (langue d'affaires)

Importance: plus grande ville du Maroc et d'Afrique du Nord, capitale économique du pays, port le plus important du Maroc

3. Précisez:

    a. le nombre de fois par jour qu'elle mange;

    b. l'heure de son petit déjeuner;

    c. l'heure de son déjeuner;

    d. l'heure du café;

    e. l'heure de son dîner;

    f. qui fait la cuisine chez elle;

    g. la différence principale entre les plats américains et marocains.

Henri Gaubil
Ajaccio, Corse

La Corse

Population: 260 196 (1999)

Langues: français, corse

Importance: île montagneuse en Mer Méditerranée qui comprend deux départements français, destination touristique, production de vins

4. Notez au moins cinq faits que vous apprenez en écoutant Henri.

F. Pareil ou différent? Ecoutez encore une fois les témoins en prenant des notes afin de trouver: (1) le témoin auquel vous ressemblez le plus et (2) le témoin auquel vous ressemblez le moins en ce qui concerne les repas. Ensuite, justifiez vos réponses à des camarades de classe.

Do **A faire! (1-1)** on page 14 of the **Manuel de préparation.**

    Modèle: *Je suis (un peu) comme Véronique. Elle et moi, nous... Comme elle, je..., etc. Je ne suis pas du tout comme Henri. Lui, il..., mais moi, je..., etc.*

FICHE VOCABULAIRE

LES REPAS

les repas *(m. pl.) meals*
    le repas principal *main meal*
    un repas copieux *heavy meal*
    un repas léger *light meal*
    un repas équilibré *well-balanced meal*
le petit déjeuner *breakfast*
le déjeuner *lunch*
le dîner *dinner*

un snack
un (petit) en cas *quick meal, snack*
un goûter *afternoon snack*
quelque chose de léger *something light*
quelque chose de rapide *something fast*
manger un petit quelque chose *to eat a little something*
boire quelque chose *to have something to drink*
    je bois, tu bois, il/elle/on boit, nous buvons, vous buvez, ils/elles boivent
manger (un morceau) sur le pouce *to have a bite*
grignoter *to snack*

avoir faim *to be hungry*
    crever de faim *to be dying of hunger*
    je crève, tu crèves, il/elle/on crève, nous crevons, vous crevez, ils/elles crèvent
avoir soif *to be thirsty*
    mourir de soif *to be dying of thirst*
    je meurs, tu meurs, il/elle/on meurt, nous mourons, vous mourez, ils/elles meurent

dîner en famille *to eat with your family*
retrouver un(e) ami(e) pour déjeuner (dîner) *to meet a friend for lunch (dinner)*
manger seul(e) *to eat alone*
sortir dîner *to go out to eat*
    au restaurant
    dans un restaurant chinois (mexicain, japonais, etc.)

    au restaurant universitaire
    dans une cafétéria
    dans un bistrot *at a restaurant-bar*
    dans un fast-food
    à la terrasse d'un café *sidewalk café*
    à un kiosque *at a street stand*

combien de fois… par jour (semaine, mois) *how many times . . . a day (week, month)*
    une fois, deux fois… plusieurs fois *once, twice . . . several times*
d'habitude *usually*
normalement *normally*
la plupart du temps *most of the time*
quelquefois *sometimes*
de temps en temps *from time to time*

A quelle heure… ? *What time . . . ?*
    à… heure(s) *at . . . o'clock*
    vers… heure(s) *around . . . o'clock*
en (dans la) semaine *during the week*
    le lundi, le mardi, etc. *on Mondays, on Tuesdays, etc.*
le week-end *on the weekend*
avant d'aller à l'université (au travail) *before going to school (to work)*
après les cours (le travail) *after school (work)*

ça dépend *that depends*
ça dépend du jour (de l'heure) *that depends on the day (the time)*

faire la cuisine *to cook*
cuisiner *to cook*
préparer les repas *to prepare the meals*

la cuisine traditionnelle *traditional cooking*
la cuisine exotique *exotic or foreign cooking*
    des spécialités *(f. pl.)* africaines (chinoises, italiennes, etc.)
la cuisine bio *organic food*

un(e) bon(ne) cuisinier (cuisinière) *a good cook*

 G. Les habitudes alimentaires. Parlez de vos habitudes alimentaires avec quelques camarades de classe. Les questions suivantes vous aideront à organiser la conversation. N'oubliez pas de donner des réponses précises et aussi complètes que possible.

1. Combien de fois par jour est-ce que vous mangez en semaine? Le week-end?
2. Quand est-ce que vous mangez d'habitude?
3. Où est-ce que vous mangez? Avec qui?
4. Qui fait la cuisine chez vous? Toujours?
5. Vous mangez à l'extérieur? Quelles cuisines est-ce que vous aimez particulièrement?

Il faut manger pour vivre. Se nourrir est une activité fondamentale de la vie. Mais cela peut être aussi un art et un plaisir—surtout dans un pays tel que la France, qui est renommée dans le monde entier pour sa cuisine. Voici trois articles qui traitent de quelques-unes des habitudes alimentaires des Français.

Sortir manger: trois restaurants, trois formules

Vous voulez aller manger à l'extérieur? Mais où? Ça dépend… de l'heure, du jour, d'où vous êtes, de vos goûts alimentaires et surtout de combien vous pouvez payer! La France compte plus de 150 000 restaurants de types variés. En voici trois qui diffèrent énormément entre eux.

UN BISTROT PARISIEN

Le Bistrot Saint-Antoine, situé dans le 12e arrondissement à Paris, près de la place de la Bastille, est un bon exemple de bistrot.

Son patron, Jean-Paul Azéma, est né dans l'Aveyron, une région faiblement peuplée du sud du Massif Central. Après y avoir été garagiste, il est monté à Paris où il a travaillé comme serveur dans de nombreux établissements avant de devenir gérant du Bistrot Saint-Antoine. Avec l'aide de sa femme, Maryline, elle aussi originaire de l'Aveyron, il offre à ses clients une cuisine de bistrot traditionnelle et aussi un grand choix de petits vins à des prix raisonnables.

Heures d'ouverture: du lundi au jeudi—de 7h jusqu'à 23h; le vendredi et le samedi—de 7h jusqu'à 2h du matin; fermé le dimanche

Ce qu'on peut y manger: des sandwichs, des salades composées, des plats cuisinés accompagnés de frites «maison», un buffet chaud (hot-dogs, omelettes). On peut aussi commander à l'avance des spécialités de la région natale du patron—par exemple, les tripoux (estomac et intestins de mouton accompagnés de pieds de cochon).

Les prix: sandwichs (3,50€ – 5,90€), salades composées (7,60€ – 8,90€), plats cuisinés (6,90€ – 11,00€). On vous recommande la Formule Bistrot (10,90€) – 1 entrée (œuf mayonnaise, salade de tomates, soupe gratinée) + 1 plat (steak-frites, jambon frites, poulet rôti-frites) ou, si vous préférez, 1 plat + un dessert (tarte, glace, sorbet).

UN FAST-FOOD À RENNES

La Brioche Dorée, qui se trouve au centre de Nancy, ancienne capitale de la province de la Lorraine, réunit certains aspects d'une boulangerie-pâtisserie et d'un restaurant fast-food.

Inaugurée à Brest en 1976, la chaîne Brioche Dorée comprend plus de 380 restaurants franchisés dans six pays (la France, la Suisse, l'Italie, le Luxembourg, le Maroc et le Royaume-Uni). On en trouve dans le centre-ville mais aussi dans des centres commerciaux.

Les restaurants essaient de concilier la tradition alimentaire française et l'importance toujours grandissante de la restauration rapide en offrant à leurs clients petit déjeuner, déjeuner et snacks. On peut manger en salle ou emporter ce qu'on achète.

Heures d'ouverture: du lundi au vendredi—de 7h15 jusqu'à 19h30; le samedi—de 7h30 jusqu'à 19h30; fermé le dimanche

Ce qu'on peut y trouver: des viennoiseries (brioches, croissants, pains au chocolat ou aux raisins), des pâtisseries (tartelettes, brownies), sandwichs, salades, salés (quiches, croques, pizzas).

Les prix: viennoiseries (0,90€ – 5,20€), pâtisseries (2,10€ – 2,70), sandwichs (3,45€ – 4,55€), salades (4,30€ – 6,00€), salés (3,30€ – 5,70€). On propose aussi des formules spéciales—par exemple, Formule matin à 3,25€ (viennoiserie + grande boisson chaude) ou Formule midi à 7,50€ (sandwich, dessert, boisson chaude ou froide)

UN RESTAURANT TROIS ÉTOILES EN AUVERGNE

Tous les ans le Guide Michelin sélectionne les meilleures tables de France. Pour mériter trois étoiles, il faut se distinguer par la qualité et la créativité de la cuisine,

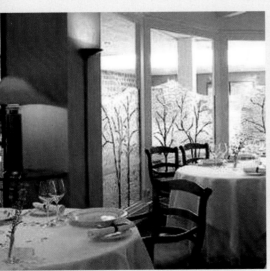

par l'élégance du décor et par l'excellence du service. En 2007 il n'y avait que 26 restaurants trois étoiles en France. **Le Restaurant Régis et Jacques Marcon** à Saint-Bonnet-le-Froid en Auvergne figure sur la liste depuis 2005.

A l'origine un petit bistrot de village dont s'occupaient ses parents, Régis Marcon et sa femme Michèle l'ont transformé en auberge en 1985. Neuf ans après ils y ont attaché un petit hôtel, Le Clos des Cimes, et l'année suivante (1995), avec l'aide de leur fils, Jacques, y ont créé l'actuel restaurant gastronomique.

Ouverture/Fermeture: Le restaurant est ouvert en toutes saisons pour le déjeuner et le dîner. Il est fermé tous les mardis et mercredis pendant l'année. Et en mars, avril, mai, novembre et décembre fermeture le lundi soir.

Ce qu'on y sert: Des plats très raffinés qui reflètent la nature de la région—herbes des champs, légumes, fromages et surtout champignons (qui sont devenus l'emblème du restaurant). Quelques plats comme: agneau en croûte, pigeonneau aux girolles, ragoût de lentilles vertes, trifolles (pommes de terre) farcis aux escargots, brochette de bananes au caramel, soufflé de châtaignes. Dans la cave, il y a plus de 45 000 bouteilles de vin, y compris des vins de la région (Côtes du Rhône).

Les prix: Menu à 2 plats—apéritif, entrée, poisson *ou* viande, fromage, dessert (108€); Menu à 3 plats—apéritif, entrée, poisson *et* viande, fromage, dessert (128€); Menu dégustation—apéritif, 5 plats, fromage, dessert (158€)

Un paradoxe?

Les vins français sont connus dans le monde entier—bordeaux, champagne, beaujolais, chablis. Le proverbe dit: «Un repas sans vin est comme une journée sans soleil.» Les restaurants gastronomiques sont jugés d'après l'excellence de leur liste de vins; beaucoup de bistrots s'accompagnent d'un bar à vin; au McDo on peut boire un verre de vin rouge avec son Big Mac.

Pourtant, la consommation de vin en France chute depuis des dizaines d'années au contraire de celle des boissons non alcoolisées (eau minérale, soda, cola, jus de fruit).

Consommation de vin et d'eau minérale par an (en litres)
Chaque Français en moyenne

Année	Vin	Eau minérale
1970	103	40
1980	70	49
2005	58	160

En 2005 seuls 21% de la population se qualifient de «consommateurs réguliers» de vin tandis que près de 40% des Français disent qu'ils n'en boivent pas. Le vin, autrefois partie intégrale de tous les repas, devient de plus en plus un produit de plaisir, réservé aux repas à caractère festif (réceptions familiales, repas de fête, dîner avec des invités).

La restauration rapide en France

La fin du 20e siècle en France a vu le développement de nouvelles formes de restauration. Pendant les années 70 les cafétérias mettent en avant l'idée de self-service. Dans les années 80 la restauration rapide est importée directement des Etats-Unis dans le secteur hamburger et ensuite adaptée aux modes français de consommation dans le secteur sandwicherie-viennoiserie.

Au cours de la première décennie du 21e siècle, la restauration rapide (surtout sous forme de fast-food «anglo-saxon» et de fast-food «à la française») continue de progresser. En tête des chiffres d'affaires «anglo-saxons» on trouve McDonald's suivi de Burger King et de KFC; chez les «français», il y a Quick et le groupe McDuff (Brioche Dorée, Pizza-Pasta del Arte). L'importance toujours grandissante de la restauration rapide témoigne de l'influence américaine sur la culture française. Pourtant, les Français tiennent aussi à leurs traditions—par exemple, ils consomment huit fois plus de sandwichs que de hamburgers.

DICO

actuel *current*
ancienne *former*
agneau en croûte *lamb in a pastry casing*
auberge *inn*
champignons *mushrooms*
châtaignes *chestnuts*
chuter *to fall*
emporter *to carry (out)*
faiblement *weakly*
farcis *stuffed*
goûts alimentaires *tastes in food*
gratinée *baked with bread crumbs*
herbes des champs *field herbs*
mouton *lamb*
patron *boss, owner*
pieds de cochon *pig's feet*
pigeonneau aux girolles *squab (young pigeon) with Chanterelle mushrooms*
raffinés *refined*
ragoût de lentilles *lentil stew*
réunir *to combine*
secteur *market section*
y compris *including*

H. Qu'est-ce que vous avez appris? Indiquez si c'est vrai ou faux en faisant allusion à ce que vous avez lu dans le **Magazine Culture** pour justifier votre réponse.

1. Le Bistrot Saint-Antoine, la Brioche Dorée et le Restaurant Régis et Jacques Marcon sont tous les trois des exemples d'un restaurant familial *(family-owned)*.
2. Le Bistrot Saint-Antoine, la Brioche Dorée et le Restaurant Régis et Jacques Marcon sont tous fermés le dimanche.
3. Le Bistrot Saint-Antoine et la Brioche Dorée servent des repas le matin, à midi et le soir.
4. Le Bistrot Saint-Antoine, la Brioche Dorée et le Restaurant Régis et Jacques Marcon offrent tous les trois des menus à prix fixe.
5. Un sandwich coûte moins cher à la Brioche Dorée qu'au Bistrot Saint-Antoine.
6. Les plats servis au Bistrot Saint-Antoine et au Restaurant Régis et Jacques Marcon sont influencés par la région natale des chefs.
7. La majorité des Français prennent du vin avec leurs repas.
8. Les Français ont totalement adopté la restauration rapide américaine.

I. Mini-discussion. Discutez des questions suivantes avec quelques camarades de classe.

1. Le Bistrot Saint-Antoine, la Brioche Dorée, le Restaurant Régis et Jacques Marcon: Voudriez-vous manger dans ces restaurants? Pourquoi (pas)? Si vous étiez limité(e) à un seul des trois restaurants, lequel choisiriez-vous? Pourquoi?
2. Quel rôle le vin joue-t-il aux Etats-Unis? Qui boit du vin? Quand est-ce qu'on en boit?
3. Mangez-vous souvent dans des fast-foods? Pourquoi (pas)?

Contrôle des connaissances
Les questions d'information

RAPPEL

Questions qui ont pour réponse *oui* ou *non*

To get a **oui** or **non** answer, either:

a. raise your voice at the end of a declarative sentence (**Tu vas au cinéma ce soir?**)

or

b. place **est-ce que** before the subject and verb and then raise your voice at the end of the sentence (**Est-ce que tu vas au cinéma ce soir?**)

Patrick Daily et Bruno Desmazes (vous)

J. Oui ou non? Utilisez les éléments donnés pour poser des questions auxquelles les gens représentés sur les images peuvent répondre par **oui** ou par **non**.

1. Nous habitons à Paris. (aimer la ville / avoir un appartement / travailler à Paris aussi)

Modèle: *Vous aimez la ville? (Est-ce que vous aimez la ville?, etc.)*

2. Nous sommes très sportifs. (jouer au football / aimer regarder les matchs à la télé / aller aux sports d'hiver)
3. Nous prenons grand plaisir à manger. (préparer les repas vous-mêmes / aimer la cuisine thaïlandaise / dîner souvent au restaurant)
4. Nous passons les vacances d'été au bord de la mer. (prendre le train pour y aller / savoir nager / aimer faire de la planche à voile)
5. Je suis étudiante. (être à l'université / avoir un emploi du temps très chargé / apprendre une langue étrangère)

Modèle: *Tu es à l'université? (Est-ce que tu es à l'université?, etc.)*

6. J'ai un petit boulot; je suis serveuse. (travailler dans un restaurant français / être bien rémunérée / aimer ton travail)
7. J'ai de la famille qui habite en Bretagne. (y aller souvent / vouloir retourner y habiter un jour / parler breton)
8. Je suis fana de cinéma. (aimer les films étrangers / avoir un lecteur DVD / voir des films toutes les semaines)

Nathalie Le Meur (tu)

Les questions d'information

a. To find the person who is performing (has performed, will perform) an action, use **qui** *(who)*.

Qui est là?   **Qui a téléphoné?**

b. To find other types of information, use the appropriate question word + **est-ce que.**

Où est-ce que tu fais tes études?
Pourquoi est-ce qu'elles ne sont pas venues?

où *(where)*   **comment** *(how)*
quand *(when)*   **combien de** *(how many)*
à quelle heure *(what time)*   **que** *(what)*
pourquoi *(why)*

In both cases, your voice falls at the end of the question.

K. Des rencontres. Vos amis parlent de quelques personnes qu'ils ont rencontrées. Ecoutez ce que disent vos amis, puis répondez aux questions à propos de ces personnes.

CD1, Track 8

Votre ami Jacques a rencontré Jean-Luc Tessier.

1. Quand est-ce qu'il l'a rencontré?
2. Comment s'appelle la femme de Jean-Luc?
3. Où est-ce qu'ils habitent maintenant?
4. Combien d'enfants est-ce qu'ils ont?

Votre amie Janine a rencontré Pierre et Isabelle Martineau.

5. Pourquoi est-ce que les Martineau étaient au magasin de meubles?
6. Qu'est-ce qu'ils ont acheté?
7. Qui a invité qui à une soirée?
8. A quelle heure commence la soirée?

L. La famille et les amis. D'abord, posez des questions à un(e) camarade de classe pour trouver les renseignements suivants. Puis, circulez dans la classe en posant les mêmes questions à d'autres camarades. Demandez à un(e) camarade de classe:

1. le nombre de personnes dans sa famille
2. où habite sa famille
3. s'il/si elle habite toujours chez ses parents
4. pourquoi il/elle (n')habite (pas) chez ses parents
5. ce que les membres de sa famille aiment faire pour se distraire
6. où habite son/sa meilleur(e) ami(e)
7. comment il/elle s'appelle
8. s'il/si elle le/la voit souvent
9. quand il/elle l'a vu(e) récemment
10. ce qu'il/elle aime faire pendant son temps libre

Do **A faire! (1-2)** on page 23 of the **Manuel de préparation.**

Vocabulaire utile

une famille nombreuse *(large family)*, une petite famille, le père, la mère, le fils, la fille, le frère aîné (cadet), la sœur aînée (cadette), le demi-frère, la demi-sœur, le grand-père, la grand-mère, le petit-fils *(grandson)*, la petite-fille *(granddaughter)*, le beau-père *(stepfather, father-in-law)*, la belle-mère *(stepmother, mother-in-law)*, le beau-frère, la belle-sœur, l'oncle, le neveu, le cousin, la cousine, l'ami, l'amie, le copain, la copine

Fonction
Comment se renseigner (1)

L'inversion

1. QUESTION WORD + VERB + NOUN + ?

 Comment s'appelle ta cousine?
 Où sont mes bottes?
 A quelle heure finit ce cours?

2. QUESTION WORD + (NOUN) + VERB + PRONOUN + ?

 Pourquoi sont-ils partis?
 Comment vos grands-parents voyagent-ils?
 A quelle heure se lève-t-on d'habitude?

M. Des mini-conversations. Utilisez les renseignements donnés pour créer de petites conversations avec votre partenaire.

Vous voulez aller au musée Rodin à Paris.

Demandez à votre ami(e):

1. la situation du musée (dans la rue de Varenne)
2. l'heure d'ouverture du musée (9h30)
3. l'heure de fermeture du musée (16h45)
4. le prix d'un billet d'entrée (4€)

Vous êtes avec une amie dans un magasin de vêtements.

Demandez à votre amie:

5. ce qu'elle cherche (une jupe)
6. combien elle veut payer (entre 60 et 70€)
7. sa taille (38)
8. quand elle va porter la jupe (pour aller au théâtre samedi soir)

Vous êtes avec un ami dans un magasin de matériel électronique.

Demandez à votre ami:

9. ce qu'il regarde (un agenda électronique)
10. pourquoi il regarde cet agenda (il en a besoin pour noter ses devoirs)
11. comment marche l'agenda (à l'aide d'une pile [battery])
12. le prix de l'agenda (39€)

Vous attendez l'arrivée de vos cousins qui habitent en Afrique.

Demandez à votre frère (sœur):

13. quand ils vont arriver (mardi matin)
14. qui va les chercher à la gare (Papa)
15. comment il va y aller (en voiture)
16. à quelle heure ils vont rentrer à la maison (vers 11h)

Votre ami vous a invités, vous et votre femme (mari), à dîner au restaurant, mais sa femme ne vient pas.

Demandez à votre ami:

17. le nom du restaurant (Le Pavillon de la Tourelle)
18. où se trouve le restaurant (à Vanves)
19. à quelle heure on va se retrouver (vers 20h30)
20. pourquoi sa femme ne vient pas (elle est à Londres pour son travail)

RAPPEL

Les expressions interrogatives *que, qu'est-ce que* et *quel*

1. QUE, QU'EST-CE QUE = no limitations on the answer

   Que cherches-tu?
   Qu'est-ce qu'ils veulent voir?

2. QUEL (QUELLE, QUELS, QUELLES) = answer limited to a choice or a category

   Quel film tu veux voir ce soir, *Jardins en automne* **ou** *L'Immeuble***?**
   Quelle est la capitale du Cameroun?

To download a podcast on Interrogatives, go to **academic. cengage.com/french/quantamoi**.

N. Pour obtenir des précisions. En suivant les indications données, posez des questions à un(e) camarade de classe afin de préciser certains faits.

D'abord, essayez de découvrir:

1. comment il/elle va
2. ce qu'il/elle va faire après le cours
3. quand il/elle va manger
4. ce qu'il/elle va faire ce soir

Ensuite, utilisez les précisions entre parenthèses afin de découvrir:

5. quand il/elle est né(e) (en quel mois / quel jour / en quelle année / à quelle heure)
6. où il/elle est né(e) (dans quel état [pays] / dans quelle ville)

Enfin, utilisez des questions avec **quel** afin de découvrir:

7. son adresse / le prénom de son/sa (ses) camarade(s) de chambre (mari, femme) / son numéro de téléphone
8. les cours qu'il/elle suit ce semestre / son cours le plus difficile / son cours le plus intéressant
9. les films qu'il/elle a vus récemment / son acteur préféré / son actrice préférée

O. Renseignez-vous! Posez des questions à un(e) camarade de classe afin de trouver les renseignements qu'il vous faut. Il/Elle vous répondra en consultant les documents à la page 24.

1. Vous avez été blessé(e) dans un accident de voiture. Vous cherchez:
   a. le nom d'un avocat
   b. l'adresse de son cabinet *(office)*
   c. son numéro de téléphone
   d. ses heures de consultation

2. Vous allez faire une excursion pour voir les châteaux de la Loire. Vous voulez savoir:
   a. le lieu de départ de l'autocar (d'où)
   b. l'heure du départ de l'autocar
   c. les châteaux qu'on va visiter
   d. les lieux où on va déjeuner et dîner
   e. ce qu'on va faire le soir
   f. l'heure du retour à Paris

3. Vous allez au musée Carnavalet. Vous voulez savoir:
   a. où se trouve le musée
   b. les heures d'ouverture du musée
   c. le prix d'un billet d'entrée au musée
   d. le sujet de l'exposition temporaire du musée

Maître Jacques Athéonor
Avocat

12, rue Grand-Carroi 37500 Chinon
Tél./Fax: 02 48 99 30 21

Consultations: sur rendez-vous
Lundi: 16h–19h
Mardi–Vendredi:
10h–12h et 14h–17h
Samedi: 9h–12h

Trois châteaux en une seule journée!

Blois, Chambord, Chenonceaux

7h15:	départ de l'autocar de la place des Vosges
11h–13h:	visite guidée du château de Blois
13h–14h:	déjeuner au Bouchon Lyonnais
15h–17h:	visite guidée du château de Chenonceaux
19h–20h30:	dîner au Grand Saint-Michel
21h–22h:	son et lumière au château de Chambord
1h:	retour à Paris

Le Guide de la France   Musées de Paris   **153**

CARNAVALET, Musée de l'histoire de Paris, 23, rue de Sévigné (Métro Saint-Paul). 01.44.59.58.58. Tous les jours sauf lundi et jours fériés de 10h à 17h45. Entrée gratuite aux collections permanentes. Entrée payante pour les expositions temporaires: 4,50€. **Collection de la préhistoire au XXe siècle. Exposition: Les peintres américains à Paris au XIXe siècle.**

Quant à moi...

 P. A vous d'abord! Posez des questions à vos camarades de classe au sujet de ce qu'ils/elles aiment manger au petit déjeuner, au déjeuner et au dîner.

Q. Les témoins vous parlent. En écoutant les trois Français et Francophones parler de ce qu'ils mangent, faites les activités indiquées.

 CD1, Tracks 9–11

 Visit the **témoins** in their hometown on Google Earth.

Mireille Sarrazin
Lyon, France

Lyon
Population: 468 000 (ville), 1 499 000 (agglomération)
Importance: troisième ville de France, centre industriel, capitale de la gastronomie et de la production des textiles (soie), centre international d'Interpol et d'EuroNews

Vocabulaire utile

féculent *(starchy food)*, charcuterie *(cold cuts)*, quelconque *(any)*

1. Choisissez la bonne réponse.
   a. Mireille Sarrazin est âgée de…
      1. 30 ans. 2. 39 ans. 3. 40 ans.
   b. Au petit déjeuner, normalement Mireille *ne* prend *pas* de…
      1. pain. 2. céréales. 3. café. 4. croissants.
   c. Au déjeuner, normalement Mireille *ne* prend *pas* de…
      1. salade. 2. viande. 3. poisson. 4. légumes. 5. fruits. 6. soupe.
   d. Au dîner, Mireille…
      1. mange toujours la même chose.
      2. mange toujours un repas copieux.
      3. mange en fonction des *(according to)* saisons.

Dovi Abe
Dakar, Sénégal

Dakar
Population: 1 075 500
Langues: français (langue officielle), wolof
Importance: capitale du Sénégal, port régional, ancienne capitale de l'AOF (Afrique Occidentale Française—1895–1958), île de Gorée (embarquement des esclaves)

Vocabulaire utile

mil *(millet, a grain)*, lait caillé *(milk with curds)*, miel *(honey)*, emplois du temps des uns et des autres *(everyone's daily schedules)*, arachide *(peanut)*, séché *(dried)*, épices *(spices)*, ail *(garlic)*, gingembre *(ginger)*, clous de girofle *(cloves)*

2. Dovi Abe mentionne plusieurs plats typiquement africains. Associez le nom de chaque plat à sa description.

   a. la bouillie de mil
   b. le tiéboudienne (tcheboudjen)
   c. la sauce aux feuilles de manioc
   d. le couscous

   _____ 1. riz et poisson cuits ensemble dans une sauce
   _____ 2. mil qu'on mange avec une sauce faite de tomates, de légumes et de poisson séché
   _____ 3. céréale servie avec du lait caillé et du miel
   _____ 4. sauce à base d'une sorte de pomme de terre

Delphine Chartier
Toulouse, France

Toulouse

Population: 437 000 (ville), 871 800 (agglomération)
Importance: centre des industries aéronautiques (Airbus) et spatiales, la «ville rose» (à cause de la couleur des matériaux de construction—briques en terre cuite)

Vocabulaire utile

en boîte *(canned),* **en conserve** *(canned),* **digère** *(digests),* **fait griller** *(toasts, grills),* **pain de mie** *(sliced white bread in a loaf),* **miel** *(honey),* **tartines** *(slices of bread with butter and/or jam),* **disponibles** *(available),* **salade composée** *(mixed salad),* **réunie** *(together),* **cuisine davantage** *(cooks more),* **concombres** *(cucumbers),* **mélange** *(mixture),* **compote de fruits** *(fruit sauce),* **noix** *(nuts),* **goutte** *(a little bit; literally, a drop),* **serré** *(pressed)*

3. Pour chaque repas, identifiez trois choses à manger que mentionne Delphine Chartier.
   a. le petit déjeuner
   b. le déjeuner en semaine
   c. le déjeuner du week-end
   d. le dîner

 R. Les Français, les Francophones et les Américains. Ecoutez encore une fois les témoins en prenant des notes afin de trouver quelques différences entre ce que mangent les Américains (les Etasuniens) et ce que mangent les trois témoins français et francophones.

Modèle: *Pour beaucoup d'Américains le repas le plus important de la journée, c'est...*
Pour Mireille, c'est...

● Do *A faire!* (1-3) on page 29 of the **Manuel de préparation**.

FICHE VOCABULAIRE

L'ALIMENTATION

la viande
  du bœuf
  du mouton (de l'agneau)
  du porc
  du veau
la volaille *poultry*
  du canard (de la canette) *duck (duckling)*
  de la dinde (du dindon) *turkey*
  du poulet
le poisson
  un poisson d'eau douce / de rivière *freshwater fish*
  un poisson de mer *saltwater fish*
  du saumon *salmon*
  une sole
  une truite *trout*
les crustacés *(m.) shellfish*
  du crabe
  des crevettes *(f.) shrimp*
  du homard *lobster*
  des langoustines *(f.) prawns*
les pâtes *(f.)* et le riz *(rice)*
  des macaronis *(m.)*
  des nouilles *(f.) noodles*
  du riz sauvage *wild rice*
  des spaghettis *(m.)*
les légumes *(m.)*
  des artichauts *(m.) artichokes*
  des aubergines *(f.) eggplants*
  des brocolis *(m.)*
  des carottes *(f.)*
  du chou *cabbage*
  du chou-fleur *cauliflower*
  des concombres *(m.)*
  des courgettes *(f.) zucchinis*
  des haricots verts *(m.)*
  du maïs *(corn)*
  des oignons *(m.)*
  des petits pois *(m.)*
  des poivrons verts *(m.) green peppers*
  des pommes de terre *(f.)*
  des radis *(m.)*

de la salade / de la laitue
des tomates *(f.)*
les fruits *(m.)*
  des abricots *(m.) apricots*
  des ananas *(m.) pineapples*
  des bananes *(f.)*
  des cerises *(f.) cherries*
  des citrons *(m.) lemons*
  des fraises *(f.) strawberries*
  des framboises *(f.) raspberries*
  des oranges *(f.)*
  des pamplemousses *(m.) grapefruits*
  des pêches *(f.)*
  des poires *(f.)*
  des pommes *(f.)*
  des pruneaux *(m.) prunes*
  des prunes *(f.) plums*
  du raisin *grapes*
les produits laitiers *(m.) dairy*
  du beurre
  de la crème
  du fromage (du brie, du camembert, du chèvre, du gruyère)
  de la glace *ice cream*
  du lait
  de la margarine
  un yaourt
les assaisonnements *(m.) seasonings*
  de l'ail *(m.) garlic*
  de l'huile *(f.) salad oil*
  du ketchup
  de la mayonnaise
  de la moutarde
  du persil *parsley*
  du poivre *pepper*
  du sel
  du vinaigre
Autres expressions
  des plats préparés *(m.) precooked meals*
  des produits *(m.)* bios *organic foods*
  en boîte *canned*
  en conserve *canned*
  frais / fraîche *fresh*
  surgelés *frozen*
  du sucre *sugar*
  un édulcorant de synthèse *artificial sweetener*

S. Les plaisirs (et les déplaisirs) de la table. Parlez avec quelques camarades de classe de vos préférences alimentaires en indiquant dans les catégories suivantes ce que vous aimez manger et ce que vous n'aimez pas manger.

Modèle: la viande et la volaille
        Moi, j'aime beaucoup le porc et le mouton. Je mange souvent du poulet. J'adore le canard. Mais je mange très peu de bœuf.

1. la viande et la volaille
2. le poisson et les crustacés
3. les légumes
4. les fruits
5. les produits laitiers

Il n'y a pas de cuisine francophone proprement dite. La cuisine de chaque pays, de chaque région varie en fonction de sa situation géographique, de ses ressources agricoles et de son histoire. Certains pays, certaines régions sont connus pour certains plats—par exemple, la fondue suisse, les moules et les frites belges, le couscous marocain, le ti-punch antillais, les nems vietnamiens. Dans ce **Magazine Culture,** nous allons nous intéresser plus particulièrement à trois cuisines—la cuisine sénégalaise, la cuisine québécoise et la cuisine antillaise.

La République du Sénégal

Capitale: Dakar
Superficie: 197 000 km²
Population: 1 075 500
Langue officielle: le français
Economie: agriculture, pêche, tourisme
Langue la plus parlée: le wolof

Afrique

Sénégal
Dakar

Manger au Sénégal

La cuisine sénégalaise est réputée pour être la meilleure de l'Afrique de l'Ouest. A Dakar, la capitale multiculturelle du Sénégal, on trouve un grand nombre de restaurants qui proposent des plats d'origines très diverses—chinoise, indienne, libanaise, française, ivoirienne, italienne, américaine, vietnamienne, marocaine, mexicaine et antillaise. On y trouve aussi des restaurants qui servent des plats traditionnels. Mais c'est surtout dans les régions rurales qu'on trouve les meilleurs exemples des spécialités typiques de la cuisine sénégalaise.

CE QUE MANGENT LES SÉNÉGALAIS

La cuisine sénégalaise est à base de mil, de riz et d'huile d'arachide. A ces ingrédients principaux on ajoute du poisson et des coquillages (gambas, langoustes, huîtres) ainsi que de la viande (bœuf, agneau et surtout poulet). Parmi les plats les plus connus sont: le poulet au yassa (voir la recette ci-contre), le tiep bou dienn (riz au poisson), le dem à la Saint-Louisienne (poisson farci), le mafé (bœuf aux arachides) et le curry d'agneau.

Le Sénégal n'est pas un grand producteur de fruits en raison de la quasi-absence de pluie. Mais on peut y trouver des mangues, des oranges, des papayes, des goyaves ainsi que des bananes et des ananas importés de Côte d'Ivoire. Les légumes sont plutôt un ingrédient annexe, servant surtout à parfumer les sauces. On y boit des jus de fruits et de fleurs ainsi que du vin de palme et une bière locale (La Gazelle) brassée à Dakar.

Il y a aussi, au Sénégal, des fast-foods. Dans les rues on vend de l'arachide grillée sans huile dans le sable. Des petites échoppes appelées «dibiteries» font griller de la viande de bœuf ou d'agneau enrobée d'épices. Et on peut toujours s'arrêter dans un fast-food libanais pour s'offrir un chawarma (sandwich à la viande avec frites, tomates, oignons et sauces à base de sésame).

Une recette du Sénégal: le poulet au yassa

Le poulet au yassa est une spécialité du sud du pays. En voici la recette, tirée d'un livre de cuisine sénégalaise; en France, on dirait «ingrédients» et «préparation» plutôt que «matière d'œuvre» et «méthode de fabrication».

Matière d'œuvre:

un poulet	sel
3 citrons verts	poivre
3 gros oignons	1 piment frais
25 cl (centilitres) d'huile d'arachide	ail

Méthode de fabrication:
1. Couper le poulet en morceaux.
2. Emincer *(Dice)* les oignons et couper le piment en morceaux.
3. Mariner le poulet pendant plusieurs heures avec l'huile d'arachide, le jus et le zeste des citrons, les oignons émincés, le piment, de l'ail, du sel et du poivre.
4. Egoutter *(Drain)* les morceaux du poulet et faire sauter *(brown)* de tous les côtés.
5. Faire revenir *(brown)* les oignons égouttés dans l'huile d'arachide, laisser cuire doucement.
6. Rajouter la marinade, les morceaux du poulet et ajouter un verre d'eau. Laisser mijoter *(simmer)* 30 mn.
7. Servir avec du riz.

On peut aussi faire ce plat avec d'autres viandes ou avec du poisson. Dans ce cas, faites griller la viande ou le poisson avant de les faire revenir dans de l'huile.

COMMENT MANGENT LES SÉNÉGALAIS

Avant de manger, on se verse de l'eau sur les mains puis on les essuie sur un linge de coton, puis on s'installe—par terre ou à table. Le plat principal est servi dans des assiettes creuses en terre cuite pouvant contenir assez pour trois ou quatre personnes. On plonge les trois premiers doigts de sa main droite dans l'assiette pour prendre le morceau de son choix. Le repas se termine par un fruit et souvent par du thé à la menthe, servi en trois étapes: le premier verre, à peine sucré; le deuxième un peu plus; le troisième au contraire très doux.

La poutine québécoise

Pour quelques humoristes, le Québec se définit par un seul mot: la poutine! C'est quoi, la poutine? C'est un mets très populaire qui comprend des frites, du fromage en grains de cheddar et une sauce brune espagnole type BBQ (qu'on appelle parfois un gravy). Inventée dans les années 1950 dans le Québec rural quand un client a demandé à un restaurateur de mettre des patates frites et du fromage en grain dans un sac en papier et que le restaurateur a répondu: «Ça doit faire une maudite poutine (mixture étrange)», la poutine jouit aujourd'hui d'une grande popularité.

On la sert en accompagnement des hot-dogs et des hamburgers dans les restaurants-minute et dans les grandes chaînes internationales (McDonald's, Burger King), mais aussi en famille en accompagnement des œufs au petit déjeuner ou en plat principal au souper. La poutine est très populaire aussi après une soirée arrosée de vin ou de bière pour «aider la digestion» (les discos de Montréal et de Québec en servent dans un bol en carton à 4h du matin).

La popularité de la poutine se voit aussi dans les œuvres de plusieurs chanteurs et musiciens. Le groupe musical **Mes Aïeux** en parle ainsi dans sa chanson «hit» *Hommage en grains:*

Quand vient l'heure du last-call et que s'allument les néons
Exposant nos teints, éteignant nos ambitions,
Quand aller se coucher n'est pas une solution
Nos cerveaux embrouillés n'envisagent qu'une option

Patates, sauce brune et fromage font un excellent ménage
Passé trois heures et demie, c'est de la grande gastronomie [...]

Ah, quelle joie de savoir que partout au Québec
A la même heure chaque soir, l'expérience se répète
Des épaves imbibées noyent l'alcool dans l'gravy
Et le ventre ballonné en rotant le bon gravy.
Gravy de:

Patates, sauce brune et fromage, c'est engraissant, quel dommage!
Patates, sauce brune et fromage, une part de notre héritage
Patates, sauce brune et fromage, nous te rendons cet hommage
En grains!

La cuisine antillaise: reflet du passé historique

La cuisine de la Guadeloupe et de la Martinique reflète les traces des différents peuples qui ont habité les îles à travers les siècles.

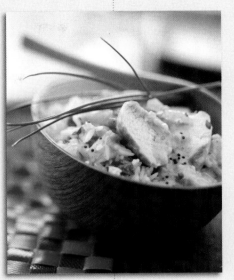

- Des premiers occupants (les Arawaks), la cuisine a hérité des assaisonnements fortement pimentés.
- Les Caraïbes, qui ont conquis les Arawaks, ont laissé le goût du boucanage (viandes et poissons fumés).
- Les esclaves venus d'Afrique ont apporté avec eux les accras (beignets de morue ou de crevettes), le calalou (potage aux herbes et au lard) et l'emploi des «racines» (ignames, patates douces).
- Les Hollandais y ont implanté la canne à sucre et ont initié les habitants aux blaffs (plats de poissons ou de crustacés cuits à l'eau épicée).
- Des Indiens des Indes, venus après l'abolition de l'esclavage, on a adopté les colombos (plats de viande assaisonnée de curry).
- Les Français y ont contribué en apportant, entre autres choses, les pâtisseries, le boudin, les brandades de morue et les courts-bouillons de poisson.

Un repas typique des Antilles commence toujours par un ti-punch—boisson à base de rhum, de sucre de canne et de citron vert ou d'autres fruits macérés—servi peut-être avec des accras. Viennent ensuite les poissons grillés ou en court-bouillon, les fruits de mer (crabes farcis, langoustes grillées) ou les viandes (colombos, poulet boucané ou fricassé); ces plats sont accompagnés de fruits et de légumes. A la fin du repas, encore des fruits ou des desserts plus élaborés (blanc-manger au coco, banane flambée au rhum ou gâteau à la noix de coco). Le repas est arrosé de jus de fruits ou de vin ou parfois de bière.

Le saviez-vous

- En Belgique, on mange des frites avec de la mayonnaise.
- Dans l'île de Tahiti, sur le front de mer de Papeete, on trouve des roulottes, petits restaurants ambulants où on peut manger de tout (pizza, plats chinois, steak-frites, crêpes) à des prix très raisonnables.
- Dans toutes les villes de la Côte d'Ivoire, on trouve des alokodromes comprenant des tables que se partagent plusieurs vendeurs à partir de la fin de l'après-midi. On choisit son plat et on s'assied pour manger des spécialités ivoiriennes—brochettes, poissons et poulets braisés, aloko (grosses bananes coupées en tranches et frites dans de l'huile).
- La fondue au fromage est le plat national suisse. On se réunit autour d'une cocotte, on pique avec une longue fourchette un morceau de pain et on le trempe dans le fromage bien chaud. La tradition veut que si on laisse tomber son morceau de pain dans la cocotte où on prépare la fondue, on est obligé d'embrasser un(e) des autres invité(e)s.

DICO

arrosée *washed down (as in drinking)*
assiettes creuses en terre cuite *shallow clay plates*
beignets *fritters, doughnuts*
boudin *blood sausage*
brandade de morue *cod cooked with milk and garlic*
cerveaux embrouillés *confused brains*
cocotte *casserole*
coquillages *shellfish*
court-bouillon *water with spices*
engraissant *fattening*
enrobée *coated*
épaves imbibées *drunken wrecks*
essuyer *to wipe*
éteignant *extinguishing*

farci *stuffed*
gambas *large shrimp*
huile d'arachide *peanut oil*
jouir *to enjoy*
macérés *soaked in liqueur*
ménage *combination*
mets *food item*
noix de coco *coconut*
noyer *to drown*
piment *red pepper*
pimenté *highly spiced*
rotant *belching*
sable *sand*
verser *to pour*
veut que *has it that*

T. Qu'est-ce que vous avez appris? Lisez les documents, puis choisissez la bonne réponse.

1. ... *n'est pas* un ingrédient principal de la cuisine sénégalaise.
   a. L'huile d'arachide
   b. Le riz
   c. Le mil
   d. L'huile d'olive

2. Au Sénégal on *ne* mange *pas* beaucoup de...
   a. poissons.
   b. porc.
   c. poulet.
   d. fruits de mer.

3. Est-ce qu'on trouve des fast-foods au Sénégal?
   a. Oui.
   b. Non.

4. Comment mange-t-on au Sénégal? Laquelle de ces phrases n'est pas juste?
   a. On se lave les mains avant de manger.
   b. Chaque personne a sa propre assiette.
   c. On mange avec les doigts.
   d. Chaque personne choisit le morceau qu'elle veut.

5. Au Sénégal on boit du thé...
   a. avant le repas.
   b. pendant le repas.
   c. après le repas.

6. Au Québec on *ne* mange *pas* de poutine normalement...
   a. dans les fast-foods.
   b. dans les discos.
   c. à la maison.
   d. au restaurant.

7. ... *n*'ont *pas* contribué à la cuisine de la Martinique et de la Guadeloupe.
   a. Les Indiens des Indes
   b. Les Africains
   c. Les premiers occupants des îles
   d. Les Français
   e. Les Anglais
   f. Les Hollandais

8. Aux Antilles on *ne* mange *pas* beaucoup de...
   a. bœuf.
   b. poisson.
   c. fruits de mer.
   d. poulet.

U. Mini-discussions. Discutez des questions suivantes avec quelques camarades de classe.

1. A quelle(s) autre(s) cuisine(s) ressemble la cuisine sénégalaise? En quoi?

2. Comment prépare-t-on le poulet chez vous? Quelles différences y a-t-il entre un plat de poulet typiquement américain et le poulet au yassa?

3. Si on vous invitait à prendre un repas avec une famille habitant dans un petit village sénégalais, accepteriez-vous? Pourquoi (pas)? Si vous acceptiez, quelles habitudes seriez-vous obligé(e) de modifier afin de vous conduire en bon(ne) invité(e)?

4. Quelles difficultés les Sénégalais pourraient-ils rencontrer à table avec votre famille?

5. Auriez-vous envie de manger de la poutine québécoise? Pourquoi (pas)?

6. La cuisine antillaise reflète le passé historique des îles. Qu'est-ce qui a influencé la cuisine de votre région? A votre avis, y a-t-il une cuisine nationale étasunienne?

Fonction
Comment se renseigner (2)

To download a podcast on Prepositions, go to **academic. cengage.com/french/quantamoi.**

RAPPEL

Les questions avec préposition

	qui	
	quoi	+ **est-ce que** + subject + verb?
preposition +	**où**	or
	quel(le)(s)	+ verb + subject?
	combien de temps	

V. Alors… Quand votre camarade de classe vous dit quelque chose, posez-lui une question pour en apprendre davantage. Utilisez quelques-uns des éléments proposés pour lui poser cette question.

Modèles: Jeanne a trouvé un job. (travailler)
Ah, bon? Pour qui est-ce qu'elle va travailler?

Mon petit frère ne veut pas entrer dans cette maison. (avoir peur)
Ah, bon? De quoi est-ce qu'il a peur?

qui   à   quoi   avec   pour
quel(le)(s)   de
où   pendant   d'où
combien de temps   dans   chez

1. Je suis allé au cinéma hier soir. (aller)
2. Cette fille-là ne vient pas des Etats-Unis. (venir)
3. Vincent n'habite pas chez ses parents. (habiter)
4. Mireille a des poissons rouges. (garder = *to keep*)
5. Les Bazantay ne sont plus au troisième étage. (être)
6. Je n'écris plus avec un stylo à bille. (écrire)
7. Non, elle ne parlait pas de Didier. (parler)
8. Annick n'a pas besoin de ces livres-ci. (avoir besoin)
9. Je ne pensais pas à l'examen. (penser)
10. Nous allons passer le week-end à Deauville avec Claude et Jacques. Ils y ont chacun un appartement. (descendre = *to stay*)
11. Margaux ne dort pas beaucoup. (se coucher)
12. Les Mermet vont faire un voyage en Russie. (rester)

W. Entre amis. Utilisez les verbes et les expressions donnés pour poser des questions à un(e) camarade de classe, qui vous répondra. Attention à l'emploi des prépositions.

Modèle: Vous avez vu un(e) ami(e) à la bibliothèque avec une personne que vous n'avez pas reconnue. (parler)

A qui est-ce que tu parlais quand je t'ai vu(e) à la bibliothèque? ou: *Je t'ai vu(e) à la bibliothèque hier avec un(e) ami(e). De quoi est-ce que vous parliez?*

1. Votre ami(e) est en train d'écrire un mél. (écrire)
2. Votre ami(e) est en pleine rêverie et ne vous écoute pas. (penser)
3. Votre ami(e) semble chercher quelque chose. (avoir besoin)
4. Votre amie vous dit qu'elle est musicienne, mais c'est la première fois qu'elle vous en parle. (jouer / instrument de musique)
5. Ce sera demain l'anniversaire de votre ami(e), mais vous ne savez pas son âge. (être né(e) / année)
6. Votre amie semble très impatiente. (attendre)
7. Votre ami(e) a l'air inquiet (inquiète). (avoir peur)
8. Votre ami(e) cherche un numéro de téléphone. (téléphoner)
9. Votre ami(e) est invité(e) à passer le jour de Noël chez quelqu'un, mais vous ne savez pas qui. (passer le jour de Noël)
10. Vous voulez obtenir un permis de stationnement, mais vous ne savez pas le nom de la personne qui les délivre. (s'adresser)
11. Votre oncle vient d'acheter une nouvelle maison et vous aimeriez savoir comment elle est. (couleur / maison)
12. Vos parents sont allés voir un vieux film français qui s'intitule *Les Enfants du paradis*. Vous n'avez jamais entendu parler de ce film. (il s'agit / dans ce film)
13. Vous avez invité des gens à dîner et vous voulez servir du bœuf avec une sauce béarnaise, mais vous ne savez pas préparer la sauce. (préparer)
14. On vous a donné un poisson, mais il est trop grand pour vos casseroles. (faire cuire = *to cook*)
15. Le safran est une épice très rare et très chère. On vous en a donné, mais vous ne savez pas l'utiliser. (ajouter)

● Do **A faire! (1-4)** on page 36 of the **Manuel de préparation.**

REPRISE

Les expressions interrogatives

X. Une enquête (suite). Posez des questions à quelques camarades de classe afin de vous renseigner sur leurs habitudes alimentaires. Utilisez les questions que vous avez préparées en faisant l'Exercice XXIV (**Manuel de préparation**).

Témoignages: «La faim est-elle un problème dans votre pays?»

 Y. A vous d'abord! Discutez des questions suivantes avec vos camarades de classe.

1. Dans quelle mesure la faim est-elle un problème dans votre ville (région, pays)?
2. Que fait-on pour aider les gens qui ont faim?

 CD1, Tracks 12–14

Visit the **témoins** in their home-town on Google Earth.

Z. Les témoins vous parlent. En écoutant quelques Français et Francophones vous parler de la faim, faites les exercices selon les indications données.

Anne-Marie Floquet
Paris, France

Paris
Population: 2 153 600 (ville), 11 174 740 (agglomération)
Importance: capitale de la France, une des villes les plus célèbres du monde, la tour Eiffel, l'arc de Triomphe, le musée du Louvre, l'avenue des Champs-Elysées

Vocabulaire utile

meurent *(die)*, **en dessous du seuil de la pauvreté** *(below the poverty line)*, **sans-abri** *(homeless)*, **Coluche** *(popular French actor-comedian)*, **Restos du Cœur** *(organization providing food for the hungry)*, **lancée** *(started, launched)*, **fondées** *(founded)*, **l'Abbé Pierre** *(Catholic priest known for his aid to the homeless)*, **se rendre compte** *(to realize)*

1. Ajoutez les mots qui manquent. Utilisez une autre feuille de papier.

   —Bonjour, Madame. Je m'appelle Anne-Marie Floquet. F-L-O-Q-U-E-T. Je suis _____. J'ai _____ ans. Je fais de la recherche et j'enseigne dans le domaine des _____.

   —Dans quelle mesure la faim est-elle _____ dans votre région, dans votre pays?

   —Euh… dans ma région, dans mon pays même, j'dirais que la France est un pays _____, euh avec beaucoup de ressources. Donc, dans l'ensemble, _____, au sens vraiment fort du problème, c'est-à-dire des gens qui meurent de faim, c'est _____. Euh cela dit, euh, bien sûr, il y a, il y a _____ en dessous du seuil de la pauvreté, _____, mais il y en a, et des sans-abri.

   —Que fait-on pour _____ les gens qui ont faim?

   —Il y a pas mal d'aide, euh d'initiatives _____ euh et _____, qui aident les gens qui ont faim. Je pense _____ à celle de Coluche, le comique Coluche, dans les années _____. Donc ça, c'était une initiative qui, je pense, _____ parce qu'elle était lancée par une figure _____, une figure sympathique, celle du comique Coluche. Et ça a permis vraiment de faire passer _____ et que… il y ait une réaction assez _____ et ça a vraiment aidé euh, je pense, les gens qui _____. Il y a aussi euh des initiatives de la part de… d'institutions euh qui ont été fondées par _____. Je pense par exemple à l'influence de l'Abbé Pierre, euh vous connaissez peut-être le film «Hiver _____», qui était un hiver très _____. Donc euh, pour les sans-abri, c'était une question de logement mais aussi euh de _____ et ça a été une occasion de se rendre compte de _____ gens étaient _____ à l'extérieur et l'Abbé Pierre _____ des mouvements importants pour aider les gens _____.

Corinne Bernimoulin-Schmid
Genève, Suisse

Genève
Population: 185 000 (ville), 450 000 (canton)
Langue: français
Importance: deuxième ville de la Suisse, centre bancaire et commercial (horlogerie, mécanique de précision), siège de la Croix-Rouge

Vocabulaire utile

phénomène *(phenomenon)*, **loin-tains** *(far away)*, **gros ventres** *(big stomachs)*, **bras très maigres** *(very thin arms)*, **collectes** *(fundraising drives)*, **courses** *(races)*, **promesses de dons** *(pledges)*, **amassent** *(raise, collect)*, **reverser** *(to give, transfer)*

2. Choisissez la ou les meilleure(s) réponse(s).

   a. Selon Corinne, en Suisse…
      1. la faim est un gros problème.
      2. personne n'a faim.
      3. seuls les vieilles personnes et les malades souffrent de malnutrition.

   b. En Suisse, à quelle région n'associe-t-on pas la faim?
      1. L'Asie.
      2. L'Amérique du Sud.
      3. L'Afrique.

   c. Lesquels des moyens suivants utilise-t-on en Suisse pour aider les gens qui ont faim dans les pays lointains?
      1. Les écoliers vont de maison à maison en demandant de l'argent.
      2. Il y a des émissions télévisées avec des célébrités.
      3. Quelques personnes participent à des événements sportifs.
      4. Des chanteurs connus donnent des concerts.

Christophe Mouraux
Liège, Belgique

Liège
Population: 188 459 (ville), 600 000 (agglomération)
Langue: français
Importance: ville historique avec de nombreux musées, églises et monuments, université importante

Vocabulaire utile

instituteur *(elementary school teacher)*, **atteint** *(reach)*, **souffrent** *(suffer)*, **chiffre précis** *(exact number)*, **de trop** *(too many)*, **allocations chômages** *(unemployment benefits)*, **sans but lucratif** *(non-profit)*, **Armée du Salut** *(Salvation Army)*, **vivres** *(food)*, **denrées alimentaires** *(foodstuffs)*

3. Répondez aux questions.

   a. Selon Christophe, quel est le nombre approximatif de gens qui ont faim en Belgique?
   b. Précisez deux moyens pour aider les gens qui ont faim mentionnés par Christophe.

AA. Chez vous. Les témoins trouvent pour la plupart que la faim est un problème dans les pays du Tiers Monde *(Third World)* plutôt que dans les pays où ils habitent. Dans quelle mesure partagez-vous leur opinion? Pourquoi?

● Do **A faire! (1-5)** on page 39 of the **Manuel de préparation.**

FICHE VOCABULAIRE

LA FAIM

la faim
> avoir faim
> souffrir de la faim
> mourir de faim / mourir d'inanition *to starve to death*

la malnutrition / la sous-alimentation
> être mal nourri(e)(s) *to be malnourished, not eat a healthy diet*
> être sous-alimenté(e)(s) *to be undernourished, not have enough food*

la famine
> manquer de nourriture *to lack food*
> les causes principales
> les catastrophes naturelles
> les inondations *(f. pl.) floods*
> les tremblements de terre *(m. pl.) earthquakes*
> la sécheresse *drought*
> les guerres *(f. pl.)*
> les problèmes économiques *(m. pl.)*

aider les gens qui ont faim
> des initiatives publiques / des organismes gouvernementaux
> des intiatives privées / des associations non gouvernementales
> des banques alimentaires *(f. pl.) food shelves*
> des Restos du Cœur *(m. pl.) food kitchens*
> des collectes *(f. pl.) fund-raising drives*
> des concerts *(m. pl.)*
> distribuer des vivres *(m. pl.) to give out food*
> réunir des fonds *(m. pl.) to raise money*

BB. La faim chez vous. Discutez du problème de la faim pour les gens de votre région ainsi que pour les gens à travers le monde.

1. Dans quelle mesure la faim est-elle un problème dans votre ville ou région? Aux Etats-Unis? Dans le monde?
2. A votre avis, quelles sont les principales causes de la faim?
3. Que fait-on dans votre ville ou votre région pour aider les gens qui ont faim? Qu'est-ce qu'on pourrait faire d'autre pour les aider?

Prendre trois repas par jour, grignoter quand on veut, se régaler d'un grand dîner pour fêter un anniversaire ou un mariage ou le Nouvel An—pour beaucoup d'entre nous, ça, c'est normal. Mais il y a beaucoup de gens qui ne mangent pas à leur faim. Qui sont-ils? Pourquoi manquent-ils de nourriture? Que fait-on pour les aider?

La faim mondiale

Il y a dans le monde plus de 850 000 000 personnes (dont 160 000 000 enfants âgés de moins de cinq ans) qui ont faim. La plupart se trouvent dans les pays en voie de développement en Afrique, en Asie et en Amérique du Sud. Chaque année 15 000 000 enfants meurent de faim. Et malgré les efforts des pays développés, le nombre de personnes sous-alimentées continue d'augmenter.

Les causes de la sous-alimentation sont multiples: catastrophes naturelles (sécheresse, ouragans, tremblements de terre), maladies (sida), conflits armés (guerres civiles) et, bien sûr, pauvreté.

En Afrique francophone, la République démocratique du Congo a vu tripler la sous-alimentation: 72% de la population est touchée. Au Cameroun et au Mali, près d'un quart de la population a faim. Et au Sénégal, où on continue de faire des progrès dans le domaine de l'agriculture, 20% de la population est sous-alimentée.

AVOIR FAIM EN FRANCE

Il est rare de mourir de faim en France au XXIe siècle. Mais il reste quand même des millions d'enfants, d'hommes et de femmes qui vivent en marge de la société. Le taux de pauvreté est de 6%, représentant plus de 3 600 000 gens, et un grand nombre de ces personnes bénéficient de l'aide alimentaire. On ne sait pas le nombre exact de gens qu'on aide, mais on sait que la quantité d'aliments distribués par les banques alimentaires a triplé depuis 1990.

En France, la sous-alimentation est due surtout à la pauvreté. Là où les dépenses alimentaires représentent moins de 20% du budget d'une famille «normale», elles peuvent monter jusqu'à 50% du budget d'une famille pauvre. Le résultat: les pauvres mangent moins de fruits et de légumes frais, trop de produits sucrés et salés.

TROIS TENTATIVES POUR AIDER CEUX QUI ONT FAIM

1. Une tentative européenne: le collectif ALIMENTERRE

Le collectif ALIMENTERRE réunit trois ONG (organisations non gouvernementales): le CFSI (Comité français pour la solidarité internationale), SOS Faim Belgique et SOS Faim Luxembourg. Le collectif a pour but l'amélioration des conditions de vie des populations en voie de développement. En Afrique, par exemple, ils soutiennent directement les paysans dans plusieurs pays (dont le Burkina Faso, le Mali, la

Mauritanie, le Niger, la République du Congo et le Sénégal). Il les aide à:

- exercer leur métier (i.e., trouver accès à la terre, acheter les outils nécessaires pour l'agriculture, garantir la disponibilité en eau);
- améliorer leur production agricole et la commercialisation de leurs produits;
- maintenir des prix agricoles suffisants pour vivre de leur travail.

Ces organisations dépendent de la générosité du public, des subsides publics nationaux et européens et du travail de nombreux bénévoles.

2. Une tentative française: les Restos du Cœur

C'est en 1985 que l'humoriste et acteur français Coluche a eu l'idée des Restos du Cœur. Il s'agit de donner à manger à des gens qui ont faim et qui ne peuvent pas se payer de repas chauds. La priorité est donnée à la période de l'année la plus critique—c'est-à-dire, la saison froide de décembre en mars. La distribution de l'aide alimentaire a lieu dans plus de 2 000 centres de distribution en France où travaillent un grand nombre de bénévoles. Les plus démunis y vont plusieurs fois par semaine pour parler, boire un café et chercher de la nourriture.

Il y a deux formules: les *colis alimentaires* (pour ceux qui ont ce qu'il faut pour cuisiner) et les *repas chauds* (pour les autres).

Ce qu'on appelle un colis alimentaire est un panier dans lequel on met des aliments qui permettent aux «clients» de préparer chaque semaine six repas complets et équilibrés. Le panier comprend, par exemple: viande ou poisson, légumes, pâtes et riz, fromage ou yaourt, pain ainsi que des produits de base (lait, beurre, huile, etc.). On y ajoute souvent de quoi faire plusieurs petits déjeuners.

Les repas chauds, destinés à ceux qui n'ont pas de cuisine ou qui ne savent pas cuisiner, sont servis à table dans les centres de distribution, normalement à midi. Mais, dans certaines villes, il y a aussi des Camions du Cœur qui circulent dans les rues et qui servent sur le trottoir une soupe, un plat chaud et un café. Et un grand nombre de centres de distribution restent ouverts pendant toute l'année pour aider les plus pauvres des pauvres (environ 10% des personnes).

Durant l'hiver 2005–06, les Restos du Cœur ont servi 75 millions de repas à environ 670 000 personnes.

3. Une tentative bi-culturelle: la Coopération Sud-Sud (Viêt-Nam/Sénégal)

Sous les auspices de la FAO (Organisation des Nations-Unies pour l'alimentation et l'agriculture), des experts agricoles vietnamiens sont venus au Sénégal pour aider les agriculteurs sénégalais. Depuis 1997 une centaine d'experts se chargent de nombreux petits projets ruraux dans plus de 400 villages de 11 régions du Sénégal. Le but est d'améliorer la sécurité alimentaire en apprenant aux paysans sénégalais de nouvelles techniques et stratégies. Voici trois exemples de projets qui ont bien réussi.

A une centaine de kilomètres au sud-est de Dakar, on trouve des rizières plantées parfaitement en ligne et bien irriguées. Les habitants du village de Ndioudof n'ont plus faim grâce aux conseils de leur expert vietnamien (un ingénieur agronome) et aux efforts des hommes et des femmes du village, qui travaillent quatre ou cinq heures par jour dans les rizières. En 2 ans les terres du village rendent sept fois plus de riz, ce qui permet aux villageois de manger à leur faim et aussi de revendre du riz sur le marché.

Un peu plus au nord, au milieu des terres arides de Thiès, on trouve des arbres fruitiers, des salades, des courgettes et d'autres légumes. De grands eucalyptus protègent les arbres fruitiers, qui à leur tour abritent du soleil les salades et légumes. Avec l'aide de leur expert vietnamien, les habitants ont des produits à manger et à vendre tout au long de l'année.

Un peu plus au sud, sur la côte, au village de M'bour, on trouve une coopérative composée uniquement de femmes. Là se fabrique, sous l'œil vigilant de leur experte vietnamienne, une sauce (le «Nuoc Mam») très populaire au Viêt-Nam, faite de poissons et de sel, qui est une excellente source de protéine et de vitamines. Ces femmes contribuent donc beaucoup à l'économie de la région en achetant leurs poissons aux pêcheurs locaux et puis en exportant le produit final dans toute l'Afrique.

Source: Trung Dung Vo blog in *Le Monde,* http://trungdungvo.blog.le monde.fr/2006/08/29/2006_08_les_nouveaux_nh/

DICO

ajouter *to add*	**rendre** *to yield*
but *goal*	**rizières** *rice paddies*
camions *trucks*	**salés** *salty*
disponibilité *availability*	**sécheresse** *drought*
en marge de *on the edge of*	**se régaler** *to treat oneself*
fêter *to celebrate*	**sucrés** *sweet, sugary*
manger à sa faim *to eat one's fill*	**taux** *rate*
métier *occupation*	**tremblements de terre** *earthquakes*
panier *basket*	**trottoir** *sidewalk*

CC. Vous avez compris? Indiquez si les déclarations suivantes sont vraies ou fausses.

1. Un peu moins de 10% des enfants sous-alimentés dans le monde finissent par mourir de faim.
2. De nos jours une des principales causes de la faim dans le monde est le développement rapide des OGM (organismes génétiquement modifiés).
3. Un grand nombre de personnes meurent de faim en France chaque année.
4. La cause principale de la faim en France est la pauvreté.
5. Le collectif ALIMENTERRE est sous la direction de l'ONU (Organisation des Nations-Unies).
6. Le collectif ALIMENTERRE aide les grandes sociétés coopératives agricoles.
7. Les Restos du Cœur ressemblent aux banques alimentaires qu'on trouve dans beaucoup de villes américaines.
8. Les Restos du Cœur ne fonctionnent pas en été.
9. La Coopération Sud-Sud Viêt-Nam est un exemple d'un programme où deux pays échangent des experts.
10. La présence des experts vietnamiens au Sénégal a contribué à améliorer la nutrition et l'économie au Sénégal.

Les Restos du Cœur: l'exemple d'un colis alimentaire

Dans un panier typique pour une personne, on trouve: 1 boîte de pâté, 1 boîte de sardines, 100 g de steak haché, 100 g de poisson pané *(breaded),* deux boîtes de légumes, 500 g de pâtes, 150 g de pommes de terre, 100 g de légumes frais, 1 compote de pomme *(apple sauce),* 1 barre de chocolat, 1 boîte de petits gâteaux, 1 gâteau fourré *(with filling),* 1 barre de céréales, 2 fruits, du sucre, du beurre et de la farine (pour faire des crêpes ou un gateau).

Adapté d'*Okapi*

Une femme pauvre qui parle

«Nous avons tous l'air d'affamés. Nous n'avons pas eu grand-chose à manger aujourd'hui et nous ne savons pas quoi faire à dîner pour demain. Les pauvres gosses, c'est triste quand ils vous disent qu'ils ont faim et que l'on n'a rien à leur donner. La viande, 180 grammes par semaine. Les légumes, quand on va au marché, il n'y a que les queues *(stalks)* pour les épinards et on vous pèse *(weigh)* les radis avec les feuilles et les choux-fleurs avec les côtes *(ribs)* et les feuilles. On est obligé de manger tout ça... comme des lapins ou des vaches.»

Adapté de http://matisson-consultants.com/affaire-papon/contributions.

La campagne «Poulets congelés»

Au Cameroun, SOS Faim a poursuivi la campagne «Poulets congelés»—c'est-à-dire, il s'agissait de dénoncer l'exportation massive vers les marchés africains de volaille congelée. Le bas prix des poulets congelés rendait la production locale non compétitive. On a remis à un Commissaire européen une pétition de 65 000 signatures recueillies en Europe et en Afrique. Les actions de SOS Faim ont contribué à l'établissement de quotas et d'une taxe d'importation pour améliorer considérablement la situation des producteurs locaux. SOS Faim pense élargir ses actions à d'autres produits agricoles importés: le mot d'ordre «Consommons ce que nous produisons et produisons ce que nous consommons».

Adapté de www.sosfaim.org.

1. Que pensez-vous du colis alimentaire des Restos du Cœur? (Vous semble-t-il nourrissant? Appétissant? Qu'est-ce que vous voudriez y ajouter?) Y a-t-il des banques alimentaires dans votre ville? Quelles autres choses fait-on chez vous pour aider les plus démunis?
2. Vous êtes-vous jamais trouvé(e) dans la situation où vous n'aviez pas assez à manger? Comment vous sentiez-vous? Qu'avez-vous fait? A votre avis, qu'est-ce que la société devrait faire pour aider la femme qui parle de ses enfants?
3. Les campagnes de SOS Faim contre l'exportation des produits agricoles vous semblent-elles une bonne solution aux problèmes économiques des pays en voie de développement. Pourquoi (pas)? Quelles autres solutions pourriez-vous suggérer?

Fonction
Comment exprimer la négation

To download a podcast on Negatives, go to **academic. cengage.com/french/quantamoi.**

RAPPEL

Les expressions négatives

ne... rien
> Je **ne** vois **rien.**
> Nous **n'**avons **rien** acheté.
> Je **n'**ai besoin de **rien.**
> Que voulez-vous? **Rien.**

ne... personne
> Elle **ne** connaît **personne** à Lyon.
> Je **n'**ai rencontré **personne.**
> Ils **n'**ont parlé à **personne.**
> Qui a téléphoné? **Personne.**

ne... plus
> Elle **n'**est **plus** là.
> Je **ne** peux **plus** supporter le stress.

ne... pas encore
> Je **n'**ai **pas encore** mangé.
> Ils **ne** sont **pas encore** rentrés.

EE. Toujours non. Répondez négativement aux questions suivantes.

1. Est-ce que quelqu'un a téléphoné ce matin? Non,...
2. Est-ce que tu as besoin de quelque chose? Non,...
3. Est-ce qu'il neige encore? Non,...
4. Tu as déjà dîné? Non,...
5. Il lui faut quelque chose? Non,...
6. Quelqu'un veut voir ce film? Non,...
7. Tu as vu quelqu'un dans la rue? Non,...
8. Elle a acheté quelque chose au magasin de musique? Non,...
9. Quelqu'un connaît le numéro de téléphone de Jean-Jacques? Non,...
10. Elles sont déjà parties pour l'Afrique? Non,...
11. Vous allez souvent au musée? Non,...
12. Ils sont toujours au restaurant? Non,...
13. Tu vas envoyer un mél à quelqu'un? Non,...
14. Elle a peur de quelque chose? Non,...
15. Quelqu'un t'a accompagné? Non,...

FF. Deux sœurs qui ne se ressemblent pas du tout. En utilisant des expressions négatives, expliquez en quoi Jacqueline diffère de sa sœur Myriam.

> **Modèle:** Myriam aime tout le monde.
> *Jacqueline n'aime personne.*

1. Myriam aide toujours ses parents à la maison.
2. Myriam salue beaucoup de gens en allant à l'école.
3. Myriam a déjà trouvé un job d'été.
4. Myriam embrasse encore ses parents avant de se coucher.
5. Myriam a offert des CD et un bijou à Jacqueline pour son anniversaire.
6. Myriam téléphone à sa meilleure copine tous les soirs.
7. Myriam connaît beaucoup de gens en dehors de l'école.
8. Myriam a envoyé une carte de Noël à ses grands-parents.
9. Myriam porte souvent une jupe.
10. Myriam fait beaucoup de choses le week-end.

GG. Des caricatures. Avec l'aide des expressions négatives, caricaturez les personnages suivants. Utilisez l'expression **C'est quelqu'un qui...**

> **Modèle:** le (la) timide
> *C'est quelqu'un qui ne parle à personne. Il (Elle)...*

1. le (la) pessimiste
2. le (la) distrait(e)
3. l'avare *(miser)*
4. le (la) paresseux(se)
5. le (la) misanthrope
6. l'hypocondriaque

Do **A faire! (1-6)** on page 45 of the **Manuel de préparation.**

Littérature

«Ndo Cup: Tête de poule»

Marie-Angèle Kingué

Marie-Angèle Kingué was born in Cameroun and has written a number of stories and novels about growing up in that country. She currently lives in Pennsylvania, where she teaches French at Bucknell University.

AIDE-LECTURE

In Cameroon, when serving chicken to guests, the custom is to include every part of the chicken.
- Why?
- What often happens to the parts not eaten?

Quand on invite quelqu'un à dîner, on prépare en général du poulet. Or il est très important, lorsqu'on sert du poulet, de s'assurer que toutes les parties principales, la tête et les pattes (bien nettoyées évidemment), le cœur, le foie° et le gésier°, sont présentées à l'invité. Mon oncle Martin m'a expliqué que, jadis, les sorciers° se servaient de certaines parties du poulet telles que les pattes ou la tête, pour lancer un mauvais sort° à leurs ennemis. C'est donc pour cela qu'il faut que les parties principales du poulet soient présentes afin de rassurer l'invité et qu'il sache qu'aucune action néfaste° n'a été entreprise contre sa personne. Habituellement, les invités ne mangent pas ces parties et ce sont les enfants de la maison qui s'en régalent° en grignotant les os°.

liver / gizzard

wizards, magicians

cast an evil spell

no evil action

regale themselves with them / bones

AIDE-LECTURE

The children (and especially Denise) helped their mother prepare the meal.
- What reward did the mother promise Denise?
- What was Denise worried about?

Un soir, mes parents invitèrent monsieur Eboa à manger. Ce dernier se fit accompagner par un de ses cousins. Nous avions passé toute la journée à cuisiner des mets divers; ma sœur Denise s'étant particulièrement distinguée, ma mère lui promit en récompense tous les restes du poulet.

—Mais, Mama, tu sais bien que les adultes mangent beaucoup et qu'ils vont tout finir!

—Chut! Ne parle pas comme ça! Tu sais qu'en général ils laissent au moins la tête et le cou, répondit ma mère, alors calme-toi et attends patiemment. Et puis il y a plein d'autres choses tout aussi délicieuses!

AIDE-LECTURE

- Where and when did the children eat if there were guests? Why?
- What did the children do while the grownups were eating?

Il faut comprendre que nous avions un gros faible° pour le poulet.

Ma mère nous servit à manger à la cuisine. D'habitude, lorsqu'il y avait des invités chez nous, nous mangions à la cuisine un peu plus tôt, soit parce que nous étions trop nombreux pour nous mettre à table avec les invités, soit parce que, les repas d'adultes durant des heures, ma mère avait peur que nous ne nous comportions pas bien°. Après s'être occupée de nous, elle retourna donc à la salle à manger accomplir son devoir d'hôtesse.

a major weakness

not behave ourselves

Pour bien comprendre la suite des événements, il faut que vous sachiez comment notre maison était construite. La maison comportait un salon, une salle à manger et des chambres à coucher; derrière le bâtiment principal, un peu à l'écart°, il y avait une cuisine, un magasin et une salle de bains; des escaliers donnaient directement sur la salle à manger. Nous nous assîmes sur ces escaliers et commençâmes à observer les invités par le trou de la serrure°. Il n'était pas possible de voir les visages des personnes qui se servaient, mais nous avions une belle vue du centre de la table et des fourchettes qui faisaient des allers et retours trop fréquents à notre gré°, entre le plat qui nous intéressait et une destination inconnue.

off to the side

keyhole

to our liking

AIDE-LECTURE
- What did the children see through the keyhole?
- How did Denise react at first? Why? And later? Why?

—Tiens! L'aile vient de disparaître!
—Aïe! Le cou a disparu aussi!
Cependant, nous gardions encore espoir parce qu'il restait la tête et les pattes. Denise, pendant que nous nous relayions° au poste d'observation, écoutait calmement, gardant son sang-froid°; nous devions être gentils avec elle pour nous assurer un petit morceau du poulet... J'étais aux aguets° lorsque je vis la tête du poulet disparaître. J'annonçai la triste nouvelle à Denise qui perdit son calme et, d'un bond°, m'écarta de la porte pour vérifier la gravité de la situation. Elle avait les larmes° aux yeux...

were taking turns
composure
on the watch

with a leap
tears

AIDE-LECTURE
- After the meal, the grownups went into the living room.
- What did the children do?
- Why did the grownups come back into the dining room?

Le repas terminé, ma mère ouvrit la porte et nous demanda de l'aider à débarrasser°; les invités passèrent au salon pour continuer leurs discussions et nous nous installâmes dans la salle à manger pour les écouter. Chez nous, les enfants apprennent beaucoup de choses en observant et en écoutant parler les adultes.

clear the table

Au moment de partir, les invités revinrent dans la salle à manger pour nous dire au revoir. Tour à tour, ils nous serrèrent la main et dirent à nos parents combien nous étions sages. On entendait alors:
—Mais tiens, tu as grandi, et tu es au cours moyen déjà! Et ils accompagnaient leurs paroles de pincements de joues° et de tapes° dans les dos. Ce faisant, nous reconnûmes° la fameuse main qui s'était emparée° de plusieurs morceaux de poulet et surtout de la tête.

pinching of cheeks / pats
recognized / had seized

AIDE-LECTURE
- How did the other children greet the guest who had taken the last piece of chicken?
- How did Denise greet him?
- What was the mother's reaction?
- And the father's?

Nous saluâmes quand même cet invité en lui lançant des regards désapprobateurs°. Lorsqu'il arriva en face de Denise, elle ne put se retenir° et s'écria: *Ndo cup!* Tête de poule!

disapproving / couldn't control herself

Ma mère, qui était juste à côté, faillit s'étranglerᵒ; elle se précipita vers le monsieur, s'excusa et l'invita selon la coutume, à revenir à la maison chaque fois qu'il serait dans les paragesᵒ. Lorsque mon père nous rejoignit, ma mère lui relata l'incident pendant que nous essayions de maîtriser nos fous riresᵒ. Mon père éclata de rire et demanda à ma mère de nous préparer du poulet pour le lendemain… C'est ainsi que nous mangeâmes du poulet en plein milieu de la semaine.

almost choked

in these parts, in the area
stop from laughing uncontrollably

Source: Marie-Angèle Kingué, *Echos d'enfance.* Ville La Salle (Québec): Editions Hurtubise, 1993, pp. 8–12.

HH. Compréhension: «Ndo Cup: Tête de poule». Donnez votre opinion sur les déclarations suivantes à propos du texte de Marie-Angèle Kingué. Justifiez vos réponses en faisant allusion à l'action du conte.

1. La famille du conte semble être très riche.
2. La famille du conte semble être très pauvre.
3. Présenter toutes les parties du poulet aux invités est un signe de politesse.
4. Parfois, les enfants de la maison semblent assez bien élevés.
5. D'autres fois, les enfants se comportent comme de vrais enfants.
6. Les invités ne sont pas très polis.
7. Un des invités est assez gourmand. Lequel, à votre avis?
8. Denise devrait être punie.
9. La fin du conte est juste et amusante.

II. Discussion: comparaison culturelle. Discutez des questions suivantes avec quelques camarades de classe. N'oubliez pas de marquer votre accord ou votre désaccord avec les idées de vos camarades.

Pour mieux vous exprimer

Exprimer votre accord
   C'est vrai (exact, juste).
   Je suis d'accord (avec…).

Exprimer son désaccord
   Ce n'est pas vrai (exact, juste).
   Je ne suis pas (tout à fait / du tout) d'accord (avec…).

1. Quels aspects du conte vous semblent spécifiquement africains?
2. Quels aspects du conte vous semblent plus universels?
3. Pouvez-vous imaginer une situation pareille aux Etats-Unis? Pourquoi (pas)?

REPRISE

Comment se renseigner (1)(2);
Comment exprimer la négation

JJ. Un interrogatoire. D'abord, lisez l'article de journal «Suspect arrêté». Ensuite, avec un(e) camarade de classe, jouez les rôles de l'inspecteur de police et du suspect. L'inspecteur posera les questions indiquées ci-dessous; [?] indique une question à laquelle on peut répondre oui ou non. Le suspect répondra aux questions en s'inspirant des renseignements donnés dans l'article; [*] indique une réponse à laquelle on répond avec une des expressions négatives étudiées dans ce chapitre.

Suspect arrêté

Emile Mailochon, 27 ans, garagiste au chômage, domicilié au 17, rue de Bignoux, Poitiers, vient d'être mis en examen pour l'assassinat, en juin 2008, d'un épicier d'origine marocaine. Hakim Kaïtani avait été abattu d'une balle dans la tête et son corps retrouvé dans le Parc de Blossac. A l'époque, le suspect travaillait dans un garage Peugeot situé dans la rue de la Tranchée à proximité du parc. Il ne nie pas avoir visité l'endroit avec sa petite amie le soir du meurtre, mais il proclame son innocence en ce qui concerne la mort du jeune Maghrébin.

1. quel / votre nom (présent)
2. où / habiter (présent)
3. [?] / travailler toujours au garage Peugeot dans la rue de la Tranchée (présent) [*]
4. [?] / téléphoner déjà à votre avocat (passé composé) [*]
5. où / être à 11 heures du soir le 17 juin (imparfait)
6. avec qui / aller au parc (passé composé)
7. qui / voir au parc (passé composé) [*]
8. qu'est-ce que / dire à la victime [*]
9. [?] / faire du mal à quelqu'un ce soir [*]
10. [?] avoir quelque chose d'autre à dire (présent) [*]

Do **A faire! (1-7)** on page 50 of the **Manuel de préparation**.

KK. Une interview. Vous allez interviewer un(e) Français(e) ou un(e) Francophone ou bien une personne qui a voyagé en France ou dans un pays francophone. Vous commencerez par poser des questions générales pour faire connaissance avec cette personne avant de passer à des questions plus spécifiques sur ses habitudes alimentaires et sur ses attitudes à l'égard de la nourriture et de la cuisine.

Attention: Vous aurez à écrire un court article basé sur cette interview. Vous ferez donc bien de prendre des notes pendant l'interview.

LL. Vous avez bien compris? Comparez les notes que vous avez prises avec celles de quelques camarades de classe pour vérifier que vous avez bien compris les réponses aux questions.

Do **A faire! (1-8)** on page 51 of the **Manuel de préparation.**

Chapitre

2

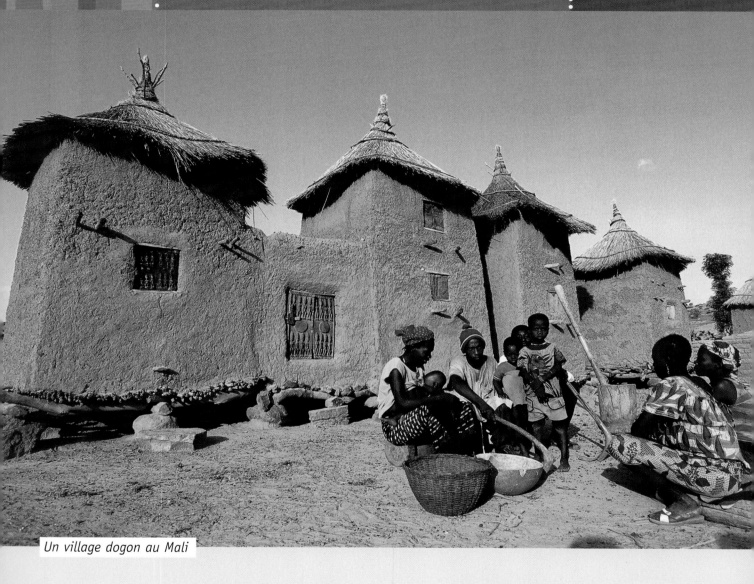

Un village dogon au Mali

«Chacun chez soi»

Un bel immeuble au centre-ville

Objectives

In this chapter, you will learn to:

- describe housing, things, and people;
- talk about relationships between people and space;
- talk about your surroundings;
- interview someone;
- write up an interview.

In addition, you will read about and explore the following topics: housing in France, Mali, Martinique, and Switzerland; the housing crisis in France.

academic.cengage.com/french/quantamoi
iTunes Playlist
Heinle iRadio Podcasts
Cultural, Grammar, Video Activities
Google Earth coordinates

CD1, Tracks 17–26
CD2, Tracks 2–7

 A faire! MP: pp. 55–104

Système-D

Repères

Vous habitez où?

Evolution de la population française (en millions d'habitants)

1800	28,7
1850	36,4
1900	40,6
1939	41,3
1998	58,7
2007	60,7
2025*	61,7
2050*	59,9

*Projections de l'ONU (Organisation des Nations Unies)

Chacun chez soi. *Voilà une belle idée qui suggère non seulement que chacun a un «chez soi» mais qui évoque peut-être même une habitation confortable aménagée selon les goûts du propriétaire. Il est vrai qu'en France, 56% (2004) des ménages (households) habitent une maison individuelle et que 44% (2004) sont logés dans des habitats collectifs (des appartements dans des immeubles). Mais il faut aussi reconnaître que 90 000 personnes environ sont sans domicile fixe (les SDF ou les sans-logis) et dorment dans les rues, dans des voitures et dans des centres commerciaux. A ce nombre, il faut ajouter au moins 7 000 Français qui sont provisoirement logés dans des centres d'accueil ainsi que 280 000 à 340 000 gens du voyage (les Roms). Dans ce chapitre, vous allez examiner quelques aspects du logement en France et en francophonie.*

Répartition de la population française en 1982.

Où habitent les Français?

- Plus de la moitié des Français vivent dans les grandes villes (agglomérations) de plus de 200 000 habitants.
- Un Français sur quatre habite à la campagne. Beaucoup de ces Français habitent des villages et travaillent dans des villes voisines.
- 20% de la population française (un Français sur cinq) vit dans la région parisienne.
- Aujourd'hui, plus de la moitié des Français sont propriétaires de leur logement (56% en 2005).
- 3 millions des habitations sont des résidences secondaires (e.g., maisons de campagne).

▶ **A vendre en Bretagne**
La Bretagne est une région de l'ouest de la France. Rennes, la ville principale de la région, compte 226 229 habitants. C'est une ville historique et une ville d'art.

MERCURE BRETAGNE PAYS DE LOIRE BASSE NORMANDIE
35740 PACE
✆ : 02.99.85.25.00 Fax : 02.99.85.25.98

A 20 MINUTES DE RENNES: et à proximité d'une petite cité de caractère, **BELLE DEMEURE DU XVIIEME SIECLE**, offrant une surface habitable de 300 m² en 7 pièces principales sur 2 niveaux. 2 belles réceptions comportant chacune cheminée et vaisselier. 4 chbs. Piscine intérieure. Dépendance. Parc de 1,5 hect avec étang. Belle rénovation. <u>Réf.BLN370</u> **358 865 €**

11E METRO
OBERKAMPF 116Z46
Jolie maison de ville, intérieur style loft, refait à neuf, sur cour pavée et fleurie, 2 chbres + 1 grand séjour. Possibilité terrasse, calme et clair.
440 000 €

▶ **A vendre à Morillon**
Morillon est une commune d'à peu près 500 habitants de Haute-Savoie (sud-est de la France). C'est une station touristique hiver comme été (sports d'hiver, randonnées et camping).

QRPI AGENCES N°1
IMMOVAC - MORILLON
✆ : 04 50 90 14 61 - Fax : 04 50 90 72 81

MORILLON

appartement tt confort dans petit village. Accès télé-cabine rapide. Deux chambres, séjour avec coin cuisine, salle de bains et toilettes séparées. Terrasse. Exposition plein sud, sans vis à vis. Casier à skis et cave.

63.760€

▲ **A vendre à Paris** *Avec une population de 2 153 600 (2006), Paris est divisé en 20 arrondissements, tous très distincts les uns des autres. Des maisons moyenâgeuses aux immeubles modernes, la ville offre des logements pour tous les goûts.*

A. Mots-clés. Etudiez les informations des premières pages du chapitre et des **Repères** pour trouver les équivalents français des mots et des expressions suivants.

1. for sale (1)
2. lodging – general (3)
3. lodging – specific (5)
4. to live (3)
5. large city (2)
6. countryside, rural area (1)

CD1, Track 17

B. De quoi s'agit-il? *(What's it about?)* Associez chaque description à des personnes, à un endroit ou à un type de logement.

C. Qu'est-ce que vous avez appris? Lisez les phrases suivantes et décidez si elles sont vraies ou fausses selon les renseignements donnés dans **Repères**. Si une phrase est fausse, corrigez-la.

1. Selon la répartition de la population française (voir la carte), l'agglomération lyonnaise est plus peuplée que l'agglomération parisienne.
2. Plus de 50% des Français habitent dans des villes de plus de 200 000 habitants.
3. En 2050, la France sera plus peuplée qu'en 2025.
4. Amiens et Toulouse sont des villes de 100 000 à 200 000 habitants.
5. La ville de Paris est divisée en 20 arrondissements.
6. Beaucoup de Français qui vivent dans un petit village travaillent dans la ville voisine.
7. Un quart de la population française habite dans la région parisienne.
8. Il y a assez de centres d'accueil en France pour tous les SDF.

D. C'est quel logement? Associez chaque description à un des logements dans les photos à la page suivante.

1. Comme environ 15 millions de personnes en France, la famille Achad est logée dans une HLM (une habitation à loyer modéré) dans un grand ensemble (groupement de très grands immeubles) à la périphérie d'une ville. Monsieur Achad a un salaire très modeste et sa femme ne travaille qu'à mi-temps comme vendeuse dans un magasin. Ils habitent au 10ᵉ étage d'un des immeubles (un bâtiment [un building] avec beaucoup d'appartements).

a.

b.

c.

d.

e.

f.

2. Hélène a hérité de la maison de ses parents. Avec son mari Yvan, elle s'est donc installée dans cette maison du centre-ville. C'est une vieille maison à deux étages qui date de la fin du XVIIIᵉ siècle. La maison est dans un quartier (la partie d'une ville) où il y a tout: magasins, restaurants, théâtres, cinémas… enfin tout pour faciliter la vie d'un couple qui aime sortir.

3. Thierry est étudiant en médecine. Sa famille habite assez loin de l'université et Thierry a donc décidé de prendre une chambre dans une résidence universitaire (un bâtiment où les étudiants habitent dans des chambres individuelles). Sa résidence est un bâtiment assez laid et très ordinaire. Mais la chambre de Thierry est bien aménagée (arrangée) et confortable.

4. Véronique et ses parents habitent dans un pavillon (une maison individuelle dans la banlieue d'une ville). Très souvent, un pavillon a un petit jardin. Il peut y avoir un étage et parfois aussi un sous-sol.

5. Les Buthier sont agriculteurs en Franche-Comté (une région de l'est de la France) et ils habitent dans une ferme. Ils cultivent des légumes et ils ont quelques vaches *(cows)* et cochons *(pigs)*. Leur ferme est assez grande, les murs sont en pierre pour protéger contre le froid de l'hiver et la maison est entourée de champs *(fields)*.

6. Marie-José a un studio dans un vieil immeuble au centre-ville. C'est un très bel immeuble qui date du XVIIᵉ siècle. Le studio de Marie-José est au rez-de-chaussée. Elle a une grande pièce avec deux fenêtres. La pièce est bien aménagée et confortable. Il y a un lit (qui sert de canapé pendant la journée), une table avec quatre chaises, un fauteuil, une télé, quelques plantes vertes et, au mur, des posters de chanteurs célèbres. Il y a aussi un coin-cuisine où Marie-José prépare ses repas.

Quant à moi...

Témoignages: «Où est-ce que vous habitez?»

 E. A vous d'abord! Posez les deux questions à vos camarades afin de vous renseigner sur leur logement. Utilisez **tu** ou **vous** selon la personne à qui vous parlez.

1. Où est-ce que tu habites (vous habitez)? (Dans quelle partie de la ville?)
2. Dans quel type de logement est-ce que tu habites (vous habitez)?

F. Les témoins vous parlent. En écoutant quelques Français et Francophones vous parler de leur logement, faites les exercices selon les indications données.

 CD1, Tracks 18–21

 Visit the **témoins** in their hometown on Google Earth.

Mireille Sarrazin
Lyon, France

Vocabulaire utile
au bord de la Saône (*on the banks of the Saône river*), **piétonnier** (*pedestrian*), **moyenâgeux** (*of the Middle Ages*), **étroites** (*narrow*), **dehors** (*outside*), **artisanales** (*artisan, crafts*), **la vie nocturne** (*nightlife*)

1. Complétez l'interview en ajoutant les mots qui manquent. Utilisez une autre feuille de papier.

—Bonjour, Madame.
—Bonjour, Madame.
—Comment vous appelez-vous?
—Mireille Sarrazin.
—Et quel âge avez-vous?
—_____ ans.
—Où est-ce que vous habitez?
—J'habite à Lyon.
—Dans quel type de _____?
—Dans un _____ au bord de la Saône.
—Est-ce que vous pouvez décrire un peu le _____ où vous habitez?
—J'habite dans le vieux Lyon. Donc c'est le plus _____ quartier de Lyon. C'est un quartier assez intéressant _____... une partie... même la majorité du quartier est piétonnier. C'est un quartier moyenâgeux, avec des _____ très étroites, où il y a une vie dehors, où il y a _____ restaurants. Il y a beaucoup de petites _____ artisanales aussi, et c'est un quartier où il y a une _____ nocturne assez importante.

Valérie Ecobichon
Saint-Maudez, France

Saint-Maudez, France
Population: 226
Importance: petit village pittoresque typique de la Bretagne; seule ville de France portant le nom «Saint-Maudez»

Vocabulaire utile
épeler (*to spell*), **une ferme** (*farmhouse*), **une maison d'habitation** (*main house*), **en pleine nature** (*out in nature*), **dans la campagne** (*in the countryside*)

2. Complétez l'interview en ajoutant les questions qui manquent. Utilisez une autre feuille de papier.

—_____?
—Valérie.
—_____?
—Ecobichon.
—_____?
—Oui. C'est E-C-O-B-I-C-H-O-N.
—_____?
—J'habite en Bretagne, dans un petit village qui s'appelle Saint-Maudez.
—_____?
—Oui, c'est S-A-I-N-T et Maudez, c'est M-A-U-D-E-Z.
—_____?
—J'ai vingt-cinq ans.
—_____?

—J'habite dans une grande ferme… Nous avons une grande maison d'habitation en pleine nature dans la campagne. C'est une maison assez longue sur deux étages.
—_____?
—J'habite avec toute ma famille: mes parents, ma grand-mère et mes frères et sœurs.
—_____?
—J'ai un frère et deux sœurs.
—_____?
—Nous sommes assez isolés dans la campagne et le village est à deux kilomètres de chez nous.

Nezha Le Brasseur
Casablanca, Maroc

Vocabulaire utile

c'est majuscule? *(is it capitalized?)*, **ont été bâties** *(were built)*, **on a été colonisé** *(we were colonized)*, **«Roches Noires»** *(literally, Black Rocks; name of the neighborhood)*, **malheureusement** *(unfortunately)*, **usines, zone industrielle** *(factories, industrial area)*, **en marchant** *(on foot)*, **proche** *(close)*

3. Précisez:

a. son âge
b. le logement qu'elle habite
c. le type de quartier qu'elle habite
d. la situation du logement
e. le temps qu'il faut pour aller jusqu'à la zone industrielle

Philippe Heckly
Asnières-sur-Seine, France

Vocabulaire utile

banlieue *(suburbs)*, **cimetière aux chiens** *(dog cemetery)*, **Rin Tin Tin** *(American TV dog from the 50s and 60s)*, **enterré** *(buried)*, **immeuble** *(apartment building)*, **années trente** *(thirties)*, **ascenseur** *(elevator)*, **coude à coude** *(close together, literally: elbow to elbow)*, **escalier** *(stairs)*

4. Notez aux moins cinq faits que vous avez appris sur Philippe.

G. Une interview. Posez les questions suivantes à un(e) camarade de classe. **Attention:** Utilisez la forme «vous» si la personne que vous interviewez est beaucoup plus âgée que vous.

1. Moi, je m'appelle [votre nom]. Et tu es… (vous êtes…)?
2. Tu peux (Vous pouvez) épeler ton (votre) nom de famille?
3. Où habite ta (votre) famille? Comment ça s'écrit?
4. Quel âge as-tu? (**Attention:** Ne pas poser cette question à une personne plus âgée!)
5. Où est-ce que tu habites (vous habitez), dans quel type de logement?
6. Où se trouve ton (votre) logement?
7. Tu habites (Vous habitez) seul(e) ou avec d'autres personnes?
8. Comment est le quartier où tu habites (vous habitez)?

Do **A faire! (2-1)** on page 56 of the **Manuel de préparation.**

FICHE VOCABULAIRE

LE LOGEMENT

l'environnement *(m.) environment, surroundings, location*
    une agglomération *urban area*
    un arrondissement *neighborhood (administrative division)*
    la banlieue (dans la / en banlieue) *suburbs (in the suburbs)*
    la campagne (à la campagne) *countryside, rural area (in the country)*
    le centre-ville (au centre-ville) *city center, downtown (in the city center)*
    une commune *municipality*
    un quartier (dans un quartier) *neighborhood (in a neighborhood)*
    une région (dans une région) *region, area (in a region)*
    un village (dans un village) *village, very small town (in a village)*
    une ville (en ville, dans une ville) *city (in the city, in a city)*

les gens *(m. pl.) people*
    les gens du voyage (les Roms, les Romanis, les gitans) *(m. pl.) Romani travelers, gypsies*
    un(e) locataire *renter*
    les personnes sans domicile fixe *(f. pl.) (les SDF [m. pl.]) homeless people*
    un(e) propriétaire *owner*
    les sans-logis (les sans-abri) *(m. pl.) homeless people*
    les sédentaires *(m. pl.) people living in permanent housing*

se loger
    être logé(e) dans *to live in*
    habiter (dans, en, à) *to live (in)*

les types de logements
    un appartement
    un bâtiment *building*
    une caravane *trailer*
    un centre d'accueil *homeless shelter*
    une chambre *room*
    une ferme *farm*
    une habitation *lodging*
    une HLM (habitation à loyer modéré) *affordable (low-income) housing*
    un immeuble *apartment building*
    un logement *lodging*
    un logement (habitat) collectif *apartment complex*
    une maison *house*
    une maison de banlieue *suburban house*
    une maison de campagne *country home*
    une maison individuelle *single-family home*
    un pavillon *suburban house*
    une résidence secondaire *second home*
    une résidence universitaire *dormitory, residence hall*
    un studio

décrire un logement
    agréable *nice*
    aménageable *ready to be finished*
    aménagé(e) *arranged, furnished*
    à... étages *a . . .-story (building)*
    au rez-de-chaussée *on the ground (first) floor*
    au... étage *on the . . . floor*
    beau (belle) *beautiful*
    bien situé(e) *well located*
    bruyant(e) *noisy*
    calme *quiet*
    clair(e) *light*
    climatisé(e) *air-conditioned*
    délabré(e) *run-down*
    en bon état *well maintained, in good shape*
    ensoleillé(e) *sunny, light*
    facile à entretenir *low-maintenance*
    grand(e) *big, large*
    de grand standing *luxurious*
    haut(e) *tall*
    intime *private*
    isolé(e) *isolated*
    luxueux(se) *luxurious, fancy, high-end*
    meublé(e) *furnished*
    moderne *modern, contemporary*
    neuf(ve) *brand-new*
    petit(e) *small, little*
    pittoresque *picturesque*
    privé(e) *private*
    propre *clean*
    refait(e) *redone, renovated*
    rénové(e) *renovated, redone*
    sale *dirty*
    sombre *dark*
    spacieux(se) *roomy, spacious*
    tranquille *quiet*
    vieux (vieille) *old*

H. Comment c'est? Faites des descriptions d'après ce que vous voyez sur les photos ci-dessous. Identifiez d'abord le type de logement; faites-en ensuite une petite description (inventez les détails); imaginez enfin l'environnement dans lequel se trouve le logement.

Utilisez les mots et les expressions de la **Fiche Vocabulaire.**

Modèle: *La banlieue de Toulouse*
C'est un pavillon dans la banlieue de Toulouse. Il y a un jardin. La maison a peut-être deux étages. La maison est assez ensoleillée mais pas très grande. Elle est à proximité de quelques magasins et d'un centre commercial. Mais les enfants doivent prendre le car de ramassage (schoolbus) *pour aller à l'école. Le quartier est plus calme que le centre-ville, etc.*

1. *Paris*

2. *Chalet suisse*

3. *Calmoutier, France*

4. *Une maison en Guadeloupe*

«Chez moi», qu'est-ce que ça veut dire? Ça peut être une maison (petite, grande, délabrée, refaite, etc.), un appartement (grand, petit, etc.), une caravane (en bon état, etc.), une roulotte, un studio, une tente, un centre d'accueil ou même une voiture. Etre propriétaire de son logement, c'est le rêve de beaucoup de Français. Mais il y a aussi les gens qui préfèrent rester locataires et avoir moins de responsabilités pour l'entretien du logement. Et, enfin, il y a ceux qui aiment la vie itinérante, même avec toutes ses difficultés.

Magda a 15 ans. Elle fait partie d'une communauté de Romanis (les Roms) dans le Midi (le sud) de la France. Plus précisément, la famille de Magda est gitane (une ethnie particulière des Romanis). Mais les sédentaires les appellent les Roms, les Tziganes, les Gitans ou les gens du voyage. Et ce n'est pas toujours avec bienveillance. Magda connaît très bien les préjugés, la discrimination, la peur et l'incompréhension dont son peuple est quelquefois victime.

C'est qui, les Roms?

Elle ne sait ni lire ni écrire; elle a été rejetée des écoles à cause de ses longues absences. Ses jeunes frères et sœurs, par contre, vont souvent à l'Ecole du voyage installée près des campements où se trouve la caravane de la famille de Magda. Magda, elle, veut faire comme sa mère, comme sa grand-mère et comme toutes les autres femmes de son groupe: elle veut se marier jeune, elle veut avoir beaucoup d'enfants et créer sa vie à elle, dans une caravane plus confortable. Lire et écrire, c'est peut-être important pour les plus jeunes. Magda préfère suivre l'exemple de ses ancêtres et pour elle, ce qui compte, ce sont les traditions des Gitans. Elle est sûre qu'elle va réussir dans la vie, elle aime le voyage, l'aventure, la musique, la danse, la liberté et le confort de la famille. Elle sait que la vie peut être très difficile mais elle est jeune et optimiste. Les gadjos ne l'intimident pas et elle a même trouvé quelques jeunes sédentaires avec qui elle s'entend assez bien. C'est une amitié précaire parce que Magda et sa famille continuent leur vie de nomades et ne restent donc pas longtemps au même endroit. Mais quand elle retrouve quelques amis, elle a toujours beaucoup d'histoires à leur raconter.

Quelle est sa nationalité? Magda est fière d'être, tout d'abord, gitane. «Mais je suis de nationalité française.» Elle a son carnet de circulation qu'elle fait vérifier à la gendarmerie tous les trois mois. Ce document d'identité est très important parce qu'il reconnaît officiellement la vie itinérante de Magda et de sa famille.

Et sa langue? «Chez moi, je parle le dialecte de mon peuple. Mais je parle aussi couramment le français, que je considère ma deuxième langue maternelle.»

Le saviez-vous?

- Il y a à peu près 9 à 10 millions de Romanis en Europe (dont 2 millions en Roumanie). C'est la minorité la plus importante d'Europe.
- Il y a entre 280 000 et 340 000 Roms en France (1 million aux Etats-Unis).
- Chez les Roms, les familles nombreuses de plus de 6 enfants sont fréquentes.
- Les Roms se divisent en plusieurs groupes ethniques. En France, par exemple, les Gitans (écrit avec majuscule) se trouvent surtout dans le sud. Les Sintis sont en Alsace et dans d'autres régions de la France.
- Métiers traditionnels chez les Roms: vannier, ferrailleur, musicien. Aujourd'hui, avec la musique, c'est surtout la cueillette de fruits, le travail saisonnier dans les fermes et le bricolage chez les particuliers. Ce ne sont jamais des employés salariés.
- Plus de la moitié des Roms en France mènent une vie nomade.

COMMENT SONT-ILS LOGÉS?

Les Roms se logent comme ils peuvent. Ils ont très peu d'argent et, pour ceux qui sont itinérants, le logement est une tente, une caravane ou une roulotte avec un cheval. Quand ils s'arrêtent, ils s'installent provisoirement dans des campements où ils retrouvent d'autres gens du voyage.

Une loi du 31 mai 1990 oblige les communes françaises de plus de 5 000 habitants à prévoir le passage et le séjour des gens du voyage sur des terrains spécialement aménagés pour eux. La loi les autorise alors à interdire le stationnement sauvage sur le reste de la commune.

France: L'exode urbain?

Entre 1850 et 2000, le mouvement de la population française était facile à suivre: En 1850, 75% des Français habitaient les régions rurales (25% les centres urbains); en 2000, la situation était presque l'inverse, avec 15% de ruraux et 85% d'urbains.

75%									85%
25%									15%
1850	1870	1890	1910	1930	1950	1970	1982	1990	2000

■ Population Rurale   ■ Population Urbaine

Depuis 1999, la mobilité démographique se fait vers les communes rurales qui se trouvent à proximité des villes. Pourquoi ce mouvement vers les campagnes? Qu'est-ce qui pousse les Français à chercher des logements dans la nature? Plus de 23 millions d'entre eux vivent aujourd'hui hors des centres urbains et certaines villes commencent à ressentir les effets de cet exode urbain.

Les raisons de ce mouvement vers la nature ne sont pas difficiles à comprendre. Les villes sont devenues très stressantes: il y a trop de bruit, trop de circulation et d'embouteillages, trop de pollution et trop de délinquance. En plus, les logements en ville sont très chers. Par contre, la campagne offre une vie moins stressante, moins coûteuse, avec moins de criminalité et moins de pollution. Et ce qui facilite la vie loin des villes, c'est la technologie: téléphones portables, informatique, Internet et tous les autres moyens de communication.

L'exode urbain ne signifie pas forcément l'abandon des villes. Les jeunes, surtout, préfèrent souvent rester près de tout ce qu'offrent les villes: cinémas, musées, restaurants, centres sportifs, piscines, cafés, magasins, diversité culturelle, vie nocturne. Peut-être, dans les années à venir, un équilibre s'établira entre les villes et la campagne. Ce qui est important pour le moment, c'est que les Français ont plus de choix et peuvent s'installer là où ils se sentent le mieux.

DICO

amitié précaire *limited friendship*
à prévoir *to anticipate*
au même endroit *in one place*
avec bienveillance *with kindness*
bricolage *odd jobs*
bruit *noise*
campements *campgrounds, encampments*
carnet de circulation *permit to move around*
ceux *those*
circulation *traffic*
coûteuse *costly*
cueillette de fruits *fruit picking*

délinquance *crime*
embouteillages *traffic jams*
familles nombreuses *large families*
ferrailleurs *scrap metal collectors/ dealers*
fière *proud*
forcément *necessarily*
gadjos *Romani word for **sédentaires**, people who live in permanent housing*
gendarmerie *police station*
interdire *prohibit, forbid*
itinérants *itinerants, wanderers, travelers*
loyer *rent*
majuscule *capitalized, upper case*

moindre coût *lower cost*
ouvriers *blue-collar workers*
particuliers *private individuals*
peur *fear*
provisoirement *temporarily*
ressentir *feel*
retraités *retirees*
séjour *stay*
se sentent le mieux *feel the most comfortable*
stationnement sauvage *random parking*
terrains *land*
travail saisonnier *seasonal work*
vanniers *basket-makers*
vie de nomades *nomadic life*

I. Qu'est-ce que vous avez appris? Lisez les documents, puis complétez chaque affirmation en choisissant la bonne réponse.

Les gens du voyage (Les Roms)

1. Les Gitans sont…
   a. une ethnie de la Roumanie.
   b. une ethnie particulière des Romanis.
   c. une ethnie française du Midi de la France.
   d. une ethnie d'origine espagnole.
2. Les gens qui vivent dans des logements permanents s'appellent…
   a. des Roms.
   b. des Tziganes.
   c. des Gitans.
   d. des sédentaires.
3. Les femmes Roms ont tendance à se marier…
   a. très jeunes (à moins de 15 ans).
   b. jeunes (à moins de 20 ans).
   c. après l'âge de 30 ans.
   d. assez tard dans la vie (après 40 ans).
4. Les gadjos (ou gadjés) est le nom donné par les gens du voyage…
   a. aux gens qui ont un domicile fixe.
   b. aux jeunes qui ne savent ni lire ni écrire.
   c. aux gens de leur groupe.
   d. aux familles nombreuses.
5. En France, le nombre de Roms qui mènent une vie nomade est…
   a. de 20 à 25%.
   b. de 35 à 40%.
   c. de 50 à 55%.
   d. de 100%.
6. Le travail des gens du voyage est…
   a. très stable.
   b. très précaire.
   c. très bien payé.
   d. très facile.

7. Les communes françaises de plus de 5 000 habitants…
   a. sont obligées de trouver un logement permanent pour les Roms qui arrivent chez eux.
   b. ne sont pas obligées d'accepter les Roms dans leurs communes.
   c. sont obligées d'aménager des terrains pour les caravanes et roulottes des Roms.
   d. ne sont pas obligées d'aménager les terrains réservés pour les Roms.

Le logement en France

8. Aujourd'hui encore, la grande majorité des Français habite…
   a. dans les centres urbains.
   b. dans la banlieue des villes.
   c. à moins de 20 km des agglomérations urbaines.
   d. à la campagne.
9. En même temps, le mouvement de la population française se fait…
   a. vers les villes.
   b. vers la banlieue.
   c. vers le nord de la France.
   d. vers la campagne près des villes.
10. Les gens qui continuent à préférer la vie urbaine sont…
    a. les retraités.
    b. les jeunes.
    c. les plus de 40 ans.
    d. les ouvriers.
11. Les quatre raisons les plus fréquemment invoquées pour quitter les villes sont…
    a. la vie nocturne, le stress, la circulation, la diversité.
    b. les centres sportifs, la délinquance, les embouteillages, le coût du logement.
    c. la délinquance, les embouteillages, la pollution, le coût du logement.
    d. le stress, la pollution, les cinémas, les magasins.

12. En France, on ne peut pas être expulsé de son logement entre...
    a. octobre et février.
    b. septembre et janvier.
    c. décembre et avril.
    d. novembre et mars.
13. Les HLM sont des immeubles surtout pour...
    a. les personnes qui n'ont pas beaucoup d'argent.
    b. les membres des professions libérales et les cadres.
    c. les jeunes.
    d. les personnes qui ont des salaires assez élevés.

 J. Mini-discussion. Discutez des questions suivantes avec quelques camarades de classe.

Pour mieux vous exprimer

Parler de l'endroit où on veut habiter

parce que + verbe conjugué
pour + infinitif (ou nom)

Raisons

avoir trouvé un nouveau job dans une autre région (état, ville, pays, etc.)
avoir plus de place *(space)* (de chambres, etc.)
avoir besoin de plus de place
être plus près (proche) de...
être moins serré(e)(s) *(to be less crowded)*
payer un loyer moins élevé
préférer la nature (le calme, la campagne, la ville, etc.)
préférer vivre (habiter) à la campagne (en ville, au centre-ville, près de l'université, etc.)
vouloir (une maison, un appartement) plus grand (spacieux, confortable, etc.)
vouloir être au centre-ville (près des écoles, en banlieue, à la campagne, etc.)
vouloir éviter la circulation *(traffic)* (les embouteillages *[traffic jams]*)
vouloir une vie plus calme (tranquille)
vouloir habiter un quartier plus propre *(clean)* (intéressant, etc.)
vouloir avoir un jardin (un garage, etc.)
vouloir se rapprocher *(to be closer)* du travail (des magasins, des cinémas, etc.)
vouloir être plus près de la famille
vouloir changer de région
vouloir vivre en pleine nature

1. «Chez moi» *("Home"),* qu'est-ce que ça signifie pour vous? C'est quelle sorte d'environnement, quelle sorte de logement et d'ambiance? En quoi est-ce que vos idées diffèrent de celles de vos camarades?
2. Est-ce que l'exode urbain qui commence à se produire en France se manifeste également aux Etats-Unis? A votre avis, quelles sont les positions des gens que vous connaissez en ce qui concerne le choix ville/campagne?

RAPPEL

L'accord des adjectifs (formes régulières)

au singulier

masculin	**féminin**
grand	grand<u>e</u> = forme masculine + e
rouge	rouge = les deux formes sont les mêmes

au pluriel

singulier	**pluriel**
grand / grande	grand<u>s</u> / grand<u>es</u> = formes singulières + s
rouge / rouge	rouge<u>s</u> = formes singulières + s

CD1, Track 22

K. Des précisions. Répondez aux questions selon ce que vous entendez (n'oubliez pas l'accord des adjectifs). Ensuite, justifiez vos réponses avec les raisons données dans les descriptions sur le CD.

Modèle: **Vous entendez:** Le prof est très marrant. Il nous raconte des histoires amusantes et nous faisons des jeux pour apprendre les maths.

Question: le cours de maths (monotone? intéressant?) Expliquez.

Vous dites: *Le cours de maths est intéressant parce le prof raconte des histoires amusantes et parce qu'il utilise des jeux pour faire apprendre les maths.*

1. la maison (petite? grande?) Expliquez.
2. le film (intéressant? monotone?) Expliquez.
3. Sarah (optimiste? pessimiste?) Expliquez.
4. le prof (patient? impatient?) Expliquez.
5. la résidence universitaire (calme? bruyante [noisy]?) Expliquez.
6. les bâtiments (délabrés? rénovés?) Expliquez.
7. la bibliothèque (ouverte? fermée?) Expliquez.
8. l'appartement (ensoleillé? sombre?) Expliquez.
9. la chambre (propre [clean]? sale [dirty]?) Expliquez.
10. Vanessa (française? américaine?) Expliquez.

RAPPEL

L'accord des adjectifs (formes irrégulières)

au singulier

masculin	féminin	masculin	féminin
premier	premi**è**re (-er devient -ère)	beau	belle
bon	bo**nne** (-n devient -nne)	nouveau	nouvelle
délicieux	délici**euse** (-eux devient -euse)	vieux	vieille
violet	viol**ette** (-et devient -ette)	blanc	blanche
secret	secr**ète** (-et devient -ète)	long	longue
traditionnel	traditionn**elle** (-el devient -elle)	frais	fraîche
sportif	sporti**ve** (-f devient -ve)		

au pluriel

- Pour la plupart des adjectifs, ajoutez -s aux formes singulières

bleu	bleu**s**	sportif	sportif**s**
nouvelle	nouvelle**s**	curieuse	curieuse**s**

- Les adjectifs singuliers en -s ou -x ne changent pas au pluriel.

vieux	vieux
mauvais	mauvais
frais	frais

L. Des descriptions. Utilisez au moins un des adjectifs donnés pour décrire chacune des photos.

Adjectifs: beau / cher / délicieux / frais / luxueux / neuf / sportif / vieux

Modèle: *La maison est vieille.*

1.
2.
3.
4.
5.
6.
7.
8.

Le comparatif

- *supériorité*   **plus** + adjectif + **que**

  Il est **plus** beau **que** son frère.

  Ce chocolat est **bon.** Ce chocolat est **meilleur que** ces bonbons.
  Ces bonbons sont **bons.** Ces bonbons sont **meilleurs que** ce chocolat.
  Cette pomme est **bonne.** Cette pomme est **meilleure que** ces poires.
  Ces poires sont **bonnes.** Ces poires sont **meilleures que** ces pommes.

- *infériorité*   **moins** + adjectif + **que**

  Tu es **moins** patiente **que** ton ami.

  Cette pomme est **moins** bonne **que** cette poire.
  Ces bonbons sont **moins** bons **que** ce chocolat.

- *égalité*   **aussi** + adjectif + **que**

  Je suis **aussi** fatigué **que** toi.

  Cette pomme est **aussi** bonne **que** cette poire.
  Ces bonbons sont **aussi** bons **que** ce chocolat.

M. Des comparaisons. Faites des comparaisons en utilisant les éléments donnés et vos expériences personnelles.

> **Modèle:**   vacances (long)
> *Chez nous, les vacances d'hiver sont plus longues que les vacances d'automne.*

1. prof (amusant)
2. film (populaire)
3. ami(e) (sérieux)
4. cours (intéressant)
5. chansons (triste)
6. restaurant (bon)
7. vidéo (ennuyeux)
8. chansons (sentimental)

N. A mon avis… Faites les comparaisons suivantes. Utilisez les adjectifs suggérés pour vous guider. N'oubliez pas l'accord des adjectifs.

1. Comparez deux logements que vous connaissez.

   Adjectifs: agréable / beau / bien situé / bruyant *(noisy)* / calme / clair / climatisé *(air-conditioned)* / délabré / ensoleillé / facile à entretenir / grand / haut / intime / isolé / luxueux / moderne / petit / pittoresque / privé / propre / sale / solide / sombre / spacieux / tranquille / vieux

2. Comparez deux personnes que vous connaissez.

   Adjectifs: agréable / aimable *(likable)* / ambitieux / amusant / bavard *(talkative)* / bon (en maths, en langues étrangères, en sciences, etc.) / calme / charmant / énergique / généreux / gentil / intelligent / intéressant / marrant *(funny)* / négatif / optimiste / organisé / ouvert / patient / poli / pessimiste / positif / réservé / responsable / sensible *(sensitive)* / sérieux / sociable / sportif / studieux / sympathique

Le superlatif

- *supériorité*   noun + **le plus (la plus, les plus)** + adjective + **de** + noun

  C'est le film **le plus** intéressant **de** l'année.
  C'est l'étudiante **la plus** intelligente **du** groupe.
  Ce sont les appartements **les plus** spacieux **de la** ville.
  Ce sont les pièces **les plus** ensoleillées **de la** maison.

- *infériorité*   noun + **le moins (la moins, les moins)** + adjective + **de** + noun

  C'est le studio **le moins** cher **de** l'immeuble.
  C'est la maison **la moins** moderne **du** quartier.
  Ce sont les logements **les moins** confortables **de la** ville.
  Ce sont les étudiantes **les moins** ambitieuses **du** groupe.

O. Les choses les plus importantes. Répondez aux questions avec des phrases complètes.

1. Quels sont les cours les plus (les moins) intéressants de votre programme d'études?
2. Quel est l'endroit le plus calme pour vous dans votre environnement?
3. Quelles sont les personnes les plus importantes dans votre vie?
4. Quelles sont les vacances les plus (les moins) amusantes pour vous?
5. Quels sont les profs les plus (les moins) patients dans votre programme?
6. Quelle est la journée la plus (la moins) stressante pour vous?
7. Quel moyen de communication est le plus (le moins) pratique pour vous?
8. Quelles sont les émissions télévisées les plus (les moins) ennuyeuses que vous regardez?

Do **A faire! (2-2)** on page 69 of the **Manuel de préparation.**

Fonction

Comment décrire les choses et les personnes (1)

 To download a podcast on Adjectives, go to **academic. cengage.com/french/quantamoi**.

RAPPEL

La place des adjectifs

C'est une région **pittoresque**.
C'est un **nouvel** ami.
C'est une **belle** cathédrale **gothique**.
Ce sont des enfants **intelligents** et **studieux**.
C'est un roman policier **américain**.

- Most adjectives are usually placed *after* the noun.
- The following adjectives are usually placed *before* the noun: **grand, vieux, long, beau, autre, petit, nouveau, bon, mauvais, court, joli, jeune.**
- The adjectives **beau, nouveau,** and **vieux** have a special form when they come before a masculine singular noun that begins with a vowel or a mute **h: bel, nouvel, vieil.**

Paul Cézanne (1839–1906) est un peintre français qui est né à Aix-en-Provence. Comme les autres impressionnistes de l'époque, il a été inspiré par son environnement. Portraits, baigneuses en plein air, natures mortes *(still lifes)* et paysages sont ses thèmes principaux. Il a beaucoup influencé l'art du XXᵉ siècle, surtout le cubisme et l'art abstrait.

P. Quatre tableaux *(Four paintings)* de Cézanne. Utilisez les adjectifs et les noms donnés pour décrire les tableaux suivants. Attention à l'accord et à la place des adjectifs.

> **Modèle:** *Dans ce tableau, il y a (je vois, on voit)…*
> *A gauche… (A droite…, Au centre…, En haut…, En bas…)*

Basse-cour dans Auvers, c. 1879–1880

La Vue d'Auvers, 1874

1. **Noms:** une ferme / un arbre / un bâtiment / un toit *(roof)* / un mur *(wall)* / le ciel *(sky)* / une ombre *(shadow)*
   Adjectifs: vert / vieux / gris / rouge / orange / petit / beige / bleu-violet

2. **Noms:** un village / un arbre / un champ *(field)* / une cheminée / une route / une maison / un toit / une vallée / le ciel / des nuages *(m. pl.)*
   Adjectifs: blanc / petit / vert / grand / brun / beige / bleu / bleu-violet

Le Vase bleu, c. 1885–1887

Le Jardinier Vallier, c. 1906

3. Noms: une fleur / une feuille *(leaf)* / un encrier *(ink bottle)* / une pomme / un vase / une assiette / une bouteille / une fenêtre (ou un miroir?) / un mur / une table
Adjectifs: bleu / joli / jaune / rouge / blanc / brun

4. Noms: un chapeau / une barbe / une chaise / un pantalon / des chaussures *(f.)* / des plantes *(f.)* / un fond *(background)* / l'extérieur d'une maison / un mur / les jambes croisées *(crossed legs)* / les yeux cachés *(eyes hidden)*
Adjectifs: jaune / bleu / long / vert / brun / noir / violet / beige

Q. Et vous? Dans l'Exercice XV du **Manuel de préparation,** vous avez rédigé des phrases qui caractérisent votre situation personnelle à propos de certains sujets. Parlez-en maintenant à vos camarades et faites bien attention à l'accord et à la place des adjectifs.

Modèle: mon quartier
Mon quartier (J'habite dans un quartier qui) est très intéressant mais assez bruyant. C'est un nouveau quartier avec beaucoup de magasins et de boutiques. Il y a (Nous avons) un cinéma, un restaurant indien, des fast-foods, un jardin public, etc.

1. ma maison / mon appartement (mon immeuble) / ma chambre (dans une maison ou dans une résidence universitaire)
2. ma ville / mon village
3. mon quartier
4. un endroit que j'ai visité

Quant à moi...

Témoignages: «En quoi le type de logement et sa situation influencent-ils la façon de vivre et les habitudes?»

 R. À vous d'abord! Discutez des questions suivantes avec vos camarades de classe.

1. Comment est votre maison (appartement, chambre)?
2. Si vous habitez dans une maison ou un appartement, dans quelle(s) pièce(s) est-ce que vous passez la plupart de votre temps?
3. Dans quel cadre se trouve votre logement? (centre-ville, banlieue, près ou loin des magasins, près ou loin des restaurants et cinémas, etc.)
4. En quoi est-ce que votre logement influence
   a. votre vie sociale? (**Modèle:** *Ma chambre est très petite et je ne peux pas inviter beaucoup de gens chez moi. Ça veut dire que je sors plutôt avec mes amis ou je vais chez une amie qui habite dans un appartement,* etc.)
   b. vos activités? (**Modèle:** *Dans notre appartement, j'ai ma chambre à moi. Je ne vais donc pas souvent à la bibliothèque parce que c'est très calme chez moi, j'ai mon ordinateur et le matériel scolaire,* etc.)
   c. votre emploi du temps? (**Modèle:** *J'habite dans une résidence universitaire et je mange à la cafétéria. Je suis donc obligé[e] de prendre mes repas à des heures précises quand la cafétéria est ouverte, même si je n'ai pas très faim,* etc.)

 CD1, Tracks 23–26

 Visit the **témoins** in their hometown on Google Earth.

S. Les témoins vous parlent. En écoutant quelques Français et Francophones parler de l'influence de leur logement sur leur vie, faites les exercices en suivant les indications données.

Véronica Zein
Savigny-sur-Orge, France

> ### Vocabulaire utile
> **un complexe** *(residential development/subdivision)*, **privé** *(private)*, **les mêmes** *(the same)*, **donne sur** *(overlooks)*, **bruyant** *(noisy)*, **on s'habitue à tout** *(you get used to everything)*, **c'est-à-dire** *(that is to say)*, **co-propriétaires** *(co-owners)*, **l'essence** *(gas)*, **il faudra** *(you will have to)*, **j'ai grandi** *(I grew up)*, **s'en vont** *(go, move away)*, **au milieu du** *(in the middle of)*, **au-dessus** *(further up)*, **un coiffeur** *(hairdresser)*

1. Choisissez la bonne réponse selon ce que vous avez compris.
   • Véronica habite dans...
     a. une boulangerie.
     b. une maison.
     c. un appartement.
     d. un centre commercial.

- Dans un complexe privé…
  - **a.** tous les habitants sont propriétaires.
  - **b.** tous les habitants sont de la même génération.
  - **c.** tous les habitants sont allés à l'école ensemble.
  - **d.** tous les habitants ont grandi ensemble.

- Véronica a grandi…
  - **a.** toute seule.
  - **b.** avec des enfants qui déménageaient très souvent.
  - **c.** avec des enfants qui n'étaient pas très populaires.
  - **d.** avec les mêmes enfants.

- Dans le complexe de Véronica, il y a…
  - **a.** une école, une pharmacie, une boulangerie, un coiffeur, un restaurant.
  - **b.** une école, une pharmacie, un cinéma, un coiffeur, un restaurant.
  - **c.** une école, une pharmacie, une station-service, un coiffeur.
  - **d.** une école, une boulangerie, un coiffeur, un cinéma, une pharmacie.

- Le complexe est…
  - **a.** loin de l'autoroute, en banlieue.
  - **b.** au centre-ville.
  - **c.** près de l'autoroute, en banlieue.
  - **d.** à la campagne.

Anne Squire
Levallois-Perret, France

Levallois-Perret, France
Région: Ile-de-France
Population: 62 500
Importance: 26 habitants/km² — une des communes qui a la plus forte densité de population d'Europe

Levallois-Perret • •Paris
ILE-DE-FRANCE

France

Vocabulaire utile

un carrefour *(crossroads, intersection)*, **bruyant** *(noisy)*, **populaire** *(working class)*, **du genre** *(such as)*, **vivant** *(lively)*, **à part ça** *(besides that)*, **au fond de** *(at the back of)*, **en principe** *(in theory)*, **je m'entends très bien avec eux** *(I get along very well with them)*, **vraiment** *(really)*, **je ne circule qu'en** *(I get around only with)*

2. Décidez si les phrases sont vraies ou fausses selon ce que vous savez sur Anne Squire.
   - **a.** Anne habite avec ses parents dans une maison.
   - **b.** Elle habite au nord-ouest de Paris.
   - **c.** Dans son bâtiment, il y a un ascenseur.
   - **d.** Son quartier est très calme.
   - **e.** Le logement d'Anne est dans un quartier populaire sur un grand boulevard.
   - **f.** Anne passe la plupart de son temps dans sa chambre.
   - **g.** Elle joue du violon le matin.
   - **h.** Elle ne s'entend pas très bien avec ses parents.
   - **i.** Quand elle va quelque part, elle prend toujours le métro ou l'autobus.

Alger, Algérie
Population ville: 2 029 936 (2002)
Population agglomération: 4 250 000 (la plus grande agglomération du Maghreb [Afrique du Nord])
Importance: capitale et plus grande ville d'Algérie, la Casbah (vieille ville), Grande Mosquée d'Alger, stations balnéaires

Djamal Taazibt
Alger, Algérie

Vocabulaire utile

comme je vous le disais *(as I told you)*, tout à l'heure *(a minute ago)*, chic *(fashionable)*, postes *(positions, jobs)*, l'Etat *(government)*, cultivés *(cultured)*, chahut *(noise)*, de marche à pied *(on foot)*

3. Répondez aux questions.
   a. Pourquoi est-ce que le quartier où habite Djamal est considéré un quartier chic?
   b. Pourquoi est-ce que son quartier est bien situé?

Dovi Abe
Dakar, Sénégal

Vocabulaire utile

la cour *(courtyard)*, le lieu *(place)*, lorsqu'ils *(when they)*, cimentée *(covered in concrete)*, gazon *(lawn)*, disponible *(usable)*, à tout moment *(any time)*, courante *(everyday)*, tenues *(owned)*, se sont établis *(established themselves)*, ils tiennent *(they run, manage)*, ils vivent *(they live)*, pour la plupart *(for the most part)*

4. Oui ou non? Dites si Dovi a fait les constatations suivantes ou non.

   Modèle: On passe beaucoup de temps à l'intérieur de la maison. *Non.*

   a. Dovi et sa famille passent beaucoup de temps dans la cour avec des amis.
   b. La cour, c'est un lieu qui est complètement cimenté.
   c. Il n'y a pas d'hiver à Dakar.
   d. Il y a aussi un peu de gazon dans la cour.
   e. On joue souvent de la musique dans la cour.
   f. Dans le quartier, il y a surtout des usines et des supermarchés.
   g. Les propriétaires des petites boutiques sont des Marocains.
   h. La plupart des petits commerçants habitent dans le quartier.

Do **A faire! (2-3)** on page 76 of the **Manuel de préparation.**

T. Expliquez! Les quatre témoins semblent aimer l'endroit où ils habitent. Expliquez pourquoi. Et vous? Est-ce que vous aimez l'endroit où vous habitez? Pourquoi ou pourquoi pas?

Et vous?

FICHE VOCABULAIRE

LA VILLE

les endroits de la ville
 un arrêt de bus
 une bibliothèque municipale (départementale)
 une boucherie
 une boulangerie-pâtisserie
 une boutique
 un café
 une cathédrale
 un centre commercial
 un centre culturel
 une charcuterie *delicatessen*
 un château
 un cinéma
 un collège *junior high school, middle school*
 un coiffeur *beauty salon*
 une école *school*
 une école de danse (de musique)
 une église
 une épicerie *general store, small grocery store*
 un fast-food
 une gare
 un jardin public (un parc)
 un lieu *place*
 un lycée *high school*
 un magasin
 une médiathèque *media center*
 le métro (une station de métro)
 un monument (historique)
 une mosquée
 un musée
 un parking
 un petit commerce *small store*

une pharmacie
une piscine
un restaurant
une salle de théâtre
un stade
une station d'essence *gas station*
un supermarché
une synagogue
le tramway *tramway*
les transports publics *(m. pl.)*

verbes utiles
 circuler *to get around*
 donner sur *to look out on (over)*
 s'habituer à *to get used to*

se situer
 à côté de *next to*
 à... km (de) *... kilometers (from)*
 à l'est (de)
 à l'ouest (de)
 au centre (de)
 au nord (de)
 au sud (de)
 au nord-est (de)
 au nord-ouest (de)
 au sud-est (de)
 au sud-ouest (de)
 à proximité de *near*
 au milieu de *in the middle of*
 (pas) loin de *(not) far from*
 près de *near*
 tout près de *very near*
 dans une avenue (une rue)
 sur un boulevard (une route)

U. Le logement de mes rêves. Décrivez le logement idéal que vous avez imaginé dans l'Exercice XIX dans le **Manuel de préparation.** Vos camarades peuvent vous poser des questions pour obtenir des renseignements supplémentaires.

1. le type de logement préféré et les raisons de ce choix
2. propriétaire ou locataire?
3. description détaillée du logement (noms et adjectifs)
4. le type d'environnement où se trouve ce logement (e.g., campagne, centre-ville, banlieue, etc.)
5. les raisons du choix de cet environnement (voir **Pour mieux vous exprimer, Manuel de classe,** p. 63)
6. la région du monde où se trouve ce logement (indiquez la situation géographique précise)
7. ce qu'il y a dans le quartier (activités culturelles, scolaires et sportives, transports, etc.)
8. les raisons pour lesquelles ces activités sont importantes pour vous (un petit portrait de votre personnalité et de ce que vous aimez faire)

Quand on dit «francophonie» ou «monde francophone», il s'agit d'une très grande variété de cultures réparties dans le monde entier. Il est donc évident que les logements qui caractérisent chacune de ces régions sont adaptés au climat, à la situation économique des habitants et aux normes culturelles qui définissent en partie les goûts personnels.

En gros, on peut tout de même constater que les logements des grandes villes, où qu'elles soient, ont certains traits en commun: grands immeubles (appartements, studios), maisons ou villas selon le style de la région, bâtiments publics et, bien sûr, beaucoup de circulation et d'embouteillages (avec tous les problèmes urbains). Pour trouver ce qu'il y a de plus particulier dans le logement, il faut plutôt aller dans la campagne ou regarder les vieilles habitations: les habitations en argile au Mali, les cases à la Martinique, les chalets suisses, voilà ce qu'il y a d'intéressant et de culturellement vraiment distinct.

L'architecture d'argile des Dogons (Mali)

Le Mali

La République du Mali

- *Capitale:* Bamako
- *Superficie:* 1 240 190 km^2 (2 ½ fois la France)
- *Population:* 11 995 402 (juillet 2007, est.)
- *Langue officielle:* le français
- *Langue la plus parlée:* le bambara
- *Economie:* un des pays les plus pauvres du monde
- *Ethnies:* près de 20 ethnies différentes composent le Mali, comme les Bambaras, les Berbères, les Dogons, les Touaregs, les Peuls

Les maisons d'argile du pays dogon

Les Dogons du Mali, nommés aussi le peuple des falaises, sont une ethnie malienne d'à peu près 300 000 personnes. Leurs maisons, construites en terre crue adobe (argile ou *banco* en Afrique), sans bois ni pierres, sont parfaitement adaptées au climat et à l'environnement de la région. L'argile protège contre la chaleur extrême pendant la journée et maintient une température confortable pendant la nuit. Il y a un grand intérêt aujourd'hui dans cette construction parce que l'utilisation de l'argile n'est pas nuisible à l'environnement.

La Grande Mosquée de Djenné

Située dans la ville de Djenné, cette mosquée impressionnante est le plus grand bâtiment du monde en argile (terre crue adobe). Il y a assez de place à l'intérieur pour 1 000 personnes. Les trois minarets donnent sur la grande place où se tient le grand marché du lundi. Depuis des siècles, des marchands s'y réunissent chaque semaine pour vendre leurs produits.

Tous les habitants de Djenné participent à l'entretien de leur mosquée. Une fois par an, ils organisent un festival qui a pour but principal les réparations de l'extérieur du bâtiment avec un enduit préparé de façon traditionnelle. Tout ça accompagné de musique, de jeux et de bonnes choses à manger.

Cases et maisonnettes de la Martinique

Les cases et les maisonnettes créoles représentent les habitations traditionnelles des Antilles. Ces petites maisons modestes sont presque toujours construites en bois sur une base en béton et avec un toit de tuiles. Des couleurs vives les caractérisent. Aujourd'hui on reconnaît l'importance de ces maisons traditionnelles et la Martinique fait un grand effort pour protéger ce patrimoine architectural qui commence à disparaître. Avec tout leur charme, il ne faut cependant pas oublier que les cases rappellent les habitations typiques de l'époque des esclaves.

Les chalets suisses

Le chalet suisse est un style d'architecture qui existe en Europe aussi bien qu'en Amérique du Nord. C'est une habitation bien adaptée aux terrains montagneux et aux abondantes chutes de neige. Le chalet traditionnel, quelle que soit sa surface, est une construction en bois avec un toit en pente pour éviter l'accumulation de neige. Puisque le bois est plus isolant que le béton ou les briques, il maintient mieux la chaleur à l'intérieur de la maison. Le chalet typique se caractérise par un balcon au premier ou deuxième étage, des volets peints de couleurs vives et des découpages décoratifs.

DICO

bois *wood*
but *goal, purpose*
cases *small houses, huts, cabins*
cependant *however*
découpages décoratifs *decorative carvings*
donnent sur *look over*
en argile *made out of clay (mud)*
en béton *made of concrete*
enduit *coating, filler*
entretien *upkeep*
esclaves *slaves*
ethnie malinienne *ethnic group from Mali*
étrangères *foreign*

isolant *insulating*
jeux *games*
maisonnette *small house, cabin*
le monde entier *the whole world*
nuisible *harmful*
où qu'elles soient *wherever they may be*
patrimoine *heritage*
peuple des falaises *cliff-dwelling people*
pierres *stones*
rappellent *recall*
se tient *is held*
s'y réunissent *come together, meet*
terre crue adobe *clay, mud, adobe*
toit de tuiles *roof made of clay tiles*
toit en pente *slanted roof*
volets *shutters*

V. Vrai ou faux? Consultez les textes du **Magazine Culture** et dites si les constatations sont vraies ou fausses. Si une idée est fausse, corrigez-la.

1. Toutes les grandes villes, même si elles présentent des différences culturelles, ont certaines choses en commun.
2. Pour trouver ce qu'il y a de traditionnel dans l'architecture d'une région, il vaut mieux regarder les grands immeubles urbains.
3. Djenné est la capitale du Mali.
4. Une fois par an, les habitants de Djenné s'organisent pour réparer la Grande Mosquée.
5. Le Mali est un des pays les plus prospères du monde.
6. La langue officielle du Mali, c'est le français.
7. L'architecture des Dogons est bien adaptée au climat du pays.
8. Les Martiniquais utilisent des pierres pour construire leurs cases traditionnelles.
9. Les premières cases des Antilles ont probablement été construites par/pour les esclaves.
10. Aujourd'hui, il n'y a aucun effort pour sauvegarder les cases martiniquaises.
11. La case martiniquaise et le chalet suisse ont ceci en commun: ils sont tous les deux construits en bois.
12. Le toit en pente du chalet a pour but de protéger contre le vent.
13. Le béton est plus isolant comme matériau de construction que le bois.

W. Mini-discussions. Discutez des questions suivantes avec quelques camarades de classe.

1. Quel est le style architectural particulier de votre région? En quoi est-ce que ce style est adapté au climat dans lequel vous habitez (décrivez votre climat)? Quel mélange *(mixture)* de styles est-ce qu'il y a dans votre région? A votre avis, quels bâtiments de votre région font partie de votre patrimoine architectural?
2. Est-ce qu'il y a une région des Etats-Unis qui se caractérise par un style architectural particulièrement intéressant? Laquelle? Décrivez ce style et essayez d'expliquer comment il est adapté au climat.

Fonction

Comment décrire les choses et les personnes (2)

RAPPEL

Les pronoms relatifs

	PEOPLE/ANIMALS/THINGS
SUBJECT	qui
DIRECT OBJECT	que, qu'

The relative pronoun **où** replaces nouns that refer to place and time.

 To download a podcast on Relative Pronouns, go to **academic.cengage.com/french/quantamoi.**

X. Est-ce que vous savez? Devinez *(Guess)* de quoi ou de qui il s'agit.

1. Dans ce film, il s'agit d'un jeune homme qui est sorcier *(sorcerer)*.
   a. *Atonement*
   b. *Harry Potter and the Deathly Hallows*
   c. *The Diving Bell and the Butterfly*
   d. *Juno*

2. C'est une fleur qui est blanche et qui permet de savoir si quelqu'un vous aime ou pas.
   a. C'est une tulipe.
   b. C'est une rose.
   c. C'est une marguerite *(daisy)*.
   d. C'est une violette.

3. C'est le jour où les Français célèbrent la prise de la Bastille (une prison) et qui est donc leur fête nationale.
   a. le 4 juillet
   b. le 1er août
   c. le 6 juin
   d. le 14 juillet

4. C'est une spécialité culinaire que les Marocains apprécient beaucoup.
   a. la boullabaisse
   b. le cassoulet
   c. le tagine (tajine)
   d. la salade niçoise

5. C'est le musée parisien où se trouve la *Joconde (Mona Lisa)*.
   a. le Louvre
   b. le musée d'Orsay
   c. le musée Rodin
   d. le musée de Montmartre

6. C'est un style architectural qu'on trouve souvent en Suisse.
   a. la case
   b. le chalet
   c. la maison en argile
   d. la maison en béton

Y. Ça se dit comment? Complétez les phrases avec le pronom relatif convenable.

Modèle: C'est le jour _____ je me suis mariée.
C'est le jour où je me suis mariée.

1. C'est la personne _____ m'a envoyé un livre sur l'architecture antillaise.
2. C'est le style de maison _____ je préfère.
3. C'est le style architectural _____ il nous a recommandé.
4. C'est le sujet _____ tu as choisi pour ton exposé oral?
5. C'est Mme Porter _____ a déménagé en Suisse.
6. Jean Marchand? C'est le gars *(guy)* _____ nous avons rencontré chez Suzy.
7. Elle a une cousine _____ est malienne.
8. C'est la ville _____ je suis née.
9. Nous avons une très vieille maison _____ nous avons rénovée l'année dernière.
10. La maison _____ ils ont construite est énorme!
11. Les immeubles _____ sont en banlieue sont moins chers que les immeubles urbains.
12. L'endroit _____ j'aimerais habiter, c'est le désert de la Californie.
13. C'est le bois _____ est le matériel idéal pour la construction des cases.
14. L'appartement _____ vous avez choisi n'est pas assez grand pour toute la famille.

Do **A faire!** (2-4) on page 83 of the **Manuel de préparation**.

REPRISE

La place des adjectifs; les pronoms relatifs *qui, que, où*

Z. Faisons des descriptions! Utilisez un pronom relatif (**qui, que, où**) et les adjectifs donnés pour créer des phrases logiques. Attention à l'accord et à la place des adjectifs. Les adjectifs entre parenthèses ne sont pas nécessairement dans l'ordre convenable.

1. (étranger, mauvais) Les Dogons sont un peuple _____ a réussi à résister la _____ influence des colonisateurs _____.
2. (beau, rural) Les villages _____ habitent les Dogons se trouvent dans une _____ région _____ du Mali.
3. (systématique, grand) Une fois par an, les habitants de Djenné organisent un festival _____ a pour but des réparations _____ de la _____ mosquée.
4. (vieux, jeune) Le marché en plein air _____ il y a tous les lundis à Djenné attire les _____ personnes aussi bien que les _____ artisans _____ vendent leurs objets d'art.
5. (agricole) Les greniers, ce sont les structures _____ les Dogons préservent les produits _____ _____ ils cultivent.
6. (autre) Les oignons et le blé sont deux des produits agricoles _____ les Dogons vendent aux _____ peuples de la région.
7. (secret) Les membres de la société des masques ont une langue _____ _____ leur permet de communiquer entre eux.

Quant à moi...

Témoignages: «Que font les défavorisés, les démunis, chez vous pour se loger?»

AA. A vous d'abord! Discutez des questions suivantes avec vos camarades de classe.

1. Quels sont les problèmes de logement dans votre région?
2. Est-ce qu'il y a des gens qui n'ont pas les moyens *(means)* de se loger? Que font-ils?
3. Que fait votre gouvernement local pour aider les sans-logis? Est-ce que vous avez des centres d'accueil? Est-ce qu'il y a des logements à loyer modéré disponibles?

BB. Les témoins vous parlent. En écoutant quelques Français et Francophones parler de la situation des personnes défavorisées dans leur région, faites les exercices en suivant les indications données.

 CD2, Tracks 2–5

 Visit the **témoins** in their hometown on Google Earth.

Anne-Marie Floquet
Paris, France

> ### Vocabulaire utile
> **sur les bords de la Seine** *(along the banks of the Seine river)*, **ponts** *(bridges)*, **au bord du périphérique** *(along the Paris beltway)*, **pour vous dire** *(as an example)*, **à toute vitesse** *(at high speeds)*, **venir les embêter** *(to come bother them)*, **cela dit** *(that having been said)*, **les fameux** *(the infamous)*, **bâtis** *(built)*, **sûrs** *(safe, secure)*

1. Choisissez la bonne réponse d'après ce que vous avez appris.

- Selon Anne-Marie,...
  - **a.** il y a très peu de sans-logis (sans-abri) à Paris.
  - **b.** l'existence des sans-abri pose quelquefois des problèmes.
  - **c.** les sans-abri trouvent toujours un toit pour la nuit.
  - **d.** les sans-abri peuvent être logés dans les HLM.

- À Paris, les sans-abri dorment...
  - **a.** là où ils peuvent.
  - **b.** seulement dans des logements aménagés par la ville de Paris.
  - **c.** seulement dans des abris aménagés par des organisations bénévoles.
  - **d.** dans des HLM.

- HLM veut dire...
  - **a.** Habitation à Loyer Maximum.
  - **b.** Habitation à Loyer Moyen.
  - **c.** Habitation à Loyer Médiocre.
  - **d.** Habitation à Loyer Modéré.

- Les HLM sont situées surtout…
   a. au centre-ville.
   b. près du périphérique.
   c. loin des centres urbains.
   d. dans les banlieues des zones urbaines.

- Les quartiers des HLM sont des quartiers…
   a. pas très sûrs.
   b. assez sûrs.
   c. généralement sûrs.
   d. très sûrs.

- Il y a des sans-logis qui dorment au bord du périphérique parce que c'est un endroit…
   a. facile d'accès.
   b. un peu protégé.
   c. dangereux.
   d. sûr.

Corinne Bernimoulin-Schmid
Genève, Suisse

Vocabulaire utile

revenu *(income)*, avoir le droit *(to have the right)*, la cave *(basement)*, salles de jeu *(recreation [game] rooms)*, animateurs *(facilitators, counselors)*, la mendicité *(begging, panhandling)*, interdite *(against the law)*, mendient *(beg)*, par terre *(on the ground)*, bocal *(container, can)*, tourne *(makes the rounds)*, amène *(takes)*, le lendemain *(the next day)*, elle les refait partir *(they make them leave)*

2. Dites si les phrases sont vraies ou fausses selon ce que dit Corinne Bernimoulin-Schmid.
   a. Corinne habite en France.
   b. Il y a beaucoup de sans-abri à Genève.
   c. A Genève, il faut avoir un certain revenu pour habiter dans les HLM.
   d. En Suisse, les HLM se trouvent au centre des grandes villes.
   e. Il y a souvent des salles de jeu dans les HLM, avec des animateurs.
   f. Une des fonctions des animateurs est d'aider les enfants à faire leurs devoirs.
   g. La mendicité est légale en Suisse.
   h. A Genève, les sans-abri peuvent dormir et manger un repas dans des abris.
   i. Les sans-logis ont le droit d'habiter dans les abris plus ou moins en permanence.

Christophe Mouraux
Liège, Belgique

Vocabulaire utile

propriétaires *(homeowners)*, emprunt *(loan)*, à un taux très réduit *(at a reduced [interest] rate)*, les moyens *(means)*, primes *(subsidies)*, qui est mise par l'Etat *(that's provided by the State)*, coûts *(prices, costs)*, nettement moindres *(considerably lower, reduced)*, nettement moins importants *(considerably lower)*, malgré tout *(nevertheless)*, choix *(choice)*, suite à *(due to, because of)*, une perte d'emploi *(the loss of a job)*, insertion sociale *(social integration)*, refuges *(shelters)*, éducateurs de rue *(social workers)*, aller à la rencontre *(meet, find)*

3. Oui ou non? Dites si Christophe Mouraux a fait les constatations suivantes ou non.

   a. En Belgique, le gouvernement aide les jeunes à acheter leur première
maison.

   b. L'Etat donne aussi de l'argent aux jeunes pour rénover leur maison.

   c. Il n'y a pas de logements sociaux en Belgique.

   d. Il y a des possibilités en Belgique d'être propriétaire, même si on ne
gagne pas trop d'argent.

   e. Il n'y a pas de sans-logis en Belgique.

   f. Il n'y a donc pas de refuges en Belgique.

   g. Il y a certaines personnes qui préfèrent la vie des sans-logis.

   h. Les éducateurs de rue circulent parmi les sans-logis pour les aider.

Nadia Aouad
Beyrouth, Liban

Beyrouth, Liban
Population: Entre 938 940 et 1 303 129
(aucuns chiffres depuis 1932)
Langue officielle: arabe, la moitié de
la population parle aussi le français,
l'anglais est aussi utilisé
Importance: capitale de la République
libanaise, 5 colonnes romaines, thermes
et bains publics, la Grande Mosquée Al-
Omari, musées, la Tour de l'Horloge

Vocabulaire utile

un peu partout *(everywhere)*, **la Côte d'Azur** *(French Riviera)*, **la classe moyenne**
(the middle class), **ils se retrouvent** *(there are)*, **parfois** *(sometimes)*, **hébergés**
(housed)

4. Répondez aux questions.

   a. Où habite Nadia?

   b. Quel âge a-t-elle?

   c. Qu'est-ce qu'elle fait dans la vie?

   d. Quelle est la situation des gens aisés au Liban en ce qui concerne le
logement?

   e. Où habitent les gens défavorisés au Liban?

   f. Est-ce qu'il y a des sans-logis au Liban? Que font-ils pour survivre?

 CC. Chez vous. Les témoins parlent des personnes défavorisées dans leur pays.
Laquelle des quatre situations semble la plus proche de la situation dans la
région où vous habitez? Pourquoi?

Do **A faire!** (2-5) on page 86 of
the **Manuel de préparation.**

FICHE VOCABULAIRE

LE PROBLEME DU LOGEMENT

les quartiers défavorisés *impoverished neighborhoods*
  une décharge sauvage *improvised dump*
  une bouche d'aération *steam/air vent*
  une embrasure *doorway*
  une entrée de magasin *store entryway (doorway)*
  un ghetto *ghetto, slum*
  une habitation tombée en ruine *crumbled house (building)*
  une HLM (habitation à loyer modéré) *low-income (affordable) housing*
  un logement misérable *poor housing*
  un logement social *affordable (low-income, subsidized) housing*
  les ordures *(f. pl.) trash, garbage*
  un quartier chaud *rough (troubled) neighborhood*
  un quartier de taudis *slum area*
  un quartier sensible *sensitive (unstable) neighborhood*
  une région en difficulté *depressed area*
  un taudis *slum*
  un terrain vague *abandoned lot*
  la zone *slums*
  une zone de violence *violent neighborhood*

les conditions de vie (noms)
  la criminalité *crime*
  la délinquance *crime*
  la délinquance (criminalité) juvénile *juvenile delinquency*
  la pauvreté *poverty*
  la pauvreté chronique *entrenched poverty*
  un salaire de misère *bare subsistence wages*
  la saleté *dirt, filth*
  la ségrégation dans le logement *housing discrimination*
  le strict nécessaire *the bare necessities of life*
  la violence *violence*

les conditions de vie (verbes)
  dormir sur les banc publics *to sleep on public benches*
  être dans une misère noire *to be in dire straights*
  être jeté(e) dans la rue *to be thrown into the street*
  être prisonnier(ère) du ghetto *to be condemned to the slums*
  être réduit(e) à l'indigence *to be reduced to poverty*
  être sans abri *to be homeless*
  être sans domicile fixe *to be homeless*
  être sans ressources *to be destitute*
  vivre dans le besoin *to live in need*

les conditions de vie (adjectifs)
  défavorisé(e) *underprivileged*
  délabré(e) *run-down, decrepit*
  crasseux(se) *grimy, grubby*
  incendié(e) *set on fire, burnt*
  lugubre *dismal, bleak*
  sordide *squalid*
  vandalisé(e) *vandalized*

les défavorisés *underprivileged*
  un clochard *hobo, vagrant (péj.)*
  une clocharde *bag lady (péj.)*
  les exclus *outcasts, excluded people*
  les indigents *poor, destitute, indigent*
  un instable *drifter*

les marginaux *(m. pl.) marginalized (people), outcasts*
  un mendiant *beggar (péj.)*
  les opprimés *oppressed (people)*
  un(e) pauvre *poor person*
  les sans-abri (les sans-logis) *(m. pl.) homeless, street people*
  les SDF (sans domicile fixe) *homeless*
  un travailleur saisonnier *migrant worker*
  un vagabond *vagrant, hobo (péj.)*

 DD. Les défavorisés chez vous. Discutez avec vos camarades des problèmes liés à la pauvreté dans un endroit que vous connaissez. Consultez vos notes et les questions pour vous aider dans la discussion.

1. Quel endroit est-ce que vous avez choisi? Pourquoi est-ce que vous le connaissez?
2. Est-ce qu'il y a un nombre important de personnes démunies dans cet endroit? Comment le savez-vous?
3. Que font les personnes démunies dans cet endroit pour trouver un logement? Où habitent-elles? Dans quelle sorte de situation sont-elles?
4. Est-ce qu'il y a des sans-logis dans cet endroit? Où est-ce qu'ils se trouvent? Où est-ce qu'ils dorment?
5. Que fait la communauté pour aider les personnes démunies et les sans-logis (e.g., centres d'accueil, Restos du Cœur, assistance sociale, etc.)?
6. Qui sont les personnes de cette communauté qui aident les sans-logis et les pauvres? Est-ce que vous avez déjà travaillé pour un organisme *(organization)* qui aide ces personnes? Qu'est-ce que vous avez fait?

En France, il y a une crise de logement. Et cette crise touche surtout la population défavorisée. Selon les statistiques de *Francoscopie 2007*, «Près de 6 millions de Français vivent dans des logements surpeuplés ou dépourvus du confort de base. Des familles vivent dans des conditions insalubres, des squats, des hôtels meublés, des caravanes ou des abris de fortune. Il s'y ajoute environ 100 000 SDF» (p. 163). Dans cette crise, il s'agit donc du logement social.

Qui sont les personnes qui ont le plus de difficultés à trouver un logement convenable avec un minimum de confort? L'analyse des populations des HLM (des grands ensembles) et des zones urbaines sensibles (ZUS) révèle les tendances suivantes:

- 28% des ménages urbains à bas revenu sont logés dans une cité ou un grand ensemble (contre 9% en moyenne dans le reste du pays). Le surpeuplement dans ces conditions est de 20% (contre 7% en moyenne dans le reste du pays).
- Les logements disponibles pour les étudiants sont insuffisants en nombre, trop chers et souvent trop loin des universités.
- Sans logements accessibles, les femmes seules (veuves ou divorcées avec des enfants) s'installent de plus en plus dans les HLM (en nombre insuffisant) et dans des conditions insalubres et même dangereuses.
- La situation des personnes âgées est très précaire. D'une part, l'Etat doit trouver des moyens pour faciliter leur maintien dans leur domicile; d'autre part il faut créer des résidences qui offrent des services adaptés.

Conclusion: La France, comme la plupart des pays du monde, est très loin de satisfaire aux demandes de logements sociaux pour les quelques 1,5 million de Français qui vivent dans des situations précaires. Elle est aussi très loin d'avoir rénové les résidences délabrées qui logent les quelques 6 millions de personnes défavorisées.

Madame Diaw au *Potager*

«TOUT CE QUI NOUS MANQUE, C'EST DE L'ARGENT.»

Madame Diaw habite dans un immeuble appelé *Le Potager*. C'est une HLM de dix étages qui se trouve à la périphérie de la ville de Noisy-le-Sec (à 8,6 km *[5.3 miles]* du centre de Paris, dans la banlieue est).

«*On m'a coupé l'internet et les chaînes du câble, depuis tout à l'heure j'essaie de joindre le fournisseur d'accès mais personne ne me répond.*» Dans son F5 aux tons jaunes et orangés, Madame Diaw règle des problèmes de communication.

Quelques statuettes rangées dans un meuble du salon rappellent son pays d'origine, le Sénégal. En France depuis 1973, cette mère de 55 ans vit seule. En tout cas, lorsqu'elle n'accueille pas l'un de ses 6 enfants tous majeurs depuis longtemps. Elle est locataire au Potager depuis bientôt 20 ans.

Agent de service, employée à la mairie de Bondy, elle estime que son salaire reste insuffisant. «*Je n'ai plus d'APL (Aide personnalisée au logement) depuis que mes enfants ont grandi, mon loyer est de 700 euros par mois, c'est cher*».

Mme Diaw ne veut pas parler des émeutes de 2005 (voir l'article suivant). «*De toute façon, je ne peux rien dire, j'étais à l'hôpital.*» Les premières années, la famille vivait au 7ème étage de l'immeuble, mais entre l'ascenseur toujours en panne et les cages d'escalier pas toujours éclairées, il a fallu trouver une solution. «*Mes problèmes de santé devenaient trop pénibles pour que je monte 7 étages à chaque fois, alors Bondy Habitat m'a trouvé cet appartement au 2ème étage, depuis tout va beaucoup mieux.*»

Depuis la rénovation du Potager, les locataires vivent dans de meilleures conditions. L'ascenseur fonctionne, les cages d'escalier sont éclairées. «*Je ne déménagerais pour rien au monde, par exemple mon gardien est disponible 24h/24 en cas de soucis.*» […]

Elle s'est impliquée dans la vie du quartier et participe souvent aux repas festifs de l'Amicale des locataires. «*C'est une bonne initiative. La dernière fois, j'ai fait des crêpes pour les enfants. Ça m'a fait plaisir.*» […]

«On parle des banlieues. Il y a des banlieues à problème et des banlieues où ça va. Bondy c'est bien. La seule chose qui nous manque, c'est de l'argent.»

Copyright *Libération,* Hakim Djeroudi et Saran Koly, le 6 novembre 2006.

Etat d'urgence: les émeutes de 2005 en France

CLICHY-SOUS-BOIS

Les émeutes d'octobre/novembre 2005 ont commencé à Clichy-sous-Bois. Cette banlieue parisienne est une des plus dégradées de la région. Il y a une population d'à peu près 25 000 personnes, la grande majorité étant constituée de jeunes et d'immigrants de deuxième ou troisième génération. C'est une population sans ressources, sans espoir et vivant dans des conditions déplorables. Le taux de chômage élevé, la délinquance, la grande densité des habitants des logements sociaux, voilà ce qui caractérise cette zone sensible. La majorité de ces habitants sont français de nationalité.

Rappel des faits

le 27 octobre 2005

Clichy-sous-Bois. Deux adolescents, Zyed Benna (17 ans) et Bouna Traoré (15 ans) sont poursuivis par la police et se réfugient dans l'enceinte d'un poste source électrique. Ils sont morts par électrocution à 18h12.

Dans la soirée du 27, des violences spontanées se produisent dans les rues de Clichy-sous-Bois. Des jeunes s'attaquent à la police et aux sapeurs-pompiers venus s'occuper des véhicules incendiés.

Pendant cinq nuits, les émeutes s'amplifient mais se localisent à Clichy-sous-Bois.

le 1er novembre 2005

A partir de cette date, les émeutes gagnent d'autres banlieues parisiennes et les banlieues pauvres à travers la France.

du 6 au 7 novembre 2005

C'est la nuit la plus active: 1 408 voitures brûlées, 395 personnes arrêtées.

le 8 novembre 2005

L'état d'urgence est déclaré. Il sera prolongé pendant 3 mois.

Bilan des émeutes (28 octobre–17 novembre)

- 9 193 véhicules incendiés
- 2 734 personnes placées en garde à vue
- 597 incarcérations (dont 108 mineurs)
- 56 policiers blessés
- morts: les deux adolescents du 27 octobre; aucune autre mort; des dizaines de bâtiments publics incendiés (écoles, commerces, etc.), créant des centaines de nouveaux chômeurs

DICO

à bas revenu *with a low income*
abris de fortune *makeshift shelters*
à chaque fois *each time*
agent de service *unskilled person who does odd jobs*
Amicale des locataires *Renters' (Building) Association*
arrêtées *arrested*
blessés *injured*
brûlées *burned*
cages d'escalier *stairways*
Ça m'a fait plaisir. *I liked it.*
centaines *hundreds*
chaînes du câble *cable channels*
chômeurs *unemployed people*
cité *housing project*
créant *creating*
dépourvus *lacking, without*
disponibles *available*
éclairées *lit*
émeutes *riots*
en cas de soucis *in case of problems*
enceinte d'un poste source électrique *fence of a power station*
en garde à vue *in police custody*
en moyenne *on the average*
en panne *broken down, out of service*
espoir *hope*
état d'urgence *state of emergency*
F5 *apartment with 5 rooms*
fournisseur d'accès *cable provider*

gardien *super(visor) of a building*
hôtels meublés *furnished hotel rooms*
il a fallu trouver *had to be found*
incendiés *torched, burning*
insalubres *unhealthy*
joindre *reach*
logement social *subsidized housing*
lorsqu' *when*
mairie *town hall (town administrative building)*
ménages *households*
meuble *display cabinet*
n'accueille pas *doesn't have with her*
ne déménagerais *wouldn't move*
ont grandi *are grown*
pénibles *difficult*
pour rien au monde *for anything in the world*
rangées *displayed*
règle *takes care of*
sapeurs-pompiers *firefighters*
se répandent *spread*
services adaptés *assisted living*
s'est impliquée *got involved*
sont poursuivis *are chased*
surpeuplement *overcrowding, overpopulation*
surpeuplés *overcrowded, overpopulated*
taux de chômage *unemployment rate*
tons *tones, hues, colors*
tout ce qui nous manque *the only thing we don't have (that's missing)*
vit *lives*
vivant *living*

🧑‍🤝‍🧑 **EE. Des conclusions logiques.** Selon ce que vous avez appris dans le **Magazine Culture**, trouvez une conclusion logique à chaque début de phrase.

EE. Des conclusions logiques. Selon ce que vous avez appris dans le **Magazine Culture**, trouvez une conclusion logique à chaque début de phrase.

> **Modèle:** En France, comme dans la plupart des pays du monde, il y a…
> *En France, comme dans la plupart des pays du monde, il y a une crise du logement.*

1. Près de 6 millions de Français habitent dans des logements qui sont… et …
2. Les personnes démunies sont souvent obligées de se loger dans des… ou des…
3. Les trois groupes qui ont le plus de difficulté à trouver un logement convenable en France sont les…, les… et les…
4. Quand on parle de crise du logement en France, il s'agit surtout du…
5. Les personnes âgées ont souvent besoin d'un logement qui offre des…
6. Le problème des cités et des HLM, c'est qu'elles ont besoin d'être…
7. L'appartement de Mme Diaw a…
8. Le pays d'origine de Mme Diaw est…
9. Ce qui manque à Mme Diaw, comme aux autres locataires du Potager, c'est…
10. Deux des traits qui caractérisent Clichy-sous-Bois sont… et…
11. Les émeutes de 2005 ont commencé à Clichy-sous-Bois parce que…
12. Après cinq jours, les émeutes ont gagné…

🧑‍🤝‍🧑 **FF. Mini-discussions.** Discutez des questions suivantes avec quelques camarades de classe.

1. A votre avis, quel est le rapport entre les conditions du logement social et les émeutes qui se sont produites en France en 2005? Autrement dit, pourquoi est-ce que ce sont les jeunes des banlieues défavorisées qui étaient les participants principaux dans ces événements?
2. Il est intéressant de noter qu'à part les deux adolescents à Clichy-sous-Bois, personne d'autre n'est mort pendant les émeutes de 2005. Plus intéressant encore est le fait que ce sont surtout les véhicules qui ont été incendiés. A votre avis, pourquoi les manifestants *(rioters)* se sont-ils attaqués surtout aux voitures? Qu'est-ce qu'elles symbolisent?

Fonction
Comment décrire les choses et les personnes (3)

RAPPEL

Résumé des pronoms relatifs

	PEOPLE / ANIMALS / THINGS
SUBJECT	qui
DIRECT OBJECT	que, qu'
OBJECT OF THE PREPOSITION DE	dont
OBJECT OF A PREPOSITION OTHER THAN DE	qui *(for people only)*

The relative pronoun **où** replaces nouns that refer to place and time.

GG. Des devinettes. (*Riddles.*) A tour de rôle *(Taking turns)*, suivez le modèle pour poser ces devinettes à votre camarade. Utilisez des pronoms relatifs dans vos descriptions. Votre camarade va vous poser des questions pour trouver la réponse.

Modèle: Je pense à une personne. *(Think about a person your classmate is likely to know.)*
—*Je pense à une personne.*
—*C'est une personne que je connais?*
—*Oui, tu la connais. C'est quelqu'un que nous voyons tous les jours.*
—*C'est le prof de français?*
—*Non. La personne dont je parle est plus jeune. C'est une personne qui porte toujours une casquette des Red Sox.*
—*C'est Tracy?*
—*Oui, c'est Tracy.*

1. Je pense à une personne. *(Think about a person your classmate is likely to know.)*
2. Je pense à une ville. *(Think about a city that would be known to your classmate.)*
3. Je pense à un logement. *(Think about a residence that both of you know.)*
4. Je pense à un style architectural. *(Think about one of the architectural styles you learned about in this chapter.)*
5. Je pense à un film. *(Think about a film your classmate is likely to have seen.)*
6. Je pense à un cours. *(Think about a course your classmate is taking or a course that is required at your university.)*

Do **A faire! (2-6)** on page 94 of the **Manuel de préparation.**

Littérature

«*La vie dans les HLM*»

Christiane Rochefort

Christiane Rochefort, auteur de cet extrait, est née dans le 14ᵉ arrondissement à Paris. Cet extrait est tiré de son roman *Les petits enfants du siècle* (1961) où elle présente les problèmes de l'urbanisme moderne. Le personnage principal, c'est Josyane. C'est à travers ses yeux que nous découvrons la vie dans les résidences collectives. Dans ce premier extrait, la famille de Josyane vient de s'installer dans un nouvel appartement.

> **AIDE-LECTURE**
> Josyane's family used to live in a one-bedroom apartment. Since, by law, large families had priority access to a larger apartment in an HLM, her family was able to move.
> • How did they make use of their new space?

Maintenant, notre appartement était bien. [...] ... on nous avait mis ici; on était prioritaires; dans cette Cité les familles nombreuses étaient prioritaires. On avait reçu le nombre de pièces auquel° nous avions droit selon le nombre d'enfants.

to which

Les parents avaient une chambre, les garçons une autre, je couchais avec les bébés dans la troisième; on avait une salle d'eau°, la machine à laver était arrivée quand les jumeaux° étaient nés, et une cuisine-séjour où on mangeait; c'est dans la cuisine, où était la table, que je faisais mes devoirs.

room with a shower (bathroom)
twins

> **AIDE-LECTURE**
> Evenings, after ten o'clock, were special to Josyane.
> • Why?

C'était mon bon moment: quel bonheur quand ils étaient tous garés°, et que je me retrouvais seule dans la nuit et le silence! Le jour je n'entendais pas le bruit°, je ne faisais pas attention; mais le soir j'entendais le silence. Le silence commençait à dix heures: les radios se taisaient°, les piaillements°, les voix°, les tintements° de vaisselles; une à une, les fenêtres s'éteignaient°. A dix heures et demie c'était fini. Plus rien. Le désert. J'étais seule. Ah! comme c'était calme et paisible autour, les gens endormis, les fenêtres noires, sauf° une ou deux derrière lesquelles° quelqu'un veillait° comme moi, seul, tranquille, jouissant° de sa paix!

put to bed (literally, parked)
noise

were quiet; squawking (of a child); voices; clanging; became dark

except; which was awake; enjoying

> **AIDE-LECTURE**
> After the birth of the new baby, they were given an additional allowance by the government.
> • What two things did the family do before buying something new?
> • How did different family members want to spend the remaining money?
> • Why did these discussions bother Josyane?

Grâce à Nicolas on pourrait faire réviser° la machine à laver et ça c'était une bonne chose parce qu'autrement les couches°, et j'en avais marre° des couches, marre, marre, marre. On pourrait ravoir° la télé, ce qui m'arrangeait aussi parce

to service
diapers; I was sick of
get back

que, quand elle était là, on avait bien plus la paix. Après ça, avec de la veine°, luck
on pourrait peut-être penser à la bagnole°. C'était ça qu'ils visaient° maintenant, car (slang); aimed for
plutôt que le frigo, la mère aurait voulu un frigo mais le père disait que c'était
bien son tour d'avoir du bien-être, pas toujours celui de sa femme, et avec la
fatigue pour venir d'une banlieue à une autre il commençait à en avoir plein le
dos°. La mère pouvait bien aller au marché tous les jours, d'ailleurs° c'était moi   to have enough; besides
qui y allais, ils n'avaient pas l'air d'y penser. Ils calculèrent tout un soir pour
cette histoire de bagnole, s'il y avait moyen°, … de l'avoir, en grattant° ici et là et   if there was a way; here, saving
compte tenu de la télé en moins… ce qui foutait tout par terre° c'est si on devait   what would destroy all their plans
acheter un nouveau lit pour Catherine si Nicolas allait dans le berceau°, un lit   baby crib
c'est cher. Ils avaient étalé° les papiers sur ma table, me gênant°; ils me gâtèrent°   spread out; bothering me; spoiled
toute ma soirée, heureusement que ça n'arrivait pas tous les jours.

AIDE-LECTURE
• What did they finally decide to do?

Finalement avec l'oncle Georges, qui bricolait°, pas comme papa qui ne savait   did handiwork
rien faire de ses dix doigts, on monta un petit lit par-dessus celui de Chantal, qui
grimperait° d'un étage, tandis que Catherine, quittant le lit du bébé, s'installerait   would climb up
au rez-de-chaussée, et qu'est-ce qu'on ferait après, le plafond° ne serait jamais assez   ceiling
haut si on continuait. Comme ça il n'y avait plus que la paillasse° à acheter.   mattress (slang)

Source: Christiane Rochefort, *Les petits enfants du siècle,* Paris: Editions Bernard Grasset, 1961

 HH. Discussion. Répondez aux questions suivantes selon vos interprétations de
l'extrait de Rochefort.

Vocabulaire pour la discussion

le personnage (principal) *the (main) character (in a novel or play)*
être prioritaire *to have priority*
l'assistance sociale *social services*
l'urbanisme moderne *modern urbanization*
le bruit *noise*
une idée principale *a main idea*
la solitude *solitude*
être seul(e) *to be alone*
la paix (paisible) *peace (peaceful)*
la vie dans les logements collectifs *living in housing projects*
une vie dure *a hard life*
bondé(e) *crowded*

1. Pourquoi pensez-vous que Josyane apprécie tellement la nuit?
2. Ce texte nous donne une très bonne idée des responsabilités de Josyane à
   la maison. De quoi est-ce qu'elle s'occupe?
3. Quand Josyane parle de ses parents, elle dit «le père» et «la mère».
   Quelles attitudes traduit l'emploi de l'article défini?
4. A votre avis, pourquoi est-ce que les questions budgétaires n'intéressent
   pas Josyane?

La place des adjectifs; les pronoms relatifs

II. Faisons l'inventaire de notre appartement. Ajoutez l'adjectif (les adjectifs) entre parenthèses à chacune des phrases suivantes. Attention à la place et à l'accord des adjectifs.

Modèle: (vieux) C'est un meuble que nous pouvons vendre.
C'est un vieux meuble que nous pouvons vendre.

1. (autre) C'est un meuble que nous pouvons vendre.
2. (délabré) C'est une table que nous pouvons jeter *(throw away)*.
3. (vieux) Cette lampe est parfaite pour mon cousin.
4. (chinois) J'aimerais garder *(keep)* ces chaises.
5. (ancien) Voilà une machine à écrire que nous allons donner au musée.
6. (confortable, nouveau) C'est une chaise que nous allons garder.
7. (allemand, petit) Je ne suis pas d'accord pour vendre ces figurines.
8. (beau, français) Où est-ce que tu as trouvé ces assiettes?
9. (ridicule) On va jeter ces posters? (bon) C'est une idée.
10. (beau) Qu'est-ce qu'on fait de cet objet que tu as trouvé au marché aux puces *(flea market)*? (cadet) On le donne à ta sœur?
11. (beau, mexicain) J'aimerais bien garder cette guitare.
12. (vieux) Qu'est-ce que nous allons faire de ces vidéos? (municipal) Pourquoi ne pas les donner à la bibliothèque?
13. (policier) Et à qui donner ces romans? A Laure. (policier, français) Elle adore les romans.
14. (grand) On garde cette armoire? (italien, jeune) Non, on la donne à la femme d'à côté. Elle a besoin de meubles.

JJ. Le logement en France (résumé). Les paragraphes suivants résument quelques idées sur le logement que vous avez apprises dans ce chapitre. Complétez les paragraphes en utilisant des pronoms relatifs (**qui, que, où, qui** avec préposition, **dont**).

1. En France, comme dans la plupart des pays du monde, il y a une grande variété de logements. Il y a le centre-ville _____ on trouve souvent les immeubles luxueux et les maisons _____ ont été construites il y a très longtemps. Il y a les banlieues _____ sont souvent logées les personnes les plus défavorisées du pays. Il y a les gens du voyage _____ les sédentaires n'acceptent pas facilement dans leurs communautés. Et, enfin, il y a les sans-logis _____ n'ont aucun des conforts _____ on a besoin.

2. En France, le centre-ville des grandes villes est l'endroit _____ se logent les gens les plus privilégiés de la société. C'est le contraire des Etats-Unis, _____ les *inner cities* sont souvent les taudis des centres urbains. En France, c'est donc dans les banlieues _____ on voit les cités et les HLM construites pour la partie défavorisée de la population. Dans les meilleures circonstances, il y a une HLM rénovée _____ les locataires ont l'aide _____ rend leur vie plus ou moins confortable. Malheureusement, ce n'est pas assez souvent le cas. A Clichy-sous-Bois, par exemple, les jeunes _____ on voit dans les rues et les parkings sont pour la plupart au chômage et sans espoir pour l'avenir. Ces jeunes, _____ les parents ou grands-parents étaient souvent des immigrants, se trouvent dans une situation très précaire. Malgré le fait _____ ils sont de nationalité française, ils ont rarement les mêmes opportunités _____ les Français de souche (nés de deux parents français).

3. Les Roms, c'est une population de 300 000 personnes _____ on appelle souvent «les gens du voyage». Ce sont des gens pour _____ il y a très peu de services sociaux. Les sédentaires se méfient d'eux et leur refusent souvent l'aide _____ ils ont besoin. Les Roms souffrent donc souvent de préjugés _____ rendent leur vie extrêmement difficile. Leur vie nomade et précaire, _____ sont absents presque tous les conforts, les sépare des institutions sociales _____ donnent accès à la scolarité, à l'assistance sociale et même aux soins médicaux. Les Roms avec _____ on parle sont tous d'accord: ce sont des préjugés injustes _____ mènent à la discrimination contre leur peuple.

4. Et que faire pour les quelques 100 000 sans-logis _____, eux, restent souvent invisibles dans les quartiers les plus pauvres des villes. Pour comprendre leur situation, il faut aller les trouver dans les embrasures de portes, dans les entrées des magasins, sous les ponts (bridges), sur les terrains vagues. C'est dans ces endroits _____ ils se font une petite place pour dormir. Comment faire comprendre aux gouvernements _____ cette situation est intolérable et _____ il faut agir pour trouver des solutions?

Do **A faire!** (2-7) on page 99 of the **Manuel de préparation**.

C'est à vous maintenant!

KK. Une interview. Vous allez interviewer une personne de langue française ou une personne qui a habité en France ou dans un pays ou une région francophone. Commencez avec des questions générales pour faire connaissance avec cette personne avant de lui poser des questions sur son logement, sur l'environnement dans lequel elle habite et sur les problèmes du logement dans la région où elle habite. Prenez des notes (questions et réponses) pour vous aider à écrire votre article dans le **Manuel de préparation**.

LL. Vous avez bien compris? Comparez les notes que vous avez prises avec celles de quelques camarades de classe pour vérifier que vous avez bien compris les réponses aux questions.

Do **A faire!** (2-8) on page 100 of the **Manuel de préparation**.

Chapitre 3

Une baignade en mer

«On s'amuse»

Du VTT en montagne

Objectives

In this chapter, you will learn to:

- talk about leisure activities;
- tell a story;
- make plans;
- talk about the past;
- organize paragraphs.

You will also read about and explore leisure time in France and the Francophone world as well as issues dealing with work and leisure.

academic.cengage.com/french/quantamoi
iTunes Playlist
Heinle iRadio Podcasts
Cultural, Grammar, Video Activities
Google Earth coordinates

CD2, Tracks 8–26   **A faire!** MP: pp. 105–152

Système-D

Que font les Français aux heures de loisir?

▲ *Ils vont au cinéma voir des films américains à succès (Titanic, Le Roi Lion, No Country for Old Men) mais aussi des films français (Le Scaphandre et le papillon, Le Fabuleux Destin d'Amélie Poulain, Les Visiteurs). La production cinématographique française est la plus importante d'Europe, représentant plus du tiers des entrées dans les salles de cinéma.*

▼ *Ils font du vélo et d'autres sports de plein air. Le vélo est l'activité la plus pratiquée (18 millions de cyclistes en France) suivi de la natation (à la piscine ou en mer), de la randonnée (marche à pied en ville ou en montagne) et du roller.*

A. Mots-clés. Trouvez dans **Repères** (pages 94–97) l'équivalent français des mots et des expressions suivants.

1. more than a third
2. movie theaters
3. outdoor sports
4. swimming
5. hiking
6. rollerblading
7. to learn by experience
8. hands-on cultural activities
9. drawing, sketching
10. to participate in sports
11. sports club
12. members

13. a game similar to bocce ball
14. Thanks to
15. to do without
16. digital channels
17. free
18. television news
19. children's programs
20. to do odd jobs around the house (2)
21. to garden
22. Internet users
23. to download

▼ *Ils pratiquent des activités artistiques—la danse, la peinture, le dessin, la sculpture, la musique, la photographie. Ces artistes amateurs sont surtout des jeunes qui font l'apprentissage de ces activités artistiques et des gens de plus de cinquante ans qui découvrent (ou redécouvrent) ces pratiques culturelles.*

▲ *Ils font du sport. Quinze millions de Français (c'est-à-dire environ un Français sur quatre) sont membres d'une association sportive, qui organise des compétitions entre équipes ou entre individus. Parmi les sports les plus populaires, on trouve le foot, le tennis, le judo, l'équitation et le basket. Et il ne faut pas oublier la pétanque, qui compte environ 400 000 licenciés.*

 CD2, Track 8

B. Des emplois du temps. En écoutant les dialogues, complétez le tableau d'activités suivant. Utilisez une autre feuille de papier.

Vocabulaire utile: **ranger** *(to pick up, tidy)*, **du tricot** *(knitting)*, **les mots croisés** *(crossword puzzles)*, **la lecture** *(reading)*, **un stage de pilotage** *(flying lessons)*

	EN SEMAINE		**LE WEEK-END**	
	pendant la journée	le soir	le samedi	le dimanche
1.				
2.				
3.				
4.				

◀ *Ils écoutent de la musique.*
Grâce aux nouveaux modes
d'accès (Internet, MP3, téléphone
portable), les Français peuvent
écouter en moyenne deux heures
de musique par jour. Trois quarts
des Français déclarent que la
musique est la forme d'art dont
ils voudraient le moins se passer.
Chez les jeunes, on aime la pop,
le rock, le rap et le reggae; chez
les gens plus âgés, on préfère la
chanson française, le jazz et la
musique classique.

▲ *Ils font du bricolage. Les trois quarts des adultes en*
France disent avoir fait des travaux de réparation ou
d'amélioration de leur logement—et les femmes bricolent
aussi souvent et aussi bien que les hommes. Si les Français
aiment bricoler, ils aiment jardiner aussi. Plus de la moitié
des adultes cultivent un jardin sans compter ceux qui
entretiennent des fleurs et des plantes vertes chez eux.

▲ *Ils surfent sur Internet. Les internautes français occupent la*
troisième place mondiale en ce qui concerne le temps passé devant
l'ordinateur (près de 30 heures par semaine: il n'y a que les Brésiliens
et les Australiens qui les devancent). Envoyer et recevoir des méls,
rechercher des informations, télécharger de la musique ou des films,
jouer à des jeux: les internautes français profitent de toutes les pos-
sibilités d'Internet.

▲ *Ils regardent la télévision. Les Français ont accès à un grand nombre de chaînes de TV: six grandes chaînes analogiques nationales (publiques et privées), une trentaine de chaînes numériques (dont les deux tiers sont gratuites, les autres payantes) et plus de 200 chaînes de télévision par câble et satellite (payantes) sans compter les chaînes régionales et locales. Sur les grandes chaînes, les types de programmes les plus populaires sont la fiction, les magazines et les journaux télévisés; par contre, par câble et satellite, on favorise le sport, la musique et les émissions pour les jeunes.*

C. Votre emploi du temps. Les sociologues distinguent quatre types d'usage du temps: 1) *le temps physiologique* (alimentation, toilette, sommeil, soins personnels), 2) *le temps du travail et/ou des études*, 3) *le temps des déplacements* (actions d'aller d'un endroit à un autre) et 4) *le temps libre*. En pensant à une journée typique, calculez le nombre d'heures que vous consacrez à chacun de ces quatre temps. Comparez vos résultats à ceux de quelques camarades de classe.

Quant à moi...

 D. A vous d'abord! Posez les questions suivantes à quelques camarades de classe afin de vous renseigner sur leur emploi du temps habituel.

1. Quel est ton emploi du temps en semaine quand tu es à l'université?
   Qu'est-ce que tu fais le matin? L'après-midi? Le soir?
2. Et le week-end?
   Qu'est-ce que tu fais le samedi? Le dimanche?
3. En quoi est-ce que ton emploi du temps change quand tu es chez toi
   (quand tu n'es pas à l'université)?

CD2, Tracks 9–12

Visit the **témoins** in their home-town on Google Earth.

E. Les témoins vous parlent. En écoutant quelques Français et Francophones vous parler de leur emploi du temps, faites ce qu'on vous demande de faire.

Henri Gaubil
Ajaccio, Corse

> **Vocabulaire utile**
>
> **se rendre** *(to go)*, **de bonne heure** *(early)*, **étant donné** *(given)*, **règne** *(reigns)*, **d'ailleurs** *(moreover)*, **effectivement** *(in fact)*, **climatisation** *(air-conditioning)*

1. Ajoutez les mots qui manquent. Utilisez une autre feuille de papier.

   —Est-ce que vous pouvez parler de votre emploi du temps _____ et pendant le week-end?

   —Oh, c'est toujours le même. La semaine, c'est _____, le week-end, _____. _____ consistent à se rendre à la plage d'Ajaccio ou, quelque-fois, nous avons des amis _____ de l'île chez lesquels nous nous rendons.

   —Mais pendant la semaine, vous travaillez _____, par exemple?

   —La semaine, on travaille de bonne heure, étant donné la chaleur qui règne en Corse. On commence _____, et ensuite seize heures, dix-neuf heures.

   —De seize heures à dix-neuf heures.

   —Il ne faut pas avoir peur de le dire: nous faisons la sieste _____, en Corse. D'ailleurs, tous les Corses font la sieste. Les magasins sont fermés, bien souvent, _____.

   —Parce qu'il fait trop chaud pour travailler?

   —_____, effectivement. Et la climatisation n'est pas installée dans tous les _____.

Valérie Ecobichon
Saint-Maudez, France

Vocabulaire utile

Dinan *(small city in Brittany)*, **horaires** *(time schedules)*, **gros travaux** *(heavy work)*, **ramasser le foin** *(to gather the hay)*, **bétail** *(livestock)*, **nourrir** *(to feed)*

2. Précisez:

    a. où elle travaille
    b. les jours de la semaine où elle travaille
    c. ses heures de travail
    d. où elle passe le week-end
    e. ce qu'elle fait pendant le week-end
    f. quand elle aide sa famille
    g. comment elle aide sa famille

Vocabulaire utile

chercheur en physique *(research physicist)*, **de sorte que** *(that way)*, **malgré tout** *(in spite of everything)*, **calculs** *(calculations)*, **m'entraîner** *(to work out)*, **bouquins** *(books)*, **le lever** *(getting up)*, **spectacles** *(shows)*, **Mont Royal** *(suburb of Montreal)*, **tam-tam** *(type of drum)*, **amène** *(brings along)*, **aux alentours de** *(around, about)*

Robin Côté
Rimouski, Québec

3. Notez deux ou trois activités pour chaque catégorie.

    a. en semaine
    b. le week-end en général
    c. le dimanche en particulier

Anne Squire
Levallois-Perret, France

Vocabulaire utile

matinées *(mornings)*, **répétitions** *(rehearsals)*, **quotidien** *(daily)*, **autre part** *(elsewhere)*, **à plein temps** *(full time)*, **fac** *(short for* **faculté**, *part of the university)*, **quatuor** *(quartet)*

4. Notez au moins cinq faits que vous avez appris en écoutant Anne.

F. Les témoins et vous. En discutant avec des camarades de classe, comparez votre emploi du temps à celui des témoins que vous venez d'écouter.

1. Pour Henri Gaubil: «L'emploi du temps, c'est toujours le même. La semaine, c'est le travail, le week-end, les loisirs.» Votre emploi du temps est-il toujours le même?
2. Valérie Ecobichon dit qu'elle a pas mal de temps libre: «J'ai deux jours le week-end, le samedi et le dimanche. Et le soir après le travail.» Et vous, avez-vous beaucoup de temps libre? Pourquoi (pas)?
3. Selon Robin Côté, «la fin de semaine, le lever est un peu plus tard… et les soirées sont généralement très occupées». Est-ce que vous vous levez plus tard le week-end? Est-ce que vos soirées sont généralement très occupées? Expliquez.
4. Anne Squire habite près de Paris, qui, selon elle, «est une ville extraordinaire pour le cinéma». Allez-vous souvent au cinéma? Votre ville et votre université offrent-elles la possibilité de voir beaucoup de bons films? Expliquez.

Do **A faire! (3-1)** on page 106 of the **Manuel de préparation.**

Et vous?

FICHE VOCABULAIRE

L'EMPLOI DU TEMPS

le matin
  se réveiller
    se lever (tout de suite)
    rester au lit
    faire la grasse matinée *to sleep late*
  prendre une douche (un bain)
  faire sa toilette *to wash up*
  se coiffer *to fix one's hair*
  se maquiller *to put on make-up*
  s'habiller
  déjeuner
    prendre le petit déjeuner
    manger (un petit) quelque chose

le soir
  avoir sommeil *to be sleepy*
  se coucher
  lire
    (je lis, tu lis, il/elle/on lit, nous lisons, vous lisez,
    ils/elles lisent)
  s'endormir *to fall asleep*

les études
  avoir (un) (des) cours *to have (a) class(es)*
  avoir des travaux pratiques *to have lab*
  aller en cours *to go to class*
    y aller à pied (en auto)
    prendre l'autobus (le métro)
  faire ses devoirs
    rédiger une dissertation *to write a paper*
    réviser ses notes *to review, go over one's notes*
    passer un examen (un test) *to take a test (quiz)*

le travail
  travailler à mi-temps *to work half-time*
    à temps partiel *part-time*
    ... heures par semaine
    de (9) à (18)h *to work from (9) to (6)*
  avoir un (petit) job

devant l'ordinateur
  un(e) internaute *Internet user*
  consulter ses méls *to check one's e-mail*
    lire des méls
    envoyer des méls *to send e-mails*
      (j'envoie, tu envoies, il/elle/on envoie, nous envoyons,
      vous envoyez, ils/elles envoient)
  bloguer
  tchatter
    (je tchatte, tu tchattes, il/elle/on tchatte, nous tchattons,
    vous tchattez, ils/elles tchattent)
  surfer
  naviguer
    utiliser des moteurs de recherche *to use search engines*
  télécharger des logiciels *to download software*
      des jeux
      de la musique
      des films
  faire des achats en ligne

le temps libre
  avoir du temps libre
  profiter de son temps libre pour...
    s'amuser
    se reposer
    faire la sieste *to take a nap*
    se relaxer
    s'entraîner à *to practice + activity*

Autres expressions
  avoir un emploi du temps très chargé *to have a very full
    schedule*
  avoir une journée (une matinée, une après-midi, une soirée)
    très chargée
  avoir une journée de libre (sans cours) *to have a free day
    (a day without class)*
  passer du temps (des heures, ... heure[s]) à + infinitif (ou +
    lieu)

G. Trouvez quelqu'un qui... En parlant de votre emploi du temps, posez des questions à d'autres étudiants afin de trouver quelqu'un qui...

1. se lève avant vous.
2. reste au lit le matin en semaine.
3. aime faire la grasse matinée le week-end.
4. prend une douche ou un bain presque tous les matins.
5. se coiffe avant de s'habiller.
6. déjeune avant d'aller en cours.
7. a plus de deux cours le matin.
8. a des travaux pratiques.
9. a une journée de libre en semaine.
10. travaille à temps partiel en semaine.
11. a un job le week-end.
12. pratique un sport régulièrement.
13. a beaucoup de temps libre.
14. a au moins deux journées très chargées.
15. passe au moins une heure par jour devant son ordinateur.
16. consulte ses méls tous les jours.
17. télécharge régulièrement de la musique, des jeux ou des films.
18. lit régulièrement le journal.
19. se couche après vous.
20. se couche et s'endort tout de suite.

Les gens vivent de plus en plus longtemps: en France, l'espérance de vie pour les femmes est de plus de 83 ans et pour les hommes, un peu moins de 77 ans. Mais comment la longévité accrue influence-t-elle la vie des gens? Nous allons étudier la relation qu'ont généralement les Français avec le temps avant d'examiner deux groupes particuliers—les internautes et les étudiants.

Les Français et le temps: une relation paradoxale

En France, comme dans la plupart des pays industrialisés, les gens travaillent de moins en moins. Avant la Révolution de 1848, on travaillait plus de 12 heures par jour, six jours par semaine. En 1968, la durée de la semaine de travail était de 45 heures. De nos jours, la plupart des Français actifs consacrent de 35 à 40 heures par semaine au travail. En plus, ils ont droit à cinq semaines de congés payés. Comme le démontre le graphique, le temps de travail aujourd'hui est la moitié de ce que c'était au début du 20e siècle. Par contre, les gens ont cinq fois plus de temps libre qu'en 1900.

La révolution du temps

Évolution de l'emploi du temps de la vie d'un homme entre 1900 et 2006

En années			En % de vie éveillé	
1900	2006		1900	2006
	6		11	11
	39	Travail	42	28
12		Temps physiologique	13	21
21	11	Enfance, scolarité	24	12
	6			
7	15	Transports	10	28
		Temps libre	11	
46 ans	77 ans	Espérance de vie	100%	100%
29 ans	52 ans	Temps éveillé	15h/jour	16h30/j

Gérard Mermet, *Francoscopie 2007*

travail 12%
temps domestique 12%
temps physiologique 50%
temps libre 26%

«BRAVO! ON N'EST PLUS ESCLAVE DE SON TRAVAIL!»

Grâce à la réduction du temps de travail et à l'allongement de l'espérance de vie, le temps libre connaît depuis des années une croissance spectaculaire en France. Une enquête suggère que les Français ont en moyenne plus de trois heures et demie de temps de loisir par jour. Si on y ajoute le temps de sociabilité (conversations, téléphone, courrier, visites, réceptions), le temps des repas (plus de deux heures, hors préparation) et le temps du bricolage (du jardinage ou des soins des animaux), on arrive à un total de temps libre supérieur à 6 heures par jour.

Traditionnellement, le travail était au centre de la vie. De plus en plus, les gens (et surtout les jeunes) mettent à la première place le droit de se détendre et de se divertir. Une motivation importante, c'est le développement personnel.

- On fait du sport pour rester en forme et pour vieillir moins rapidement.
- On s'adonne aux activités de plein air pour être près de la nature mais aussi pour contribuer à la sauvegarde de l'environnement.
- On fait du bricolage et du jardinage ou on pratique la musique ou une activité artistique pour rendre le temps libre plus productif.

Mais les bienfaits du temps libre ne sont pas uniquement individuels.

- On consacre plus de temps à la famille et aux amis.
- On participe à des associations.
- On s'engage dans des activités bénévoles.

Bref, le loisir n'est plus synonyme d'oisiveté. C'est un «temps fort» qui conduit à un enrichissement de l'individu et de la société.

«POURQUOI AI-JE DONC LE SENTIMENT DE MANQUER DE TEMPS? POURQUOI SUIS-JE INSATISFAIT?»

L'augmentation du temps libre entraîne des changements considérables qu'on commence à identifier.

- Si on a plus de temps libre, il faut «occuper» ce temps. Mais beaucoup des activités qu'on favorise coûtent de l'argent. On travaille moins, mais on dépense plus, ce qui crée du stress.
- Les Français d'aujourd'hui sont impatients. Quarante pour cent disent que «le temps passe trop vite», qu'ils n'ont pas le temps de tout faire. La solution: la rapidité—courir d'un endroit à un autre, réchauffer au four à micro-ondes des repas surgelés, zapper d'une chaîne de télévision à une autre afin de regarder «simultanément» plusieurs émissions.
- Et cette idée de «zapping» se généralise: les activités se mélangent de plus en plus, les gens prennent l'habitude de faire plusieurs choses à la fois. On mange en regardant la télévision; on profite de l'heure du déjeuner pour faire des courses, pour naviguer sur Internet, pour faire du sport; on se sert de son portable pendant qu'on se déplace en voiture ou à pied.
- La vie nocturne prend de plus en plus d'importance, surtout chez les jeunes: 70% des 18–24 ans se disent plutôt «du soir». Pour eux, la nuit et les activités nocturnes représentent un antidote à l'incertitude et au stress de la journée, d'où la popularité des «bars à ambiance» et des boîtes de nuit.
- L'importance toujours croissante du temps de loisirs met de plus en plus l'accent sur l'individu. Et le temps individuel tend à favoriser le moment actuel aux dépens de l'avenir. Il faut être flexible, prêt à improviser en profitant des occasions qui se présentent au lieu de passer son temps à planifier. Par exemple, un Français sur trois déclare organiser ses départs en week-end ou en vacances au dernier moment.

La transformation de la relation au temps représente-t-elle un bénéfice ou une perte? Il est intéressant de noter l'apparition en France des notions de *slow food* (qui, en s'opposant aux aspects négatifs du fast-food, vante les effets bénéfiques de l'alimentation régionale) et de *slow life* (par exemple, le mouvement de néoruralité qui favorise un rythme de vie plus lent et une plus grande harmonie avec la nature). Il semble que la question ne soit pas encore tout à fait résolue.

Source: Article basé sur des renseignements trouvés dans *Francoscopie 2007* (pp. 92–102).

Qui sont les internautes?

Au cours du mois de juin 2007, plus de 30,6 millions de Français de 11 ans et plus se sont connectés à Internet—c'est-à-dire, 58,3% de la population âgée de 11 ans et plus est internaute.

Mais tous les internautes ne se ressemblent pas. Grâce à une enquête menée par Ipsos Media, on a pu identifier sept types d'internautes en France.

Type	% des internautes	Heures de connexion par semaine	Caractéristiques
les Expectateurs	29%	5h	peu d'expérience (1–3 ans); utilisation occasionnelle; s'informer (actualités, météo, mél)
les Passengers	27%	6h	un peu plus d'expérience (3–5 ans); rechercher des informations pratiques; acheter en ligne (3 à 4 fois par an)
les Chineurs	16%	13h	groupe très féminin (58%); acheter en ligne (au moins 1 fois par mois); moyen de s'organiser et de gagner du temps
les Companions	9%	14h	moins de 25 ans (81%); étudiants (75%); utiliser une messagerie instantanée; blogueurs
les Mass Downloaders	9%	15h	experts du Net; hommes (75%); télécharger de la musique et des logiciels; acheter en ligne (au moins 1 fois par mois)
les Traders	6%	12h	surtout des hommes; se connecter tous les jours; acheter en ligne (au moins 1 fois par mois); effectuer des transactions bancaires (et boursières)
les Master-Développeurs	5%	26h	hommes (moins de 35 ans); se connecter plusieurs fois par jour; avoir un site personnel; participer à un forum

Le nombre d'internautes en France continue de progresser—au rythme de 12% par an. Il y a plus d'hommes que de femmes. Les jeunes sont très concernés (86% des 13–24 ans sont connectés); les gens âgés beaucoup moins (7% des 70 ans et plus). D'autres groupes sur-représentés sont les professionnels, les gens plus aisés et les habitants de la région Ile-de-France (Paris et ses environs).

Source: Article basé sur www.journaldunet.com/cc/01_internautes et *Francoscopie 2007* (pp. 434, 435)

Une étudiante universitaire française: son emploi du temps

Audrey Raynal est étudiante à l'université de Toulouse-Le Mirail. Puisque l'université en France veut qu'on se spécialise dès sa première année, Audrey a décidé de préparer une licence de sociologie. Ses cours sont prescrits pour la plupart—c'est-à-dire qu'elle a très peu de choix. Un cours typique comprend deux ou quatre heures par semaine de cours magistral (CM = cours où le professeur fait une conférence) et deux à quatre heures de travaux dirigés (TD = séance où les étudiants travaillent en petits groupes, souvent avec un assistant).

Voici l'emploi du temps d'Audrey pour sa première année:

Semestre I

01SOC10A **Découverte de la sociologie (1)**
CM 50h (4h/sem)   TD 25h (2h/sem)

01SOC10B **Panorama sociologique**
CM 50h (4h/sem)   TD 25h (2h/sem)

OPSIC10 **Méthodologie du travail universitaire**
TD (2h/sem)

Semestre II

045SOC10 **Construction d'une approche sociologique**
CM 25h   TD 25h

05SOC10 **Introduction à la sociologie (2)**
CM 25h   TD 25h

06SOC10 **Méthodologies sociologiques**
TD (4h/sem)

LVANG15 **Anglais: compréhension de textes contemporains**
TD (30h)

Et que fait Audrey quand elle n'est pas en cours? Des devoirs, bien sûr. Et elle a des examens à préparer aussi. Mais en dehors du travail scolaire, comment passe-t-elle son temps? Elle aime retrouver ses amis dans des cafés près de l'université ou au restaurant universitaire pour discuter. Ils vont souvent au cinéma et parfois au concert. Elle va de temps en temps à la Maison des Etudiants, qui organise des activités (rencontres, débats, fêtes, expositions). Il n'y a pas d'équipes sportives à l'université, mais Audrey fait du jogging et du vélo. Le week-end, comme un grand nombre d'étudiants, elle rentre chez ses parents.

DICO

accrue *increased*
actuel *current*
aisés *wealthy*
bénéfice *benefit*
bénévoles *volunteer*
boursières *related to the Stock Exchange* (la Bourse)
chineurs *people who like to visit flea markets*
conférence *lecture*
congés payés *paid vacations*
consacrer *to devote*
croissance *growth*
se détendre *to relax*

se divertir *to entertain oneself*
en moyenne *on average*
entraîner *to bring with it*
esclave *slave*
espérance de vie *life expectancy*
hors *not including*
manquer de *to lack*
perte *loss*
promouvoir (promeut) *to promote*
oisiveté *idleness*
prescrits *required, prescribed*
réchauffer *to heat up*
temps éveillé *waking time*

H. Petit Test: L'emploi du temps des Français. Choisissez la (les) meilleure(s) réponse(s).

1. Depuis 1900, quels éléments de l'emploi du temps ont augmenté? (plus d'une réponse possible)

   a. le travail
   b. le temps physiologique
   c. l'enfance et la scolarité
   d. le temps libre

2. Quel élément de l'emploi du temps occupe la plus grande partie d'une journée typique en France?

   a. le temps physiologique
   b. le temps professionnel
   c. le temps domestique
   d. le temps libre

3. Le temps libre représente... de la journée typique en France.

   a. les trois quarts
   b. la moitié
   c. un tiers
   d. un quart

4. Lesquelles des phrases suivantes décrivent le temps libre en France? (plus d'une réponse possible)

   a. Les Français ont de plus en plus de temps libre.
   b. Les Français profitent du temps libre pour se développer personnellement.
   c. Les Français choisissent des activités de loisirs qui les isolent de leur famille.
   d. Les Français choisissent des activités de loisirs qui peuvent enrichir la société.

5. Quelles sont les conséquences de l'accroissement du temps libre en France? (plus d'une réponse possible)

   a. La vie quotidienne peut sembler plus stressante.
   b. La vie quotidienne peut sembler plus compliquée.
   c. On peut dépenser plus d'argent.
   d. On peut faire beaucoup de projets d'avenir.

6. Plus de la moitié de la population française âgée de 11 ans et plus est internaute.

   a. C'est vrai.
   b. C'est faux.

7. La majorité des internautes français sont connectés à Internet... par semaine.

   a. moins de 10 heures
   b. entre 10 heures et 15 heures
   c. plus de 20 heures

8. Qui n'est pas un internaute typique en France?

   a. Une jeune personne de 20 ans.
   b. Une femme qui achète en ligne.
   c. Un homme qui travaille comme cadre *(executive)*.
   d. Un homme âgé de 75 ans.

9. Pendant son premier semestre, une étudiante de première année en sociologie a... heures de cours (CM + TD) par semaine.

 a. 12
 b. 14
 c. 16

10. Pendant sa première année, cette étudiante prend exclusivement des cours de sociologie.

 a. C'est vrai.
 b. C'est faux.

I. Mini-discussion. Discutez des questions suivantes avec quelques camarades de classe.

1. A votre avis, la relation paradoxale des Français avec le temps correspond-elle à ce que pensent les Américains? Expliquez.

2. Discutez de votre relation personnelle au temps: Avez-vous plus de temps libre qu'autrefois? Avez-vous jamais le sentiment de manquer de temps?

3. Etes-vous internaute? A quel(s) type(s) d'internaute français ressemblez-vous le plus? Expliquez.

4. Comparez votre emploi du temps à celui d'Audrey Raynal. Lequel vous semble le plus intéressant? Pourquoi?

CD2, Track 13

J. Le passé composé ou l'imparfait? Indiquez si les verbes dans les phrases que vous entendez sont au passé composé (**p.c.**) ou à l'imparfait (**i**). Utilisez une autre feuille de papier.

RAPPEL

Le passé composé

Most verbs are conjugated with **avoir** + the past participle.

j'ai travaillé	nous avons pris
tu as fini	vous avez vu
il a regardé	ils ont entendu
elle a perdu	elles ont fait

Pronominal verbs and certain other verbs (for example, **aller, arriver, descendre, entrer, monter, partir, rentrer, rester, retourner, sortir, venir**) are conjugated with **être** + the past participle. (Remember that the past participle agrees in gender and in number with the subject of **être** verbs in the **passé composé.**)

je me suis couché(e)	nous nous sommes dépêché(e)s
tu t'es amusé(e)	vous vous êtes trompé(e)(s)
il s'est perdu	ils se sont retrouvés
elle s'est levée	elles se sont disputées
je suis allé(e)	nous sommes arrivé(e)s
tu es parti(e)	vous êtes resté(e)(s)
il est entré	ils sont rentrés
elle est sortie	elles sont venues

K. Pendant les vacances. Avec l'aide des suggestions, indiquez ce que ces personnes ont fait pendant les vacances. Mettez les verbes au passé composé.

Jacqueline et ses parents...
1. aller au bord de la mer
2. nager
3. faire de la planche à voile
4. se bronzer

Nous...
5. aller à la montagne
6. se promener
7. faire du camping
8. monter à cheval

Eliane...
9. aller à Genève
10. sortir avec ses cousins
11. voir beaucoup de films
12. jouer au tennis

Je...
13. aller chez mes grands-parents
14. lire des romans policiers
15. rester au lit jusqu'à 10h
16. regarder des vidéos / DVD

L'imparfait

The conjugation of the imperfect uses the **nous** form of the present tense with the following endings: **-ais, -ais, -ait, -ions, -iez, -aient.**

je parlais	nous avions
tu sortais	vous faisiez
il/elle/on descendait	ils/elles s'amusaient

The one exception is the verb **être: j'étais, tu étais, il/elle/on était, nous étions, vous étiez, ils/elles étaient.**

L. Actuellement… autrefois… (Nowadays . . . in the past . . .) Utilisez l'imparfait pour montrer ce qui a changé.

> **Modèles:** Actuellement elle aime faire du jardinage.
> *Autrefois elle n'aimait pas faire de jardinage.*
>
> Actuellement je ne suis pas en forme.
> *Autrefois j'étais en forme.*

1. Actuellement Joëlle ne regarde pas souvent la télé.
2. Actuellement j'ai beaucoup de temps libre.
3. Actuellement tu ne sors pas très souvent avec tes amis.
4. Actuellement Marc et sa famille descendent dans des hôtels de luxe.
5. Actuellement vous ne vous promenez pas souvent à vélo.
6. Actuellement Sylvie et Monique sont très occupées.
7. Actuellement on ne voit pas beaucoup de très bons films.
8. Actuellement mes parents ne s'amusent pas le week-end.
9. Actuellement vous prenez souvent le train.
10. Actuellement je ne vais pas souvent à l'opéra.

M. Mon emploi du temps… hier et autrefois. D'abord, racontez à des camarades de classe comment vous avez passé la journée d'hier. Utilisez le passé composé pour parler de vos activités.

Quelques suggestions: Hier matin… / Ensuite… / Plus tard… / Après (le dîner)…

Ensuite, vous allez comparer votre journée d'hier à votre emploi du temps à une autre époque de votre vie. Utilisez l'imparfait pour décrire vos activités habituelles d'autrefois.

Quelques suggestions: Quand j'avais… ans… / Quand j'étais au lycée… / Quand j'étais en vacances à… / Ma vie était bien différente (tout à fait pareille)… / Mes journées étaient beaucoup plus (moins) chargées ou plus (moins) agréables… / Le matin… / Ensuite…, etc.

Do **A faire! (3-2)** on page 115 of the **Manuel de préparation.**

> ### Vocabulaire utile
>
> se réveiller, faire la grasse matinée, rester au lit (jusqu'à), se lever, faire sa toilette, prendre le petit déjeuner, quitter la maison (la résidence), partir à l'université, aller à mon cours de…, retrouver des amis au (à la)…, déjeuner, passer (une heure) à + infinitif, passer au (à la…), rentrer, dîner, aller au travail, travailler, faire ses devoirs (étudier), se coucher

Fonction

Comment parler du passé (1)

To download a podcast on the Compound Past Tense, go to **academic.cengage.com/french/quantamoi.**

RAPPEL

L'emploi du passé composé et de l'imparfait— une seule action ou un seul état

Passé composé

- an action or state completed at a specific moment:
  Nous **sommes allés** à la bibliothèque.
- an action or state completed in a specific period of time:
  Elle **a travaillé** pendant huit heures.
- an action or state repeated a limited number of times or within a specific period of time:
  Nous **sommes allés** quatre fois au cinéma le mois dernier.

Imparfait

- an unfinished action or state serving as the context for another action or state:
  Nous **allions** à la bibliothèque. (En route, nous avons vu…)
- a habitual action or state:
  Autrefois j'**aimais** voyager avec mes parents.

N. Le Meurtre du Samedi-Gloria. Dans son roman, *Le Meurtre du Samedi-Gloria*, l'écrivain martiniquais Raphaël Constant raconte l'enquête menée par l'inspecteur de police Dorval pour retrouver le meurtrier de Romule Beausoleil, conducteur de camion et champion de damier *(hand-to-hand combat)*. En utilisant les questions et les réponses proposées, reproduisez l'interrogatoire de plusieurs suspects. Faites attention à l'emploi du passé composé et de l'imparfait.

1. **L'interrogatoire de Carmélise Délevert (la personne qui a découvert le cadavre)**

   Modèle: à quelle heure / (vous) trouver / le cadavre
   —*A quelle heure est-ce que vous avez trouvé le cadavre?*
   —*J'ai trouvé le cadavre entre 6h30 et 7h30 du matin.*

   a. où / (vous) aller / à cette heure du matin
   b. où / se trouver / le cadavre
   c. qu'est-ce que / (vous) faire
   d. (vous) connaître / la victime
   e. qui / être / Romule Beausoleil

   > **Les réponses de Carmélise**
   > **Modèle:** entre 6h30 et 7h30 du matin
   > **a.** à la messe à la cathédrale
   > **b.** près du pont Démosthène
   > **c.** rentrer chez moi pour dire la nouvelle à tout le monde
   > **d.** oui
   > **e.** le champion du quartier Morne Pichevin

2. **L'interrogatoire de Rigobert (un ami de la victime)**
   a. (vous) être / l'ami de Romule Beausoleil
   b. quand et contre qui / (Romule) aller se battre
   c. (vous) voir / votre ami vendredi soir
   d. pourquoi / (Romule) aller au stade Desclieux vendredi soir
   e. à votre avis, qui / tuer / Romule Beausoleil
   f. pourquoi / (il) tuer / votre ami

   Les réponses de Rigobert
   a. oui
   b. l'après-midi du Samedi-Gloria *(Holy Saturday)* / Waterloo Saint-Aude (champion de damier du quartier Bord du Canal)
   c. oui / (je) jouer aux dés *(dice)* / avec lui sur la Savane hier soir
   d. Waterloo / vouloir parler à Romule
   e. le docteur Mauville
   f. il / ne pas vouloir que Romule révèle le secret du docteur

3. **L'interrogatoire du docteur Mauville (un suspect)**
   a. (vous) / se disputer / avec Romule Beausoleil / le matin du Vendredi saint
   b. qu'est-ce que / (vous) faire
   c. où et quand / (vous) prendre rendez-vous
   d. qu'est-ce que / (vous) apporter / au rendez-vous
   e. qu'est-ce qui / se passer
   f. (vous) tuer / Romule Beausoleil

   Les réponses du docteur Mauville
   a. oui
   b. provoquer Romule Beausoleil en duel
   c. à la tombée de nuit / à la Savane
   d. un pistolet et une épée *(sword)*
   e. rien / (Romule Beausoleil) ne pas venir
   f. non

4. **L'interrogatoire d'Anastasie Saint-Aude (la femme d'un autre suspect)**
   a. (vous) savoir que / (votre mari) avoir rendez-vous / avec Romule Beausoleil au stade Desclieux
   b. qu'est-ce que / (vous) faire / ce soir-là
   c. avec quoi / (vous) tuer / Romule Beausoleil
   d. pourquoi / (vous) attaquer / Romule Beausoleil
   e. (votre mari) / participer à cet acte

   Les réponses d'Anastasie Saint-Aude
   a. oui
   b. (je) se cacher / et / (je) attendre / Romule Beausoleil
   c. avec un pic à glace *(ice pick)*
   d. (mon mari) être / gravement malade du cœur / et / (je) avoir peur qu'il meure *(would die)* en combattant le plus jeune Romule Beausoleil
   e. non / (je) agir *(to act)* seule

RAPPEL

L'emploi du passé composé et de l'imparfait— deux ou plusieurs actions ou états

Passé composé

- actions or states that occurred consecutively:
  Elles **se sont levées**, elles **ont dit** au revoir et elles **sont parties**.

- actions or states that occurred at the same moment:
  Quand nous **sommes entrés**, personne ne **s'est levé**.

- actions or states that continued together for a limited period of time (emphasis on that period of time):
  Elle **a regardé** la télé pendant que nous **avons préparé** le dîner.

Imparfait

- actions or states that continued together for a period of time (emphasis on the simultaneity):
  Pendant que je **faisais** la vaisselle, ma femme **aidait** mon fils à faire ses devoirs et ma fille **s'amusait** à faire des dessins.

Imparfait et passé composé

- one action or state that served as a context for another action or state:
  Pendant que nous **étions** en ville, nous **avons rencontré** M. et Mme Queffélec.

O. Le meurtre du Samedi-Gloria (suite). En utilisant les verbes et les expressions proposés, racontez les différents moments du crime et de l'enquête. Faites attention à l'emploi du passé composé et de l'imparfait.

1. (Les policiers) arriver sur les lieux du crime / (les adjoints) examiner le corps de la victime / et (l'inspecteur Dorval) interroger les badauds *(onlookers)*

2. Quand (l'inspecteur Dorval) aller fouiller la case de la victime / (il) ne rien trouver d'important

3. Quand (l'inspecteur Dorval) entrer dans le bureau du docteur Mauville / (le docteur) examiner une cliente malade

4. Quand (le commissaire de police) convoquer Dorval dans son bureau / (l'inspecteur) comprendre que / (le commissaire) vouloir qu'il en finisse avec cette enquête

5. Pendant que (l'inspecteur Dorval) parler avec le commissaire / (son adjoint Hilarion) établir une liste de suspects *(deux possibilités)*

6. Pendant que (le docteur Mauville et Anastasie Saint-Aude) faire le chemin de la croix *(the Way of the Cross)* / (ils) remarquer *(to notice)* un membre inhabituel du groupe de fidèles: Romule Beausoleil

7. Quand (Anastasie) voir Romule / (elle) s'approcher de lui / (elle) lui cracher *(to spit)* au visage / et (elle) l'accuser de faire de la sorcellerie

8. Vendredi soir, quand (Romule Beausoleil) traverser le pont Démosthènes / (Anastasie Saint-Aude) attendre dans les latrines publiques du pont

9. Quand (Romule) entendre des gémissements *(moans)*, (il) aller voir dans les latrines / et (Anastasie) plonger un pic à glace dans son cou

10. A l'exception d'Anastasie, (les gens) ne pas savoir / que (Waterloo) souffrir d'une maladie du cœur

P. Récemment… Complétez les phrases suivantes en parlant de vos activités récentes. Faites attention à l'emploi du passé composé et de l'imparfait.

Modèle: Hier soir, je…
Hier soir, j'ai fait ma lessive. ou *Hier soir, je faisais mes devoirs de maths quand des amis m'ont demandé de sortir avec eux.*

1. Hier soir, je…
2. Ce matin, à 6h, je…
3. Samedi dernier, je… pendant plus de… heures.
4. … ou … fois la semaine dernière, je…
5. Hier après-midi, je…, puis… et enfin…
6. Ce matin, j'ai vu… qui…
7. Quand je suis arrivé(e) en classe aujourd'hui,…
8. Hier soir, pendant que…, je…
9. Quand je suis sorti(e) de la maison (de la résidence) ce matin,…
10. Avant de commencer mes études à l'université, je…
11. Ce matin, vers… heures, je… quand…
12. Hier, je ne… pas parce que…

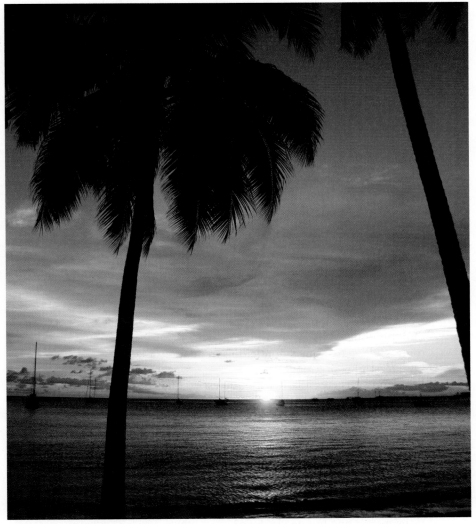

Coucher du soleil, Martinique

Quant à moi...

 Q. A vous d'abord! Posez les questions suivantes à quelques camarades de classe afin d'apprendre ce qu'ils font pour occuper leur temps libre.

1. Quels sports pratiques-tu?
2. Qu'est-ce que tu aimes faire quand tu es seul(e)?
3. Qu'est-ce que tu aimes faire avec tes amis?
4. Quelles activités de loisirs voudrais-tu pratiquer si tu en avais le temps et les moyens financiers?

 CD2, Tracks 14–17

Visit the **témoins** in their home-town on Google Earth.

R. Les témoins vous parlent. En écoutant quelques Français et Francophones vous parler de leur temps libre, faites ce qu'on vous demande de faire.

Sophie Everaert
Bruxelles, Belgique

Bruxelles
Population: 1 031 000
Langues: français, néerlandais
Importance: capitale de la Belgique, capitale de l'Union européenne (UE), centre de la bande dessinée, la Grand Place

Vocabulaire utile

course à pied *(running)*, **courir** *(to run)*, **soit... soit...** *(either . . . or . . .)*

1. Ajoutez les mots qui manquent. Utilisez une autre feuille de papier.

—Comment passez-vous votre temps libre? Où? _____? Et avec qui?
—Je fais assez bien de sports. J'aime bien faire de la course à pied ou _____ ou du volley-ball. J'aime beaucoup _____. Je le fais en général, euh... volley-ball avec une équipe, mais le reste _____, parce que mon mari travaille tellement qu'il _____ de faire ça.
—Vous avez des copines?
—Oui, oui, oui. Mais disons que j'aime bien courir toute seule et _____ toute seule, parce que sinon je dois m'adapter à la vitesse de _____.
—Oui, c'est plus pratique.
—Et quand vous êtes à la maison, qu'est-ce que vous avez l'habitude de faire?
—Souvent je _____ ou je regarde la TV ou on invite parfois des personnes à dîner ou... En général, j'aime bien _____ avec mon mari et _____.
—Et pendant les vacances?
—Pendant les vacances, on va souvent _____, là où il fait un peu _____. Alors, on va soit _____ en France ou en Suisse, soit en été on va à la Côte d'Azur ou en Espagne. On aime bien faire de la planche à voile, _____.
—Vous menez une bonne vie, hein?

Carpentras, France
Population: 27 250
Importance: petite ville du sud de la France au nord-est d'Avignon, au centre du département du Vaucluse, industrie agro-alimentaire

Florence Boisse-Kilgo
Carpentras, France

Vocabulaire utile

tours en vélo *(bike rides)*, **du cheval** *(horseback riding)*, **trucs** *(here: jobs)*, **ranger** *(to pick up)*, **paperasserie** *(paperwork)*, **cochon d'Inde** *(guinea pig)*

2. Précisez:

    a. deux sports qu'elle pratique;

    b. ce qu'elle est en train d'apprendre à faire;

    c. ce qu'elle fait à la maison;

    d. ce qu'elle fait quand elle a vraiment du temps libre;

    e. ce qu'elle fait avec son cochon d'Inde.

Dijon, France
Population: 151 200 (ville), 236 953 (agglomération)
Importance: ville principale de l'ancienne province de Bourgogne, production de vin, moutarde, pain d'épices

Xavier Jacquenet
Dijon, France

Vocabulaire utile

ciné = cinéma, boire un pot *(to go out for a drink)*, **flâner** *(to go for a stroll)*, **quasiment** *(almost)*, **examens de rattrapage** *(make-up exams)*, **de par** *(because of)*, **reçoivent** *(host)*, **tarot** *(card game)*, **sauf** *(except)*, **prennent une location** *(rent a place)*, **contraintes d'horaire** *(time constraints)*

3. Notez deux ou trois activités pour chaque catégorie.

Xavier
    a. quand il est chez lui
    b. quand il est avec des amis
    c. pendant les vacances

Les parents de Xavier
    d. en semaine
    e. le week-end
    f. pendant les vacances

Vocabulaire utile

patine *(skate)*, **au grand air** *(outdoors)*, **à tout le moins** *(at least)*, **sinon** *(if not)*, **taille** *(size)*, **avouer** *(to admit)*, **fleuve** *(river)*, **endroit** *(spot, place)*, **salée** *(salt)*, **marées** *(tides)*, **pistes cyclables aménagées** *(bicycle trails)*, **moyens financiers** *(financial means)*, **saucette** *(little trip or stopover, Quebec expression)*

Robin Côté
Rimouski, Québec

4. Notez au moins cinq faits que vous avez appris en écoutant Robin.

S. Les témoins et vous. En discutant avec des camarades de classe, comparez vos activités de loisir à celles des témoins que vous venez d'écouter.

    1. Sophie aime faire du sport. Quels sports pratiquez-vous? Préférez-vous les sports d'équipe ou les sports individuels? Pourquoi?

    2. Florence est toujours très occupée quand elle est chez elle. Que faites-vous quand vous êtes chez vous et que vous avez du temps libre?

    3. Les vacances de Xavier sont très organisées. Comment sont vos vacances normalement? Que faites-vous pendant les vacances?

    4. Les activités de Robin dépendent de la saison. Dans quelle mesure vos activités changent-elles selon la saison? Expliquez.

● Do **A faire! (3-3)** on page 121 of the **Manuel de préparation.**

FICHE VOCABULAIRE

LES ACTIVITES DE LOISIRS

les activités culturelles

  aller au cinéma / voir un film / tourner *(to shoot)* un film

  aller au théâtre / voir une pièce (de théâtre) / faire du théâtre

  aller à l'opéra / voir un opéra

  aller au ballet / voir un spectacle de danse (classique, moderne, africaine) / faire de la danse

  aller au musée / voir une exposition de peinture (de sculpture) / peindre (faire de la sculpture)

  aller à un concert (de musique classique, de musique moderne, de jazz) / faire de la musique

les sports d'été

  jouer au tennis (faire du tennis) / faire une partie de tennis *to play a tennis match*

  jouer au golf / faire une partie de golf

  jouer au basket (au foot [soccer])

  nager / se baigner / faire de la natation

  faire de la voile *to go sailing*

  faire de la planche à voile *to go windsurfing*

  faire du ski nautique

  faire du canoë-kayak

  faire de l'équitation *(f.)* / monter à cheval *to go horseback riding*

  faire du jogging (du footing)

  faire du vélo

  faire une (des) randonnée(s) *to go hiking, to go on a hike*

  se promener / faire une promenade / se balader / faire une balade (à pied, à vélo, en voiture)

  faire du camping

les sports d'hiver

  faire du ski de piste (du ski alpin) *to go downhill skiing*

  faire du ski de fond *to go cross-country skiing*

  faire du patinage / faire du patin à glace *to go ice-skating*

  faire de la luge *to go sledding*

  jouer au hockey sur glace

les activités qui se pratiquent à la maison

  faire de la lecture / lire un livre (le journal, une revue, un magazine)

  jouer aux cartes *(f. pl.)* (au bridge, au poker) / faire un jeu de patience *to play solitaire*

jouer aux échecs *(m. pl.) to play chess*

jouer aux dames *(f. pl.) to play checkers*

écouter la radio / écouter un programme de musique (la météo, les informations [news]) écouter des CD / écouter des cassettes

regarder la télé(vision) / regarder les actualités *(f. pl.) (news)* (une émission de variétés, un feuilleton [soap opera], une série, un match de foot)

regarder une (cassette) vidéo

collectionner les timbres *(m. pl.)*

faire du tricot *to knit*

faire du crochet

faire des mots croisés *to do crossword puzzles*

surfer (sur Internet)

tchatter

participer à un forum

bloguer

les distractions

  aller au cirque

  aller au zoo

  aller à un concert de rock (de musique populaire, de musique classique)

  aller dans un club de jazz

  aller dans une boîte de nuit *nightclub*

  aller en disco(thèque)

les autres divertissements

  faire du jardinage / jardiner

  faire du bricolage / bricoler *to putter, do home repairs and projects*

  aller à la pêche / pêcher *to fish*

  faire de l'aérobic *(f.)*

  faire du bowling

  faire de la gymnastique

  faire du yoga

  faire du judo (du karaté)

  faire de la musculation *to lift weights*

  faire de l'exercice *(m.)*

  faire partie d'une équipe (de) *to belong to a team*

T. Qu'est-ce qu'on pourrait faire? Suggérez à quelques camarades de classe des activités pour les situations suivantes. Essayez de trouver autant d'activités que possible et utilisez les expressions dans **Pour mieux vous exprimer.**

Modèle: un samedi après-midi en septembre
On fait une randonneé? ou Si on faisait une randonnée? ou Pourquoi pas faire une randonnée? ou On pourrait faire une randonnée.

Pour mieux vous exprimer

Proposer de faire quelque chose

On va (au concert)? On fait (de la voile)?
Tu veux / Vous voulez (faire du jogging)?
Si on (jouait au tennis)? *[verbe à l'imparfait]*
Pourquoi pas (aller au zoo)?
On pourrait (faire une partie d'échecs).

---

1. un samedi après-midi en septembre
2. un samedi soir en mai
3. un mercredi soir sans devoirs
4. un week-end en février
5. un week-end en juillet
6. un dimanche après-midi au printemps

U. Des activités pour les visiteurs. Vous travaillez pour un groupe qui organise des échanges entre jeunes de plusieurs pays du monde. Les familles d'accueil vous demandent souvent des suggestions d'activités pour les visiteurs suivants. Qu'est-ce que vous pourriez proposer pour quelqu'un qui...

1. aime beaucoup la musique?
2. a l'esprit de compétition?
3. est plutôt timide et solitaire?
4. est plutôt sociable et ouvert?
5. s'intéresse aux arts?
6. n'est pas très sportif?
7. aime la nature?
8. ne parle pas très bien l'anglais?

Le week-end représente du temps libre pour beaucoup de gens. Les Francophones eux aussi aiment en profiter pour se reposer et pour s'amuser. Mais il y a aussi des moments spéciaux qui reviennent chaque année et qui constituent un moyen de répondre aux besoins individuel et collectif de plaisir: ce sont les fêtes. Dans ce **Magazine Culture,** *nous allons examiner un week-end typique à la Martinique avant d'explorer brièvement deux carnavals célèbres: le Carnaval à Fort-de-France et le Carnaval d'hiver dans la ville de Québec.*

La Martinique

Statut: département français d'outre-mer

Chef-lieu: Fort-de-France

Superficie: 1 102km

Population: 411 000

Langues: français, créole

Economie: tourisme

Le week-end à la Martinique

Le week-end à Fort-de-France est comme celui de toute grande ville. Du vendredi soir au dimanche soir, on sort dîner dans les restaurants, danser dans les discothèques, voir des films américains et européens. Les boîtes de nuit affichent leurs attractions: vendredi—Soirée Ladies Night; samedi—Concours de jeunes orchestres; samedi et dimanche—Nouveau Show du chanteur José Versol. Les amateurs d'activités culturelles ont à leur disposition toutes sortes de concerts, pièces de théâtre, expositions et conférences. Si on préfère, on peut rester à la maison regarder la télé. Il y a cinq chaînes: RFO, ATV et CC1 (dont les émissions émanent de Fort-de-France) et TF1 et France 2 (captées directement de France par satellite).

Dans les petits villages ruraux, pourtant, le week-end est beaucoup plus court. Les paysans et les pêcheurs travaillent le samedi. Pour eux, le week-end n'est que le dimanche. Le matin, on va à l'église ou au bar. L'après-midi, les enfants jouent, les hommes vont aux combats de coq, les femmes se rendent visite. Plusieurs fois par an, il y a des fêtes à célébrer—le 14 juillet, la Toussaint, le Carnaval, la fête de la patronne du village. Les activités comprennent course, concours agricoles, cinéma de plein air, feux d'artifice, bals populaires.

En ville et à la campagne, on pratique beaucoup de sports: foot, tennis, natation, athlétisme, basket, cyclisme. Pourtant, étant donné la situation géographique de l'île, on a une grande prédilection pour les sports nautiques. Les Martiniquais sont d'excellents marins et ils aiment beaucoup les courses de bateaux. Autrefois, ils utilisaient des canoës appelés *gommiers,* d'après le nom de l'arbre dont on utilisait le bois pour les construire. De nos jours, étant donné la rareté du gommier et la difficulté du travail pour en faire un canoë, on utilise de plus en plus des embarcations à voile appelées *yoles.* Les équipages vont de village en village pour participer aux festivals en l'honneur des saints patrons. Les meilleurs marins viennent de la côte atlantique de l'île, où ils ont la possibilité de s'habituer aux mers agitées.

Le Carnaval de Fort-de-France

Pendant quatre jours—du dimanche précédant le début du Carême jusqu'au Mercredi des Cendres en passant par le Mardi Gras—la Martinique est en fête. Des milliers de gens viennent à Fort-de-France pour regarder et surtout pour participer aux activités.

Cela commence le dimanche par un grand concours de chars. Les gens passent des heures et des heures à bâtir des chars sur les thèmes les plus variés—l'histoire de l'île (par exemple, la rencontre entre les premiers habitants, les Caraïbes, et les conquistadors espagnols) ou bien un thème plus moderne (le débarquement d'extraterrestres sur l'île). Le dernier char est toujours celui de la reine du Carnaval, qu'on vient de couronner. Le lundi, c'est le jour des «Mariages burlesques»: des couples bien habillés mais mal assortis défilent et dansent dans les rues. Ce sont les hommes qui jouent le rôle des femmes et les femmes qui jouent le rôle des maris. Le lendemain, c'est le grand défilé du Mardi Gras, présidé par Vaval, le roi du Carnaval. Il est suivi des diables (hommes et femmes vêtus en rouge portant d'énormes masques vraiment hideux) et des diablotins (enfants habillés eux aussi en rouge). Enfin, le mercredi, tous les gens, habillés cette fois en blanc et en noir, défilent dans les rues avant d'aller sur la Savane (la grande place de Fort-de-France) où le soir on brûle l'effigie de Vaval. La fête se termine par un feu d'artifice et un bal qui dure jusqu'au petit matin.

Le Carnaval d'hiver de Québec

Le Carnaval de Québec, qui se tient chaque année en février, est le plus grand carnaval d'hiver du monde—plus de 500 000 visiteurs et participants. Sous l'égide de la mascotte Bonhomme, le Carnaval offre un grand nombre de sites et d'activités. La fête commence par une cérémonie d'ouverture—spectacles musicaux, feux d'artifice, la remise des clés de la ville à Bonhomme, qui les reçoit du maire. Pendant les 17 jours du Carnaval, les spectateurs viennent voir:

- le Palais de glace (un immense édifice construit avec plus de 300 tonnes de glace);
- le Concours international de sculpture en neige (des équipes de sculpteurs travaillent nuit et jour pour donner vie à d'énormes blocs de neige);
- la Course en canot (des équipes d'hommes et de femmes traversent le fleuve Saint-Laurent gelé en canots à glace);
- la Grande Virée (des attelages de chiens de traîneau font un parcours de 6 kilomètres dans les rues du Vieux-Québec);
- le Bain de neige (75 courageux et courageuses se baignent en maillot de bain dans les eaux glacées du Saint-Laurent);

sculpture sur neige

- les Défilés de nuit (le samedi soir, Bonhomme défile dans les rues avec des chars allégoriques, des troupes de danseurs, des fanfares et des percussionnistes ainsi que des figurants costumés et maquillés.

On a la possibilité de manger gratuitement ou à des prix très raisonnables: soupers, brunchs, déjeuners westerns, barbecues en plein air. Pour les enfants: glissades, initiation au ski alpin, un véritable jeu de soccer de table à échelle humaine. Pour les adultes: rafting sur neige, promenades en carriole, surboums. La fête se termine par une cérémonie de fermeture où Bonhomme retourne au Palais de glace pour remettre les clés de la ville au maire.

DICO

afficher *to post, advertise*
agitées *stormy*
athlétisme *track and field*
attelage *team harnessed together*
bois *wood*
brûler *to burn*
Carême *Lent*
carriole *horsedrawn carriage on runners*
chars *floats*
chiens de traîneau *sled dogs*
combats de coq *cock fights*
concours *competition*
course *race*
débarquement *landing*
défiler *to parade*
diables *devils*
durer *to last*

égide *protection*
fanfares *bands*
figurants *here, walkers*
fermeture *closing*
gelé *frozen*
mal assortis *mismatched*
maquillés *in makeup*
marins *sailors*
mascotte *mascot*
Mercredi des Cendres *Ash Wednesday*
ouverture *opening*
patronne *patron saint*
paysans *peasants*
pêcheurs *fishermen*
percussionnistes *drum corps*
remettre *to hand over, give back*
surboums *parties*
Toussaint *All Saints' Day*

V. Qu'est-ce que vous avez appris? Trouvez dans la liste donnée la bonne réponse.

le Bain de neige / Bonhomme / le Carême / la cérémonie d'ouverture / la cérémonie de fermeture / le dimanche / les Défilés de nuit / est (l'Océan Atlantique) / l'été / Fort-de-France / les gommiers / la Grande Virée / le Mardi Gras / le Mercredi des Cendres / ouest (la mer des Caraïbes) / le Palais de glace / le Saint-Laurent / le samedi / Québec / Vaval / les yoles / 2 / 8 / 14

1. la ville principale de la Martinique
2. le nombre de chaînes de télévision françaises qu'on peut voir en Martinique
3. la seule journée de week-end à la campagne en Martinique
4. les bateaux à voile qu'on utilise pour les courses en Martinique
5. la côte de la Martinique où habitent les meilleurs marins
6. la saison du Carnaval à la Martinique
7. le roi du Carnaval à la Martinique
8. le jour du grand défilé du Carnaval à la Martinique
9. la fin du Carnaval à la Martinique
10. le nombre de jours que dure le Carnaval d'hiver de Québec
11. le site de la Course en canot au Carnaval d'hiver de Québec
12. la course de chiens de traîneau au Carnaval d'hiver de Québec
13. les deux samedis soirs à Québec où on voit dans les rues des musiciens, des danseurs et des gens costumés et maquillés
14. le départ symbolique de Bonhomme, marquant la fin du Carnaval d'hiver de Québec

W. Discutons! Discutez des questions suivantes avec quelques camarades de classe.

1. En Martinique, le week-end varie considérablement selon où on habite (la grande ville ou la campagne). Trouve-t-on les mêmes variations aux Etats-Unis entre la ville et la campagne? Entre régions géographiques (par exemple, les côtes est / ouest, le sud et le centre du pays)?

2. Les intellectuels martiniquais trouvent que la métropole (la France) a une trop grande influence sur la culture de l'île. De cette perspective, quels sont les avantages et les inconvénients de la télévision, telle qu'on peut la regarder à la Martinique? Quel rôle la télévision étrangère joue-t-elle (pourrait-elle jouer) aux Etats-Unis?

3. Les sports nautiques jouent un grand rôle dans la vie sportive martiniquaise. Y a-t-il des sports favorisés par la situation géographique de votre région? Pourquoi (pas)?

4. On dit souvent que les fêtes sont un moyen de libérer des énergies et des désirs refoulés *(repressed)* par les règles et les tabous de la société. Dans quelle mesure le Carnaval à la Martinique illustre-t-il cette idée? Y a-t-il des fêtes chez vous qui jouent le même rôle?

5. Quelles ressemblances et quelles différences trouvez-vous entre le Carnaval à la Martinique et le Carnaval d'hiver de Québec?

Fonction

Comment parler du passé (2)

CD2, Track 18

To download a podcast on Past Tenses, go to **academic.cengage. com/french/quantamoi.**

> ## RAPPEL
>
> ### Les verbes auxiliaires *avoir* et *être*
>
> Verbs conjugated with **être: aller, arriver, devenir, entrer, mourir, naître, partir, rentrer, rester, revenir, tomber, venir**

X. Avoir ou être? En faisant particulièrement attention aux verbes des 12 phrases que vous entendez, indiquez si chaque verbe est conjugué avec **avoir (A)** ou **être (E)**, puis écrivez l'infinitif. Utilisez une autre feuille de papier.

> ## RAPPEL
>
> ### L'emploi du passé composé et de l'imparfait: narration
>
> **Passé composé**
>
> - to situate the narration in time:
>   Mardi dernier nous **sommes allés** chez Anne-Marie.
> - to enumerate the main actions or events—i.e., verbs that make the story go forward:
>   Elle n'**est** pas **descendue**; nous **avons attendu**.
>   J'**ai entendu** un bruit. Je **me suis retourné**. J'**ai vu** un ours.
>
> **Imparfait**
>
> - to give background information, set the scene, describe the situation or context:
>   Elle **était** en train de coucher les enfants. Elle leur **lisait** un conte de fées.
>   Je **faisais** du camping. Il **faisait** froid. Nous **étions** assis autour du feu.
> - to provide additional information or explanations—i.e., verbs that do not advance the story:
>   Ils **voulaient** le finir avant de s'endormir.
>   Il **était** énorme! Il nous **regardait** d'un air curieux.

Y. Racontez! Utilisez les expressions suggérées pour raconter à un(e) camarade de classe vos activités passées et récentes. Faites attention à l'emploi du **passé composé** et de l'**imparfait**.

1. *Mes années au lycée*
   - où vous avez fait vos études secondaires
   - le nombre d'années passées au lycée
   - votre âge quand vous êtes entré(e) en seconde *(ninth grade)*
   - si vous vous amusiez ou pas au lycée et pourquoi (pas)
   - vos sentiments le jour où vous avez reçu votre diplôme

2. *Un concert de…*

- quand vous êtes allé(e) au concert / où / avec qui
- comment vous y êtes allé(e)s
- ce que vous portiez
- ce qui se passait quand vous y êtes arrivé(e)s
- le meilleur moment du concert: ce qui s'est passé / pourquoi c'était le meilleur moment
- vos sentiments quand vous êtes rentré(e)s chez vous

3. *Une soirée à la maison*

- un soir où vous n'êtes pas sorti(e): quand
- pourquoi vous êtes resté(e) à la maison
- les autres personnes à la maison
- ce qu'elles faisaient
- ce que vous avez fait
- vos sentiments à l'égard de cette soirée à la maison

4. *Un week-end à…*

- un week-end où vous êtes allé(e) quelque part *(somewhere):* quand / avec qui
- l'arrivée: à quelle heure / le temps / la situation
- comment vous avez passé la journée de samedi (le matin / l'après-midi / le soir)
- ce que vous avez fait la journée de dimanche
- le retour: à quelle heure / vos sentiments

Z. Racontez! (suite) Choisissez une des catégories d'activités et racontez à des camarades de classe quelque chose que vous avez fait dans le passé. Faites attention à l'emploi du **passé composé** et de l'**imparfait**.

1. une activité culturelle (cinéma, théâtre, ballet, opéra, concert de musique classique, etc.)
2. une activité sportive
3. une autre distraction (zoo, cirque, discothèque, concert de rock, etc.)
4. une excursion (visite d'une ville, week-end de camping, petit voyage à vélo, etc.)

Do **A faire! (3-4)** on page 128 of the **Manuel de préparation**.

REPRISE

Le passé composé et l'imparfait

AA. Un repas de fête dont je me souviens bien. On associe souvent les fêtes aux repas qu'on mange en famille ou avec des amis. Racontez à quelques camarades de classe un repas spécial que vous avez mangé quand vous étiez plus jeune. Suivez le plan proposé ci-dessous et faites attention à l'emploi de l'**imparfait** et du **passé composé**.

1. Expliquez ce qu'on faisait normalement: Quand? Où? Avec qui? Qu'est-ce qu'on mangeait? Qu'est-ce qu'on faisait avant (pendant, après) le repas?
2. Racontez ce qu'on a fait une fois: Quand? Où? Avec qui? Qu'est-ce qu'on a mangé? Qu'est-ce qu'on a fait avant (pendant, après) le repas?

Quant à moi...

Témoignages: «Est-on en train d'évoluer vers une civilisation des loisirs?»

CD2, Tracks 19–24

Visit the **témoins** in their hometown on Google Earth.

BB. A vous d'abord! Discutez des questions suivantes avec quelques camarades de classe afin de découvrir leurs idées sur le travail et les loisirs.

1. D'après votre expérience, pensez-vous que les gens travaillent de moins en moins et qu'ils consacrent de plus en plus de temps aux loisirs? Quels exemples pouvez-vous en donner?

2. On dit souvent que les gens d'aujourd'hui sont égoïstes, qu'ils pensent surtout à eux-mêmes et à leur plaisir. Etes-vous d'accord? Y a-t-il des différences entre les générations (celle de vos grands-parents, celle de vos parents, celle de votre génération)?

CC. Les témoins vous parlent. Ecoutez quelques Français et Francophones vous parler de leurs idées sur la notion d'une civilisation de loisirs, puis répondez aux questions.

Valérie Ecobichon
Saint-Maudez, France

> **Vocabulaire utile**
>
> **valeur** *(value)*, **tout à fait** *(absolutely)*, **tant mieux** *(so much the better)*, **consacrer** *(to devote)*, **grâce à** *(thanks to)*, **agricole** *(agricultural)*

1. **Oui ou non?** Valérie Ecobichon dit que (qu')...

    a. les gens d'aujourd'hui ont plus de temps pour les loisirs.
    b. ses parents et ses grands-parents travaillaient la grande majorité du temps.
    c. elle ne veut pas que ses enfants soient agriculteurs.
    d. elle préfère habiter en ville.

Xavier Jacquenet
Dijon, France

> **Vocabulaire utile**
>
> **à long terme** *(in the long run)*, **notamment** *(especially)*, **peu élevées** *(lower)*, **usines** *(factories)*, **durée de travail** *(length of workday)*, **a énormément baissé** *(has gone down greatly)*, **tout de même** *(all the same)*, **assurée** *(certain, assured)*, **inquiétudes** *(worries)*, **garanties par l'Etat** *(guarantees from the government)*, **pas mal de** *(quite a bit)*, **prenant** *(time consuming)*, **en retraite** *(retired)*, **casaniers** *(homebodies)*, **par contre** *(on the other hand)*, **détente** *(relaxation)*, **se détendre** *(to relax)*, **en ayant l'esprit** *(having their minds)*

2. Oui ou non? Xavier Jacquenet dit que...

a. comparé au début du siècle précédent, aujourd'hui on travaille beaucoup moins.

b. les travailleurs d'aujourd'hui ont plus de temps libre mais aussi plus d'inquiétudes (santé, éducation des enfants).

c. ses grands-parents travaillaient toute la journée dans leur ferme.

d. ses grands-parents ne prenaient pas de vacances.

e. maintenant qu'ils sont en retraite, ses grands-parents voyagent beaucoup.

f. ses parents aiment se détendre.

Mireille Sarrazin
Lyon, France

Vocabulaire utile
actuel *(current)*, **taux de chômage** *(unemployment rate)*

3. Oui ou non? Mireille Sarrazin dit que (qu')...

a. les gens travaillent plus aujourd'hui qu'autrefois.

b. il est nécessaire de travailler dur pour ne pas perdre son travail.

c. la situation économique actuelle n'est pas favorable.

d. malgré tout *(in spite of everything)*, les gens profitent de plus en plus de leur temps libre.

Henri Gaubil
Ajaccio, Corse

Vocabulaire utile
s'aperçoit *(notices)*, **chômage** *(unemployment)*, **se greffer** *(to crop up in connection with each other)*

4. Oui ou non? Henri Gaubil dit que (qu')...

a. le travail et la vie de tous les jours occupent la totalité du temps des gens.

b. les gens ont plus de problèmes personnels aujourd'hui qu'autrefois.

c. il est nécessaire de faire un grand effort pour trouver du temps libre.

d. lui et sa famille restent chez eux s'ils ont une semaine de libre.

Dovi Abe
Dakar, Sénégal

Vocabulaire utile

pays en voie de développement *(developing countries)*, **moyens** *(financial means)*

5. Oui ou non? Dovi Abe dit que…

    a. l'idée d'une civilisation de loisirs s'applique surtout aux pays industrialisés.

    b. les pays en voie de développement n'ont ni le temps ni l'argent pour les loisirs.

Fatim Kramer
Paris, France
(d'origine marocaine)

Rabat
Population: 1 721 760
Langues: arabe (langue officielle), français (langue administrative)
Importance: capitale du Maroc, port sur la côte atlantique, tour Hassan (chef-d'œuvre de l'art marocain traditionnel), artisanat (tapis, broderie, cuir)

Vocabulaire utile

forcément *(necessarily)*, **coût de la vie** *(cost of living)*, **dépenser** *(to spend)*, **économiser** *(to save)*, **entendre** *(to intend, wish)*, **classe supérieure** *(upper class)*, **intégrer** *(to integrate, combine)*

6. Oui ou non? Fatim Kramer dit que (qu')…

    a. en général, les gens travaillent moins aujourd'hui qu'autrefois.

    b. les Français et les Marocains travaillent pour les mêmes raisons.

    c. en général, les Français réussissent à intégrer travail et loisirs.

    d. à l'exception des gens aisés, les Marocains donnent plus d'importance au travail qu'aux loisirs.

 DD. Les témoins et vous. Ecoutez encore une fois les témoignages, puis discutez des questions suivantes avec quelques camarades de classe.

    1. Les témoins ne sont pas tous d'accord sur cette idée d'une civilisation des loisirs. Lesquels ont des idées qui se ressemblent?

    2. Vos idées et celles de votre famille sont-elles pareilles aux idées d'un ou de plusieurs témoins? Expliquez.

Do **A faire! (3-5)** on page 132 of the **Manuel de préparation**.

Et vous?

FICHE VOCABULAIRE

LE TRAVAIL ET LES LOISIRS

le travail
   travailler (de plus en plus / de moins en moins)
   passer (plus de temps / moins de temps) à travailler (au travail)
   travailler … heures par semaine
      faire des heures supplémentaires *to work overtime*
   travailler à plein temps *to work full time*
         à mi-temps *half-time*
         à temps partiel *part-time*
   travailler pour gagner sa vie
         subsister
         survivre *to survive*
         avoir le temps de prendre des loisirs
         avoir l'argent pour se payer des loisirs
         réussir dans la vie

les travailleurs
   les ouvriers *(factory) workers*
   les employés
   les agriculteurs
   les fonctionnaires *government workers, civil servants*
   les cadres *executives*
   les professions libérales / les professionnels

les loisirs
   avoir (plus de / moins de) temps libre
   consacrer (plus de / moins de) temps aux loisirs
   consacrer son temps libre à + inf.
   profiter de son temps libre (argent) pour + inf. *to take advantage of one's free time (money) to*

Les loisirs sont un moyen de fuir *(flee)* la réalité.
            s'évader *(escape)* de la réalité.
            s'évader dans une réalité alternative.
            substituer le rêve à la réalité.

Les loisirs permettent aux gens de (d') s'amuser.
            se développer.
            enrichir leur vie.
            rester en forme.
            vivre mieux.
            se détendre (se relaxer *[to relax]*).
            supporter le stress.
            rester jeune (ne pas vieillir).

EE. Travail et loisirs. En vous inspirant du travail que vous avez fait dans le **Manuel de préparation** (Exercice XXIII), faites le portrait de deux personnes que vous connaissez en parlant du travail que chacune fait et du temps que chacune consacre aux loisirs. Puis parlez de ce que vous espérez faire dans l'avenir.

En 1962, le sociologue français Joffre Dunazedir a annoncé l'avènement d'une «civilisation des loisirs». Selon lui, grâce à la croissance économique du début des années 1960, le loisir devenait un produit central de la société française. Une quarantaine d'années après, on n'est pas tous d'accord sur l'idée d'un progrès continu vers cette nouvelle civilisation. Dans ce Magazine Culture, vous allez trouver des articles sur différents aspects de la «civilisation des loisirs», sur la semaine de 35 heures en France et sur la journée typique d'une jeune Française qui travaille.

La civilisation des loisirs: mythes et vérités

Sans aucun doute on a plus de temps libre de nos jours qu'autrefois. Selon des enquêtes récentes, conséquence de la réduction du temps de travail et d'une espérance de vie allongée, le temps libre représente un cinquième (20%) du temps de vie et un quart (25%) du temps éveillé. En plus, on estime que les dépenses consacrées aux loisirs représentent à peu près un cinquième (20%) du budget des ménages. Mais quels mythes et quelles vérités se cachent derrière les résultats des enquêtes?

LA SOCIÉTÉ ACTUELLE: HÉDONISTE ET ÉGOÏSTE?

La tradition judéo-chrétienne donne beaucoup d'importance au travail: il faut «gagner sa vie à la sueur de son front». On travaille dur pour mériter ensuite le repos, forme principale du loisir. De nos jours, beaucoup de gens (et surtout les jeunes) accordent la plus grande place au plaisir. On a le droit de s'amuser et de «profiter de la vie». Leurs aînés les accusent souvent d'hédonisme: recherche de l'épanouissement personnel. Mais à vrai dire, la poursuite du plaisir traverse plusieurs générations. L'hédonisme s'accompagne souvent d'individualisme et d'une importance de la consommation.

- L'accroissement du temps libre donne la possibilité de faire ce qu'on aime. La motivation, c'est de se développer. On se centre sur son corps et sur sa maison. On veut rester jeune; on ne veut pas vieillir. Près de 50% des Français disent avoir une activité sportive. De plus en plus de Français (200 000 environ en 2005) ont recours à la chirurgie esthétique. Les magazines de décoration (*Maison et Travaux, Maison Création, Maison Magazine*) voient leur lectorat augmenter.
- Si les Français ont plus de temps libre, ils ont aussi plus d'argent à leur disposition. Le pouvoir d'achat a doublé entre 1970 et 2005 tandis que le temps de travail a diminué (voir l'article suivant). Autrefois on achetait pour satisfaire à ses besoins; de nos jours, on achète de plus en plus pour son plaisir et son sentiment de bien-être. Qu'il s'agisse de nourriture, de vêtements ou de produits technologiques, les consommateurs essaient de se donner une identité à travers ce qu'ils possèdent.

Pourtant, situation paradoxale, si les Français semblent devenir plus hédonistes et égocentriques, en même temps ils adhèrent de plus en plus à des associations où ils ont la possibilité de participer à des activités collectives. (En 2006, 45% des Français de plus de 15 ans étaient inscrits à une ou plusieurs association[s].) Un grand nombre de gens sont membres d'associations sportives, culturelles ou musicales; mais il y en a beaucoup (13 millions) qui font du bénévolat souvent à but humanitaire: parrainage d'enfants, aide aux personnes défavorisées, défense de l'environnement.

LES LOISIRS: UN MOYEN DE FUIR LA RÉALITÉ?

Autre paradoxe: la plupart des Français semblent heureux individuellement (84% se disent satisfaits de leur vie) mais ils ont le sentiment que la France se porte mal (75% sont plutôt pessimistes à l'égard de l'avenir du pays). C'est peut-être pourquoi ils cherchent des substituts à la réalité. D'abord, la télévision y joue un rôle central: 97% des ménages sont équipés d'un téléviseur, 43% en ont au moins deux. Les téléviseurs restent allumés en moyenne plus de cinq heures et demie par jour. Qu'est-ce que les téléspectateurs aiment regarder? La fiction sous toutes ses formes: films, séries télévisées, feuilletons. Pour les jeunes, ce sont surtout les jeux vidéo (sur ordinateur ou sur console) qui permettent de s'évader dans une réalité alternative. Les deux tiers des ménages ayant des enfants de 10 à 15 ans ont une console de jeu.

Après la télévision et les jeux vidéo viennent les parcs de loisirs, qui s'inspirent de la réalité pour la transcender. En France, il y a 280 parcs de loisirs, qui attirent près de 70 millions de visiteurs par an. Parmi les plus populaires: Disneyland Paris, le parc Astérix, le Futuroscope. Si on préfère une réalité plus «naturelle», on peut s'inscrire à des «parcours d'aventure» (excursions organisées en forêt ou en montagne) ou à «Accrobranche» (qui équipe des espaces forestiers de lianes, de câbles et d'échelles qui aident de petits groupes de gens à grimper et à se promener dans les cimes des arbres). Plus récents encore des centres de loisirs virtuels; 26 sites «la Tête dans les nuages» sont devenus la deuxième destination de loisirs en France après Disneyland. Ces centres—équipés d'ordinateurs, de simulateurs et de cinémas en 35—permettent aux gens (surtout aux jeunes) de combattre dans une navette intergalactique ou de descendre en rafting une rivière déchaînée ou de plonger au cœur de l'océan.

TRAVAILLE-T-ON MOINS? S'AMUSE-T-ON DAVANTAGE?

Les chiffres sont parfois trompeurs. A première vue, on pourrait penser que les Français sont les gens les moins travailleurs de l'Europe. Selon l'EIRO, si on prend la durée légale de travail en France (35 heures par semaine) et le temps des congés et des jours fériés (252 heures par an), les Français ne travaillent que 1 568 heures par an, bien au-dessous de la moyenne européenne de 1 696 heures par an. Pourtant, quand on tient compte des heures supplémentaires, on trouve que les Français travaillent 41 heures par semaine, ce qui les rapproche de la moyenne européenne de 41,9 heures par semaine.

De même, si on examine de près l'idée que la civilisation des loisirs progresse sans entrave en France, on trouve que le «progrès» n'est pas nécessairement continu. Dans une étude réalisée en 2002, des chercheurs ont constaté que c'est chez les gens non-actifs (chômeurs, étudiants, retraités, femmes au foyer) que le temps de loisir s'accroît le plus. Chez les actifs (les gens qui travaillent), la situation est plus complexe. Voici quelques résultats intéressants:

- Le temps libre des femmes progresse plus rapidement que celui des hommes, mais c'est aux dépens du travail domestique—c'est-à-dire que les femmes qui travaillent ont moins de temps pour les tâches domestiques.
- Les hommes qui travaillent sacrifient une partie de leur temps libre pour faire des heures supplémentaires.
- Autrefois, les gens aisés avaient beaucoup plus de temps libre que les membres des classes défavorisées (ouvriers, employés); de nos jours, c'est l'inverse.
- Le niveau d'éducation influence les rapports travail-temps libre: ce sont les gens qui ont un diplôme universitaire qui travaillent le plus et qui consacrent le moins de temps aux loisirs.

Pour conclure, les auteurs de l'étude posent la question: Y a-t-il peut-être une pause dans la marche vers la civilisation des loisirs?

La semaine de 35 heures

En 1998 et en 2002, le gouvernement socialiste de Lionel Jospin a fait voter des lois instituant la semaine de 35 heures. Concernant les ouvriers et les salariés, mais non pas les cadres et les professions libérales, les lois permettent de travailler moins (35 heures par semaine en moyenne) pour le même salaire que si on travaillait 39 heures. En plus, il est possible de faire des heures supplémentaires (pour atteindre 48 heures par semaine).

Les objectifs de cette réduction des heures de travail sont:

- d'aider dans la lutte contre le chômage—on peut mieux partager le travail et créer ainsi de nouveaux emplois;
- d'optimiser l'organisation du travail—les employeurs peuvent aménager des horaires plus flexibles modulant ainsi le temps de travail selon les saisons et les besoins;
- de donner plus de temps libre aux employés, améliorant ainsi la vie familiale ainsi que les conditions de vie et de santé.

La semaine de 35 heures reste extrêmement controversée, tant en ce qui concerne ses effets sur le chômage que sur les conditions de vie des salariés. En effet, les critiques viennent de tous les côtés de l'éventail politique. La gauche reproche à cette réforme de n'avoir créé que la moitié (350 000 sur 700 000)

des nouveaux emplois promis. Et les socialistes voient en la semaine des 35 heures «une idée progressive rendue méconnaissable» par toutes les restrictions. Un exemple: les routiers finissent par travailler plus de 70 heures par semaine parce que, quand ils roulent à deux chauffeurs de camion, les heures du chauffeur qui n'est pas en train de conduire ne comptent pas contre les 35 heures. La droite, par contre, trouve que la semaine de 35 heures coûte plus cher aux employeurs. Pis encore, elle diminue la productivité des entreprises françaises au moment (l'ère de la mondialisation) où elles ont le plus grand besoin de l'augmenter.

Le nouveau président de la France, Nicolas Sarkozy, a déclaré son hostilité à la semaine de 35 heures et a promis des réformes. Reste donc à savoir quel sera l'avenir de la semaine de 35 heures.

Une journée typique de travail

Bonjour! Je m'appelle Gaëlle Kervénec. Je suis infirmière en service général. Voici une journée typique dans mon service.

5h30	le réveil sonne sur RFM (Radio France Matin)
5h40	je me lève et je fais ma toilette
6h	je prends le petit déjeuner (jus de fruit / tartine / café)
6h15	je quitte la maison
7h	j'arrive à l'hôpital
7h–9h	je prends la relève de mes 15 à 20 malades / je fais des prises de sang / je lave les malades
9h–13h	les médecins viennent visiter les malades: je prépare les gens qui vont au bloc opératoire ou à la radio ou qui rentrent chez eux / je fais des pansements / je fais des traitements et des transfusions / je réinstalle les gens qui reviennent de la radio / je prévois l'ambulance pour les gens qui partent / je réponds «mille fois» au téléphone et aux sonnettes
12h	je fais une petite pause pour déjeuner (sandwich / eau minérale)
13h–14h	je fais mes transmissions écrites et orales / je prépare des traitements pour ma collègue de l'après-midi (qui travaille normalement seule)
14h	je quitte l'hôpital et je rentre à la maison

A la maison, il reste toujours beaucoup de travail à faire: nettoyer, aller chercher les enfants à l'école, préparer le repas, faire la vaisselle, m'occuper de la lessive. Bien sûr, c'est une journée super chargée!

DICO

accru *increased*
améliorant *improving*
au-dessous *below*
avènement *advent*
bloc opératoire *operating room*
bénévole *volunteer*
chiffres *figures, statistics*
chômeurs *unemployed people*
cimes *tops*
console (de jeu) *handheld game*
déchaînée *unleashed*
échelles *ladders*
épanouissement *expansion, opening up*
espérance de vie *life expectancy*
s'évader *to escape*
éventail politique *political spectrum*
femmes au foyer *housewives*
feuilletons *soap operas*
grimper *to climb*
jours fériés *holidays*
lianes *tropical creepers (vines)*
ménages *households*

modulant *modulating, varying*
navette intergalactique *intergalactic space shuttle*
pansements *surgical dressings*
parcours *trip*
parcs de loisirs *theme parks*
parrainage *sponsorship*
partager *to share*
Pis encore *Worse yet*
pouvoir d'achat *purchasing power*
se porter mal *to be in ill health*
prendre la relève *to take over the shift*
prises de sang *blood samples*
radio *X-ray*
repos *rest*
routiers *long-distance truck drivers*
sans entrave *without any hindrance*
sueur de son front *sweat of one's brow*
tant... que *as much . . . as*
temps de vie *lifetime*
temps éveillé *waking time*
transcender *to go beyond, transcend*
transmissions *reports*
trompeurs *deceiving*

FF. Vous avez compris? Choisissez la bonne réponse.

1. Qu'est-ce qui *n*'est *pas* vrai?
   a. On a tendance à vivre plus longtemps qu'autrefois.
   b. On a plus de temps libre qu'autrefois.
   c. On dépense plus d'un tiers de son budget pour les loisirs.
   d. On est libre environ un quart du temps éveillé.

2. Qu'est-ce qui *ne* caractérise *pas* une société hédoniste?
   a. Les gens mettent l'accent sur l'enrichissement personnel.
   b. Le plaisir est un droit *(right)* plutôt qu'une récompense *(reward)*.
   c. Beaucoup de gens veulent rester jeunes.
   d. Seuls les jeunes recherchent le plaisir.

3. Vrai ou faux? En France on donne de plus en plus d'importance à soi-même aux dépens de ses rapports avec les autres.

4. Lequel *n'est pas* un exemple d'un loisir qui permet aux Français de s'évader de la réalité?
   a. les parcs de loisirs
   b. la compétition sportive entre universités
   c. les centres de loisirs virtuels
   d. la télévision et les jeux vidéo
   e. les parcs d'aventure

5. Laquelle de ces affirmations *n'est pas* une raison pour laquelle certains sont sceptiques à l'égard de la «civilisation des loisirs»?
   a. Les Français travaillent plus qu'on ne le pense si on considère le travail supplémentaire.
   b. Les diplômés travaillent beaucoup et ont moins de temps libre.
   c. Les femmes consacrent de plus en plus de temps au travail domestique.
   d. Les inactifs profitent le plus de l'accroissement du temps libre.

6. Qu'est-ce qui *n'est pas* vrai à propos de la semaine de 35 heures?
   a. Les lois ne concernent pas tous les gens qui travaillent.
   b. Les lois limitent le nombre d'heures supplémentaires qu'on peut faire.
   c. On travaille moins pour le même salaire.
   d. On travaille plus mais on gagne moins.

7. Lequel *n'est pas* un objectif de la semaine de 35 heures?
   a. réduire les salaires
   b. créer de nouveaux emplois
   c. donner plus de flexibilité aux employeurs
   d. encourager la vie familiale

8. Laquelle *n'est pas* une critique de la semaine de 35 heures?
   a. La semaine de 35 heures n'a pas créé autant d'emplois que promis.
   b. La semaine de 35 heures est trop restrictive.
   c. La semaine de 35 heures réduit la productivité.
   d. La semaine de 35 heures devrait s'appliquer à tous les gens qui travaillent.

9. Vrai ou faux? La semaine de 35 heures semble s'appliquer au travail de Gaëlle Kervénec.

10. Vrai ou faux? Des gens qui veulent être infirmiers comme Gaëlle Kervénec pourraient profiter d'une formation *(education)* qui donne des compétences multiples.

GG. Discussion: «la civilisation des loisirs». Discutez de la question suivante avec quelques camarades de classe. Dans quelle mesure les Etats-Unis évoluent-ils vers une civilisation des loisirs?

Suggestions:

1. Combien d'heures par semaine les gens que vous connaissez travaillent-ils? Ont-ils beaucoup de temps libre? Comment en profitent-ils?
2. Les gens que vous connaissez sont-ils hédonistes? Expliquez.
3. Vous semble-t-il que les Américains préfèrent les loisirs qui leur permettent de fuir la réalité? Expliquez.

Fonction

Comment parler du passé (3)

 To download a podcast on the Pluperfect Tense, go to **academic.cengage.com/french/quantamoi.**

RAPPEL

Le plus-que-parfait

The **plus-que-parfait** is used to:

- express an action or a state that occurred *before* another past action or state:
  Elle nous a lu la lettre que son frère lui **avait envoyée.**

- indicate that the speaker in a narration is *not* following strict chronological order:
  Il m'est arrivé quelque chose de très amusant hier après-midi aux Galeries Lafayette. Mon frère et moi, nous **avions décidé** de passer l'après-midi en ville. Vers 11h, il **était passé** me chercher…

HH. Les actualités. Après avoir lu chaque article, répondez aux questions qui suivent.

Suicide assisté refusé à la Britannique Diane Pretty

La Cour européenne des droits de l'Homme a rejeté lundi à Strasbourg la demande de suicide assisté de Diane Pretty, une Britannique entièrement paralysée. Agée de 43 ans, Mme Pretty, qui meurt à petit feu d'une maladie neuro-dégénérative et qui est déjà paralysée du cou jusqu'aux pieds et qui ne peut donc se suicider elle-même, souhaite mettre fin à ses jours avec l'aide de son mari.

L'état de santé très précaire de Mme Pretty, qui peut mourir dans les prochaines semaines, avait conduit les juges européens à adopter une procédure d'urgence et à examiner sa plainte dans un délai record. Mme Pretty était venue en personne le 19 mars dernier assister à l'audience de la Cour européenne. Depuis son fauteuil roulant, elle avait affirmé, en utilisant la voix synthétique d'un ordinateur, qu'elle ne «voulait que son droit à mourir dans la dignité». Or l'assistance au suicide est considérée comme un crime, passible de 14 ans de prison.

Le 22 mars, une autre Britannique, connue sous le nom de «Mademoiselle B.», avait fait reconnaître par la justice britannique son droit à mourir, arguant du principe que les patients ont le droit de refuser le traitement contre l'avis de leur médecin, même si cela conduit à leur mort.

Source: Adapté des *Dernières Nouvelles d'Alsace*, 29 avril 2002.

1. Mettez les événements suivants dans l'ordre chronologique:
   a. la décision de la Cour européenne de refuser la demande de Mme Pretty
   b. le témoignage de Mme Pretty devant la Cour
   c. la décision des juges d'examiner le cas de Mme Pretty le plus tôt possible
   d. la décision d'une Cour britannique de permettre à quelqu'un de refuser le traitement médical

2. Trouvez tous les verbes au plus-que-parfait et expliquez pourquoi ils sont conjugués à ce temps du verbe.

Madagascar: Ravalomanana vainqueur officiel de la présidentielle

Marc Ravalomanana a été proclamé lundi vainqueur officiel de l'élection présidentielle plus de quatre mois après le premier tour du 16 décembre.

La Haute Cour Constitutionnelle (HCC), en audience solennelle à Antananarivo, a déclaré Ravalomanana élu avec 51,96% des suffrages exprimés contre 35,90% pour le président sortant Didier Ratsiraka, après un nouveau décompte des voix.

«Je suis très ému, je ne peux vous en dire plus», a déclaré Marc Ravalomanana, joint au téléphone alors qu'il regardait la retransmission télévisée de la cérémonie officielle.

M. Ratsiraka, dès dimanche, à son retour de France où il était en visite privée, avait annoncé qu'il ne reconnaîtrait pas l'éventuelle proclamation de M. Ravalomanana comme président, et avait réclamé la tenue d'un référendum.

La HCC, qui a proclamé les résultats officiels, siégeait dans sa nouvelle composition, après l'invalidation de la précédente le 10 avril par la Cour suprême. La précédente HCC, entièrement composée de juges fidèles à M. Ratsiraka, avait proclamé le 25 janvier des résultats du premier tour qui plaçaient M. Ravalomanana en ballotage favorable *(leading but not having enough votes to win in the first round of voting)*.

A cette époque, M. Ravalomanana avait déjà lancé des centaines de milliers de ses partisans dans la rue, revendiquant la victoire dès le premier tour avec plus de 52% des suffrages.

Source: Adapté des *Dernières Nouvelles d'Alsace*, 29 avril 2002.

3. Mettez les événements suivants dans l'ordre chronologique:
    a. la proclamation officielle de Ravalomanana comme président
    b. la réunion de la première HCC
    c. la réunion de la seconde HCC
    d. les célébrations dans la rue
    e. l'interview téléphonique avec Ravalomanana
    f. l'interview avec le président sortant (Ratsiraka)

4. Trouvez tous les verbes au plus-que-parfait et expliquez pourquoi ils sont conjugués à ce temps du verbe.

Russie: Le général Lebed meurt dans un crash d'hélicoptère

Le général Alexandre Lebed, 52 ans, a trouvé la mort hier matin dans un accident d'hélicoptère en Sibérie. Ancien candidat à la présidence russe, il a été l'artisan d'un accord de paix en Tchétchénie.

Le général Lebed, gouverneur de la région de Krasnoïarsk, et ses collaborateurs se rendaient à la cérémonie d'ouverture d'une nouvelle piste de ski dans cette région, où l'hiver n'est pas encore terminé. L'accident est survenu à 02h45 GMT dans une zone montagneuse.

Volant à basse altitude et par mauvais temps, l'appareil Mi-8 a heurté une ligne à haute tension et est tombé d'une trentaine de mètres, sans prendre feu.

Huit de ses occupants, dont le général Lebed, sont morts; tous les autres ont été blessés, dont certains grièvement.

Le président Vladimir Poutine et le Premier ministre Mikhaïl Kassianov ont adressé leurs condoléances à la famille du général Lebed et à celles des autres victimes. Le magnat russe en exil et opposant au Kremlin, Boris Berezovski, a pour sa part déclaré à la radio qu'il n'excluait pas «la pire des hypothèses, (celle d'une) élimination violente» du général Lebed. M. Berezovski avait contribué à financer la campagne électorale du général Lebed en 1998 pour le poste de gouverneur de la région de Krasnoïarsk.

Alexandre Lebed était un chef militaire charismatique, considéré comme un «dur», mais sachant se montrer pacifiste si la situation l'exigeait. Il avait été un moment considéré comme le possible successeur de Boris Eltsine. Candidat à la présidentielle en 1996, il avait obtenu 15% des voix au premier tour.

Source: Adapté de *Libération*, 29 avril 2002.

5. Mettez les événements suivants dans l'ordre chronologique:
   a. l'accident d'hélicoptère qui a tué le général Lebed
   b. la déclaration de Boris Berezovski
   c. les déclarations du président et du Premier ministre
   d. la campagne électorale présidentielle
   e. la campagne électorale pour le poste de gouverneur de Krasnoïarsk

6. Trouvez tous les verbes au plus-que-parfait et expliquez pourquoi ils sont conjugués à ce temps du verbe.

RAPPEL

L'expression *depuis*

The present tense is used with **depuis** in order to indicate that an action or a state that began in the past is *not finished*, that it is *continuing* up to and including the present moment (the moment when one is speaking).

> **Nous habitons** ici **depuis** plus de 50 ans.
> **Il travaille** chez Renault **depuis** 1955.

The imperfect is used with **depuis** to indicate that a past action or state had *not finished* (i.e., *was continuing*) at the moment when another past action or state began:

> Quand tu m'as vue, **je courais depuis** plus de 40 minutes.

In a negative sentence, use the **passé composé** or the **plus-que-parfait** with **depuis**.

> **Il n'a pas fumé depuis** plus de 10 ans.
> **Il n'avait pas fumé depuis** plus de 10 ans quand nous avons fait sa connaissance.

In order to ask a question, use **depuis combien de temps** (to determine a *length of time*) or **depuis quand** (to determine a *particular moment*).

> **Depuis combien de temps** es-tu à l'université? Depuis **deux ans**.
> **Depuis quand** es-tu à l'université? Depuis **2007**.

II. Expliquez! Traduisez en anglais, puis donnez une explication précise du sens de chaque phrase.

Modèles: Joseph Mondo travaille chez Renault depuis 1995.
Joseph Mondo has been working at Renault since 1955. (He began working at Renault in 1995. He still works there.)

Marc Gara a travaillé chez Renault pendant 20 ans.
Marc Gara worked at Renault for 20 years. (He no longer works there.)

1. L'oncle et la tante d'Annie habitent en France depuis trois ans.
2. Michael Phelps a habité en France pendant 15 ans.
3. Mes parents n'ont pas été en France depuis cinq ans.
4. Il pleut depuis huit jours.
5. Nous, on se connaît depuis 20 ans.
6. J'attendais un autobus depuis trois quarts d'heure quand Jean-Luc m'a vu(e).
7. Nous cherchions un appartement depuis six mois quand nous avons trouvé celui-ci *(this one)*.
8. Georges n'avait pas vu Cécile depuis une dizaine d'années quand ils se sont rencontrés par hasard à l'aéroport de Lisbonne.

JJ. A enregistrer. On vous a donné un magnétophone et vous vous amusez à vous en servir. D'abord, imaginez que vous l'apportez avec vous afin d'enregistrer vos activités à plusieurs moments de la journée—c'est-à-dire que vous parlez de ce que vous faites au moment où vous parlez; par conséquent, vous utilisez le *présent* et l'expression **depuis**.

> **Modèle:** hier / midi
> *Il est midi et je suis au restaurant universitaire. Depuis un quart d'heure, je mange et je regarde les autres étudiants. Il y a un beau garçon qui me regarde depuis que je suis assise ici. Je voudrais lui demander son nom, mais j'ai peur de paraître ridicule.*

1. ce matin / 7h30
2. hier après-midi / 5h
3. le moment actuel
4. une année dans le passé *(à vous de choisir l'année et le moment)*

Certains événements, certaines nouvelles nous impressionnent tellement que nous avons tendance à ne pas oublier le contexte dans lequel nous les avons vécus ou appris. Vous décidez donc d'enregistrer vos souvenirs personnels concernant les moments suivants en utilisant l'*imparfait* (et d'autres temps du passé) ainsi que l'expression **depuis**.

> **Modèle:** Où étiez-vous quand la guerre en Irak a éclaté?
> *Moi, j'étais à la maison. Je préparais le dîner. Quand ma femme est rentrée, elle a annoncé que nous étions en guerre depuis une heure. Elle avait entendu la nouvelle à la radio.*

Où étiez-vous et que faisiez-vous...

5. quand vous avez appris les événements du 11 septembre 2001?
6. quand vous avez vu votre petit(e) ami(e) (meilleur[e] ami[e], mari, femme, etc.) pour la première fois?
7. quand vous avez appris une très bonne nouvelle?
8. quand vous avez appris une très mauvaise nouvelle?

Do **A faire! (3-6)** on page 144 of the **Manuel de préparation.**

Littérature

«Le cinéma à Fort-de-France»

Joseph Zobel

Dans son roman le plus connu, La Rue Cases-Nègres *(1948), Joseph Zobel raconte les péripéties de sa propre enfance à travers les aventures du jeune José. Elevé par sa grand-mère, coupeuse de canne* (sugar cane cutter) *dans la Martinique rurale, José habite d'abord la rue Cases-Nègres, un ensemble d'habitations de travailleurs agricoles réunis autour de la maison du gérant* (manager) *blanc. Plus tard, José rejoint sa mère à Fort-de-France. C'est là qu'il fait des études au lycée et c'est là aussi qu'il retrouve ses anciens camarades, Carmen et Jojo.*

Joseph Zobel (1915–2006) is one of the leading writers of Martinique. Despite his having lived a good part of his life in Africa (Senegal), his novels *(La Rue Cases-Nègres, Diab'la)* and collection of short stories *(Si la mer n'était pas bleue)* manage to bring to life the images and paradoxes of his Caribbean homeland.

[…] Carmen et Jojo m'invitaient au cinéma le mardi ou le vendredi soir. Dans le plus grand cinéma de Fort-de-France, la foule° populaire qui formait la clientèle de ces soirées à tarif réduit allait assister à la projection des premières images sonores arrivées aux Antilles.

crowd

Nous partions à pied, après dîner.

Sous une lumière électrique parcimonieuse° et indigente°, la salle de cinéma était toujours pleine, chaude de clameurs et houleuse°. Le parquet, les escaliers résonnaient et grinçaient° sous les pas du public qui, avant le commencement de la séance, allait et venait en tous sens, s'interpellait°, causait°, criait et riait aux éclats, comme si chacun eût gagé° de tout dominer par sa seule voix.

stingy; poor
turbulent
creaked
shouted out to each other; chatted
had wagered

AIDE-LECTURE
• l'emploi de l'imparfait = actions répétées, habituelles
• soirées à tarif réduit = attirer les gens pauvres
• ambiance bruyante *(noisy)* et mouvementée

Les fauteuils d'orchestre se présentaient sous forme de chaises pliantes° en bois, enfilées par rangées° sur des tringles° en bois. C'étaient les places de tous les jeunes loqueteux°, les débraillés°, les braillards°, hommes et femmes, chaussés ou pieds nus. C'était là que nous nous mettions. Les plus bouffons°, les plus querelleurs°, étaient toujours les mêmes. L'un avisait° une femme seule et allait lui faire des attouchements et lui chuchoter des paroles° malhonnêtes, à quoi elle répondait par des jurons° volcaniques. Une, au contraire, montait sur une chaise et se mettait à chanter et danser, battant le rappel° autour de ses charmes.

folding
rows; rails
people dressed in rags; people dressed sloppily; people howling; clowning
quarrelsome; noticed
to whisper words
swear words
calling to arms (summoning everyone)

Il y en avait toujours un qui, à peine entré, se heurtait° contre le premier venu, tombait en garde et déclenchait la bagarre°.

bumped
started a fight

Il y avait aussi les paisibles qui, garés dans un petit coin, regardaient avec calme et méfiance.

AIDE-LECTURE
• jeunes gens pauvres: mal habillés, avec ou sans chaussures
• contrastes: (a) la femme qui résiste aux avances du jeune homme par opposition à celle qui essaie d'attirer l'attention des jeunes hommes; (b) les gens qui se battent, les gens qui restent calmes

---

went out, dimmed	Les lumières s'éteignaient° une à une et tout le monde de se précipiter sur les chaises pour s'asseoir.
	Aux premières images sur l'écran, la salle se trouvait dans un silence relatif.
All the same; discussions	N'empêche° qu'à la faveur de l'obscurité, se poursuivaient des colloques°, des
clashed	commentaires, qui s'attiraient des répliques anonymes qui s'entrechoquaient°,
exploded; bristling with gibes	détonnaient° en violentes discussions hérissées de lazzi° et de menaces.
	A la longue pourtant cette atmosphère s'affirmait inoffensive et même sym-
with the atmosphere of a fairground	pathique—simplement foraine°.

AIDE-LECTURE
- pendant le film: on parle moins, mais on n'est pas tout à fait silencieux

en route	Nous discutons, chemin faisant°, au retour du cinéma. Discussions échauffantes
lingered	qui activent notre marche et nous font arriver si vite que nous nous attardions°
to exhaust our words (ideas)	encore un long moment sur la route pour épuiser nos propos°, en ayant la
to lower; barking	prudence d'assourdir° nos voix afin de ne pas provoquer les aboiements° des
	chiens. [...]
	Carmen, Jojo et moi, nous nous plaisions de même à commenter les films
	que nous venions de voir et jamais nos discussions n'étaient aussi passionnées
included	que lorsque le film comprenait° un personnage nègre.
	Par exemple, qui a créé pour le cinéma et le théâtre ce type de nègre, boy,
gangster; witty remarks	chauffeur, valet de pied, truand°, prétexte à mots d'esprit° faciles, toujours
	roulant des yeux blancs de stupeur, affichant un inextinguible sourire niais,
behavior	générateur de moquerie? Ce nègre d'un comportement° grotesque sous le coup
kick in the butt	de botte au cul° que lui administre fièrement le Blanc, ou lorsque ce dernier l'a
had tricked	eu berné° avec la facilité qui s'explique par la théorie du «nègre-grand-enfant»?
	Qui a inventé pour les nègres qu'on montre au cinéma et au théâtre ce lan-
	gage que les nègres n'ont jamais su parler, et dans lequel, je suis certain, aucun
agreed	nègre ne réussirait à s'exprimer? Qui a, pour le nègre, convenu° une fois pour
checked	toutes de ces costumes à carreaux° qu'aucun nègre n'a jamais fabriqués ou por-
worn	tés de son choix? Et ces déguisements en souliers éculés°, vieil habit, chapeau
bowler hat; umbrella full of holes; privilege; wretchedness	melon°, et parapluie troué°, ne sont-ils avant tout que le sordide apanage° d'une partie de la Société qui, dans les pays civilisés, la misère° et la pauvreté font le
scraps	triste bénéficiaire des rebuts° des classes supérieures?

AIDE-LECTURE
- image stéréotypée des Noirs: grands enfants stupides dont on se moque et qu'on méprise *(looks down on)*

Source: Joseph Zobel, *La Rue Cases-Nègres.* Paris: Présence Africaine, 1948, pp. 221–223

 KK. Discussion: Les Martiniquais et nous. Discutez des questions suivantes avec quelques camarades de classe.

1. L'atmosphère du cinéma de Fort-de-France telle que la décrit Joseph Zobel ressemble-t-elle à celle des cinémas que vous fréquentez? Expliquez.
2. Quelle a été votre réaction par rapport à cette atmosphère? Comment le narrateur y a-t-il réagi lui-même? Comment expliquez-vous ces deux réactions?
3. Résumez l'image stéréotypée des Noirs qu'on trouvait dans les vieux films. Quelle image des Noirs trouve-t-on dans les films d'aujourd'hui? Y a-t-il d'autres groupes qu'on présente de façon stéréotypée dans les films de nos jours?
4. Dans quelle mesure le choix d'activités de loisirs et l'attitude qu'on éprouve à l'égard de ces activités dépendent-ils de la classe sociale et économique à laquelle on appartient?

trouver l'atmosphère (l'ambiance) bruyante *(noisy)* / désordonnée / chaotique / déconcertante / troublante / désagréable / sympathique / spontanée / naturelle / vivante / animée / agréable / un stéréotype / un individu / une image complexe / une image nuancée / généraliser / individualiser / dépendre de / être fonction de / être déterminé(e) par / être libre de / avoir le temps de / avoir les moyens de

REPRISE

Les temps du passé

LL. Des vacances dont je me souviens bien... *(A vacation I remember well . . .)* Racontez à un(e) ou à plusieurs camarade(s) de classe des vacances dont vous vous souvenez bien. Utilisez les questions proposées comme suggestions. Faites attention à l'emploi du passé composé, de l'imparfait et du plus-que-parfait.

1. Quand est-ce que vous avez pris ces vacances? Où êtes-vous allé(e)? Pourquoi? Avec qui? Combien de temps y avez-vous passé?
2. Parlez de vos préparatifs: Qu'est-ce que vous aviez fait avant de partir?
3. Parlez de votre logement: Etes-vous descendu(e) dans un hôtel? Chez des amis? Ailleurs *(Elsewhere)*? Décrivez un peu votre logement.
4. Parlez de vos activités.
5. Parlez de vos repas: Avez-vous mangé au restaurant? Avez-vous préparé votre nourriture? Expliquez un peu.
6. Voudriez-vous revivre ces vacances un jour? Pourquoi (pas)?

● Do **A faire! (3-7)** on page 147 of the **Manuel de préparation.**

C'est à vous maintenant!

MM. Une interview. Vous allez interviewer un(e) Français(e) ou un(e) Francophone ou bien une personne qui a voyagé en France ou dans un pays francophone. Si vous n'avez jamais interrogé cette personne, vous pourrez commencer par lui poser des questions générales; autrement, vous pourrez passer directement aux questions portant sur les loisirs.

Attention: Prenez des notes. Vous en aurez besoin en préparant votre prochain devoir écrit.

NN. Vous avez bien compris? Comparez les notes que vous avez prises au cours de l'interview avec celles de quelques camarades de classe pour vérifier que vous avez bien compris les réponses aux questions.

● Do **A faire! (3-8)** on page 149 of the **Manuel de préparation.**

Chapitre 4

La diversité des générations

«Qui êtes-vous?»

La diversité dans la façon de s'habiller

Objectives

In this chapter, you will learn to:

- describe people (physical and character description);
- talk about people's professions and jobs;
- talk about dreams and aspirations;
- talk about the people you spend time with;
- express doubt, certainty, necessity, volition, emotions.

In addition, you will read about and explore the following topics: French identities, linguistic and cultural similarities and differences in the French-speaking world, young people in Casablanca, friendship, social groups, and the role of the family.

academic.cengage.com/french/quantamoi
iTunes Playlist
Heinle iRadio Podcasts
Cultural, Grammar, Video Activities
Google Earth coordinates

CD2, Tracks 27–31
CD3, Tracks 2–11

A faire! MP: pp. 153–196

Système-D

Qu'est-ce qui fait votre identité?

Qui êtes-vous? Question difficile qui suscite plus facilement d'autres questions que de réponses. Est-ce que l'identité nationale ou culturelle existe vraiment? Peut-on faire des généralités sur les hommes, les femmes, les enfants, les personnes âgées, les familles, une ethnie, une nationalité, une religion, une région géographique? Comment est-ce que la langue française est liée à l'idée de la «francophonie»? Est-ce qu'il y a des tendances mondiales qui commencent à changer les cultures locales et, par conséquent, le comportement des individus? Dans ce chapitre, vous allez examiner quelques aspects de l'identité française et francophone aussi bien que les attitudes qu'ont certaines personnes à l'égard du travail et de leurs relations avec les autres.

Qui sont les Français?

Si on fait l'analyse de la population de la France, on constate tout de suite la grande diversité du pays. Il vaut donc mieux éviter les généralités.

La France a une population de 60,9 millions d'habitants (23ᵉ rang au monde).

- Il y a 4,5 millions d'immigrés (nés en dehors du territoire français mais devenus français).

- 4 immigrés sur 10 sont originaires d'Afrique.

- Il y a 3,3 millions d'étrangers en France (personnes qui ont la nationalité d'un pays autre que la France).

- Les femmes représentent 46% de la population active, mais n'ont pas les mêmes carrières que les hommes.

- 4,3 millions d'actifs travaillent à temps partiel, dont 82% de femmes.

- 16,4% des habitants ont plus de 65 ans (la population vieillit).

- 62% des Français se disent catholiques, 6% (5 millions) musulmans, 2% protestants, 1% juifs, 2% une autre religion, 27% sans religion.

◀ *Simon Hayatou est pharmacien. Il est originaire du Cameroun et il est citoyen français. Il est très optimiste pour son avenir et pour l'avenir de ses enfants. Simon et sa famille sont musulmans et ils prennent leur religion très au sérieux. Ça veut dire qu'ils ont une structure familiale tradition- nelle. La femme de Simon travaille à la maison et s'occupe des enfants. C'est lui qui a une car- rière; c'est elle qui s'occupe du foyer. Mais c'est aussi un couple qui a trouvé le moyen d'intégrer la vie traditionnelle à la vie moderne.*

▲ *Depuis 20 ans, Laurence Albisson travaille dans le même magasin de vêtements. Son mari est mort quand les trois enfants étaient très jeunes. Elle aurait voulu faire carrière dans l'industrie de la mode, mais sa situation de mère céli- bataire l'a empêchée de continuer ses études. Quand elle s'est remariée il y a huit ans, son mari et elle ont connu toutes les difficultés des familles recomposées: des enfants des deux côtés qui étaient assez hostiles à l'union de leurs parents. Mais tout s'est enfin arrangé et les deux salaires ont permis à la famille de s'installer dans un pavillon avec un petit jardin et assez de place pour tout le monde.*

◀ *Jie Huang représente la troisième génération de Français dans sa famille. Elle a fait ses études en sciences po. Elle travaille à temps partiel. Mais elle ne se laisse pas découra- ger. Elle est jeune, elle est énergique et elle est ambitieuse. Elle est sûre qu'elle va un jour trouver un métier bien payé. Entre temps, elle continue à suivre des cours d'anglais et de management. Elle vient d'une famille mono- parentale. Avec un salaire assez modeste, sa mère était seule à élever Jie et sa sœur.*

A. Mots-clés. Etudiez les **Repères** (pp. 142–147) pour trouver les équivalents français des mots et des expressions suivants.

1. work, job, career (5)
2. single-parent family (2)
3. blended family (1)
4. business of some kind (3)
5. to spoil (1)
6. generalizations (1)
7. elderly, seniors (1)
8. behavior (1)
9. to be from (1)
10. citizen (1)
11. future (1)
12. part time (1)
13. to be crazy about (1)
14. beliefs (1)
15. laws (1)

▲ Madame et Monsieur Benoît habitent leur quartier depuis 53 ans. Ils ont trois enfants, huit petits-enfants et des amis de leur âge. Ils habitent un petit appartement à Lyon où ils ont accumulé des petits trésors et des souvenirs de leur vie ensemble. La difficulté, c'est que Monsieur Benoît commence à avoir des problèmes de mémoire et il a donc besoin d'être surveillé 24 heures sur 24. Madame Benoît, elle aussi, a quelques problèmes de santé. La vie devient de plus en plus difficile pour eux et il faut absolument qu'ils trouvent un moyen de rester dans leur appartement et d'avoir les soins qu'il leur faut sans s'imposer à leurs enfants.

▲ La vie est très dure dans la cité de banlieue où habite Hamadi Sfar. Sa famille est arrivée de Tunisie il y a trois ans. Son père a trouvé un petit job au métro, mais il n'y a jamais assez d'argent pour la famille de 6 personnes. Hamadi voudrait un jour être citoyen français. Ses parents veulent qu'il poursuive des études mais Hamadi ne s'intéresse pas tellement à tout ça. Ses amis lui disent qu'il a du talent en musique et qu'il y a beaucoup d'argent dans cette industrie. Mais comment se faire remarquer? Il a composé pas mal de chansons, mais il n'a pas les moyens de se présenter dans les milieux qui comptent. Entre temps, il ne fait pas grand-chose. Il est pessimiste en ce qui concerne un boulot payant, mais il a de beaux rêves pour son avenir de rappeur célèbre et adoré de son public.

🎧 CD2, Track 27

B. Pareils ou différents? *(The same or different?)* Ecoutez les conversations pour décider si les personnes ou leurs circonstances ou attitudes sont pareilles ou différentes.

Modèle: Vous entendez:
—Pour moi, la religion, c'est quelque chose qui joue un rôle minime dans ma vie. Mes parents n'ont jamais insisté pour que j'aille à l'église ou que je fasse des prières. Ce qui m'intéresse beaucoup plus, ce sont les valeurs qui guident ma vie. Et ces valeurs ne sont pas nécessairement déterminées par une seule philosophie ou religion.
—Mes croyances? C'est une question très personnelle et je n'aime pas vraiment en parler. Mais je peux dire que je vais à la messe régulièrement, que je me confesse et que l'Evangile guide ma vie. Mes croyances font partie intégrale de mon identité et de mes valeurs.

Vous dites: *Ils sont différents.*

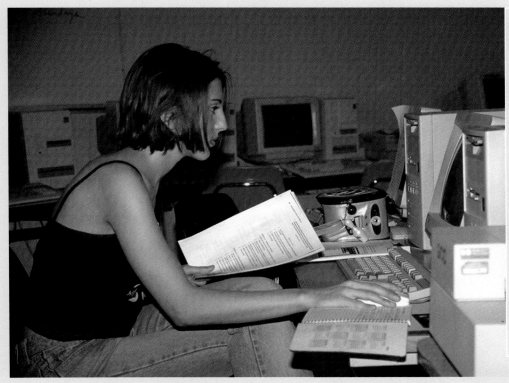

Pour Mylène Calamme, tout est possible. Elle a des parents qui l'adorent et qui la gâtent. Elle est fana de technologie et compte un jour avoir une carrière en informatique. Tout ce qu'elle fait au lycée est facilité par les moyens de communication modernes. La vie sans Internet, sans téléphone portable, sans SMS, sans DVD, sans iPod est inconcevable. Tous ses amis sont d'accord. Mais ses parents, ses grands-parents, ses tantes, ses oncles, eux, ils ne comprennent pas. Ils parlent de disques, de machine à écrire, de dictionnaires imprimés. Mylène n'y comprend rien. Pourquoi chercher un mot dans un dictionnaire quand on peut simplement demander à Google? Bizarres, ces gens âgés qui vivent dans le passé!

C. De qui s'agit-il? Chacune des phrases suivantes correspond à une des personnes dans **Repères.** Donnez le nom de la personne dont il s'agit.

Personnes: Simon Hayatou / Hamadi Sfar / Jie Huang / Laurence Albisson / Madame et/ou Monsieur Benoît / Mylène Calamme / Farjad / Alexia / David

1. Son père travaille au métro.
2. Son premier mari est mort. Elle s'est remariée.
3. Il est musulman et sa structure familiale est traditionnelle.
4. Son rêve, c'est d'être rappeur.
5. Sa famille est catholique mais on ne va pas souvent à l'église.
6. C'est une personne qui s'est tout à fait adaptée aux technologies de la vie moderne.
7. Il ne peut pas vivre sans être surveillé. Il a des problèmes de mémoire.
8. Il étudie la Torah surtout pour son côté intellectuel. Les lois traditionnelles sont moins importantes pour lui.
9. Elle vient d'une famille monoparentale. Elle a une sœur.
10. Il est citoyen français, d'origine camerounaise.
11. Ce sont ses grands-parents qui sont arrivés en France.
12. Elle est d'une famille aisée. Elle a les moyens de se faire payer les derniers gadgets électroniques.
13. Il est musulman et lui et sa famille suivent strictement les lois islamiques.
14. Ils habitent dans leur quartier depuis 53 ans. Maintenant qu'ils vieillissent, il leur faut des soins qui ne sont pas faciles à obtenir sans perdre leur appartement.

Farjad, Alexia et David sont collègues dans une grande entreprise. Ils travaillent ensemble depuis plusieurs années et s'entendent très bien. Leurs enfants sont dans les mêmes écoles et les trois familles organisent de temps en temps un barbecue. Ce sont trois familles très différentes mais qui ont trouvé le moyen de se comprendre et de devenir amies. Un des sujets importants chez les adultes, c'est leurs croyances.

▲ *Alexia, elle, vient d'une famille où on allait à l'église pour la messe de minuit à Noël et c'est tout. Son père, lui, se disait catholique mais, pour lui, le bon Dieu est partout; pas besoin donc de passer son temps à l'église. Pour Alexia et sa famille, les principes de l'Evangile sont intégrés à leurs valeurs et les rites ont moins d'importance. Du point de vue aliments, on mange plus ou moins de tout. Mais pour le repas du vendredi, la préférence est pour le poisson, accompagné, bien sûr, d'un bon vin blanc.*

▲ *David, lui, est très fier de sa religion. Pour lui, la Torah représente une façon de voir le monde. C'est plutôt le côté intellectuel et la façon de raisonner qui intéressent David. Il est moins strict en ce qui concerne les lois traditionnelles. Il cherche souvent à discuter de tout ça avec Farjad et Alexia parce qu'il sait que, malgré leurs différences, ils ont aussi beaucoup en commun. Comme Farjad, il ne mange pas de porc, mais il apprécie un bon verre de vin.*

▲ *Farjad et sa famille sont musulmans et le Coran guide les cinq prières obligatoires par jour. Selon la loi islamique, ils ne consomment pas d'alcool et le porc est «harãm» (interdit). Par respect, leurs amis font donc attention quand ils les invitent à manger chez eux. Ils comprennent aussi le besoin de Farjad de s'isoler pour ses prières au bureau.*

D. Qu'est-ce que vous avez appris? Lisez les phrases suivantes et dites si elles sont vraies ou fausses selon les renseignements donnés dans **Repères.** Si une phrase est fausse, corrigez-la.

1. Les personnes représentées dans **Repères** ne sont pas toutes de nationalité française.
2. Elles ne parlent pas toutes français.
3. Elles représentent des ethnies, des croyances et des situations de vie très diverses.
4. La France a moins de 60 millions d'habitants.
5. Un grand nombre des immigrés français viennent d'Afrique.
6. En français, la définition d'un(e) immigré(e) est une personne qui n'a pas la nationalité française.
7. La définition d'un(e) étranger(ère) est une personne qui est née en dehors du territoire français, qui habite maintenant en France, mais qui n'a pas la nationalité française.
8. La majorité des actifs qui travaillent à temps partiel en France sont des femmes.
9. En ce qui concerne les carrières en France, les hommes continuent à avoir des avantages sur les femmes.
10. La population française rajeunit rapidement. Statistiquement, il y a un déclin dans la population des personnes âgées.

Quant à moi...

 E. A vous d'abord! Faites une description de vous-même pour vos camarades. Parlez de vos traits physiques et surtout de vos traits de caractère.

F. Les témoins vous parlent. En écoutant quelques Français et Francophones vous parler d'eux-mêmes, faites les exercices selon les indications données.

 CD2, Tracks 28–31

Visit the **témoins** in their home-town on Google Earth.

Pierre Hurel
Paris, France

Vocabulaire utile

mince *(thin)*, **apparaissent** *(are beginning to appear)*, **soi-même** *(oneself)*, **de formation** *(by training)*, **étant** *(being)*, **courante** *(common)*, **je crois essayer** *(I think I try)*

1. Complétez l'interview en ajoutant les mots qui manquent. Utilisez une autre feuille de papier.

—Bonjour, Monsieur.
—Bonjour, Madame.
—Comment vous appelez-vous?
—Je m'appelle _____.
—Qu'est-ce que vous faites dans la vie?
—Je suis _____ de formation.
—Comment est-ce que vous vous décririez physiquement?
—Je suis plutôt _____ et _____.
—Et la couleur de vos cheveux?
—_____ avec quelques cheveux _____.
—Et vos yeux?
—J'ai les yeux _____.
—Et vos traits de caractère?
—Je suis plutôt _____. J'essaie d'être _____. Mais, étant français, je suis parfois un peu _____.

Corinne Bernimoulin-Schmid
Genève, Suisse

Vocabulaire utile

je mesure + *height (I'm . . . tall)*, **je pèse** *(I weigh)*, **mi-longs** *(medium length)*, **châtains** *(chestnut colored)*, **queue de cheval** *(ponytail)*, **bandeau** *(headband)*, **humeur facétieuse** *(mischievous)*, **souriante** *(cheerful)*, **ça veut dire que** *(that means that)*, **je bouge beaucoup** *(I move around a lot)*, **en fait** *(in fact)*, **des fois** *(sometimes)*, **en même temps** *(at the same time)*, **sociale** *(sociable)*, **comme vous l'avez entendu** *(here, as you know)*, **quelqu'un de solitaire** *(a loner)*

2. Répondez aux questions selon ce que dit Corinne. Utilisez une autre feuille de papier.

- Comment sont ses cheveux?
- Quels autres renseignements est-ce qu'elle donne pour se décrire physiquement?
- Est-ce qu'elle a le tempérament plutôt calme ou plutôt nerveux? Quelles sont les conséquences de ce tempérament?
- Est-ce qu'elle est plutôt sociable ou plutôt solitaire? Quels sont les deux exemples qu'elle donne pour expliquer ce côté de son tempérament?

Fatim Kramer
Casablanca, Maroc

Vocabulaire utile

environ *(about)*, **taille moyenne** *(medium height)*, **mi-longs** *(medium length)*, **la peau assez claire** *(relatively light skin)*, **certains disent** *(some say)*, **dans le sens où** *(in the sense that)*, **forcément** *(necessarily)*, **approbation** *(approval)*, **comme je les entends** *(as I see fit)*, **attentionnée** *(attentive)*, **ouverte** *(open)*, **un esprit assez libre** *(a free spirit)*, **au niveau de** *(in terms of, when it comes to)*, **sur qui on peut compter** *(on whom one can count, reliable)*, **rire** *(to laugh)*, **faire rire** *(to make others laugh)*, **voir la vie du bon côté** *(to see the good side of life)*

3. Précisez:

a. les traits physiques de Fatim
b. les traits de caractère de Fatim

Emmanuel Roger
Lille, France

Lille, France

Population (ville): 226 800 habitants (dixième ville de France)
Population (agglomération): 1 885 000 habitants (quatrième agglomération de France, une des plus grandes métropoles d'Europe)
Importance: ville située près de la frontière belge; le Musée des Beaux-Arts (après le Louvre, le plus grand musée de France); belle cathédrale (Notre-Dame-de-la-Treille); centre économique important; carrefour ferroviaire important (lignes Eurostar et TGV)

Vocabulaire utile

comme je le disais donc *(as I was saying)*, **marron** *(chestnut colored, brown)*, **je suis assez en forme** *(I'm in pretty good shape)*, **Gémeau** *(Gemini)*, **passionné** *(impassioned, enthusiastic)*, **inconstant** *(fickle)*, **imprévisible** *(unpredictable)*, **facile à vivre** *(easy to live with)*, **pour ceux qui sont autour de moi** *(for those who are around me)*, **j'ai le contact assez facile** *(I'm easy to get to know)*

4. Notez aux moins cinq faits que vous avez appris sur Emmanuel.

G. Une interview. Posez les questions suivantes à un(e) camarade de classe. **Attention:** Utilisez la forme «vous» si la personne que vous interviewez est beaucoup plus âgée que vous.

1. Comment est-ce que tu te décrirais (vous vous décririez) physiquement à quelqu'un qui ne t'a (ne vous a) jamais vu(e)?
2. Quels sont tes (vos) traits de caractère les plus importants?

Do **A faire! (4-1)** on page 154 of the **Manuel de préparation.**

Et vous?

FICHE VOCABULAIRE

DESCRIPTIONS DES PERSONNES

Apparence générale
il est beau *(handsome)*, elle est belle (jolie)
il/elle est bronzé(e) *(tan[ned])*
il/elle est pâle
il/elle porte des lunettes *(glasses)*
il/elle a des taches de rousseur *(freckles)*

Age
il/elle est jeune (d'un certain âge, assez âgé[e], vieux [vieille])
c'est...   un enfant
              une jeune personne (un jeune garçon, une jeune fille, un[e]
                  adolescent[e], un[e] ado)
              un homme/une femme d'un certain âge
              une personne âgée (un vieillard, une vieille femme, un[e] senior)

Taille et poids
il/elle est...   grand(e) (petit[e], de taille moyenne)
                  mince (svelte, maigre, costaud)
il/elle mesure (fait) 1,71 mètre

Cheveux
il/elle a les cheveux noirs (bruns, châtains *[chestnut]*, blonds, gris, blancs, roux *[red, auburn]*)
il/elle a les cheveux longs (mi-longs, courts, raides *[straight]*, ondulés *[wavy]*, frisés *[curly]*, crépus *[frizzy]*, en brosse
    [crew-cut], en queue de cheval *[ponytail]*)

Traits de caractère (adjectifs)

aimable, agréable, gentil(le), sympathique (sympa), charmant(e)	méchant(e), désagréable, froid(e)
décontracté(e)	stressé(e)
marrant(e), amusant(e), drôle	sérieux(se), ennuyeux(se)
intelligent(e), intellectuel(le), doué(e)	nul(le)
dynamique, énergique, actif(ve), sportif(ve)	passif(ve)
optimiste	pessimiste
généreux(se)	radin *(inv.) (stingy)*, prudent(e)
original(e) *eccentric*	conservateur(trice), traditionnel(le)
discret(ète)	indiscret(ète)
travailleur(se)	paresseux(se)
bien organisé(e), efficace	mal organisé(e)
souriant(e), heureux(se)	maussade *(sullen)*, grincheux(se) *(grumpy)*
ambitieux(se), audacieux(se)	timide, hésitant(e)
modeste	égoïste, prétentieux(se)
honnête, sincère	malhonnête, hypocrite
sérieux(se)	frivole
patient(e)	impatient(e)
sage *(well-behaved)*, bien élevé(e)	mal élevé(e)
bavard(e) *talkative*	timide, silencieux(se)
calme	nerveux(se)
poli(e)	impoli(e), vulgaire
sentimental(e)	indifférent(e), froid(e)
raisonnable	têtu(e) *stubborn*
accommodant(e) *easygoing*	nerveux(se)
indépendant(e)	
ouvert(e) *open*	
réservé(e)	
sensible *sensitive*	

Structures

être + adjectif	Il est marrant.
	He's amusing (funny).
trouver + adjectif	Je la trouve très marrante.
	I find her very amusing (funny).
avoir l'air + adjectif (masc.)	Elle a l'air sympa.
	She looks (seems) nice.
c'est quelqu'un qui est + adjectif (masc.)	C'est quelqu'un qui est très patient.
	He/She is someone who is very patient.
c'est quelqu'un de + adjectif (masc.)	C'est quelqu'un de très patient.
	He/She is someone (who is) very patient.

On peut qualifier ces adjectifs avec les expressions suivantes:
> **toujours, souvent, d'habitude**
> **quelquefois, de temps en temps, des fois** *(sometimes)*
> **rarement, ne... pas, ne... jamais**
> **très, trop, assez, plutôt** *(rather)*, **un peu**

Traits de caractère (noms)
> **avoir... de l'esprit** *to be witty, intelligent*
> **de l'imagination**   **(un sens) de l'humour**
> **de la volonté** *to have will power*   **du tact**
> **du cœur** *to be kindhearted*   **du charme**
> **un faible pour** *to have a weakness for* **de la patience**
> **du culot** *to have a lot of nerve*   **de l'ambition**
> **l'esprit ouvert** *to be open-minded*

On peut qualifier certains noms avec les expressions suivantes:
> **beaucoup de, très peu de, assez de, pas assez de, trop de**

Structures

avoir + nom	Il a du tact. Il a beaucoup de tact.
	He has tact. He has a lot of tact.
c'est quelqu'un qui a + nom	C'est quelqu'un qui a l'esprit ouvert.
	He/She is (someone who is) open-minded.

H. Des comparaisons. Faites des comparaisons entre vous et une autre personne (membre de la famille, ami[e], collègue, etc.). Utilisez autant d'adjectifs que possible.

> **Modèle:** *Ma sœur Kirsten et moi, nous sommes pareils et différents. Physiquement, nous nous ressemblons beaucoup. Mais elle est plus grande et plus mince que moi. Etc.*
>
> *Du point de vue tempérament (caractère), nous sommes tous les deux assez optimistes. Nous sommes donc assez heureux et positifs. Mais Kirsten est plus passionnée que moi. Elle a beaucoup d'ambition. Moi, je suis moins ambitieux et je suis plutôt calme. Je suis quelqu'un d'un peu timide. Etc.*

I. Une personne que je connais. Dans l'exercice V du **Manuel de préparation,** vous avez fait un schéma pour décrire une personne que vous connaissez. Décrivez maintenant cette personne à vos camarades de classe. Ils peuvent vous poser des questions pour avoir des renseignements supplémentaires.

«Ma patrie, c'est la langue française.» *Albert Camus*

Que veut dire «francophone» ou «francophonie»? Pour beaucoup de gens c'est surtout une identité liée à la langue française. Selon Jean-Benoît Nadeau et Julie Barlow (journalistes et chercheurs canadiens; voir leur œuvre The Story of French*), le mot «francophone» désigne non seulement toute personne qui parle français mais met l'accent sur le fait que ceux qui parlent français ne sont pas forcément français de nationalité. Ils font également la distinction entre la «Francophonie» (avec F majuscule) et la «francophonie» (avec f minuscule). Avec majuscule, il s'agit de l'Organisation Internationale de la Francophonie (55 pays et régions adhérents) qui a pour but de promouvoir le français dans le monde. Avec minuscule, il s'agit de toutes les régions du monde où il y a des gens qui parlent français. C'est la patrie de la langue française dont parle l'écrivain Albert Camus.*

La francophonie au cœur par Pascale Richard

[Chaque année] le 20 mars est consacré journée mondiale de la francophonie. Pour 200 millions de Francophones dans le monde, c'est le moment de rafraîchir ses connaissances. Oui! c'est bien le géographe français Onésime Reclus qui forgea le terme de «francophonie» en 1880, repris en 1962 par le poète et chef d'Etat sénégalais Léopold Sedar Senghor. Pour 200 millions de Francophones, c'est le jour où honorer cette langue en partage qui a permis de créer des cultures variées et si proches à la fois sur tous les continents. «A travers la langue française, nous fêterons… en ce 20 mars, sur tous les continents la rencontre féconde de toutes les cultures. Cette diversité, vous la mettrez en musique et en chansons, vous l'écrirez en vers et en prose, vous la vivrez comme autant de rendez-vous privilégiés avec la culture de l'universel, avec la culture du donner et du recevoir», écrit Abou Diouf, ancien président du Sénégal et secrétaire général élu à la tête de l'Organisation Internationale de la Francophonie (OIF) qui aujourd'hui compte 55 membres. [...] Aux Etats-Unis aussi, le 20 mars est

Nous sommes français de Guadeloupe. Nous parlons français.

Nous sommes marocains. Nous parlons français.

une réalité. A l'ONU, sous la houlette de Moussa Camara représentant de l'OIF auprès des Nations Unies. Dans les écoles, comme au Lycée International de Los Angeles qui prévoit deux jours de festivités sur ce thème… Dans les villes, par des événements culturels, comme le festival du film francophone prévu à Burlington dans le Vermont, […] tous les chemins mènent à la francophonie.

Source: Editorial, *France-Amérique*, 19 mars–8 avril 2008

Le français…

⚜ est au 8e rang parmi toutes les langues du monde.

⚜ est au 2e rang, après l'anglais, avec statut officiel dans 33 pays.

⚜ est au 2e rang, après l'anglais, du point de vue influence mondiale.

⚜ est au 2e rang, après l'espagnol, dans l'enseignement universitaire américain.

⚜ est parlé par 200 millions de personnes comme langue officielle sur les cinq continents.

⚜ est une des deux langues (avec l'anglais) qui se parle sur les cinq continents.

⚜ est parlé par 100 millions de personnes comme langue occasionnelle.

⚜ est appris comme langue étrangère par 100 millions de personnes sur les cinq continents.

Je suis algérienne.
Je parle français.

Je suis belge.
Je parle français.

Le saviez-vous?

■ Plus de 5 000 endroits aux Etats-Unis ont été nommés par les Français. Certains de ces noms ont été traduits en anglais (exemple: le nom des montagnes Ozarks vient du français «Aux Arcs»). D'autres noms sont restés français (exemples: Belleville, Lafayette, Baton Rouge, Bellefonte, Des Moines, etc.).

■ 1,6 million d'Américains parlent français chez eux (4e rang après l'anglais, l'espagnol et le chinois).

■ 1,4 million d'Américains étudient le français dans les universités américaines.

■ Le français, avec l'anglais, est la langue officielle des Nations Unies, du Conseil de l'Europe (31 membres), de la Croix Rouge, de l'Union européenne, du Comité International Olympique et d'autres organisations internationales.

■ Dans la liste des jobs internationaux distribuée en 2007 par le *US State Department,* 125 jobs demandaient ou suggéraient une compétence en français (contre 31 en espagnol, 25 en une langue de l'ONU [arabe, chinois, anglais, français, espagnol], 10 en portugais, 7 en arabe, 4 en russe et 2 en allemand).

Jo-Wilfried Tsonga— Joueur de tennis

Je m'appelle Jo-Wilfried Tsonga mais tout le monde m'appelle «Jo». Je suis né au Mans (France) le 17 avril 1985. Mon père est originaire du Congo, ma mère est française d'origine. Ils sont tous les deux enseignants. J'ai un petit frère, Enzo et une petite sœur, Sacha. Je suis devenu fana de tennis à un très jeune âge et je n'ai jamais pensé à faire autre chose. Avec l'encouragement de mes parents, le tennis est devenu ma carrière.

Quels sont mes traits de caractère? Il vaudrait mieux demander à mes parents, à mes potes et à ma copine. Mais je dirais que je peux être, à la fois, calme et assez agressif. Ce double tempérament n'est pas toujours facile dans mes matches de tennis. Je pense que je suis aussi assez têtu… j'ai la tête dure. Mais j'essaie toujours d'être poli et sympa avec les autres. Et le trait de caractère que je déteste le plus, c'est l'intolérance.

Jo Profil Professionnel

Taille: 1m88
Poids: 90 kg
Divers: droitier, revers à deux mains
Age des débuts: 7 ans
Devenu Pro: 2004
Club actuel: Tennis Club de Paris
Sponsors: Adidas, Wilson, Enduro
Meilleur classement: N° 12 (mars 2008)
Meilleur résultat (tournois du Grand Chelem): 2008—Open d'Australie—a battu Rafael Nadal pour atteindre la finale (a perdu la finale contre Novak Dokovic en quatre sets)

Autoportrait de Jo

Animal: j'ai deux chattes
Couleur: rouge
Sports: tennis, foot, sports américains
Voiture: j'ai une mini Austin BMW rouge et noir
Chiffre: 7
Boisson: coca cola et punch power pour la compétition
Plat: recette congolaise
Idoles: Mohamed Ali et Yannick Noah (les joueurs sur le circuit ATP disent que je ressemble à Ali et que je joue comme Noah—quel compliment!)
Loisirs: passer du temps avec ma copine, regarder les sports à la télé (le foot, le basket), écouter de la musique, sortir, cinéma
Ville préférée: Le Mans
Pays préféré: la France

Source: Adapted from http://frenchballs.loco-web.com/tsonga/page_autoportrait.htm

DICO

a battu *beat*
adhérents *members*
à la fois *at the same time*
ancien *former*
atteindre *to reach*
chattes *female cats*
chemins *roads*
chercheurs *researchers*
chez eux *at home*
classement *rank(ing)*
connaissances *knowledge*
copine *here, girlfriend*
donner *giving*
droitier *righthanded*
élu *elected*
endroits *places*
enseignants *teachers*
est au... rang *is ranked . . .*
fana (fanatique) de *crazy about*
forgea *coined*

la mettrez en *will put it into*
langue en partage *shared language*
la vivrez comme autant *will live it as many*
l'écrirez *will write it*
liée à *tied to*
mènent *lead*
œuvre *work*
ONU (Organisation des Nations Unies) *United Nations*
patrie *country, homeland*
prévoit *here, plans*
proches *here, closely connected*
promouvoir *to promote*
rafraîchir *to renew*
recevoir *receiving*
rencontre fécondante *fruitful (rich) meeting (encounter)*
repris *here, adopted*
revers à deux mains *two-handed backhand (tennis)*
sous la houlette de *under the leadership of*
tête dure *hard head*
tournois du Grand Chelem *grand slam tournaments (tennis)*

J. Qu'est-ce que vous avez appris? Trouvez la bonne réponse dans la liste donnée.

le Grand Chelem / Burlington, Vermont / 1,4 million / le 20 mars / la langue française, la diversité / Mohamed Ali et Yannick Noah / Onésime Reclus / écrivain français / 23 ans / l'intolérance / 100 millions / Léopold Sedar Senghor / 1,6 million / Le Mans / 12ᵉ / le français, l'anglais / le Congo / le français et l'anglais

1. la journée de la francophonie
2. Albert Camus
3. le nombre de personnes qui parlent français comme langue occasionnelle
4. le nombre d'Américains qui parlent français chez eux
5. le géographe qui a forgé le terme «francophonie»
6. les deux langues officielles de l'ONU
7. l'ancien chef d'état du Sénégal
8. le pays d'origine du père de Jo Tsonga
9. une des villes des Etats-Unis où il y a un festival du film francophone
10. une des deux langues qui se parlent sur les cinq continents
11. le nombre d'étudiants qui étudient le français dans les universités américaines
12. le nom de la ville où est né Jo Tsonga
13. l'âge de Jo Tsonga en 2008
14. le nom donné aux plus grands tournois de tennis
15. les deux idoles de Tsonga
16. le rang de Tsonga en mars 2008
17. le trait de caractère que Tsonga déteste le plus
18. deux choses qui caractérisent le monde francophone

K. Mini-discussion. Discutez des questions suivantes avec quelques camarades de classe.

1. A votre avis, qu'est-ce qui fait l'identité d'une personne?
2. A votre avis, est-ce que la langue que parle une personne est un aspect important de l'identité de cette personne? Pourquoi ou pourquoi pas?
3. Qu'est-ce que vous savez sur Jo Tsonga? Faites sa description physique. Parlez de ses traits de caractère et n'oubliez pas qu'il dit que son chiffre est le «7». **Rappel:** En numérologie, voilà les caractéristiques du «7»: *Le 7 est le signe du philosophe, du penseur. Il analyse, il étudie et sa curiosité le porte à apprendre quelque chose sur tous les sujets. Il aime voyager et découvrir le monde. Plutôt introverti, il préfère la solitude et évite les foules* (crowds) *et le désordre.* Est-ce que ces caractéristiques s'accordent avec ce que Jo Tsonga dit sur lui-même ou est-ce qu'elles contredisent ce qu'il dit?

Contrôle des connaissances

Les formes du présent du subjonctif

> ## RAPPEL
>
> ### Les verbes réguliers et les verbes *sortir* et *partir*
>
> To find the subjunctive stem,
> - begin with the present tense **nous** form of the verb: **nous parlons**
> - then drop the **-ons** ending from the verb: **parl-**
> - then add the appropriate subjunctive ending
>
> | | |
> |---|---|
> | que je parl*e* | que nous parl*ions* |
> | que tu parl*es* | que vous parl*iez* |
> | qu'il/elle/on parl*e* | qu'ils/elles parl*ent* |
>
> | | | | |
> |---|---|---|---|
> | *-er* verbs | nous trouvons | trouv- | Tu veux que je trouve un job? |
> | *-ir* verbs | nous finissons | finiss- | Je veux que tu finisses tes devoirs. |
> | *-re* verbs | nous vendons | vend- | Elle veut qu'il vende la voiture. |
> | partir | nous partons | part- | Il veut que vous partiez demain. |
> | sortir | nous sortons | sort- | Je ne veux pas qu'elles sortent ce soir. |
>
> ### Les verbes irréguliers
>
> | | |
> |---|---|
> | aller: | (que) j'aille, tu ailles, il/elle/on aille, nous allions, vous alliez, ils/elles aillent |
> | avoir: | (que) j'aie, tu aies, il/elle/on ait, nous ayons, vous ayez, ils/elles aient |
> | être: | (que) je sois, tu sois, il/elle/on soit, nous soyons, vous soyez, ils/elles soient |
> | prendre: | (que) je prenne, tu prennes, il/elle/on prenne, nous prenions, vous preniez, ils/elles prennent |
> | faire: | (que) je fasse, tu fasses, il/elle/on fasse, nous fassions, vous fassiez, ils/elles fassent |
> | pouvoir: | (que) je puisse, tu puisses, il/elle/on puisse, nous puissions, vous puissiez, ils/elles puissent |
> | venir: | (que) je vienne, tu viennes, il/elle/on vienne, nous venions, vous veniez, ils/elles viennent |

L. Nos conseils. Les membres de votre groupe ont des difficultés. Donnez-leur des conseils pour essayer de les aider. Utilisez l'expression **il faut que** avec le présent du subjonctif. La première personne parle directement à la personne. Les autres utilisent soit **tu/vous** soit la troisième personne pour ajouter leurs commentaires. Pour chaque problème, il y a quelques verbes pour vous guider dans cet exercice.

Modèle: —J'ai des difficultés dans mon cours de psychologie.
—*Il faut que tu parles (vous parliez) à ton (votre) prof.*
—*Je ne suis pas d'accord. A mon avis, il faut qu'il/elle fasse ses révisions à la bibliothèque. Il y a trop de bruit dans son appartement.*
—*Euh… à mon avis il faut que tu sois (vous soyez) plus patient(e). La psychologie n'est pas une matière facile à maîtriser. Etc.*

1. Je n'arrive pas à me concentrer. J'ai deux examens la semaine prochaine et je ne peux même pas réviser mes notes. Je suis distraite, je suis fatiguée, je ne mange pas bien, je ne fais pas d'exercice. Je n'ai pas envie de sortir. Je suis vraiment découragée. (**Verbes possibles: se concentrer / aller [à la bibliothèque] / parler à / se reposer / se coucher plus tôt / manger des légumes et des fruits / manger régulièrement / aller à la gym / faire de l'exercice / sortir avec des amis / écouter de la musique / etc.**)

2. Je n'ai jamais assez d'argent. Mes parents m'aident comme ils peuvent mais ils n'ont pas beaucoup d'argent. Je sais que j'achète trop de choses: CD, DVD, vêtements, chaussures, sans même compter tous les dîners pris dans des fast-foods ou autres. Je ne sais pas ce que je vais faire. (**Verbes possibles: faire des économies / acheter moins de choses / vendre / ne pas sortir manger / faire la cuisine / trouver un job / etc.**)

3. J'ai un grand dilemme. Je veux continuer mes études, mais je veux aussi jouer au basket dans le circuit professionnel. Si je quitte l'université, je peux avoir un très bon salaire la saison prochaine. Si je reste à l'université je ne sais pas si je pourrai poursuivre mon rêve de devenir basketteur à l'avenir. Que faire? (**Verbes possibles: parler / finir les études / être diplômé[e] / faire une liste des avantages et des inconvénients des deux options / être patient[e] / penser à l'importance du diplôme / ne pas abandonner les études / consulter / faire du basket / finir les études après une carrière dans le monde du sport / etc.**)

4. Voilà mon problème. Ma sœur va se marier en juin et je veux, bien sûr, aller à son mariage. Mais, le jour même du mariage, je dois partir pour Paris avec mes copains. Ça fait longtemps que nous avons fait les projets pour ce voyage. Ma sœur a décidé de la date du mariage à la dernière minute. Je ne sais pas quoi faire. (**Verbes possibles: aller / parler / retrouver les copains à Paris après le mariage / être raisonnable / se souvenir de l'importance de la famille / etc.**)

Do **A faire!** (4-2) on page 165 of the **Manuel de préparation.**

Fonction

Comment exprimer la certitude et le doute

 To download a podcast on the Indicative, the Subjunctive, and when to use to Subjunctive, go to **academic.cengage.com/french/quantamoi.**

RAPPEL

L'indicatif et le subjonctif pour exprimer la certitude et le doute

1. LA CERTITUDE (EXPRESSIONS DE CERTITUDE + *INDICATIF*)

il est certain que	(je) être sûr(e) que
il est évident que	(je) être certain(e) que
il est sûr que	(je) penser que
il est vrai que	il est probable que

2. LE DOUTE (EXPRESSIONS DE DOUTE + *SUBJONCTIF*)

il est possible que	(tu) être sûr(e) (certain[e]) que... ?
il se peut que	(vous) penser que... ?
(je) douter que	(je) ne pas penser que
(il) ne pas être sûr(e) que	(il) ne pas être évident que

M. Certitude ou doute? Utilisez les expressions de certitude et de doute pour modifier chaque constatation. N'oubliez pas d'utiliser soit l'indicatif soit le subjonctif dans la proposition subordonnée selon l'expression indiquée.

1. La langue française est importante dans le monde des affaires.
   (je suis sûr[e] / nous doutons / il est probable / il est évident)

2. Les étudiants font beaucoup de progrès en français.
   (je ne pense pas / il est vrai / il est probable / il se peut que)

3. Elles vont faire des recherches sur Internet.
   (vous êtes sûr? / il est certain / le prof ne pense pas / je pense)

4. Vous comprenez son point de vue.
   (je ne pense pas / il est vrai / nous sommes sûrs / il n'est pas évident)

5. Il peut organiser ce voyage.
   (je pense / il ne pense pas / es-tu certain(e) / je doute)

N. Thomas l'incrédule. *(Doubting Thomas.)* Les personnes dans votre groupe ne sont jamais sûres de rien! Pour chaque affirmation, montrez votre incrédulité en utilisant une expression de doute. N'oubliez pas le subjonctif et ajoutez un exemple ou un commentaire supplémentaire pour justifier votre point de vue. Evidemment, si vous êtes sûr(e) de quelque chose, utilisez l'indicatif.

Modèle: Je suis sûr(e) que l'alcool est mauvais pour la santé.
—*Eh bien, moi, je ne trouve pas que l'alcool soit mauvais pour la santé. Par exemple, ma grand-mère boit son verre de vin chaque jour et elle a déjà 95 ans!*
—*Je pense que tu as raison. Il n'est pas du tout évident que l'alcool soit mauvais pour la santé. Surtout si on en boit avec modération.*

1. Nous trouvons que les policiers sont assez payés pour le travail qu'ils font.
2. Je pense que les Américains sont plus matérialistes que les Européens.
3. A mon avis, il y a assez de logements à loyer modéré aux Etats-Unis.
4. Je pense que la langue anglaise va un jour dominer l'Europe et le monde.
5. Il trouve que le gouvernement fait assez de choses pour aider les plus démunis.
6. Elle est sûre que la pollution va nous tuer.
7. Nous pensons que les guerres sont inévitables.
8. Je suis certain(e) que les jeunes n'ont plus de respect pour les traditions.

Quant à moi...

O. A vous d'abord! Posez les questions suivantes à vos camarades de classe afin de vous renseigner sur le travail qu'ils font, ont fait ou comptent faire un jour. Si vous ne connaissez pas le mot juste pour un certain métier, consultez la liste ci-dessous ou essayez de décrire le métier en termes généraux.

> **Vocabulaire pour la discussion:** un job (un poste, un travail, un emploi) / faire du baby-sitting / un(e) assistant(e) / un(e) aide / un stage *(internship)* / un serveur, une serveuse *(waiter, waitress)* / travailler à (pour, dans, chez, avec) / un salaire bas (assez élevé, médiocre, suffisant) / un travail à plein temps *(full-time job)* / un travail à temps partiel (à mi-temps) *(part-time job)*

1. Est-ce que tu as (vous avez) (jamais eu) un travail? Lequel?
2. Est-ce que tu aimes (as aimé) / vous aimez (avez aimé) ce travail? Pourquoi? Pourquoi pas?
3. Qu'est-ce que tu apprends (as appris) / vous apprenez (avez appris) dans ce travail?
4. Quels étaient (sont) les avantages et les inconvénients de ce travail?
5. Si tu n'as (vous n'avez) jamais travaillé, qu'est-ce que tu aimerais (vous aimeriez) faire un jour? Pourquoi?

P. Les témoins vous parlent. En écoutant quelques Français et Francophones parler de leur travail, faites les exercices selon les indications données.

CD3, Tracks 2–5

Visit the **témoins** in their home-town on Google Earth.

Valérie Ecobichon
Saint-Maudez,
France

> **Vocabulaire utile**
> **Dinan** *(small town in Brittany)*, **prêts** *(lending)*, **lecteurs** *(readers)*, **des commandes d'ouvrages** *(book orders)*, **classe** *(classify)*, **range** *(put them on shelves)*, **traire les vaches** *(to milk the cows)*, **les emmener aux champs** *(take them out to the fields)*, **terre** *(land)*, **blé** *(wheat)*, **betteraves** *(beets)*, **maintenir en état le tracteur** *(to keep the tractor running)*

1. Complétez ce que dit Valérie en ajoutant les mots qui manquent. Utilisez une autre feuille de papier.

   Je travaille à la bibliothèque _____ de Dinan.
   Je suis _____.
   Je m'occupe des prêts et des _____ des _____.
   Je classe les livres. Je les _____.
   Mes parents sont _____.
   C'est un _____ très varié.
   Il y a le travail avec les _____.
   Il faut _____ de la terre.
   Nous _____ du blé, des _____ et des betteraves.
   Il faut aussi maintenir en état toutes les machines que nous _____.

Hélène Perrine
Marseille, France

Marseille, France
Population (ville): 820 900 habitants
Population (agglomération): 1 605 000 habitants (troisième ville après Paris et Lyon)
Importance: le port le plus important de France; un des principaux points d'entrée pour de nombreux immigrants, venant surtout d'Afrique du Nord, d'Italie, d'Espagne et de Grèce; centre régional important pour la culture avec un opéra, des musées de la marine, des galeries d'art, de nombreux théâtres, restaurants, bars et discothèques

Vocabulaire utile

Fnac *(chain of stores in France that sells books, CDs, DVDs, etc.),* **un peu de tout** *(a little of everything),* **clients** *(customers),* **caisse** *(cash register),* **fréquentent** *(come regularly to),* **commandes** *(orders),* **y compris** *(including),* **insupportable** *(unbearable),* **à part ça** *(besides that),* **mon travail me plaît** *(I like my work),* **horaire** *(schedule),* **me convient** *(suits me),* **souple** *(flexible)*

2. Dites si les phrases sont vraies ou fausses en fonction de ce que vous savez sur Hélène Perrine.

   a. Elle est propriétaire de la Fnac à Marseille.
   b. Elle a eu une promotion il y a deux ans.
   c. Dans son job, elle fait un peu de tout.
   d. Elle refuse de travailler à la caisse, même s'il y a beaucoup de clients.
   e. Elle connaît beaucoup des clients qui viennent dans le magasin.
   f. Mais elle n'aime pas tellement le contact avec les clients.
   g. Elle n'est pas très contente de son travail.
   h. Elle a beaucoup de responsabilités.
   i. Elle est même responsable de la supervision des autres employés.
   j. En général, elle est satisfaite du travail des autres employés.
   k. Un des employés lui pose des problèmes parce qu'il est très malhonnête.
   l. Elle aime son travail parce qu'elle a pas mal de flexibilité dans son horaire.
   m. Elle aime passer du temps avec ses deux enfants.
   n. Son mari s'occupe des enfants quand elle est au travail.

Habib Smar
Bordeaux, France

Bordeaux, France
Population (ville): 230 600 habitants
Population (agglomération): 1 009 051 (2008)
Importance: ville considérée par beaucoup comme la capitale mondiale du vin; ville industrielle (bois, papier, automobile, aéronautique, défense, pétrochimie, pharmaceutique); port important

Vocabulaire utile

au chômage *(unemployed),* **malheureusement** *(unfortunately),* **licenciement économique** *(layoff for financial reasons),* **a touché** *(affected),* **cadres** *(managers),* **médicaments** *(medicines),* **disponibles** *(available),* **patron** *(boss),* **attendait** *(expected)*

3. Répondez aux questions.

   a. Depuis combien de temps est-ce qu'Habib est au chômage?

   b. Pourquoi est-ce qu'il a perdu son job?

   c. Où est-ce qu'il travaillait?

   d. Qu'est-ce qu'il faisait dans son ancien job, à part vendre des médicaments?

   e. Quel était son rapport avec les employés de sa région?

   f. Pourquoi est-ce qu'il n'aimait pas son ancien patron?

   g. Quelle sorte de job est-ce qu'il est en train de chercher maintenant?

   h. Pourquoi est-ce qu'il veut un job avec un horaire moins compliqué?

Sophie Everaert
Bruxelles, Belgique

Vocabulaire utile

ne s'entendent pas *(don't get along)*, **d'équipe** *(team)*, **j'interviens** *(I intervene)*, **cardiologue** *(cardiologist, heart specialist)*, **la recherche** *(research)*, **médicaments** *(medications)*, **crises cardiaques** *(heart attacks)*

4. Notez aux moins cinq faits que vous avez appris sur Sophie.

Q. Quels sont leurs traits caractéristiques? Selon ce que vous savez sur les quatre témoins qui ont parlé de leur travail, essayez de créer un portrait de chaque personne. Créez le portrait basé sur ce qui a été dit mais aussi sur ce que vous savez sur leur métier. Par exemple, est-ce qu'on pourrait dire qu'une bibliothécaire est probablement patiente ou qu'un vendeur de médicaments est quelqu'un qui est bien organisé et aimable? Consultez la liste des traits de caractère aux pages 150 et 151 de ce manuel.

Do **A faire!** **(4-3)** on page 171 of the **Manuel de préparation.**

FICHE VOCABULAIRE

METIERS ET PROFESSIONS

un acteur / une actrice
un agent de change *stockbroker*
un agent de conduite *train conductor*
un agent de voyage
un agent immobilier *real estate agent*
un agriculteur / une agricultrice (un cultivateur / une culti-
    vatrice, un fermier / une fermière)
un(e) anthropologue
un(e) apprenti(e) *apprentice*
un(e) artisan(e)
un(e) artiste (un peintre / une femme peintre)
un(e) assistant(e) de direction *administrative assistant*
un(e) astronaute
un(e) avocat(e) *lawyer, attorney*
un banquier / une banquière *banker*
un(e) bibliothécaire *librarian*
un cadre *manager, executive*
un cadre supérieur *high-level executive*
un caissier / une caissière *cashier, bank teller*
un chanteur / une chanteuse
un chargeur *shipper*
un chauffeur *driver*
un chef de cuisine
un chercheur / une chercheuse *researcher*
un(e) cinéaste *filmmaker*
un(e) commerçant(e) *merchant or traveling salesperson*
un compositeur / une compositrice
un(e) comptable *accountant*
un(e) concessionnaire *car dealer*
un conducteur / une conductrice *train conductor*
un conseiller / une conseillère *counselor, advisor*
un contremaître *foreman*
un courtier / une courtière *stockbroker*
un couturier / une couturière *fashion designer*
un(e) dactylo *typist*
un(e) dentiste
un(e) détaillant(e) *retailer*
un éboueur *garbage collector*
un écrivain / une femme écrivain *writer*
un(e) employé(e) / un(e) employé(e) de bureau *office
    worker, clerical personnel*
un(e) employé(e) de maison *housekeeper*
un employeur
un(e) fabricant(e) *manufacturer*

un facteur / une factrice *mail carrier*
un facturier / une facturière *billing clerk*
un(e) fonctionnaire *civil servant, government employee*
un fournisseur *supplier*
un(e) garagiste (un[e] mécanicien[ne]) *mechanic*
un(e) gérant(e) *manager*
un(e) grossiste *wholesaler*
un(e) historien(ne)
un homme politique / une femme politique *politician*
un infirmier / une infirmière *hospital nurse*
un(e) informaticien(ne) *computer expert*
un ingénieur / une femme ingénieur
un(e) journaliste
un juge / une femme juge
un livreur *delivery person*
un médecin / une femme médecin
un(e) militaire (un soldat)
un(e) musicien(ne)
un ouvrier / une ouvrière *blue-collar worker, laborer*
un(e) partenaire
un(e) patron(ne) *boss*
un(e) pharmacien(ne)
un(e) pilote
un poète / une femme poète
un policier / une femme policier (un agent de police)
un pompier *firefighter*
un postier / une postière *postal worker*
un président-directeur-général (PDG) *chief executive officer
    (CEO)*
un professeur (un prof)
un programmeur / une programmeuse
un(e) propriétaire *owner*
un(e) psychiatre
un(e) psychologue
un rédacteur / une rédactrice *book or magazine editor*
une sage-femme *midwife*
un scientifique / une femme scientifique *scientist*
un(e) secrétaire
un(e) sociologue
un travailleur (une travailleuse) à la chaîne *assembly-line
    worker*
une vedette (une star) *star, famous entertainer*
un vendeur / une vendeuse *salesperson*
un viticulteur / une viticultrice *wine producer*

R. Métiers et professions. Utilisez les indications données et suivez le modèle pour parler du métier des personnes indiquées.

Vocabulaire pour la discussion

Lieux de travail	Verbes
une agence	être dans (la vente, les achats, l'informatique, les
un atelier *(workshop)*	affaires, l'agriculture, la chimie, etc.)
un bureau *(office)*	travailler pour + *nom de l'employeur ou de l'entreprise*
un cabinet d'affaires *(business office)*	trouver son travail… embêtant *(bothersome)*
un chantier *(construction site)*	ennuyeux
une compagnie	fascinant
une entreprise *(company, business)*	intéressant
une société *(company, business)*	passionnant *(exciting)*
une usine *(factory)*	stressant

Gilbert	Olivier	Géraldine	Sarah
secrétaire de direction	agent de police	infirmière	avocate
école d'ingénieurs	ville de Lyon	Hôpital St-Jean	firme belge
3 ans	10 ans	25 ans	10 ans
bureau	commissariat de police	hôpital	bureau
filtrer les appels prendre les rendez-vous organiser des voyages	parler aux victimes interroger les criminels écrire des rapports	administrer des médicaments parler aux patients prendre la température des patients	parler aux clients préparer des contrats défendre sa firme
intéressant	stressant	passionnant	fascinant

Modèle:

1. Que fait Gilbert?
   Il est secrétaire de direction.
   Et que fait Olivier? Et Géraldine? Et Sarah?

2. Pour qui est-ce qu'il travaille?
   Il travaille pour une école d'ingénieurs.
   Et Olivier? Et Géraldine? Et Sarah?

3. Depuis combien de temps est-ce qu'il y travaille?
   Il y travaille depuis trois ans.
   Et Olivier? Et Géraldine? Et Sarah?

4. Où est-ce qu'il travaille?
   Il travaille dans un bureau.
   Et Olivier? Et Géraldine? Et Sarah?

5. Qu'est-ce qu'il fait?
   Son job, c'est de filtrer les appels, prendre les rendez-vous et organiser des voyages.
   Et Olivier? Et Géraldine? Et Sarah?

6. Est-ce qu'il aime son travail?
   Oui, il le trouve intéressant.
   Et Olivier? Et Géraldine? Et Sarah?

 S. Caractère et métier. Choisissez quelqu'un que vous connaissez bien. Décrivez le caractère de cette personne et indiquez pourquoi son métier est parfait pour lui/elle. Si vous connaissez quelqu'un qui a un métier non traditionnel, vous pouvez expliquer pourquoi le métier correspond bien à sa personnalité. Votre partenaire va vous poser des questions pour obtenir des précisions.

Modèle: *Ma sœur est pompier et elle adore son job. Elle veut aider les gens, elle a beaucoup de courage, elle est très sportive et forte, elle aime la camaraderie avec ses collègues et elle n'a pas peur des dangers de son métier. Pour elle, être pompier est un métier très satisfaisant et jamais ennuyeux. Ses traits de caractère sont parfaits pour les responsabilités qu'elle a dans son job.*

La lecture suivante, tirée du magazine Planète jeunes, *vous présente deux jeunes de Casablanca, au Maroc. Mbarka et Tarik décrivent leur vie et leurs aspirations. Ils parlent de leurs études, de leurs jobs et de leurs rêves. Qu'est-ce que vous avez en commun avec eux?*

Mbarka, 20 ans, étudiante: faire des études pour être libre

© Nicolas Cornet

ÉTUDIER, C'EST COMPLIQUÉ

J'ai 20 ans. J'habite le quartier de Ben M'Sik. C'est un peu loin de tout, surtout de la faculté où j'étudie la comptabilité. Il me faut chaque matin une heure et quart de marche et de bus public pour me rendre à l'université Hassan II, à l'autre bout de la ville. [...] Parfois je me dis que je vais arrêter la fac si je trouve un emploi mais en même temps je voudrais vraiment avoir ce diplôme. [...]

Mbarka, étudiante de Casablanca

Au Maroc, passer du lycée à la fac est extrêmement difficile. L'enseignement au lycée se fait en arabe, mais on apprend également le français. A l'université toutes les matières sont enseignées en français, le prof dicte à toute allure, les amphis sont bondés et les micros pas toujours efficaces. On prend des notes comme on peut mais si on n'a pas un bon niveau en français, le retard vient très vite. [...]

J'AURAI UN TRAVAIL POUR GAGNER MON INDÉPENDANCE

[...] Si je veux avoir un diplôme c'est surtout pour être indépendante et trouver un travail, pouvoir me débrouiller toute seule dans la vie. On ne doit pas toujours dépendre de son mari. Il faut avoir les moyens de dire oui ou non.

© Nicolas Cornet

Au quartier de Ben M'Sik, comme partout, on vit dans la rue.

JE VEUX CHOISIR MON MARI

Il y a quelques mois un garçon est venu demander ma main à mon père. Au début j'ai accepté l'idée, mais il ne voulait pas que je continue à étudier. Avant de donner ma réponse j'ai réfléchi et puis j'ai dit non. Il voulait une femme de ménage. Je refuse de rester à la maison et d'abandonner mes études. Mon père a été compréhensif, il a dit: «C'est ma fille qui doit vivre avec lui. Elle décidera, je ne veux que son bonheur.» Quant à ma mère, elle regrette ma décision et je crois qu'elle m'en veut encore car ce type avait une bonne situation et une grande maison. Elle m'a dit: «De mon temps on ne te demandait pas ton avis, on m'a mariée à 14 ans, il n'y avait pas de question.» Moi, je suis quand même contente que les femmes aujourd'hui puissent choisir: on a moins de pression. [...] Heureusement que je suis née à notre époque!

J'AIMERAIS VOYAGER

J'espère pouvoir aller rendre visite à mon frère qui travaille en Belgique, et aussi aller à Paris et en Suisse. Mais avant tout je voudrais voyager au Maroc. Je ne connais rien de mon pays. Je ne suis allée qu'une fois à Mohammedia (30 km de Casa) au bord de la mer avec une copine.

Mes loisirs sont très simples. Avec quelques amies nous allons au centre-ville faire les magasins dans le quartier de Maarif et puis nous allons dans un café ou au cinéma Rialto. J'aime les endroits calmes, nous y partons en semaine [...].

Tarik, mécanicien: j'ai monté mon business

Je répare des voitures mais je roule en mobylette.

UN JOB QUI ME PLAÎT

Bonjour, je m'appelle Tarik, j'ai 20 ans. Je parle arabe et un peu berbère. Chez moi, on est 7 enfants et je suis le dernier. J'ai arrêté l'école en classe de troisième. Ça n'allait pas fort, j'étais turbulent. Un jour, je me suis disputé avec un prof et j'ai été renvoyé. C'est comme ça que je suis devenu mécanicien. D'abord, pendant deux ans j'ai traîné, je n'ai pas fait grand-chose. Et puis un copain de mon frère m'a proposé de travailler dans son garage. J'ai commencé et cela m'a bien plu. Ensuite j'ai progressé et il m'a proposé de m'associer avec lui. Depuis tout marche bien. Nous sommes devenus associés: lui a investi dans le garage et les outils, moi je travaille en réparant les voitures et nous partageons les bénéfices. Chaque mois j'économise 30% de ce que je gagne et j'investis la même proportion dans le garage. Le reste, je le partage à égalité entre la participation aux frais de la famille et à mes dépenses personnelles.

MA COPINE, C'EST TOP SECRET

J'ai un portable mais c'est surtout pour dépanner les clients, mais bon, ça sert aussi pour ma «copine». On sort ensemble, mais je ne peux pas en parler en famille. Si j'en parle, ça veut dire que c'est sérieux, et mes parents vont trouver que c'est trop tôt pour en discuter car de toute façon, j'ai des frères plus vieux que moi qui ne sont pas encore mariés. A part ça, à la maison, on parle à peu près de tout. Mes relations avec mes parents sont basées sur le respect: ils me considèrent comme un adulte et me laissent faire ma vie et me débrouiller. On parle de tout... sauf de ma copine.

Le Maroc en chiffres

Pays du Maghreb: d'une superficie de 710 850 km² et peuplé de 26,4 millions d'habitants dont 50% ont moins de 20 ans et 70% moins de 30 ans (3,2 millions vivent à Casablanca)

Capitale: Rabat, 1,5 million d'habitants

Langues: arabe, berbère, français et espagnol

Religion: Musulmans (98,7%).

Monnaie: dirham (700 dirhams = 40 000 CFA = 60 euros)

Régime monarchique: Mohammed VI, le roi actuel du Maroc, a succédé à son père, Hassan II, mort en 1999.

Indépendance du Maroc: accordée par la France en mars 1956 et par l'Espagne en avril 1956

Principales sources de devises: blé, agrumes, mines, tourisme

Population: Elle se compose d'Arabes (70%) mais également de Berbères et des Harratines.

Climat: Le climat dominant au Maroc est méditerranéen; tempéré à l'ouest et au nord par l'Océan Atlantique. A l'intérieur, le climat est plus continental avec des écarts importants de températures. La zone de l'Atlas est humide, l'enneigement y est fréquent. Le sud a un climat désertique.

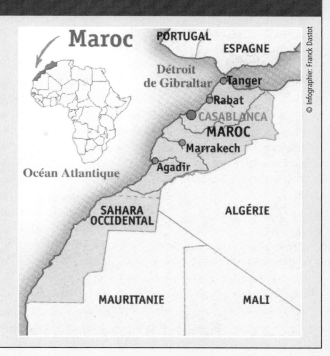

© Infographie: Franck Dastot

LES COPAINS, LES VOYAGES ET LA MUSIQUE...

Pour l'instant je partage mon temps entre le garage, un appartement que j'ai loué avec deux copains et des passages tous les jours chez mes parents. J'aime bien quitter Casa. Grâce au travail de mon père dans les chemins de fer je peux avoir des billets gratuits et voyager dans tout le Maroc. Le week-end on va faire un tour sur la corniche avec des copains et ma copine. On boit un café, on discute, on rigole entre nous, on écoute nos groupes favoris: Cheb Housni (Algérien assassiné) et également

Centre-ville, place Mohammed V, le rendez-vous des habitants de Casa.

© Nicolas Cornet

Nass El Ghywane (groupe de Raï de Casa). Nous aimons cette musique, elle nous ressemble car ceux qui la font habitent le même quartier que nous. Nous les connaissons bien. Et puis, on rentre, vers une heure du matin. [...]

Trois fois par semaine je vais dans une salle de sport pour une séance de musculation, c'est mon loisir préféré. Je regarde le foot à la télé avec mes copains, mais pour les grands matchs je vais dans un café où l'ambiance est plus sympa. [...] J'aime bien Casa et je suis très attaché à mon pays. Je suis contre le mouvement de ceux qui partent, je n'ai pas envie d'aller à l'étranger demander du travail. [...] Bien sûr, pour réussir ou avoir une activité qui marche, il faut un peu d'argent pour démarrer un projet mais pas forcément beaucoup, ce qu'il faut avant tout c'est bien regarder les opportunités et puis travailler sérieusement. [...]

Source: Planète jeunes, no. 46, août–septembre 2000, pp. 6–8. Reportage et photos de Nicolas Cornet.

DICO

à égalité *equally*
agrumes *citrus fruits*
à l'autre bout *on the other side*
à l'étranger *to a foreign country*
amphis (amphithéâtres) *large lecture halls*
blé *wheat*
bondés *crowded, full to capacity*
bonne situation *good job*
Casa *short for Casablanca*
cela m'a bien plu *I liked it a lot*
chemins de fer *railroad*
la comptabilité *accounting*
corniche *coast road*
de marche *on foot*
démarrer *to start up*
dépanner *to help out*
dépenses *spending*

désertique *desert (adj.)*
dicte à toute allure *dictates quickly*
écarts *extremes*
efficaces *in working order*
elle m'en veut encore *she's still mad at me*
enneigement *snow cover*
en réparant *repairing*
enseignement *teaching*
la fac *la faculté*
la faculté *college (of a university, e.g., liberal arts, science, etc.)*
femme de ménage *maid; here, housewife*
forcément *necessarily*
frais de la famille *family expenses*
gratuits *free*
j'ai monté *I started*
j'ai traîné *I kicked around*

j'économise *I save*
matières *subject*
me débrouiller *to cope*
me rendre *to go*
micros *microphones*
moyens *means*
outils *tools*
partage *divide*
pression *pressure*
renvoyé *kicked out*
le retard vient très vite *you fall behind very quickly*
rigole *have fun*
sauf *except*
une séance de musculation *weight training session*
se fait *is done*
turbulent *trouble-maker*
type *guy*

T. Est-ce que vous avez compris? Complétez les phrases suivantes en choisissant l'élément entre parenthèses qui correspond à ce que vous avez appris dans l'article sur Mbarka et Tarik.

1. Mbarka habite (loin de / à côté de / près de) son université.
2. Ça lui prend (1 h 45 / 1 h 30 / 1 h 15) pour aller à l'université.
3. Le nom de son université, Hassan II, est le nom (du roi du Maroc / du grand-père du roi du Maroc / du père du roi du Maroc).
4. Au Maroc, l'enseignement au lycée se fait (en arabe / en français / en espagnol).
5. A la fac, il faut absolument avoir un bon niveau (en arabe / en français / en espagnol).
6. La chose la plus importante pour Mbarka, c'est (sa religion / son indépendance / un mari).
7. Mbarka n'a pas une idée (traditionnelle / moderne / libérale) du mariage.
8. Elle aimerait bien aller (à Paris / en Suisse / en Belgique) pour rendre visite à son frère.
9. Tarik aime surtout la musique (française / arabe / canadienne).
10. La majorité de la population marocaine a moins de (50 ans / 40 ans / 30 ans).
11. (Les oranges / Les haricots verts / Les bananes) sont très important(e)s dans l'économie du Maroc.
12. La capitale du Maroc, c'est (Casablanca / Marrakech / Rabat).
13. Tarik était un (très bon / mauvais) étudiant au lycée.
14. Après avoir été renvoyé de l'école, il n'a rien fait pendant (un an / deux ans / trois ans).
15. Comme associé dans le garage, Tarik fait surtout (les réparations des voitures / la comptabilité du commerce / le marketing pour le garage).
16. Tarik connaît (très peu / bien / mal) son propre pays.
17. L'activité physique préférée de Tarik, c'est (le foot / le basket / la musculation).
18. Pour Tarik, son pays est (peu / très) important.

U. Portraits de Mbarka et de Tarik. Faites la description de la personnalité de Mbarka et de celle de Tarik. Utilisez les adjectifs et les expressions descriptives que vous avez appris et illustrez chaque élément de la description avec un ou deux exemples de l'article.

Modèle: *Mbarka a l'esprit ouvert. Elle veut voyager et apprendre beaucoup de choses.*

Fonction

Comment exprimer la nécessité et la volonté

To download a podcast on the Subjunctive and when to use the Subjunctive, go to **academic. cengage.com/french/quantamoi**.

> ## RAPPEL
>
> ### 1. L'infinitif et le subjonctif avec les expressions de nécessité
>
> Il faut **attendre**.
> Il est nécessaire de **faire** attention.
>
> Il faut que **tu attendes**.
> Il est nécessaire que **vous fassiez** attention.
>
> Il est important d'**étudier**.
> Il vaut mieux **partir**.
>
> Il est important que **nous étudiions**.
> Il vaut mieux qu'**ils partent**.
>
> ### 2. L'infinitif et le subjonctif avec les expressions de volonté
>
> Je veux le **faire** moi-même.
> Ils préfèrent **rester** à la maison.
>
> Je veux que **tu** le **fasses**.
> Ils préfèrent que **vous restiez** à la maison.

V. De quoi est-ce qu'il s'agit? (What's it about?) Ecoutez les petites conversations et trouvez (1) le *sujet principal* de la conversation, (2) la forme du verbe au présent du *subjonctif* et (3) l'*infinitif* qui correspond au subjonctif. Utilisez une autre feuille de papier.

CD3, Track 6

Modèle:	sujet principal	subjonctif	infinitif
	rendez-vous	*tu te souviennes*	*se souvenir*
1.			
2.			
3.			
4.			
5.			
6.			
7.			
8.			
9.			
10.			

W. Qui parle à qui? Lisez les phrases et dites à qui elles sont adressées. Choisissez l'interlocuteur dans la liste de droite.

1. Bien sûr, il faut que vous fassiez ce devoir pour demain. Il y aura une interrogation.
2. Demain, je veux que vous alliez chez le docteur Maillet pour lui présenter ce nouveau médicament pour les diabétiques.
3. Non, absolument pas! Je ne veux pas que tu ailles chez Diane ce soir. Tu as trop de travail et tes notes ne sont pas formidables!
4. Chérie, le téléphone, pour toi. Je pense que c'est le patron de la compagnie où tu as eu une entrevue. Tu préfères que je lui dise de rappeler dans quinze minutes?
5. Voilà, Madame. Une salade, un kilo de pommes et deux bouteilles d'eau minérale. Il faut absolument que vous essayiez ce brie. Il est formidable. Je peux vous en vendre un petit bout?
6. Pardon, Monsieur Charente. Votre chien a aboyé *(barked)* toute la nuit et j'ai vraiment eu du mal à dormir. Il faut que je vous prévienne que, si ça continue, je vais appeler la police!

a. vendeur/vendeuse à la cliente
b. mère/père à sa fille/ son fils
c. patron à l'employée
d. voisine à son voisin
e. prof aux étudiants
f. mari à sa femme

X. Des conseils. Utilisez les éléments donnés pour offrir des conseils à plusieurs amis.

Modèle: Je ne comprends pas le subjonctif.
(il faut / tu / aller parler / prof de français)
Il faut que tu ailles parler au (à ton) prof de français.

1. Mon mari à mal aux dents. Il a sûrement quelque chose de sérieux.
(il est important / votre mari / prendre rendez-vous / dentiste)
2. Je ne comprends pas pourquoi je n'arrive pas à trouver un job.
(il faut / vous / refaire / CV)
3. Nos étudiants n'ont aucun sens de l'histoire. Que faire?
(si tu veux / ils / apprendre / l'importance des événements historiques / il faut / tu / choisir / des livres intéressants)
4. Léa m'a invité à dîner avec ses parents. Je ne sais pas ce que je devrais apporter.
(il faut / acheter / un bouquet de fleurs)
5. L'année prochaine je vais étudier à Paris. Qu'est-ce que je peux faire pour me préparer?
(il faut / tu / avoir / un bon dictionnaire) (il est important / tu / faire des recherches sur la ville sur Internet) (il est nécessaire / tu / acheter / ton billet bien à l'avance) (il faut / tu / poser des questions / directeur du programme)
6. Je pense que j'aimerais travailler au Japon. Qu'est-ce que vous en pensez?
(à mon avis / il vaut mieux / vous / apprendre / d'abord le japonais)

Y. Quels conseils me donnez-vous? Voici une série d'ambitions. Donnez des conseils (études, cours, expériences, jobs d'été, lectures, recherches, clubs, voyages, etc.) pour aider la personne à réaliser ses rêves. Utilisez des expressions de nécessité et le subjonctif ou l'infinitif dans vos conseils.

1. Je voudrais être prof de français dans une université.
2. J'aimerais faire carrière dans la publicité *(advertising)*.
3. J'espère être psychologue.
4. J'ai l'intention de piloter un avion commercial.
5. Je vais devenir avocat(e).
6. Je veux travailler dans une agence de voyages.

Do **A faire! (4-4)** on page 178 of the **Manuel de préparation**.

REPRISE

Les adjectifs descriptifs; Le subjonctif, l'indicatif, et l'infinitif pour exprimer la certitude, le doute, la nécessité et la volonté

Z. Les signes du Zodiaque. Lisez la description de votre signe du Zodiaque. Ensuite expliquez à votre camarade de classe quels adjectifs correspondent à votre personnalité (donnez des exemples) et quels adjectifs ne correspondent pas du tout à votre personnalité (donnez des exemples).

Modèle: Je suis née le 12 juin. Mon signe, c'est donc Gémeaux.
Il est vrai que je suis très enthousiaste et énergique. Par exemple, je participe à beaucoup de clubs à l'université, je travaille, j'adore aller à des fêtes. Je suis très active et je ne suis jamais fatiguée, etc. Mais je ne suis pas impatiente. Au contraire, je trouve que je suis très patiente, surtout avec mes amis. Je ne m'irrite pas facilement, j'écoute les autres et j'adore jouer avec les enfants, etc.

Bélier (21 mars–20 avril): énergique, impulsif(ve), enthousiaste, optimiste, ambitieux(se), intellectuel(le), quelquefois un peu timide, vif(ve) *(lively)*, bien organisé(e), généreux(se), impatient(e), têtu(e), actif(ve), sportif(ve), hypocrite, égoïste, charmant(e), persévérant(e)

Métiers: des postes de responsabilité et d'autorité, professeur, conseiller(ère), agent de voyage, homme/femme politique

Taureau (21 avril–21 mai): têtu(e), systématique, efficace, bon cœur, stable, calme, organisé(e), patient(e), prudent(e), honnête, bon sens de l'humour, sympathique, égoïste, paresseux(se), matérialiste, fidèle *(faithful)*, doué(e) en musique ou en art, sentimental(e), jaloux(se)

Métiers: entrepreneur, homme/femme politique, service public, cultivateur

Gémeaux (22 mai–21 juin): malin (maligne) *(clever)*, enthousiaste, énergique, intellectuel(le), impatient(e), charmant(e), intense, changeant(e), travailleur(se), généreux(se), quelquefois égoïste, nerveux(se), indécis(e), sociable, quelquefois trop sérieux(se)

Métiers: professeur, chercheur(euse), écrivain/femme écrivain, artiste, acteur/actrice, musicien(ne), chef de cuisine

Cancer (22 juin–22 juillet): sensible *(sensitive)*, tenace *(tenacious)*, patient(e), sympathique, facilement influencé(e), changeant(e), intense, dramatique, fidèle, aimable, sentimental(e), un peu timide, fier(ère) *(proud)*, souvent malheureux(se)

Métiers: professeur, rédacteur(trice), écrivain/femme écrivain, vedette

 Lion (23 juillet–23 août): fier(ère), énergique, autoritaire, courageux(se), compliqué(e), quelquefois désagréable, méthodique, ambitieux(se), se sent supérieur aux autres, forte personnalité, sincère

Métiers: jobs dans les affaires (le commerce), patron(ne) d'une grande entreprise, militaire

 Vierge (24 août–23 septembre): travailleur(se), intelligent(e), organisé(e), méthodique, aime les détails, pratique, impatient(e), sérieux(se), efficace, prudent(e), quelquefois égoïste, plutôt pessimiste, facilement irrité(e)

Métiers: gérant(e), patron(ne) d'une entreprise, secrétaire, secteur tertiaire (services), historien(ne) d'art, critique littéraire, couturier(ère), infirmier(ère), agent de police

 Balance (24 septembre–23 octobre): honorable, équilibré(e), aimable, gentil(le), vif(ve) *(lively)*, créatif(ve), décontracté(e), patient(e), ordinaire, beaucoup de tact, diplomatique, compliqué(e), perfectionniste, charmant(e), honnête

Métiers: gérant(e), homme/femme politique, diplomate, détaillant(e), agent immobilier, postier(ère)

 Scorpion (24 octobre–22 novembre): énergique, indépendant(e), passionné(e), décidé(e), têtu(e), généreux(se), calme, intuitif(ve), intense, froid(e), réservé(e), difficile, fort, efficace, un peu sévère, privé(e)

Métiers: médecin, dentiste, psychiatre, psychologue, infirmier(ère), homme/femme politique, homme/femme scientifique

 Sagittaire (23 novembre–21 décembre): impulsif(ve), impatient(e), généreux(se), curieux(se), aime la nature, sportif(ve), intellectuel(le), pas sentimental(e), un peu froid(e), honnête, franc(he), sincère, prudent(e), dominé(e) par la raison, peut être sarcastique

Métiers: conseiller(ère), explorateur(trice), chercheur(euse), professeur, avocat(e), juge/femme juge, journaliste

 Capricorne (22 décembre–20 janvier): ambitieux(se), persévérant(e), diplomatique, réservé(e), traditionnel(le), sérieux(se), s'adapte facilement, travailleur(se), pas très aventureux(se), beaucoup de tact, quelquefois malhonnête, peut être cruel(le)

Métiers: homme/femme scientifique, diplomate, professeur d'histoire, homme/femme politique, philosophe, administration d'hôpitaux

 Verseau (21 janvier–19 février): honnête, l'esprit ouvert, aimable, sociable, aimé(e) des autres, innovateur(trice), patient(e), indécis(e), pas de sens commun, manque d'imagination *(lack of imagination)*, manque de tact et de courage, gentil(le), manque de discipline

Métiers: homme/femme scientifique, chercheur(euse), avocat(e), juge/femme juge, bibliothécaire, écrivain/femme écrivain

Poissons (20 février–20 mars): gentil(le), calme, privé(e), sensible *(sensitive)*, un peu mélancolique, pas du tout ambitieux(se), pas du tout matérialiste, indifférent(e), rêveur(se) *(dreamer)*, pas très sociable, solitaire, silencieux(se), content(e), poétique, pas très indépendant(e), pas très responsable, timide

Métiers: poète, artiste, musicien(ne), compositeur, écrivain/femme écrivain, acteur(trice), militaire, professeur, fonctionnaire

AA. Des ennuis quotidiens. Chaque personne de votre groupe a un des problèmes indiqués. Les autres membres du groupe lui donnent des conseils. Il faut utiliser le subjonctif ou l'infinitif avec des expressions de certitude, de doute, de nécessité et de volonté. Utilisez **tu** ou **vous** selon la personne à qui vous parlez.

Modèle: —Je travaille trop et je n'ai pas le temps de m'amuser. Ma patronne n'est pas très raisonnable. Elle me téléphone même le week-end et elle me demande souvent de travailler le soir. Je ne dors pas assez et je suis donc toujours fatigué(e). Je ne sais pas ce que je vais faire.

—*A mon avis, il faut que tu fasses regulièrement des promenades.*

—*Oui, et il vaut mieux ne pas répondre au téléphone le week-end. Il se peut que tu sois trop disponible. Il est possible que ta patronne profite de ta bonne volonté.*

—*Je suis d'accord. Ta patronne veut que tu organises ta vie autour de ton travail. Je ne pense pas que ce soit raisonnable. Etc.*

1. Je travaille trop et je n'ai pas le temps de m'amuser. Ma patronne n'est pas très raisonnable. Elle me téléphone même le week-end et elle me demande souvent de travailler le soir. Je ne dors pas assez et je suis donc toujours fatigué. Je ne sais pas ce que je vais faire.

2. Je grossis et je ne sais pas quoi faire. Il est vrai que je mange souvent dans les fast-foods et que je fais très peu d'exercice. Je passe toute la journée à l'ordinateur et je ne bouge donc pas beaucoup dans mon job. Il faut absolument que je change de rythme de vie.

3. Mes parents habitent un appartement au centre-ville. Ils sont maintenant à un âge où ils ont des difficultés à monter les escaliers et même à s'occuper des tâches ménagères quotidiennes *(daily)*. En plus, ma mère commence à avoir des problèmes de mémoire. Et ils ont besoin de se distraire un peu. C'est vraiment un très grand souci *(worry)* pour moi.

4. Ma vie est beaucoup trop compliquée. J'ai six cours par semaine, j'ai mes équipes de sport, je travaille 20 heures par semaine comme serveuse, je communique avec mes amis et mes parents pendant les quelques minutes que j'ai entre une chose et une autre, je passe toute la nuit à réviser et à surfer le Net. Je vois rarement mes amis et je ne vais presque jamais aux fêtes qu'ils organisent. Je ne pense pas que je puisse continuer comme ça.

5. Mes parents et mes amis me disent que je suis trop sérieuse et perfectionniste. Il me faut beaucoup de temps pour la moindre petite chose que je fais. Il est donc évident que je passe des heures et des heures à faire mes devoirs. En plus, tous les jours, je range mon appartement qui est toujours impeccablement propre. J'ai l'impression que je suis toujours en train de laver ou de nettoyer quelque chose et je n'ai pas le temps de m'amuser.

Quant à moi…

Témoignages: «Avec qui passez-vous la plupart de votre temps?»

 BB. A vous d'abord! Discutez des questions suivantes avec vos camarades de classe.

1. Avec qui est-ce que vous passez la plupart de votre temps? Avec les membres de votre famille? Avec vos collègues? Avec vos amis? Avec des gens qui partagent vos intérêts? Seul(e)?
2. Quelles sortes de personnes est-ce que vous choisissez comme amies? C'est quoi, pour vous, un(e) ami(e)?
3. Qui joue le rôle le plus important dans votre vie? Pourquoi?

CC. Les témoins vous parlent. Ecoutez ce que disent les témoins français et francophones sur les gens qu'ils fréquentent et faites les exercices selon les indications données.

 CD3, Tracks 7–9

 Visit the **témoins** in their hometown on Google Earth.

Pierre Hurel
Paris, France

Vocabulaire utile

seul *(alone)*, **notamment** *(especially, in particular)*, **répétitions** *(rehearsals)*, **effectivement** *(in fact)*, **partagent** *(share)*, **affaires** *(business)*, **étrangement** *(oddly, strangely)*, **défauts** *(faults, weaknesses)*, **en quoi** *(how)*, **de tous les bords** *(from all walks of life)*, **ouverture** *(openness)*, **nous nous retrouvons** *(we meet on common ground)*, **n'entrent pas en ligne de compte** *(don't enter into the considerations)*, **choix** *(choice)*, **boussole** *(compass)*, **point de repère** *(reference point)*, **ayant perdu** *(having lost)*, **vraiment** *(really, truly)*, **façon** *(way)*, **sans doute** *(without doubt)*

1. Récrivez ce que dit Pierre en ajoutant les mots qui manquent. Utilisez une autre feuille de papier.

—Je passe beaucoup de temps _____ parce que je joue du _____.

—Je passe beaucoup de temps avec ma _____ que je vois pendant le _____.

—Je passe aussi un peu de temps avec ma _____, surtout avec ma _____.

—Mes _____ sont des professeurs de musique ou des musiciens avec qui je fais des _____.

—Je passe aussi du temps avec des gens qui _____ mes intérêts.

—Je pense qu'un ami, c'est quelqu'un qui ne vous _____ pas.

—Un ami, c'est quelqu'un qui est conscient de vos _____ mais aussi de vos _____.

—La personne qui est la _____ de ma vie, c'est ma mère.

—La personne que je _____ le plus, c'est ma fiancée.

Corinne Bernimoulin-Schmid
Genève, Suisse

2. Choisissez la bonne réponse d'après ce que vous avez appris sur Corinne.

- Corinne a...
    - **a.** un enfant.
    - **b.** deux enfants.
    - **c.** trois enfants.
    - **d.** quatre enfants.

- Corinne aime bien...
    - **a.** les grands dîners.
    - **b.** les petits dîners intimes.
    - **c.** être seule.
    - **d.** des repas sans enfants.

- Selon Corinne, ses amis...
    - **a.** ont les mêmes croyances religieuses qu'elle.
    - **b.** ont les mêmes idées politiques qu'elle.
    - **c.** ont les mêmes valeurs qu'elle.
    - **d.** ont très peu en commun avec elle.

- Pour Corinne, il est important que les amis...
    - **a.** restent assez distants.
    - **b.** pensent d'abord à eux-mêmes.
    - **c.** comprennent quand on veut être seul.
    - **d.** s'entraident les uns les autres.

- Le mari de Corinne est...
    - **a.** physiothérapeute.
    - **b.** ostéopathe.
    - **c.** médecin.
    - **d.** paramédical.

- Les parents de Corinne habitent...
    - **a.** dans un autre pays.
    - **b.** dans le même pays que Corinne.
    - **c.** dans le même quartier que Corinne.
    - **d.** aux Etats-Unis.

- Les autres personnes qui sont très importantes dans la vie de Corinne, ce sont...
    - **a.** les démunis.
    - **b.** les sans-abri.
    - **c.** les enfants d'autres pays.
    - **d.** les patients.

Christophe Mouraux
Liège, Belgique

3. Notez au moins cinq faits que vous avez appris sur Christophe.

DD. Vos amis et vous. Les témoins présentent leurs idées sur l'amitié. Et pour vous, c'est quoi un ami?

Do **A faire!** (4-5) on page 181 of the **Manuel de préparation.**

FICHE VOCABULAIRE

NOS PROCHES: FAMILLE, AMIS, COLLEGUES

La famille
adopté(e)
le divorce
divorcer *to get a divorce*
être divorcé(e) *to be divorced*
un(e) ex *ex-husband, ex-wife*
une famille éclatée *broken home*
une famille monoparentale *single-parent family*
une famille nombreuse *large family*
la famille nucléaire *nuclear family*
une famille recomposée *blended family*
une famille unie *close-knit family*
le fossé entre les générations *generation gap*
un foyer *household*
le mariage
une petite famille *small family*
la vie de famille *family life*

Les membres de la famille
les arrière-grands-parents *great grandparents*
un beau-frère *brother-in-law*
un beau-père *stepfather; father-in-law*
les beaux-parents *in-laws*
une belle-mère *stepmother; mother-in-law*
une belle-sœur *sister-in-law*
un(e) cousin(e)
un demi-frère *stepbrother; half-brother*
une demi-sœur *stepsister; half-sister*
un enfant (un[e] gosse) *child (kid)*
une femme (une épouse) *wife*
un(e) fiancé(e)
une fille *daughter*

un fils *son*
un frère *brother*
une grand-mère (mamy) *grandmother (grandma)*
un grand-père (papy) *grandfather (grandpa)*
les grands-parents
des jumeaux *twins*
un mari (un époux) *husband*
une marraine *godmother*
une mère *mother*
un neveu (les neveux) *nephew*
une nièce
un oncle
un parent *parent, relative*
un parrain *godfather*
un père *father*
un petit-fils *grandson*
une petite-fille *granddaughter*
une sœur *sister*
une tante *aunt*

Les amis
un ado / les ados (adolescent[s]) *(fam.) teenager(s)*
un(e) adolescent(e) *teenager*
un(e) ami(e) *friend*
l'amitié *(f.) friendship*
une bonne copine *close friend (for girls/women only)*
un(e) collègue de travail *colleague*
un(e) confrère *colleague (for doctors and lawyers only)*
un copain / une copine *friend, pal*
une fille *girl*
un garçon *boy*
un gars *(pronounced ga) guy*
un(e) jeune adulte *person in his/her twenties*
un(e) petit(e) ami(e) *boy(girl)friend*
un petit copain / une petite copine *boyfriend / girlfriend*
un pote *buddy (for boys/men only)*

Pour mieux vous exprimer

Pour décrire quelqu'un

c'est quelqu'un (une personne) qui + *verbe* — *it's someone (a persone) who* + verb
c'est quelqu'un qui est + *adjectif (masc.)* — *it's someone (a person) who is* + adjective
c'est une personne qui est + *adjectif (fém.)* — *he/she is a person who is* + adjective
c'est quelqu'un (une personne) qui a + *nom* — *it's someone (person) who has* + noun
c'est quelqu'un (une personne) avec (à) qui on peut (je peux) — *it's someone with (to) whom one (I) can*
c'est quelqu'un (une personne) de + *adjectif (masc.)* — *it's a* + adjective *person*
c'est quelqu'un (une personne) en qui on peut avoir confiance — *it's someone (a person) you can trust*

EE. C'est quelqu'un qui... Utilisez les éléments donnés pour décrire les personnes indiquées.

> **Modèles:** un ami / parler
> *Un ami, c'est quelqu'un avec (à) qui on peut (je peux, tu peux, nous pouvons, vous pouvez) parler.*
>
> une amie, sensible
> *Une amie, c'est quelqu'un de sensible (qui est sensible).*
>
> les amis, dépanner
> *Les amis, ce sont des personnes qui vous dépannent.*

1. un parent / patient
2. un ami / honnête
3. une amie / discuter avec
4. sa mère / partager ses joies et ses peines avec
5. un frère / avoir confiance en
6. une sœur / dire la vérité à
7. un bon collègue / travailler facilement avec
8. les potes / aimer passer du temps avec
9. les copines / s'amuser
10. les amis / accommodant
11. ma petite copine / gentil
12. un bon prof / esprit ouvert
13. ma cousine / ambitieux
14. son grand-père / grincheux
15. mon patron / prétentieux
16. sa sœur / têtu
17. son fils / mal élevé
18. ma camarade de chambre / timide
19. un copain / confiance
20. ma mère / tout dire

FF. C'est quoi un(e) ami(e)? Avec vos camarades, identifiez les cinq traits caractéristiques qui, à votre avis, sont les plus importants en ce qui concerne un(e) ami(e). Utilisez les expressions que vous avez apprises ainsi que les verbes et les adjectifs des listes ci-dessous.

Verbes: ne pas juger / avoir confiance en / avoir de l'humour / avoir de l'imagination / comprendre / parler / discuter / se disputer / (savoir) pardonner / aimer / rassurer / s'amuser / rigoler *(to laugh)* / s'entendre bien avec *(to get along well with)* / sortir / travailler / étudier / passer du temps (à) / exprimer ses frustrations avec / soutenir / tolérer / respecter / accepter / rendre service / aider / servir de guide / confier ses secrets / raconter ses ennuis, ses problèmes / écouter / *autres verbes?*

Adjectifs: accommodant(e) *(easygoing)* / indépendant(e) / ouvert(e) / réservé(e) / agréable / sympathique / aimable / calme / décontracté(e) / dynamique / énergique / honnête / sincère / fidèle *(faithful)* / franc (franche) / généreux(se) / poli(e) / raisonnable / sensible *(sensitive)* / vif (vive) *(lively)* / optimiste / marrant(e) / amusant(e) / curieux(se) / patient(e) / discret(ète) / gentil(le) / intelligent(e) / sérieux(se) / différent(e) / intéressant(e) / complémentaire / indispensable / *autres adjectifs?*

Nous avons tous nos propres idées sur ce que c'est que l'amitié. Et si nous ne sommes pas toujours d'accord sur les détails, une chose que nous avons sûrement en commun, c'est que les amis jouent un rôle important dans notre vie. Que ce soit notre meilleur(e) ami(e) ou un groupe d'amis qui nous entourent, nous savons que nos amis sont des personnes fidèles qui nous acceptent et nous soutiennent. C'est-à-dire que nous pouvons compter sur eux dans toutes les circonstances.

L'amitié

Léane, 19 ans Trois-Rivières

Ma meilleure amie et moi, nous n'avons pas toujours besoin de bavarder. On se comprend sans parler et, quelquefois, le silence affirme notre amitié bien plus que les mots.

Nathan, 21 ans Bamako

Pour mes copains et moi, c'est le sport qui nous lie d'amitié. Le foot, c'est notre passion. Mais c'est aussi le sport qui nous a appris le respect des autres et l'importance du travail en équipe. Quand j'ai des problèmes, c'est mon équipe qui m'écoute et qui me soutient. Pour nous, le sport, c'est le symbole parfait de l'amitié.

Chloé, 15 ans Arcachon

Yanis, 15 ans Grenoble

Mes amis et moi, nous aimons nous promener au bord de la mer. En été comme en hiver, nous allons à la plage presque tous les week-ends avec des sacs en plastique pour ramasser des déchets. Ça nous permet aussi de discuter, de faire des projets et de nous détendre. Notre amitié se définit par les intérêts que nous avons en commun et le fait que nous voulons protéger notre environnement.

Thomas, c'est mon meilleur copain. Pourquoi est-ce que nous sommes amis? Il y a beaucoup de raisons, mais une chose est sûre: pour être amis, il faut avoir quelque chose en commun. Thomas et moi, nous sommes des passionnés de cinéma. Ce qui nous fascine surtout, ce sont les films dans lesquels il y a des effets spéciaux extraordinaires. Que ce soit pour voir des films français, américains ou autres, vous nous retrouverez au cinéma au moins une fois par semaine.

Coralie, 20 ans
Lausanne

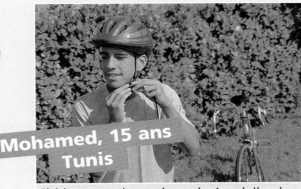

Mohamed, 15 ans
Tunis

J'ai rencontré mes meilleurs amis ici à Lausanne où nous poursuivons tous des études universitaires. Nous avons des cours ensemble, nous révisons ensemble, nous communiquons sans cesse par courrier électronique, nous nous promenons en ville et au bord du lac et nous passons des heures à discuter dans les cafés. On s'écoute, on se comprend, on s'aide. Voilà l'amitié.

J'ai beaucoup de copains mais, à vrai dire, je n'ai qu'un seul vrai ami. Sur la photo, j'attends mon ami Aimé qui doit arriver avec son vélo. On se connaît depuis toujours et Aimé est comme mon frère. Nous nous intéressons tous les deux au cyclisme et nous faisons donc du vélo tous les jours. Notre rêve, c'est de participer un jour à une course cycliste, peut-être même au Tour de France!

Paroles libres

A QUOI RECONNAÎT-ON SES AMI(E)S?

Burkina

L'amitié est une main qui se tend des deux faces.

«Mon nom est Silva Amilcar, j'ai 25 ans, je suis Cap Verdien, je vis à Bobo Dioulasso au Burkina Faso.

Je crois que cette question n'a qu'une seule réponse. En effet, on reconnaît ses amis lorsqu'on traverse des moments difficiles.

Eh oui! C'est dans ces moments que les faux vrais amis se défilent et vous laissent seul avec vos problèmes.

Il y a aussi des amis qui orientent leur amitié uniquement vers le sens du recevoir. Ma grand-mère me disait que l'amitié est une main qui se tend des deux faces: une face pour donner et une autre pour recevoir. Les vrais amis ce sont ceux qui tendent la main sur ses deux faces.

Silva Amilcar, Bobo Dioulasso, Burkina Faso

Cameroun

Des amis pour se détendre

«Premièrement je ne sais pas si vous parlez des vrais amis parce que je vais vous dire que les faux amis existent. Puisqu'il n'y a aucune précision à ce sujet, je dirai ceci à ma façon. On reconnaît ses amis à leur manière de faire les choses quand elles sont bonnes bien sûr; ceux qui savent écouter les autres en les conduisant tout de même dans le bon chemin, ceux qui t'aident quand tu te trouves en difficulté, ceux avec qui tu peux bien te détendre sans toutefois être embêté. Bref, des amis avec qui on peut bien s'entendre pour faire quelque chose de bien qui pourra faire baisser la haine, les meurtres, les viols, les vols... »

Magloire Kana, Cameroun

Sénégal

En amitié, on ne compte pas la race, la religion ou l'âge.

«Bonjour, je m'appelle Walimata, j'ai 17 ans. Pour moi, le mot ami(e) n'est pas le synonyme de camarade, de voisin ou de compagnon. C'est une personne sans distinction de race, de religion, d'âge, de langue que l'on admire et estime beaucoup. Ce dernier doit être reconnu pour ses qualités: sincérité, solidarité, honnêteté qui ne vous dit que la vérité qu'on le prenne mal ou bien, qui partage avec nous tout moment de bonheur ou de malheur, qui nous rend service en cas de problème, qui est notre bras droit pour le meilleur et le pire.»

Walimata Séne Ouakam, Dakar, Sénégal

France

Savoir écouter

«Lorsque mes parents ont divorcé, j'ai su qui étaient mes vrais amis. En effet, mes meilleures amies me téléphonaient, m'invitaient chez elles, m'aidaient, m'écoutaient parler... Tandis que la plupart de mes copines et copains faisaient comme si rien ne s'était passé. Peut-être n'osaient-ils pas m'en parler, mais je sais que certains s'en fichaient. Une fille m'a même dit: «Bon, arrête un peu de rabâcher cette histoire, tout le monde a des problèmes et on n'est pas obligé de t'écouter!» Cette fille m'avait dégoûtée, et mes autres amis qui m'avaient aidée sont toujours mes meilleurs amis.»

Gaidig Le Clere, Gouesnou, France

Source: Planète jeunes, no. 53, octobre–novembre 2001.

à ma façon *my way*
à vrai dire *to tell the truth*
bavarder *to talk*
bien plus que *more*
ceux qui *those who*
comme si rien ne s'était passé *as if nothing had happened*
course cycliste *bicycle race*
dans le bon chemin *on the right path*
déchets *trash*
depuis toujours *forever*
des deux faces *in both directions*
embêté *bothered, irritated*

en les conduisant *directing them*
faux vrais amis *false true friends*
j'ai su *I found out*
je dirai ceci *I'll say it*
lorsqu'on *when one*
malheur *unhappiness*
m'avait dégoûtée *disgusted me*
me soutiennent *support me*
n'osaient-ils *they didn't dare*
nous lie *binds (connects) us*
nous rend service *helps us*
nous sommes des passionnés de *we're crazy about*
pour le meilleur et le pire *for better or for worse*

qu'on le prenne mal ou bien *whether you take it well or not*
rabâcher *to harp on, repeat*
ramasser *to pick up*
rêve *dream*
se défilent *leave*
se tend *reaches out*
s'en fichaient *didn't care*
le sens du recevoir *in the direction of receiving*
s'entendre *get along*
tout de même *nevertheless*
travail en équipe *team work*
vrai *true*

Les «tribus» sont des substituts aux classes sociales

L'apparition de nouveaux groupes sociaux s'accompagne d'autres formes de reconnaissance. Comme les classes sociales, le «tribalisme» moderne est fondé sur le partage de valeurs ou d'opinions, mais surtout de modes de vie et de centres d'intérêt. Le regroupement peut ainsi s'effectuer à partir d'un goût commun pour un type de musique, un genre de cinéma, une discipline sportive ou toute autre activité de loisir spécifique. Il se manifeste de façon concrète par les lieux fréquentés, les modes d'habillement (vêtements et accessoires), la gestuelle, le langage spécifique, les héros et autres signes de reconnaissance. […] [Les tribus d'aujourd'hui] se reconnaissent… souvent par le lieu qu'elles occupent (quartiers, arrondissements, banlieue particulière), qui est partie prenante de leur identité.

Le tribalisme peut aussi se produire dans le monde «virtuel»; Internet est ainsi en train de devenir l'outil de rapprochement de tous ceux qui ont des caractéristiques personnelles ou des passions communes, quelles qu'elles soient. Ces tribus ne se définissent plus alors par les lieux d'habitation, puisque la proximité géographique n'est plus une condition pour communiquer et se réunir. Elles constituent en ce sens plutôt des *diasporas,* dont les membres peuvent être disséminés un peu partout dans le pays ou, plus largement, dans le monde.

Qu'elle soit urbaine ou périurbaine, la tribu représente avant tout un moyen d'intégration et d'appartenance. Elle est en contrepartie, et par construction, un facteur d'exclusion pour les autres.

Le saviez-vous?

La famille française s'est profondément transformée
- 91% des Français se définissent d'abord par leur famille.
- Mais la définition de la famille a beaucoup changé.
- Le nombre de mariages a diminué d'un tiers depuis 1975.
- Le nombre de divorces a doublé depuis 1975. Quatre mariages sur dix se terminent par un divorce.
- Les gens se marient de plus en plus tard.
- La natalité a fortement diminué. Très rares sont les familles avec au moins trois enfants.
- Un enfant sur deux naît de parents non mariés.
- Les familles monoparentales représentent aujourd'hui 7% des foyers (concernant un enfant de moins de 15 ans sur dix).
- Un enfant sur dix (11%) vit dans une famille recomposée.

Ces chiffres semblent suggérer une famille instable, éclatée et loin du modèle tradi-tionnel. Mais si l'on examine la famille d'un point de vue plus qualitatif, on en a une image fort différente. Car la famille constitue «un point d'ancrage, un lieu d'affec-tion, un creuset dans lequel se transmettent certaines valeurs du passé (adaptées aux réalités de l'époque) et se forgent celles de l'avenir. Elle constitue pour beaucoup de Français le pôle de la vie personnelle, celui qui permet d'exister, de s'épanouir, de se protéger. Elle est aussi un lieu privilégié de partage, de convivialité, d'affection.»

Source: G. Mermet, *Francoscopie 2007*, pp. 137–138, 194–195, Larousse 2006.

DICO

appartenance *belonging*
convivialité *social interaction*
creuset *here, center*
de s'épanouir *to blossom*
diasporas *diaspora (group of similar people dispersed in different places)*
d'un tiers *by a third*
en contrepartie *on the other hand*
gestuelle *gestures*
lieu d'affection *place of affection*
lieux fréquentés *places frequented*
modes de vie *lifestyles*
moyen *means*
naît de *is born of*
natalité *birth rate*
l'outil de rapprochement *the tool to bring together*
par construction *by its very nature*

partage *sharing*
partie prenante *important part*
passions communes *common interests*
périurbaine *urban periphery*
point d'ancrage *anchor, foundation*
quelles qu'elles soient *whatever they may be*
reconnaissance *recognition*
regroupement *grouping*
s'effectuer *to happen*
se forgent *are created*
se réunir *to meet*
tribalisme *the grouping of people who share similar interests*
tribus *literally, tribe; in sociology, refers to groups of people that share interests*
vit *lives*

GG. Qui a dit quoi. Résumez brièvement les idées principales sur l'amitié expri-mées par chaque personne. Autant que possible, utilisez vos propres mots dans vos résumés.

Modèle: *Léane dit que sa meilleure amie et elle n'ont pas besoin de mots pour se comprendre. Pour elles, le silence joue donc un rôle très important dans l'amitié.*

HH. Mini-discussions: La famille moderne. Selon ce que vous avez appris dans le **Magazine Culture,** en quoi la famille française (et peut-être américaine?) s'est-elle transformée?

1. Expliquez d'abord comment se définit «la famille traditionnelle».
2. Définissez les autres structures familiales qui sont fréquentes aujourd'hui.
3. A votre avis, quelles sont les raisons pour cet éclatement des familles?
4. Quels sont les côtés positifs et/ou négatifs des nouvelles structures familiales?

Fonction

Comment exprimer l'émotion

 To download a podcast on the Subjunctive and when to use the Subjunctive, go to **academic. cengage.com/french/quantamoi.**

RAPPEL

L'emploi du subjonctif

1. L'infinitif et le subjonctif avec les expressions d'émotion

Je suis content d'**aller** à Rome.   Je suis content que **tu ailles** à Rome.
Tu es heureuse d'**être** avec nous?   Tu es heureuse qu'**il soit** avec nous?

Expressions d'émotion: **regretter / être navré(e) / être désolé(e) / être content(e) / être heureux(se) / être ravi(e) / être étonné(e) / être furieux(se) / être déçu(e)**

2. Les expressions d'émotion + le passé du subjonctif

Je suis content que **tu aies fait** tes devoirs.
Nous sommes étonnés qu'**elle soit rentrée** si tard.
Elle est déçue qu'**il ne se soit pas souvenu** de son oncle.

CD3, Track 10

II. Quelles émotions est-ce qu'ils expriment et pourquoi? Ecoutez ce que disent les différentes personnes et dites quelle émotion chacune d'elles exprime: la joie ou le bonheur *(happiness)*, la colère *(anger)*, la déception *(disappointment)*, la surprise ou le regret.

Modèle: Vous entendez: Je suis désolée que Sylvie ait manqué la fête. On s'est bien amusé.
        Vous dites: *Regret. Sylvie a manqué la fête.*

JJ. Des invitations. Complétez les dialogues suivants. Utilisez les éléments donnés pour expliquer pourquoi on va accepter ou refuser l'invitation. N'oubliez pas d'utiliser les expressions d'émotion avec soit un subjonctif, soit un infinitif.

Modèle: Tu viens au match de basket avec nous ce soir?
        (être désolé / ne pas être libre ce soir / aller chez les parents)
        Je suis désolé(e) de ne pas être libre ce soir. Je dois aller chez mes parents.

1. Vous venez nous rendre visite à l'île de Ré cet été?
   (regretter / ne pas pouvoir venir chez vous / déménager cet été)

2. Nous organisons une fête d'anniversaire pour Sarah samedi soir. Tu peux venir?
   (accepter avec plaisir / être heureux / vous / organiser / une fête pour elle)

3. Coralie a eu un coup de téléphone aujourd'hui. On l'a invitée à une entrevue pour le poste au Louvre.
   (elle / être ravi / on / l'inviter *[passé]* / à une entrevue)

4. Nous allons faire un pique-nique dimanche prochain. Ça vous intéresse de nous accompagner?
   (je / être désolé / nous / ne pas être ici dimanche prochain / passer le week-end chez des cousins à Avignon)

5. On ne vous a pas vus chez les Deslaurier hier soir. On nous a dit que vous étiez à l'hôpital avec votre fille. J'espère qu'il n'y a rien de grave.
   (nous / être navré / rater leur fête / en effet / être à l'hôpital avec Claudia / elle / se casser le bras)

6. Tu veux venir au concert avec nous demain soir? Nous avons un billet pour toi, si tu le veux.
   (être désolé / ne pas avoir le temps / avoir un examen de maths jeudi / devoir réviser)

KK. Des joies et des regrets. Parlez un peu de votre vie à votre camarade de classe. Parlez de vos joies, de vos regrets, de vos déceptions, etc. Utilisez les expressions d'émotion et le passé du subjonctif.

Modèle: Je regrette que...
Je regrette que je n'aie jamais appris à jouer du piano.

1. Je suis heureux(se) que...
2. Je regrette que...
3. Je ne suis pas content(e) que...
4. Je suis déçu(e) que...
5. Je suis content(e) que...
6. Je ne suis pas heureux(se) que...
7. Je suis furieux(se) que...
8. Je suis content(e) que...
9. Je suis navré(e) que...
10. Je suis ravi(e) que...

Do **A faire! (4-6)** on page 189 of the **Manuel de préparation.**

CD3, Track 11

Antoine de Saint-Exupéry est né à Lyon en 1900. Il était pilote et écrivain. Il a disparu avec son avion en 1944 au cours d'une mission militaire. Ses romans les plus connus sont *Vol de nuit* (1931), *Terre des hommes* (1939), *Pilote de guerre* (1942) et sa fable symbolique *Le Petit Prince*.

Le Petit Prince (extrait)

Antoine de Saint-Exupéry

Le Petit Prince est une «fable» qui raconte l'histoire d'un petit garçon qui habite une autre planète. Après un malentendu avec sa fleur, il s'enfuit de sa petite planète pour visiter sept autres planètes, dont la septième est la Terre°. C'est dans cet endroit immense qu'il rencontre le renard (fox) qui lui fait cadeau d'un secret.

Earth (glose pour Terre)

> **AIDE-LECTURE**
> In this reading, you'll see many verbs in a form with which you may not be familiar. It's the literary past tense **(le passé simple).** You will learn to read it quickly if you can recognize each verb stem. For example, **répondit** = answered, **se retourna** = turned around, **proposa** = proposed, etc. We provide glosses only for irregular verbs whose stem is not obvious.

voice (glose pour voix)

Le petit prince arrive sur la Terre et il cherche des amis. Il entend une voix°:

—Bonjour, dit le renard.

saw (glose pour vit)

—Bonjour, répondit poliment le petit prince, qui se retourna mais ne vit° rien.

apple tree (glose pour pommier)

—Je suis là, dit la voix, sous le pommier°…

—Qui es-tu? dit le petit prince. Tu es bien joli…   5

—Je suis un renard, dit le renard.

—Viens jouer avec moi, lui proposa le petit prince. Je suis tellement triste…

alternate form of **peux** (glose pour puis)

—Je ne puis° pas jouer avec toi, dit le renard. Je ne suis pas apprivoisé.

said (glose pour fit)

—Ah! pardon, fit° le petit prince.

10 Mais, après réflexion, il ajouta:

—Qu'est-ce que signifie «apprivoiser»?

—Tu n'es pas d'ici, dit le renard, que cherches-tu?

—Je cherche les hommes, dit le petit prince. Qu'est-ce que signifie «apprivoiser»?

15 —Les hommes, dit le renard, ils ont des fusils° et ils chassent°. C'est bien *rifles; they hunt*
gênant°! Ils élèvent aussi des poules°. C'est leur seul intérêt. Tu cherches des *bothersome; chickens*
poules?

—Non, dit le petit prince. Je cherche des amis. Qu'est-ce que signifie
«apprivoiser»?

20 —C'est une chose trop oubliée, dit le renard. Ça signifie «créer des liens°...» *bonds*

—Créer des liens?

—Bien sûr, dit le renard. Tu n'es encore pour moi qu'un petit garçon tout
semblable à cent mille petits garçons. Et je n'ai pas besoin de toi. Et tu n'as pas
besoin de moi non plus. Je ne suis pour toi qu'un renard semblable à° cent mille *similar to*
25 renards. Mais, si tu m'apprivoises, nous aurons besoin l'un de l'autre. Tu seras
pour moi unique au monde. Je serai pour toi unique au monde...

—Je commence à comprendre, dit le petit prince. Il y a une fleur... je crois
qu'elle m'a apprivoisé...

—C'est possible, dit le renard. On voit sur la terre toutes sortes de choses...

30 —Oh! ce n'est pas sur la Terre, dit le petit prince.

Le renard parut° très intrigué: *appeared*

—Sur une autre planète?

—Oui.

—Il y a des chasseurs, sur cette planète-là?

35 —Non.

—Ça, c'est intéressant! Et des poules?

—Non.

—Rien n'est parfait, soupira° le renard. *sighed*

Mais le renard revint° à son idée: *came back*

40 —Ma vie est monotone. Je chasse les poules, les hommes me chassent. Toutes
les poules se ressemblent, et tous les hommes se ressemblent. Je m'ennuie donc
un peu. Mais, si tu m'apprivoises, ma vie sera comme ensoleillée°. Je connaîtrai *sunny (full of sunshine)*
un bruit de pas° qui sera différent de tous les autres. Les autres pas me font ren- *footstep*
trer sous terre°. Le tien° m'appellera hors du terrier°, comme une musique. Et *underground; Yours; out of my burrow*
45 puis regarde! Tu vois, là-bas, les champs de blé°? Je ne mange pas de pain. Le *wheat fields*
blé pour moi est inutile. Les champs de blé ne me rappellent rien°. Et ça, c'est *remind me of nothing*
triste! Mais tu as des cheveux couleur d'or°. Alors ce sera merveilleux quand tu *golden*
m'auras apprivoisé! Le blé, qui est doré°, me fera souvenir de toi. Et j'aimerai le *golden*
bruit du vent dans le blé...

50 Le renard se tut° et regarda longtemps le petit prince: *fell silent*

—S'il te plaît... apprivoise-moi, dit-il!

—Je veux bien, répondit le petit prince, mais je n'ai pas beaucoup de temps.
J'ai des amis à découvrir et beaucoup de choses à connaître.

—On ne connaît que les choses que l'on apprivoise, dit le renard. Les hom-
55 mes n'ont plus le temps de rien connaître. Ils achètent des choses toutes faites° *ready-made things*
chez les marchands. Mais comme il n'existe point de marchands d'amis, les
hommes n'ont plus d'amis. Si tu veux un ami, apprivoise-moi!

—Que faut-il faire? dit le petit prince.

—Il faut être très patient, répondit le renard. Tu t'assoiras° d'abord un peu *You'll sit down*
60 loin de moi, comme ça, dans l'herbe. Je te regarderai du coin de l'œil° et tu ne *out of the corner of my eye*
diras rien. Le langage est source de malentendus°. Mais, chaque jour, tu pour- *misunderstandings*
ras t'asseoir un peu plus près...

Le lendemain revint le petit prince.

It would have been better —Il eût mieux valu° revenir à la même heure, dit le renard. Si tu viens, par exemple, à quatre heures de l'après-midi, *from three o'clock on* dès trois heures° je commencerai d'être heureux. Plus l'heure avancera, plus je me sentirai heureux. A quatre heures, déjà, je m'agiterai et m'inquiéterai: je découvrirai le prix du bonheur! Mais si tu viens n'importe quand, je ne saurai jamais à quelle heure *to get my heart ready* m'habiller le cœur°... Il faut des *rituals* rites°.

—Qu'est-ce qu'un rite? dit le petit prince.

—C'est aussi quelque chose de trop oublié, dit le renard. C'est ce qui fait qu'un jour est différent des autres jours, une heure, des autres heures. Il y a un rite, par exemple, chez mes chasseurs. Ils dansent le jeudi avec les filles du village. Alors le jeudi *the vineyard* est jour merveilleux! Je vais me promener jusqu'à la vigne°. Si les chasseurs dansaient n'importe quand, les jours se ressembleraient tous, et je n'aurais point de vacances.

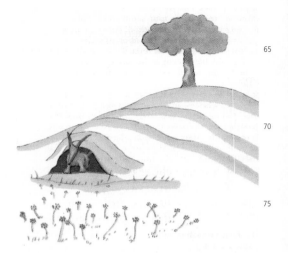

Si tu viens, par exemple, à quatre heures de l'après-midi, dès trois heures je commencerai d'être heureux.

&

And so; was near Ainsi° le petit prince apprivoisa le renard. Et quand l'heure du départ fut proche°:

I'll cry —Ah! dit le renard... Je pleurerai°.

I didn't wish you any harm —C'est ta faute, dit le petit prince, je ne te souhaitais point de mal°, mais tu as voulu que je t'apprivoise...

—Bien sûr, dit le renard.

—Mais tu vas pleurer! dit le petit prince.

—Bien sûr, dit le renard.

you don't gain anything —Alors tu n'y gagnes rien°!

—J'y gagne, dit le renard, à cause de la couleur du blé. [...] Va revoir les roses. Tu comprendras que la tienne est unique au monde. Tu reviendras me *I'll make you the gift* dire adieu, et je te ferai cadeau° d'un secret.

[....]

Et il revint vers le renard:

—Adieu, dit-il...

—Adieu, dit le renard. Voici mon secret. Il est très simple: on ne voit bien qu'avec le cœur. L'essentiel est invisible pour les yeux.

—L'essentiel est invisible pour les yeux, répéta le petit prince, afin de se *in order to remember* souvenir°.

—C'est le temps que tu as perdu pour ta rose qui fait ta rose si importante.

—C'est le temps que j'ai perdu pour ma rose... fit le petit prince, afin de se souvenir.

—Les hommes ont oublié cette vérité, dit le renard. Mais tu ne dois pas l'oublier.

Tu deviens responsable pour toujours de ce que tu as apprivoisé. Tu es responsable de ta rose...

—Je suis responsable de ma rose... répéta le petit prince, afin de se souvenir.

Source: Le Petit Prince, Antoine de Saint-Exupéry. Harcourt Brace Jovanovitch, Inc., 1943, 1971.

👥 **LL. Je connais quelqu'un qui...** Voici quelques citations du *Petit Prince*. Pour chacune de ces citations, donnez des exemples de votre vie ou de la vie de quelqu'un que vous connaissez pour montrer que vous avez bien compris de quoi il s'agit.

Modèle: «... si tu m'apprivoises, nous aurons besoin l'un de l'autre.»
Je comprends ce que ça veut dire. Prenez, par exemple, mon expérience avec Beth. J'ai fait sa connaissance l'année dernière dans le cours de français. Nous avons commencé à réviser ensemble... Maintenant, quand j'ai un problème, je pense automatiquement à Beth et je lui téléphone, je lui envoie un mél ou je vais chez elle. C'est ma meilleure amie et elle me comprend. Et moi, je l'aide quand elle a besoin de quelque chose. Nous avons donc besoin l'une de l'autre.

1. «... si tu m'apprivoises, nous aurons besoin l'un de l'autre.»
2. «... si tu m'apprivoises, ma vie sera comme ensoleillée.»
3. «On ne connaît que les choses que l'on apprivoise.»
4. «Le langage est source de malentendus.»
5. «Il faut des rites.»
6. «... on ne voit bien qu'avec le cœur. L'essentiel est invisible pour les yeux.»
7. «Tu deviens responsable pour toujours de ce que tu as apprivoisé.»

👥 **MM. Vive les différences!** Commentez les citations ci-dessous et donnez des exemples pour montrer que, dans l'amitié, les différences sont aussi importantes que les points communs entre deux personnes. Donnez des exemples tirés de votre vie pour montrer en quoi vos amis et vous êtes différents les uns des autres et pourquoi c'est intéressant.

Imaginez un monde où vivraient 5 milliards de personnes se ressemblant comme deux gouttes d'eau! Ce serait l'horreur absolue, l'ennui sur toute la ligne...
Heureusement, il y a des garçons et des filles, des jeunes et des moins jeunes, des trouillards et des casse-cou... Une mine de rencontres!

«Moi, ma meilleure copine est tout le contraire de moi: je suis petite, elle est grande, elle aime Céline Dion, pas moi... Ça ne nous empêche pas d'être des super copines.»

«Mon copain n'est pas ma copie... Un ami n'est pas un miroir pour contempler son propre reflet.»

«Un ami, on l'appelle par son prénom, même s'il est peu connu, démodé, dur à prononcer, étrange. Un ami n'est pas la copie de nous-même. Si tous les gens se ressemblaient comme des gouttes d'eau, la vie serait fade. Ses opinions complètent les nôtres.»

«Vos amis s'appellent Mohamed, Mizué, Carlo, James... Leurs habitudes de vie ne sont pas les vôtres. Soyez curieux de leur culture. Ils connaissent des tas de choses que vous ne soupçonnez pas. Ils peuvent vous faire découvrir de nouveaux goûts, de nouvelles musiques...»

«Ma vie est monotone. Je chasse les poules, les hommes me chassent. Toutes les poules se ressemblent, et tous les hommes se ressemblent. Je m'ennuie donc un peu. Mais, si tu m'apprivoises, ma vie sera comme ensoleillée.»
Le renard

L'emploi de l'infinitif, de l'indicatif et du subjonctif avec les expressions de certitude, de doute, de nécessité, de volonté et d'émotion

NN. Des commentaires. Utilisez les expressions données pour commenter chaque situation. **Attention:** Avec les expressions d'émotion, vous pouvez utiliser soit le présent du subjonctif soit le passé du subjonctif.

> **Modèle:** J'ai des difficultés dans mon cours de sciences po.
> **a.** Il faut...
> *Il faut aller voir le prof.*
> **b.** Il faut que...
> *Il faut que tu ailles (vous alliez) voir le prof.*

1. Depuis quinze jours je fais des efforts pour me mettre en forme. Je fais de l'exercice, je prends des vitamines, je bois de l'eau, mais, pour la nourriture, ça ne va pas trop bien parce que j'adore les fast-foods. Il me semble que je ne fais pas de progrès du tout.

   a. Je regrette que...   **f.** Il vaut mieux que...
   b. Il faut...   **g.** Je doute que...
   c. Il est important de...   **h.** Je veux que...
   d. Il est possible que...   **i.** Je suis content(e) que...
   e. Il est nécessaire que...   **j.** Je suis étonné(e) que...

2. Je travaille 24 heures sur 24. Je ne vois presque plus mes enfants et mon mari n'est pas content que je sois absente même le week-end. Quelquefois j'ai un dimanche pour me détendre un peu avec ma famille, mais c'est assez rare. Puisque je suis médecin dans un hôpital, on m'appelle tout le temps. Mes patients sont très importants, mais je vois aussi qu'il faut que je change quelque chose dans ma vie. Et, comme médecin, je sais que le stress n'est pas bon pour la santé.

   a. Il vaut mieux...   **f.** Il est important de...
   b. Il faut que...   **g.** Je regrette que...
   c. Il faut...   **h.** Il se peut que...
   d. Je ne suis pas étonné(e) que... **i.** Il est nécessaire de...
   e. Je suis sûr(e) que   **j.** Il n'est pas nécessaire que...

3. Je me fais du souci au sujet de *(I worry about)* mes parents. Ils sont vieux et ils habitent un appartement au sixième étage d'un bâtiment sans ascenseur. Mes parents sont des gens très indépendants et ils ne veulent pas changer la routine qu'ils ont depuis cinquante ans. Ils connaissent tous leurs voisins et les commerçants du quartier, ils aiment aller au jardin public et ils semblent encore se débrouiller assez bien. Mais ils n'arrivent plus facilement à faire les courses et il devient de plus en plus difficile pour ma mère de faire la cuisine. Comment les aider sans trop changer leur mode de vie?

   a. Il est important de...   **f.** Il se peut que...
   b. Je regrette que...   **g.** Je suis désolé(e) que...
   c. Je ne suis pas certain(e) que... **h.** Il vaut mieux...
   d. l est important de...   **i.** Il est nécessaire de...
   e. Il faut...   **j.** Il est possible de...

Do **A faire! (4-7)** on page 194 of the **Manuel de préparation.**

C'est à vous maintenant!

OO. Mon portrait. Voici enfin votre opportunité de créer un portrait détaillé de vos traits caractéristiques. En utilisant le bilan que vous avez fait dans l'Exercice XXXV dans le **Manuel de préparation,** parlez à votre camarade de votre personnalité. Cet exercice vous prépare à faire une rédaction sur ce même sujet. N'oubliez donc pas de prendre des notes et de demander à votre camarade (ou à votre prof) de vous aider si vous avez des questions.

1. Identifiez vos traits de caractère.
2. Pour chaque trait:
   - Donnez au moins un exemple qui l'illustre.
   - Faites des commentaires qui indiquent si vous êtes content(e) ou pas de ce trait caractéristique, si vous voulez le changer, s'il faut que vous le changiez, etc.
3. Essayez de créer un plan préliminaire pour la rédaction qu'on vous demandera de faire.

Do **A faire! (4-8)** on page 196 of the **Manuel de préparation.**

On voit un film au cinéma.

«Raconte!»

On lit le journal.

Repères

Contes... Films... Nouvelles...

«... nous sommes perpétuellement entourés de récits, dans notre famille tout d'abord, puis à l'école, puis à travers les rencontres et les lectures... Ce récit dans lequel nous baignons prend les formes les plus variées, depuis la tradition familiale, les renseignements que l'on se donne à table sur ce que l'on a fait le matin, jusqu'à l'information journalistique...» (Michel Butor). Ce chapitre est fondé sur trois sources de récits: la littérature (écrite et orale), le cinéma, les médias.

Michel Butor is a twentieth century French writer known for his novels, poems, and experimental texts. An intrepid traveler, he has also written about various forms of narration.

▲ *«Il était une fois...» Au 17ᵉ siècle, l'auteur français Charles Perrault a recueilli des contes de fées traditionnels dans les Contes de ma mère l'Oye. Des enfants de tous les pays et de toutes les générations connaissent* La Belle au bois dormant, Le Petit Chaperon rouge *et* Barbe Bleue.

▲ *«Maître Corbeau, sur un arbre perché, tenait en son bec un fromage...» Tout jeune Français apprend à l'école quelques fables de Jean de la Fontaine. Basées sur des textes latins et grecs mais réécrites en vers au 17ᵉ siècle, la plupart des fables se servent d'animaux pour raconter une histoire amusante illustrant une morale.*

A. Mots-clés. Trouvez dans **Repères** (pages 192–194) l'équivalent français des mots et des expressions suivants.

1. stories (3)
2. «Once upon a time»
3. Mother Goose
4. fairy tales
5. storytellers
6. moral lesson
7. foreign films
8. news (3)
9. television news
10. newspaper
11. daily newspaper
12. online

◀ «Un chirurgien connu voit arriver aux urgences sa fille, victime d'un accident de la circulation...» Les films français représentent un peu plus d'un tiers des entrées en France. Bien que les films américains continuent à dominer le marché, le nombre de films étrangers non-américains est en progression—par exemple, films japonais, films italiens, films chinois, films africains.

▲ «Un jour, la guerre fut déclarée entre les quadrupèdes et les oiseaux...» Au Mali, au Sénégal et dans d'autres pays africains, des griots—conteurs, musiciens, poètes—préservent l'histoire et la culture de leur pays en transmettant oralement de génération en génération les contes et les récits du passé. C'est comme cela qu'ils servent de mémoire vivante de la tradition.

◀ Inventé par les frères Lumière au début du 20ᵉ siècle, le cinéma a toujours joué un rôle important dans la vie culturelle française. Plus de 60% des Français vont au cinéma une fois dans l'année et la France produit le plus grand nombre de films de tous les pays européens.

▼ «Mesdames, Mesdemoiselles, Messieurs. Bonsoir. Bienvenue à votre édition de 20h.» La chaîne France 2 diffuse son journal télévisé trois fois par jour—à 8h, à 13h, à 20h. La chaîne internationale de télévision offre l'actualité en continu 24 heures par jour. En moyenne, les Français consacrent plus de 150 heures par an aux informations télévisées.

▲ Aujourd'hui, de plus en plus de gens cherchent leurs informations sur Internet. La plupart des quotidiens nationaux et régionaux ont un site en ligne qui offre un résumé des nouvelles les plus importantes de la journée tout en proposant des informations pratiques et en donnant aux lecteurs la possibilité d'interactivité.

◄ «ITALIE: Vers des élections anticipées» Environ 21 millions de Français (43% de la population) se déclarent lecteurs «réguliers» d'un journal—que ce soit un quotidien national (par exemple, Le Monde, Le Figaro et Libération) ou bien un quotidien régional (par exemple, Ouest-France, Sud-Ouest, La Voix du Nord, Nice-Matin). Mais c'est L'Equipe, quotidien national sportif, qui occupe la première place (2,4 millions de lecteurs par jour).

B. Des récits. Dites quel extrait correspond à chacune des catégories de récit suivantes.

1. l'annonce d'un film étranger
2. un article de journal
3. le compte-rendu d'un film français
4. un conte africain
5. un conte de fées
6. une fable

    a. Il était une fois un bûcheron et une bûcheronne qui avaient sept enfants, tous des garçons. L'aîné n'avait que dix ans et le plus jeune n'en avait que sept. On s'étonnera que le bûcheron ait eu tant d'enfants en si peu de temps; mais c'est que sa femme allait vite en besogne, et n'en faisait pas moins de deux à la fois. Ils étaient très pauvres, et leurs sept enfants les incommodaient beaucoup, parce qu'aucun d'eux ne pouvait encore gagner sa vie…

    b. Dans ce film documentaire, Luc Decaster a filmé les salariés d'Epéda, à Mer dans le Loir-et-Cher, depuis le moment où ceux-ci apprennent que leur usine, pourtant bénéficiaire, va fermer (septembre 1999) jusqu'à la fin d'un conflit social de plusieurs mois.

Le travail s'arrête lentement, Luc Decaster a capté le quotidien des ouvriers jusqu'au jour de leur licenciement. Des conversations spontanées naissent dans le silence des machines, les ouvriers expriment leur colère et leur incompréhension...

c. Nicolas Sarkozy sort de sa réserve. Le président a adressé à son homologue chinois Hu Jintao un message appelant à «la retenue et à la fin des violences par le dialogue au Tibet», a annoncé lundi l'Elysée. «Il a adressé un message au président Hu Jintao lui faisant part de sa profonde émotion à la suite des événements tragiques récents», a affirmé la présidence française dans un communiqué...

d. La Cigale, ayant chanté
Tout l'été,
Se trouva fort dépourvue
Quand la bise fut venue.
Pas un seul petit morceau
De mouche ou de vermisseau.
Elle alla crier famine
Chez la Fourmi sa voisine...

e. LA VILLE. El medina. 1998. 1h50. Comédie dramatique égyptienne en couleurs de Yousry Nasrallah avec Bassem Samra, Abla Kamel, Ahmad Fouad Selim, Roschdy Zem, Inès de Medeiros.
Boucher de son état, un jeune homme veut devenir comédien. Parti pour Paris sur un coup de tête, il y perd vite ses illusions en flirtant avec le Milieu dans des combats de boxe truqués... Le voyage intérieur d'un personnage qui rompt avec la tradition et son pays pour exprimer ce qu'il est au fond de lui.

f. Autrefois l'homme habitait dans le même village que les grandes bêtes, l'éléphant, le lion, le léopard, le singe et il n'y était pas le maître. Ces quatre bêtes allaient à la chasse dans la brousse quotidiennement et en rapportaient à manger pour tous, mais l'homme, chaque fois qu'il allait à la chasse, ne rapportait rien ou pas grand-chose. Un jour, les animaux se réunirent et dirent à l'homme: «Tu n'attrapes jamais rien, tandis que nous tuons des bêtes. Si tu continues...»

C. Les récits et vous. Discutez des sujets suivants avec quelques camarades de classe.

1. Selon l'écrivain Michel Butor, nous sommes entourés de récits de toutes sortes. Quelles sortes de récits avez-vous rencontrées récemment? Des anecdotes personnelles? Des renseignements sur les activités de quelqu'un? Des plaisanteries *(jokes)*? Des informations journalistiques? Des résumés de films ou de livres? Précisez: Qui parlait? Où? Quand?

2. De quoi est-ce qu'on parle dans votre famille? Des renseignements sur la journée? Des anecdotes amusantes? Des souvenirs du passé? Des projets d'avenir? Qui raconte le plus de choses—les hommes ou les femmes?

3. Allez-vous au cinéma? Souvent? De temps en temps? Rarement? Regardez-vous des DVD? Quel(s) genre(s) de films aimez-vous? Les films d'aventure? Les comédies? Les drames? Les films musicaux? Les films policiers? Les films d'horreur? Les films de science-fiction? Les thrillers? Les westerns?

4. Etes-vous au courant de ce qui se passe dans le monde? Lisez-vous le journal? Regardez-vous le journal télévisé? Vous renseignez-vous en ligne à propos des actualités? Expliquez.

Quant à moi...

D. A vous d'abord! Posez les questions suivantes à quelques camarades de classe afin de vous renseigner sur les contes de leur enfance.

1. Est-ce qu'on vous lisait des contes de fées quand vous étiez petit(e)s? Qui vous les lisait? Quand? Où étiez-vous?
2. Connaissez-vous des contes tels que *Cendrillon (Cinderella)*, *Blanche Neige (Snow White)*, *Le Petit Chaperon rouge (Little Red Riding Hood)*, *Ali Baba*, *La Belle au bois dormant (Sleeping Beauty)*? Le(s)quel(s) aimez-vous le mieux?
3. Est-ce que les contes de fées vous aidaient à vous endormir ou est-ce qu'ils vous faisaient peur?

CD3, Tracks 12–15

Visit the **témoins** in their home-town on Google Earth.

E. Les témoins vous parlent. En écoutant quelques Français et Francophones vous parler des contes de leur enfance, faites ce qu'on vous demande de faire.

Corinne
Bernimoulin-Schmid
Genève, Suisse

Vocabulaire utile
raccourcir *(to shorten)*, **bercer** *(to rock)*, **baiser** *(kiss)*, **bonbons** *(candy)*, **sorcière** *(witch)*, **marmite** *(kettle)*, **gourmande** *(someone who likes to eat a lot)*, **Grimm** *(German brothers who collected fairy tales)*

1. Ajoutez les mots qui manquent. Utilisez une autre feuille de papier.

—Vous souvenez-vous des _____ de votre enfance?
—Alors, les _____ de mon enfance, c'était surtout _____, juste avant d'aller _____. Et, c'était _____ parce que mon papa, il voulait tout de suite aller _____, donc il les raccourcissait. _____ me racontait des histoires avant de _____, et ça me berçait, ça me permettait de _____. Ceux que je préférais, c'était ceux avec les _____, comme *Cendrillon*, *Blanche Neige*. J'ai l'impression que _____ aiment ces contes de fées qui finissent avec des princes, avec un baiser _____. Et ceux que je n'aimais pas, c'étaient ceux qui faisaient _____, que ce soit *Le Petit Chaperon rouge*... Ça, je n'ai jamais compris pourquoi on le racontait à _____, ça me faisait toujours _____. Et j'aimais bien les contes de Grimm aussi. Je sais qu'il y a un aspect qui fait peur mais c'est, je ne sais pas, je les aimais beaucoup en fait, avec les deux enfants avec la _____ en bonbons et ça finit par la sorcière qui finit dans la marmite. Et celui-là, je l'aimais bien. Je pense que c'est parce que je suis gourmande et puis qu'il y a des bonbons dedans.

De quel conte de Grimm Corinne parle-t-elle? _____

Nadia Aouad
Beyrouth, Liban

Vocabulaire utile

libanais *(Lebanese)*, **voleurs** *(thieves)*, **déposer** *(to put—here, to hide)*, **butin** *(loot)*, **voler** *(to steal)*, **rocher** *(large rock)*, **à sa rescousse** *(to his aid)*, **s'impatienter** *(to get impatient)*, **malheur** *(misfortune)*

2. Répondez aux questions en écoutant ce que raconte Nadia.

  a. Qui lui racontait des contes quand elle était petite?
  b. Quelles sortes de contes?
  c. Quel était le conte préféré de Nadia?
  d. Pourquoi le frère va-t-il dans la caverne?
  e. Qu'est-ce qu'il oublie?
  f. Qui vient à son aide?
  g. Selon Nadia, quelle est la morale de ce conte?

Fatim Kramer
Paris, France

Vocabulaire utile

analphabètes *(illiterate)*, **marocains** *(Moroccan)*, **maternelle** *(nursery school)*, **tâches ménagères** *(household chores)*, **propre** *(clean)*, **belle-mère** *(stepmother)*, **nickel** *(spotless)*, **exigeante** *(fussy)*, **malheur** *(misfortune)*, **au fur et à mesure** *(gradually)*, **plein de** *(lots of)*, **ouverture** *(opening)*

3. Répondez aux questions en écoutant ce que raconte Fatim.

  a. Pourquoi est-ce que les parents de Fatim ne lui lisaient pas de contes?
  b. Qui lui en lisait?
  c. Quelle sorte de contes préférait-elle?
  d. En quoi pense-t-elle ressembler à Cendrillon?
  e. En quoi sa mère ressemblait-elle à la belle-mère de Cendrillon? En quoi ne lui ressemblait-elle pas?
  f. Comment le conte *Cendrillon* finit-il?
  g. Quelle morale Fatim en tire-t-elle?

Anne-Marie Floquet
Paris, France

Vocabulaire utile

rigolotes *(funny)*, **sinistres** *(ominous)*, **baron** *(nobleman)*, **pendre** *(to hang)*, **pendouiller** *(to hang in a ridiculous manner—here, perhaps, to string up)*, **être pendu** *(to be hanged)*, **efficace** *(effective)*

4. Précisez ce que dit Anne-Marie à propos des sujets suivants.

  a. ce que c'est qu'une comptine
  b. l'histoire de Jeannette: ce que veulent les parents de Jeannette
  c. l'histoire de Jeannette: ce que veut Jeannette
  d. la fin de l'histoire de Jeannette et de Pierre
  e. ce que pense Anne-Marie de cette comptine

F. Les témoins et vous. En discutant avec des camarades de classe, comparez vos idées sur les contes de fées avec celles des témoins que vous venez d'écouter.

  1. Corinne et Fatim pensent que toutes les filles aiment les contes avec des princes et des princesses. Etes-vous d'accord? Pourquoi (pas)?
  2. Fatim s'identifie à Cendrillon. A quel personnage de contes de fées pouvez-vous vous identifier? Pourquoi?
  3. Les témoins semblent croire que les contes de fées proposent des morales utiles pour la vie. Etes-vous d'accord? Pourquoi (pas)?

Do **A faire!** (5-1) on page 198 of the **Manuel de préparation.**

FICHE VOCABULAIRE

RESUMER UN CONTE

Situer l'action du conte

Où / Quand
  Ça se passe... *It takes place . . .*
  L'action se déroule... *The action unfolds . . .*

Qui
  Le personnage principal du conte est...
  Les personnages principaux du conte sont...
  Dans ce conte, il s'agit de... *This story is about . . .*

Raconter l'action du conte
  Il était une fois... *Once upon a time . . .*
  Un jour... *One day . . .*

D'abord,... *First, . . .*
  Puis... / Ensuite... / Alors... *Then . . .*
  Un peu plus tard... *A little later . . .*
  Le (jour) suivant... *The next (day) . . .*
  (Trois) jours (heures) après... *(Three) days (hours) later . . .*
  En même temps... *At the same time . . .*

Expliquer l'action du conte
  ... parce que (car) *(+ subject + verb)*
  ... à cause de *(+ noun)*
  C'est la raison pour laquelle... *That's the reason why . . .*

Conclure
  Enfin... / Finalement... *Finally . . .*
  Bref... *In short (To make a long story short) . . .*
  Et c'est ainsi que... / Et voilà comment... *And that's how . . .*

G. Deux contes africains. Lisez le conte indiqué par votre professeur, puis faites-en le résumé pour votre partenaire en utilisant les mots et expressions de la **Fiche Vocabulaire**.

DICO

biens *possessions*
bœuf *ox*
colère *anger*
éteint *extinguished*
feu *fire*
gardiens *keepers*
hurler *to shout*
introuvable *impossible to find*
mouton *sheep*
ne... guère *scarcely any*
parole *speech*
prend le large *takes off*
reconnaissance *gratitude*
s'effondre *collapses*
te prive de *deprive you of*

Le Bœuf et le mouton
Un conte de la Côte d'Ivoire

A cette époque-là, le mouton et le bœuf avaient l'usage de la parole. Et ils servaient de gardiens à leur patron, l'homme. Le mouton n'aimait guère assumer cette responsabilité. Il passait le plus clair de son temps à se promener ou à se livrer à ses fantaisies, laissant toute la charge au bœuf. En dépit de cela, l'homme ne témoignait guère d'amitié à ce dernier. Toutes ses caresses, tout son amour se portaient sur le mouton. Or, il arriva qu'un jour, le maître étant absent, le feu prend dans la maison. Dès que le mouton en voit les premières flammes, il prend le large. Le bœuf, quant à lui, conscient de ses responsabilités, se met en devoir de disputer à l'incendie les biens de son maître. Et il les sauve tous du feu, la maison exceptée, et les met en sécurité. L'incendie éteint, il s'en va dans les champs chercher son maître qu'il ramène au logis. Celui-ci s'effondre à la vue du désastre causé par les flammes. Il pleure amèrement et désire vivement voir le mouton devenu introuvable. Mais le bœuf le conduit à l'enclos où il a conservé toute la fortune de son maître. En un éclair un rayon de joie illumine le visage de l'infortuné propriétaire. Ses yeux brillent d'une profonde reconnaissance et il comprend enfin son injustice envers le bœuf et apprécie son serviteur, qu'il récompense et prend en amitié.

   Le calme revenu, le mouton sort timidement sa tête. Quand le bœuf le voit, fou de rage, il se met à hurler «meuh! meuh!». Le maître, avisant le mouton, voit sa colère remonter en lui: «Traître! D'où viens-tu?». Mais le mouton se met à crier «bê».

   —Explique-toi donc!
   —Bê!
   —Que diable veux-tu dire?
   —Bê!
   —Que le ciel te confonde et te prive de tout autre langage.
   —B b bê ê ê!

   Et le mouton en est resté à son «bê». Mais malheureusement, le bœuf n'a pas pu recouvrer la parole. Il n'est donc pas étonnant qu'au «meuh» du bœuf, le «bê» du mouton fasse écho.

Source: Contes de la Côte d'Ivoire.

Le Tailleur
Un conte du Congo

Il était une fois un tailleur dont personne n'achetait jamais les vêtements. Un jour, le tailleur se dit: «C'est peut-être parce que mes vêtements sont mal faits! Si j'avais des vêtements mieux faits, les gens verraient que je fais très bien mon métier et ils me les achèteraient.» Aussitôt dit, aussitôt fait! Le tailleur va au marché et il achète des tissus de toutes les couleurs: rouge et blanc et noir et jaune… toutes les couleurs de la terre! Et le tailleur ramène ces tissus chez lui. Et il coupe, et il coud, et il fait un manteau avec toutes les couleurs de la terre! Et il commence à porter le manteau. Alors les gens disent: «Ah! Ah! Ce tailleur fait très bien son métier», et ils commencent à acheter les vêtements du tailleur. Et le tailleur porte le manteau, porte le manteau, même quand il fait chaud! Et le tailleur porte tellement son manteau que les gens oublient son nom et commencent à l'appeler «le tailleur qui porte le manteau». Et il porte le manteau, et il porte le manteau, jusqu'à ce que la manteau s'use! Mais comme il reste un peu de bon tissu, le tailleur prend le bon tissu, et il coupe, et il coud, et il a assez de bon tissu de toutes les couleurs de la terre pour faire… une veste! Et il commence à porter cette veste, et les gens commencent à l'appeler «le tailleur qui porte la veste». Et il porte la veste, et il porte la veste jusqu'à ce que la veste s'use. Mais comme il reste encore un peu de bon tissu, le tailleur prend le bon tissu et il coupe, et il coud, et il fait… un gilet avec toutes les couleurs de la terre. Et les gens voient le gilet, et ils commencent à appeler le tailleur «le tailleur qui porte le gilet». Et le tailleur porte le gilet, et il porte le gilet, et il porte le gilet jusqu'à ce que le gilet s'use. Mais comme il reste encore un peu de bon tissu, le tailleur prend le bon tissu, et il coupe, et il coud, et il fait… un chapeau avec toutes les couleurs de la terre. Et il commence à porter ce chapeau, et les gens commencent à l'appeler «le tailleur qui porte le chapeau». Et il porte le chapeau, et il porte le chapeau, et il porte le chapeau jusqu'à ce que le chapeau s'use. Mais comme il reste encore un peu de bon tissu, le tailleur prend le bon tissu, et il coupe, et il coud, et il fait… un bouton avec toutes les couleurs de la terre. Et il commence à porter le bouton rouge, et blanc, et noir, et jaune, de toutes les couleurs de la terre, et les gens commencent à l'appeler «le tailleur qui porte le bouton». Et il porte le bouton, et il porte le bouton, et il porte le bouton jusqu'à ce que le bouton s'use. Mais comme il y a encore un peu de bon tissu, il prend le bon tissu, et il coupe, et il coud, et il a assez de bon tissu pour faire… un conte, et c'est le conte que vous venez d'entendre!

Source: Contes congolais.

DICO

bouton *button*	**s'use** *wears out*
coud *sews*	**tailleur** *tailor*
coupe *cuts*	**tissus** *cloth*
gilet *vest*	**venez d'entendre** *have just heard*
manteau *coat*	**veste** *jacket*

La tradition orale, dont fait partie intégrante le conte folklorique, est une façon de préserver l'histoire et la littérature des sociétés et des peuples traditionnels. Dans le monde francophone, les contes africains et les contes antillais occupent une place primordiale au sein de cette tradition. Ce magazine culturel va vous familiariser avec les contes et les conteurs de l'Afrique et des Antilles avant de vous donner à lire un conte traditionnel antillais. (Vous pourrez aussi, si vous voulez, revoir les deux contes africains que vous avez déjà lus aux pages 198–199).

Griots et conteurs

ORIGINES ET FONCTIONS DES GRIOTS

Au Tchad et au Niger, au Mali et au Sénégal, au Burkina Faso et ailleurs en Afrique centrale et en Afrique de l'Ouest, il existe depuis le XIIIᵉ siècle la caste des griots. A cette époque, la région appartenait à l'empire du Mandingue, qui s'organisait en castes correspondant aux professions et aux activités artisanales. La caste des griots comprenait des gens jouant à la fois les rôles de musicien, de conteur, de poète et de généalogiste. Il fallait être né griot—c'est-à-dire, les pères initiaient les jeunes aux savoirs et aux mystères de la caste. Chaque famille noble avait son griot. Présent dans les principales circonstances de la vie (baptêmes, circoncisions, mariages, funérailles), le griot chantait les louanges de la famille et gardait vivant son passé.

Au cours des siècles, l'influence des griots s'étendait de la famille à la communauté. Ils arrivaient ainsi à avoir une grande influence dans la vie de tous les jours, servant souvent de médiateurs et de conseillers. Et en même temps, ils remplissaient une fonction pédagogique en abordant, dans les contes qu'ils racontaient à la communauté réunie le soir autour du feu, des problèmes (par exemple, la hiérarchie, les conflits de générations), des explications de phénomènes naturels et sociaux (origine d'une montagne, pourquoi certains animaux sont en conflit), des valeurs morales (obéissance, discrétion, reconnaissance).

LES CONTES AFRICAINS

Normalement, le conte se disait le soir à la tombée de la nuit. Le conteur établissait d'abord un contact entre lui (ou elle) et son public. Il commençait souvent par une devinette—par exemple, le conteur: «Il est venu et nous a honoré. Nous lui avons demandé: D'où viens-tu? Il a répondu: Je viens d'un pays où nul nuage ne s'est formé, où nul tonnerre n'a grondé. Et sur terre je n'ai jamais mis pied.» Le public: «Un nouveau-né.» Puis le conteur annonçait le début du conte: «Voici ce que fut ici, cela sera ou ne sera pas, c'est un conte.»

Les personnages des contes peuvent être des humains (rois, commerçants ou paysans) ou des animaux (singes, lièvres, hyènes, coqs, crabes, rats, araignées) ou des être surnaturels (monstres, génies) ou des figures allégoriques (l'Amour, la Mort, la Bonté). Les animaux tendent à avoir des rôles et des qualités fixes: par exemple, la Hyène est gloutonne, malhonnête, brutale; son rival, le Lièvre, est rusé et intelligent; Golo le Singe est malicieux, menteur, querelleur. Les bêtes donnent des leçons aux hommes, mais souvent ce sont les hommes qui se montrent moralement supérieurs aux animaux.

Le conte est souvent rythmé par le son des tam-tams et interrompu par des chants et par l'échange de formules entre le conteur et le public (par exemple, le conteur: «édjim»; l'assistance, «éwa»). Généralement le début du conte pose un problème et le dénouement y apporte une solution. Puis la présentation se termine par une formule: «Je laisse le conte où je l'ai trouvé» ou «Le conte a répondu, il se tait».

«YÉ-KRIK? YÉ-KRAK!»: LE CONTE ANTILLAIS

La littérature orale antillaise fait partie d'une lignée qui commence dans le continent africain pour se survivre et pour se transformer dans les îles caraïbes. Le conteur antillais est donc l'héritier du griot africain. Mais, en même temps, deux différences importantes séparent le conteur antillais et le griot: 1) celui-ci appartient à une longue et unique tradition datant du XIIIe siècle tandis que le conte antillais naît au XVIe siècle dans des îles où il subit la triple influence des premiers habitants (les Amérindiens), des colons européens et des esclaves venus d'Afrique; 2) le griot est membre d'une caste respectée et admirée dans la culture africaine tandis que le conteur antillais est esclave, exerçant son art après de longues journées de travail dans les champs de canne à sucre.

Les circonstances de la présentation des contes aux Antilles ressemblaient à celles en Afrique. A la tombée de nuit, le béké (le maître colonial) permettait aux esclaves de se réunir autour du conteur. Celui-ci commençait souvent par une chanson, un proverbe ou une devinette. Dans ce dernier cas, le conteur disait: «tim tim» auquel répondait l'assistance «bois sec». Ensuite, il pouvait signaler le début du conte en disant: «Yé krik?» et l'assistance y répondait: «Yé krak!», échange formulaire qui se répétait souvent au cours de la présentation. A la fin du conte, le conteur pouvait terminer par un proverbe ou par des paroles formulaires—par exemple, «Aboudou-dia» («C'est de l'imagination, la vie reprend») ou encore «Yé crik? Yé crak!».

On retrouve dans les contes antillais beaucoup des thèmes traités dans les contes africains: l'opposition entre la force et la faiblesse, entre l'intelligence et la bêtise, entre la nature et la culture, entre le village et la brousse. Mais en Guadeloupe et en Martinique il s'ajoute à ces thèmes plutôt universels du conte la situation particulière des îles—c'est-à-dire, la culture de l'esclavage. Les contes reflètent les rapports entre les esclaves (les Noirs) et leurs maîtres (les Blancs) et les personnages représentent différents éléments de la société esclavagiste, par exemple:

Monsieur le Roi: le maître de la plantation

Compère Eléphant: l'esclave qui accepte de travailler dans les champs de canne à sucre

Le Crapaud: l'esclave en révolte active contre ses maîtres

Compère Lapin: le Noir créole, rusé et débrouillard, qui accepte de travailler pour le maître afin de mieux s'en moquer

Bref, la plupart des contes antillais créés à l'époque de l'esclavage, tout en servant à distraire et à amuser, représentent aussi une parole de résistance, une défense masquée contre les maîtres.

CONTEURS ET GRIOTS D'AUJOURD'HUI

Nés de la tradition d'oralité, les contes africains et antillais sont aujourd'hui disponibles par écrit. On trouve dans les librairies de nombreux recueils de contes. De plus, on organise autour des contes folkloriques des spectacles théâtraux—soit des «one-man show» où un acteur-conteur essaie de recréer l'atmosphère des soirées du passé, soit des versions dramatisées des contes où les acteurs incarnent les différents personnages. Quant aux griots, ils existent toujours, mais il faut reconnaître que leur position sociale a diminué. Aujourd'hui ils sont surtout invités pour animer des fêtes, des mariages, des baptêmes; beaucoup d'entre eux sont devenus musiciens professionnels.

Un conte antillais

COMPÈRE LAPIN ET LES CONCOMBRES DU ROI

C'est décidé: Compère Lapin en a assez de manger de l'herbe et des carottes! Il traîne donc une mauvaise humeur grandissante, fâché de ne trouver autre chose à se mettre sous la dent. Ah! Une bonne courgette! Et les concombres!! Compère Lapin adore les concombres!!

La faim au ventre, il se promène, ce matin-là, au hasard de la campagne. Et puis, au détour du chemin, il aperçoit... le jardin du ROI!! Imaginez: des carottes, des salades, des ignames, des concombres... Cela appartient au Roi? Peu importe! La gourmandise bien connue de Compère Lapin refait surface. N'y tenant plus, il passe la barrière du potager et se jette sur les concombres, qu'il engloutit avec voracité mais aussi beaucoup de plaisir!!

Au palais, un peu plus tard

C'est l'heure du dîner; le Roi souhaite manger des légumes, et surtout du concombre qui est son plat favori. Le cuisinier envoie le jardinier lui chercher les fameux légumes dans le jardin. Arrivé sur les lieux, le pauvre homme pousse un cri:

—Qui a fait ça? Et que va dire le Roi?

Il faut se rendre à l'évidence: quelqu'un a mangé les légumes préférés du Roi! Le jardinier court ventre à terre prévenir son maître du méfait. Celui-ci, furieux, ordonne au jardinier de faire une enquête et de trouver le coupable rapidement, ou sinon le pauvre homme lui-même sera puni. Sentant la menace, le jardinier retourne sur les lieux du vol et inspecte son lopin de terre. Bientôt il découvre un indice intéressant: quelques crottes de lapin sont disséminées autour des concombres!! Il se rend donc directement au palais pour en informer le maître des lieux. Le jardinier dit au Roi:

—Je sais qui a fait le coup! C'est Compère Lapin, bien sûr! Sa réputation n'est plus à faire en matière de mauvais tour! J'ai même une idée pour le coincer!

Et il expliqua au Roi que si Compère Lapin était connu pour sa gourmandise, il était aussi réputé pour son goût des belles lapines. Il exposa donc son plan pour attraper ce voleur.

Compère Lapin, de son côté, a décidé de ne pas retourner au jardin avant un moment, car il sait ce qu'il risque. Mais la gourmandise reprend le dessus et il n'y tient plus: il retourne manger ces concombres si délicieux trouvés dans le jardin du Roi. De retour sur les lieux, il passe la barrière, enchanté à l'idée du repas qu'il va faire, quand il aperçoit dans le fond du jardin la silhouette d'une superbe lapine. Interloqué, il stoppe net sa course vers le potager et lance un «Bonjour» retentissant et charmeur. La belle lapine ne bronche pas. Parvenue à sa hauteur, il lui fait les yeux doux et va même jusqu'à poser sa patte sur l'épaule de la belle.

Erreur!! C'était un piège et maintenant, notre héros se retrouve toutes pattes collées sur la fausse lapine que le jardinier avait réalisée! Comprenant qu'il a été piégé, il se met alors à vitupérer et surtout à s'en vouloir d'avoir été aussi bête!

Quelques minutes plus tard, le jardinier arrive pour son labeur quotidien. Quelle n'est pas sa surprise de découvrir Compère Lapin pris au piège!! Satisfait, il attrape le lapin par les oreilles et lui dit en l'attachant:

—Ah mon gaillard! Tel est pris qui croyait prendre! Nous sommes plus malins que tu ne le crois! C'est le Roi qui va être content de moi!

Il attache alors les pattes de l'animal et l'enferme dans un sac qu'il suspend à une branche d'arbre.

—Comme ça, tu ne m'échapperas pas! Je cours prévenir le Roi que j'ai trouvé son coupable! Tu seras puni de coups de bâton! Voleur!

Et il se rend en courant au palais annoncer la bonne nouvelle.

Pendant ce temps, Compère Lapin ne décolère pas de s'être fait avoir. Comment sortir de là? Il tente alors de se libérer les pattes. Mais la solution lui parvient de l'extérieur. Zamba, la gentille et naïve chèvre, se promène tranquillement sur le chemin bordant le jardin. Elle aperçoit alors ce sac suspendu qui bouge dans tous les sens. Intriguée, elle s'approche et demande:

—Holà! Qui est dans ce sac et qu'est-ce que vous faites là-dedans?

—Ah Zamba! Si tu savais…, gémit Compère Lapin.

—C'est toi Compère Lapin? Que t'arrive-t-il?

—Le Roi m'a fait enfermer car il veut me faire manger des ignames et j'ai HORREUR des ignames!! Peux-tu m'aider?

Zamba est une chèvre comme les autres: elle raffole des ignames. Aux paroles de son ami, sans même y réfléchir, elle répond:

—Mais j'adore les ignames! Si tu le veux, je vais prendre ta place!

Et sans même attendre la réponse du lapin, elle le délivre de ses liens que celui-ci lui remet aussitôt pour ne pas éveiller les soupçons du jardinier.

Or, le jardinier est sur le chemin du retour avec le Roi et quelques hommes pour donner la bastonnade au voleur.

Compère Lapin se cache dans les fourrés qui bordent le jardin. Il entend le Roi s'adresser au sac, et surtout à l'animal qui est dedans:

—Ah te voilà bien attrapé! Compère Lapin, tu as besoin d'une bonne leçon!

Comme le lui avait conseillé son ami, Zamba ne répond pas et attend ses ignames. Quelle n'est pas sa stupeur de recevoir une volée de bois vert! Elle se met aussitôt à crier:

—Eh! Mais c'est des ignames que je suis venue chercher, pas des coups!

—Ne cherche pas d'excuses! Tu ne nous auras pas cette fois!, dit le Roi, croyant que Compère Lapin avait déguisé sa voix.

Et les coups de bâton pleuvent à nouveau.

Dans son bosquet, Compère Lapin rit du tour qu'il vient de jouer à la chèvre mais également au Roi! Et une chose est sûre: si jamais il retourne dans le potager du Roi, il n'y laissera aucune trace!

Source: Contes antillais.

DICO

abordant *taking up*
araignées *spiders*
bastonnade *beating*
bêtise *stupidity*
bosquet *grove*
brousse *brush (African contryside)*
champs de canne à sucre *sugar cane fields*
chèvre *goat*
coincer *to corner*
collées *stuck*
colons *colonists*
Compère Lapin *Brother Rabbit*
concombres *cucumbers*
coups de bâton *blows with a stick*
courgette *zucchini*
crottes *droppings (excrement)*
débrouillard *resourceful*
devinette *riddle*
esclaves *slaves*
fourrés *thicket*
gloutonne *gluttonous (who eats excessively)*
ignames *yams*
intégrante *integral*
Interloqué *Taken aback*
lapines *female rabbits*
liens *bonds (with which he's tied up)*

lièvres *hares*
lopin *plot (of land)*
lui remet *puts back on her*
mauvais tour *bad trick*
méfait *misdeed*
menteur *liar*
ne bronche pas *doesn't react*
ne décolère pas *doesn't cool down (remains angry)*
nouveau-né *newborn baby*
N'y tenant plus *Unable to resist*
piège *trap*
potager *garden*
prévenir *to inform*
querelleur *quarrelsome*
raffole *is crazy about*
reconnaissance *gratitude*
recueils *collections*
reprend le dessus *takes over*
s'en vouloir *to be angry with himself*
s'être fait avoir *to let himself be had*
singes *monkeys*
souhaite *wishes*
soupçons *suspicions*
tandis que *while*
traîne *drags along*
volée de bois vert *thrashing with unseasoned wood*

H. Petit Test: Dans chaque groupe, choisissez les phrases qui sont justes.

Les griots

a. Les griots appartenaient à une caste professionnelle.
b. Les griots étaient uniquement des raconteurs d'histoires.
c. Etre griot est une profession héréditaire.
d. Autrefois chaque griot était attaché à une famille d'élite.
e. Parfois les griots donnaient des conseils et aidaient à régler des différends.
f. Il n'existe plus de griots en Afrique.

Les contes africains

a. Les gens se mettaient autour d'un feu pour écouter les contes du griot.
b. Les contes commencent toujours par la formule «Il était une fois…».
c. Les griots racontent, chantent, proposent des devinettes.
d. Les personnages des contes sont uniquement des humains.
e. On trouve dans les contes africains des thèmes folkloriques traditionnels.
f. Les contes se terminent toujours par une expression formulaire.

Les contes antillais

a. La tradition orale antillaise est plus ancienne que la tradition orale africaine.
b. Les conteurs antillais étaient des esclaves.
c. La présentation des contes antillais était semblable *(similar)* à celle des contes africains.
d. «Yé krik? Yé krak!» est une formule utilisée uniquement pour signaler le début d'un conte.
e. On trouve dans les contes antillais des thèmes folkloriques traditionnels.
f. Les contes antillais étaient un moyen de résister à la culture et à la domination des Blancs.

Compère Lapin et les concombres du Roi

a. Pour Compère Lapin, le plaisir de manger des concombres est plus fort que l'interdiction d'entrer dans le jardin du Roi.

b. Compère Lapin et le Roi ont des goûts alimentaires similaires *(similar)*.

c. Le jardinier attrape Compère Lapin pendant que celui-ci est en train de manger des concombres.

d. Le jardinier tend un piège à Compère Lapin en installant dans le jardin un objet qui ressemble à une belle lapine.

e. En essayant de faire du charme à la fausse lapine, Compère Lapin se laisse prendre au piège.

f. Le jardinier met Compère Lapin dans un sac, puis il part chercher le Roi et ses hommes avec l'intention de faire battre Compère Lapin.

g. Rusé et débrouillard, Compère Lapin profite de la naïveté de Zamba la chèvre pour la mettre dans le sac à sa place.

h. Compère Lapin triomphe en trompant le Roi et le jardinier mais aux dépens de la pauvre Zamba.

I. Mini-discussion. Discutez des questions suivantes avec quelques camarades de classe.

1. Quel rôle les contes folkloriques ont-ils joué dans votre vie?

2. Voyez-vous des ressemblances entre les contes africains et antillais que vous avez lus et les contes de votre culture? Expliquez.

3. Que pensez-vous de la moralité du conte *Compère Lapin et les concombres du Roi*? Connaissez-vous d'autres contes dont la morale vous semble ambigüe?

To download a podcast on Direct Object Pronouns, go to **academic.cengage.com/french/quantamoi.**

RAPPEL

Les pronoms compléments d'objet direct *le, la, l'* et *les*

Les formes

Masculin	**le**
Féminin	**la**
Masculin ou féminin devant une voyelle ou un **h** non aspiré	**l'**
Masculin ou féminin pluriel	**les**

La position

- devant le verbe conjugué

  Il **la** regarde.   Il ne **la** regarde pas.
  Tu **les** as pris?   Tu ne **les** as pas pris?
  Ne **la** regardez pas!

- devant l'infinitif

  Nous pouvons **l'**entendre.   Nous ne pouvons pas **l'**entendre.

- après l'impératif affirmatif

  Ecoutez-**le**!

J. Quelques renseignements personnels. Posez des questions à deux camarades qui vous répondront sans répéter le(s) mot(s) en italique.

> **Modèle:** —Vous connaissez bien vos *cousins maternels*?
> —*Oui, je les connais très bien. (Non, je ne les connais pas très bien.)*
> —*Oui, je les connais bien, moi aussi. (Moi non plus, je ne les connais pas très bien.)*

1. Vous regardez souvent *la télé*?
2. Vous écoutez souvent *la radio*?
3. Vous faites *votre lit* tous les jours?
4. Vous allez passer *les vacances d'été* chez vos parents?
5. Vous voudriez visiter *la Chine* un jour?
6. Vous avez lu *la trilogie de Tolkien (Le Seigneur des anneaux)*?
7. Vous avez acheté *les chaussures que vous portez aujourd'hui* dans un magasin ou sur Internet?
8. Vous avez vu *le film «Le Roi Lion»* plus d'une fois?

K. Des ordres contradictoires. Quand vous annoncez ce que vous allez faire, un(e) camarade de classe vous dit de le faire; un(e) autre vous dit le contraire.

> **Modèle:** —Je vais acheter *ce pantalon*.
> —*Oui. Achète-le! (Achetez-le!)*
> —*Mais non. Ne l'achète pas! (Ne l'achetez pas!)*

1. Je vais écouter *ce CD*.
2. Je vais manger *cette banane*.
3. Je vais faire *mes devoirs*.
4. Je vais vendre *ma voiture*.
5. Je vais attendre *Michèle*.

Do **A faire!** (5-2) on page 205 of the **Manuel de préparation.**

Fonction

Comment éviter la répétition (1)

RAPPEL

Les pronoms compléments d'objet indirect *lui* et *leur*

Les formes

Masculin	**lui**
Féminin	**lui**
Masculin ou féminin devant une voyelle	**lui**
Masculin ou féminin pluriel	**leur**

La position

- devant le verbe conjugué

  Il **lui** parle.

  Nous **leur** avons donné un cadeau.

  Ne **lui** parle pas!

  Il ne **lui** parle pas.

  Nous ne **leur** avons rien donné.

- devant l'infinitif

  Je vais **lui** écrire.

  Je ne vais pas **lui** écrire.

- après l'impératif affirmatif

  Donne-**lui** la lettre!

Verbes suivi d'un objet direct en français (mais d'un objet indirect en anglais)

attendre / chercher / écouter / regarder

Verbes suivis d'un objet indirect en français (mais d'un objet direct en anglais)

demander à / dire à / permettre à / promettre à / répondre à / téléphoner à

L. Deux contes de fées. On va vous poser des questions à propos de deux contes de fées très connus. Répondez aux questions en utilisant les mots proposés et en évitant *(avoiding)* de répéter les mots en italique. Attention: Il faut parfois utiliser un pronom complément d'objet direct.

Le Petit Chaperon rouge

1. Qu'est-ce que la mère demande *à sa fille*? (d'apporter quelque chose à sa grand-mère)

2. Qu'est-ce qu'elle donne *à la fille*? (une galette et un pot de beurre)

3. Qu'est-ce que la fille promet *à sa mère*? (d'aller directement chez sa grand-mère sans s'arrêter)

4. Pourquoi est-ce que le Petit Chaperon rouge s'arrête pour parler *au loup*? (parce qu'elle ne connaît pas bien les loups)

5. Qu'est-ce que le Petit Chaperon rouge explique *au loup*? (comment aller chez sa grand-mère)

6. Où est-ce que le loup attend *la petite fille*? (dans un lit chez la grand-mère)

7. Que dit le Petit Chaperon rouge *à sa grand-mère* en la voyant au lit? («Que vous avez de grands bras... de grands yeux... de grandes oreilles... de grandes dents?»)

8. Que répond le loup *au Petit Chaperon rouge*? («C'est pour mieux t'embrasser... te voir... t'écouter... te manger.»)

Cendrillon

9. Pourquoi est-ce que la belle-mère n'aime pas *Cendrillon*? (parce que Cendrillon est plus jolie et plus gentille que ses propres filles)

10. Qu'est-ce que la belle-mère donne *à ses filles*? (de nouvelles robes pour aller au bal)

11. Qui coiffe et habille *les deux sœurs*? (C'est Cendrillon qui...)

12. Qu'est-ce que sa marraine demande *à Cendrillon*? (pourquoi elle pleure)

13. Qu'est-ce que sa marraine donne *à Cendrillon*? (un carrosse, une belle robe et des pantoufles de verre)

14. Pourquoi est-ce que tous les invités regardent *Cendrillon* pendant le bal? (parce qu'elle danse toute la nuit avec le prince)

15. Quand Cendrillon s'enfuit à minuit, qui ramasse *la pantoufle de verre* qu'elle a perdue? (C'est le prince qui...)

16. Pourquoi est-ce que Cendrillon pardonne *ses deux sœurs*? (parce qu'elles regrettent les mauvais traitements qu'elles lui ont fait subir)

Quant à moi...

 M. A vous d'abord! Posez les questions suivantes à quelques camarades de classe afin d'apprendre ce qu'ils pensent des films.

1. Vous aimez les films? Pourquoi?
2. Quand êtes-vous allé(e) au cinéma la dernière fois? Quel film est-ce que vous avez vu?
3. Quel(s) genre(s) de films est-ce que vous préférez? Pourquoi?

N. Les témoins vous parlent. En écoutant quelques Français et Francophones vous parler des films, faites ce qu'on vous demande de faire.

🎧 CD3, Tracks 16–19

🌐 Visit the **témoins** in their home-town on Google Earth.

Emmanuel Roger
Lille, France

Vocabulaire utile

cinéphile *(movie bug)*, **partager** *(to share)*, **films d'auteur** *(director-centered films)*, **but** *(goal)*, **exprimer** *(to express)*, **inexprimable** *(inexpressible)*, **au-delà** *(beyond)*

1. Ajoutez les mots qui manquent. Utilisez une autre feuille de papier.

—Vous aimez les films?

—Bon alors, comme tout _____, je suis avide de _____. Je peux même me décrire _____ cinéphile.

—Où est-ce que vous les regardez? Dans une salle de cinéma? À la télé? Sur DVD?

—Euh, _____ un puriste. Donc je vais au cinéma, _____ aller dans la salle obscure partager l'émotion avec les autres _____. Euh, je n'aime pas tellement _____ des films à la télé ou en DVD. Non là, je suis un puriste. J'aime aller au cinéma, j'aime _____. C'est un événement spécial.

—Quels genres de films est-ce que vous préférez?

—Bon alors comme je le disais, en tant que cinéphile, j'aime bien les _____, hein. Euh vous savez qu'_____, on considère le cinéma comme le septième _____. Et moi, je crois effectivement que le cinéma est un moyen d'expression _____ que la littérature. Donc, j'aime les films d'auteur. J'aime bien les _____, les revoir, en _____ avec mes amis. Euh c'est une expérience _____ à chaque fois. Je parle là naturellement du cinéma _____, non pas des _____ qu'on nous sert en ce moment ou des comédies _____, dont on est un peu saturés d'ailleurs.

—A votre avis, est-ce que les films donnent une image véridique du monde?

—Absolument, absolument. Si on pense que le cinéma est _____, alors là, le but de l'art étant d'_____ l'essence de la réalité, l'essence d'un _____, d'exprimer ce qui est inexprimable, alors évidemment, c'est très _____. Et il _____ même non pas seulement de donner une image véridique mais d'_____ au-delà de l'apparence, au-delà de la vérité, hein, comme toute œuvre _____.

Fatim Kramer
Paris, France

2. Répondez aux questions.

   a. Pourquoi Fatim aime-t-elle regarder les films à la télé?
   b. Pourquoi aime-t-elle aller dans les salles de cinéma?
   c. Quel genre de films préfère-t-elle? Pourquoi?
   d. Quels autres genres de films aime-t-elle?
   e. Quel type de film n'aime-t-elle pas du tout?
   f. Qu'est-ce qu'on peut apprendre en regardant les films étrangers? Les films français?

Anne-Marie Floquet
Paris, France

3. Précisez:

   a. où Anne-Marie aime regarder les films
   b. ce qu'elle aimait faire quand elle était au lycée
   c. si elle préfère voir un film à la télé ou en DVD
   d. pourquoi elle aime les films suivants:
      (1) *Le Salaire de la peur*
      (2) *Les Oiseaux migrateurs*
      (3) *Etre et avoir*

Christophe Mouraux
Liège, Belgique

4. Résumez brièvement ce que dit Christophe sur les sujets suivants:

   a. la télévision, les DVD et les salles de cinéma
   b. les metteurs en scène qu'il préfère et pourquoi
   c. les films français
   d. le rôle du cinéma dans la société

O. Les témoins et vous. Discutez des questions suivantes avec quelques camarades de classe.

1. Fatima est la seule qui aime regarder des films à la télé; les autres préfèrent les salles de cinéma ou les DVD. Et vous?
2. Pour la plupart, les témoins n'aiment pas tellement les films hollywoodiens; ils préfèrent des films plus artistiques. Et vous?
3. Pour Emmanuel et Christophe, le cinéma (le septième art) joue un rôle important dans la société. Etes-vous d'accord?

Do **A faire! (5-3)** on page 210 of the **Manuel de préparation**.

FICHE VOCABULAIRE

LES FILMS

Genres de films
un film d'amour
un film d'animation / un dessin animé
un film d'aventure / un film d'action
un film comique / une comédie
une comédie dramatique
un documentaire
un drame
un drame psychologique
un film d'espionnage
un film fantastique
un film de guerre
un film d'horreur / un film d'épouvante
une comédie musicale
un film noir *detective, crime or gangster film with "dark" outlook*
un film policier
un film de science-fiction
un thriller
un western

Aspects d'un film
l'action *(f.)*
le décor *setting*
la lumière
le montage *editing*
la musique
le scénario
le son

Personnes associées aux films
un acteur / une actrice
un compositeur
un directeur de la photographie
un monteur *editor*
un producteur
un réalisateur *director*
un scénariste *screenwriter*

Réactions aux films (en général)
J'aime beaucoup / J'adore les...
Je n'aime pas (du tout) les...
Ce que j'aime (Ce que je n'aime pas), c'est (ce sont)...
Les..., ça me plaît (beaucoup) / ça ne me plaît pas.

Réactions aux aspects particuliers d'un film
J'ai vu récemment...
Je viens de voir... *I just saw . . .*
J'ai (beaucoup) aimé... / Je n'ai pas aimé...
les acteurs / les actrices
le décor
le dialogue
les effets spéciaux *(m.)*
l'intrigue *(f.) plot*
la musique
les sous-titres *(m.) subtitles*
le suspense
la version française (anglaise,...) *dubbed version*
la version originale
la violence

P. Le cinéma et vous (suite). En vous inspirant du travail que vous avez fait dans le **Manuel de préparation** (Ex. XIII, p. 212) et en utilisant des mots et des expressions de la **Fiche Vocabulaire,** discutez des questions suivantes avec quelques camarades de classe.

1. Quels genres de films aimez-vous particulièrement? Quels genres de films n'aimez-vous pas?

2. Quels aspects d'un film vous intéressent le plus? A votre avis, quels sont les gens les plus importants dans la production d'un film?

3. Parlez d'un film que vous avez vu récemment (ou dans le passé, si vous préférez). Avez-vous aimé ce film? Pourquoi (pas)?

Des frères Lumière (inventeurs en 1895 du cinématographe—appareil capable de reproduire le mouvement par une suite de photos) jusqu'à la Nouvelle Vague (mouvement de jeunes cinéastes des années 1950 et 1960—Truffaut, Godard, Rivette), du Voyage à la lune *de Georges Méliès (1902—le premier film de fiction à connaître un succès mondial) jusqu'à aujourd'hui, la France et les Français ont continué d'exercer une influence considérable sur le cinéma européen et international. Dans ce magazine, nous allons vous faire connaître un réalisateur renommé (Jean Renoir), un acteur-vedette de cinéma (Gérard Depardieu) et un film contemporain (*Persépolis*).*

Un réalisateur de cinéma: Jean Renoir

Fils du grand peintre impressionniste Auguste Renoir et frère de l'acteur célèbre Pierre Renoir, le cinéaste Jean Renoir appartenait à une famille d'artistes. Né à Paris en 1894, il s'engage comme soldat pendant le Première Guerre mondiale, d'où il rentre blessé à la jambe, blessure qui le fera boiter toute sa vie. Il commence sa carrière artistique comme céramiste, mais sa passion pour ce nouvel art (le cinéma) l'emporte et pendant les années 20 il tourne une dizaine de films muets, qui ne sont pas très bien reçus par le public. Ce n'est qu'en 1932 qu'il a son premier vrai succès: *Boudu sauvé des eaux*—film parlant qui raconte l'histoire d'un clochard déprimé qui, après s'être jeté dans la Seine pour se tuer, est repêché par un bourgeois libéral (film qu'on a refait à Hollywood en 1986 sous le titre *Down and Out in Beverly Hills*). Réalisateur, scénariste, producteur, acteur, monteur et décorateur, Renoir tourne plus de 30 films parlants pendant sa carrière. Exilé aux Etats-Unis au début de la Deuxième Guerre mondiale, Renoir prend la nationalité américaine et réalise plusieurs films à Hollywood. Il meurt à Beverly Hills en 1970 à l'âge de 76 ans.

DEUX CHEFS-D'ŒUVRE DE RENOIR: *LA GRANDE ILLUSION* ET *LA RÈGLE DU JEU*

Ces deux films, tournés juste avant la Deuxième Guerre mondiale, sont universellement considérés comme des chefs-d'œuvre du cinéma non seulement français mais aussi mondial.

La Grande Illusion, sorti en 1937, est un film pacifiste, qui s'oppose aux idéologies nationalistes et antisémites prédominantes en Europe à cette époque. L'action se passe pendant la Première Guerre mondiale et met en scène quatre personnages— deux Français (un capitaine aristocrate et un soldat appartenant à la classe ouvrière) et deux Allemands (un commandant, aristocrate lui aussi, et un lieutenant, fils d'une riche famille juive). Ce film «de guerre», au cours duquel il n'y a pas de scènes de combat, explore les relations entre personnes, relations qui dépendent de leur classe sociale plutôt que de leur nationalité.

La Grande Illusion a été interdit par le régime nazi en Allemagne, dès sa sortie, et en France, de 1939 à 1945.

Sorti deux ans après, *La Règle du jeu,* que le réalisateur qualifie de «drame gai» ou «fantaisie dramatique», raconte les aventures sentimentales de plusieurs aristocrates et hauts bourgeois qui passent le week-end dans un château de campagne à la fin des années 1930. A l'intrigue amoureuse qui occupe le week-end des invités (le propriétaire du château, sa femme, sa maîtresse et un célèbre aviateur) correspond celle qu'on trouve chez les domestiques (la domestique de Madame, son mari [le garde-chasse de la propriété] et un braconnier). La légèreté et la vivacité de l'action, traduites par le jeu improvisé des acteurs (Renoir y joue un rôle lui-même), sont brusquement interrompues par un accident tragique. C'est ainsi que Renoir réussit à peindre et à critiquer les mœurs d'une aristocratie et d'une grande bourgeoisie indifférentes au cataclysme menaçant dont elles seront bientôt victimes. Il est intéressant de noter que *La Règle du jeu* est un des rares films à figurer au programme du baccalauréat littéraire en France.

Un acteur, une vedette de cinéma, une star internationale: Gérard Depardieu

Physiquement imposant—trapu, robuste, un grand nez— Gérard Depardieu ne ressemble pas nécessairement au héros cinématographique traditionnel. Pourtant, en 2008, le bilan de sa carrière comprend plus de 125 films (sans compter une dizaine de pièces de théâtre et plusieurs séries télévisées). Comme il le dit lui-même, «je suis un Stradivarius dans une carrure de camionneur».

Né en 1948 dans une famille ouvrière de six enfants, Depardieu quitte l'école à l'âge de 13 ans, travaille comme vendeur de savonnettes et plagiste tout en se livrant à un trafic illégal avec les soldats de la base américaine de Châteauroux, sa ville natale. Une représentation de *Dom Juan* de Molière, pièce qu'il a vue dans cette ville en 1964, est à l'origine de sa passion pour le métier d'acteur et l'inspire à aller à Paris suivre des cours de comédie.

D'acteur de seconds rôles à l'acteur vedette du cinéma français

Il fait ses débuts filmiques en 1970 et pendant quatre ans, il se voit assigné des petits rôles. C'est en 1974 qu'il connaît son premier grand succès dans *Les Valseuses* de Bertrand Blier (film choc et libertin qui attire plus de 5 millions de spectateurs) dans un rôle de gentil voyou. Viennent ensuite des films de Bertolucci *(1900)*, de Marguerite Duras *(Le Camion)* et à nouveau de Blier *(Préparez vos mouchoirs)*. Durant les années 1980, Depardieu fait preuve de sa grande versatilité en jouant dans des films de styles très divers: films de grand public *(La Chèvre, Les Compères)* et films d'auteur *(Le Dernier Métro* de François Truffaut, où il joue pour la première fois avec Catherine Deneuve), tragédies *(Le Retour de Martin Guerre, Jean de Florette)* et comédies dramatiques *(Cyrano de Bergerac)*. Ce dernier lui vaut un grand succès critique et commercial, y compris un César, la Palme du meilleur acteur à Cannes et une nomination aux Oscars.

Depardieu est devenu un géant du cinéma français, nouveau membre du grand panthéon d'acteurs français.

D'acteur vedette du cinéma français au statut de star internationale

Après *Cyrano*, Depardieu cherche à conquérir l'Amérique. En 1992, il joue dans *Green Card*, film de Peter Weir qui a un gros succès au box-office et qui permet à Depardieu de remporter cette fois le Golden Globe du meilleur acteur de comédie. Les films qui suivent ne sont pas d'aussi grands succès: *1492* (de Ridley Scott), *My Father the Hero, The Secret Agent, Bogus* (avec Whoopi Goldberg). Bien qu'il continue à jouer dans des films (le rôle d'Obélisk dans les deux *Astérix, Le Colonel Chabert, Les Anges gardiens*), il profite de plus en plus de sa célébrité pour poursuivre d'autres passions—les affaires et surtout la viticulture. En 2008, si, selon certains, Depardieu est un artiste sur le déclin, sa renommée mondiale reste intacte.

Un film: *Persépolis*

Les films d'animation sont traditionnellement destinés aux jeunes; leurs sujets: voyages, aventures, combats; leur but: amuser, divertir, faire rire. *Persépolis*, de Marjane Satrapi (Iranienne en exil à Paris) et Vincent Paronnaud (membre bien connu de la bande dessinée «underground»), sorti en France le 27 juin 2007, casse le moule. C'est une adaptation sur grand écran d'un roman graphique de Satrapi (quatre albums de bandes dessinées du même nom). Cette autofiction, directement inspirée de la vie de Marjane, se situe à une période charnière de l'histoire de l'Iran: la chute du régime du Chah et les premières années de la Révolution islamiste.

Synopsis du film

C'est l'histoire d'une petite fille (Marjane) appartenant à une famille d'intellectuels de Téhéran. Au début du film, elle a 8 ans. Choyée par ses parents, très liée à sa grand-mère, rêvant de devenir prophète pour sauver le monde, Marjane vit avec enthousiasme les événements qui vont mener à la chute du Chah et à l'instauration du régime des ayatollahs. Elle porte le voile, mais elle rêve maintenant de devenir révolutionnaire. Peu à peu, les pressions extérieures (la guerre contre l'Irak—bombardements, privations, disparitions) et intérieures (les activités répressives des islamistes) poussent ses parents à envoyer Marjane en Autriche. Donc, à l'âge de 14 ans, elle se retrouve à Vienne, où elle vit une nouvelle révolution: choc culturel, découverte de la drogue, désastres amoureux. Ne supportant pas l'exil et la solitude, elle retourne en Iran. Mais la dépression la poursuit. Après un mariage raté et des études d'art plastique peu satisfaisantes, la jeune fille à l'imagination fertile et à l'esprit contestataire quitte de nouveau son pays natal—cette fois pour aller en France.

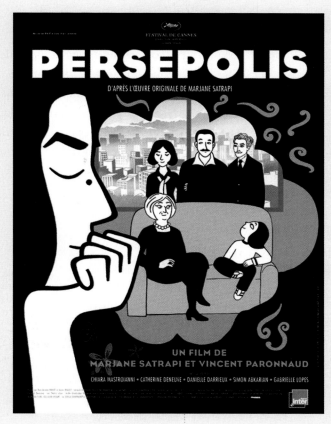

La suite de l'histoire

Le film s'arrête là, mais la vie de Marjane Satrapi continue. Elle devient française, publie son roman graphique, rencontre Vincent Paronnaud et réalise avec lui un film qui gagne le prix spécial du jury du Festival de Cannes (2007), un César pour le meilleur premier film (2008) et une nomination aux Oscars dans la catégorie meilleur film d'animation (où il est devancé par *Ratatouille*). Le gouvernement iranien a protesté contre la sélection de *Persépolis* à Cannes et en a diffusé une version censurée. Et pendant plusieurs mois, le film a été interdit au Liban.

L'animation «à l'ancienne»

De nos jours, l'animation se fait normalement en couleurs avec l'aide d'ordinateurs très puissants; exceptionnellement *Persépolis* a été fait surtout en noir et blanc avec crayon sur papier. Le film est le produit d'une vraie collaboration—d'abord entre les dessinateurs (Marjane Satrapi et Vincent Paronnaud) qui partagent le travail à égalité (jusqu'au point où il arrive que l'un commence un dessin et que l'autre le finisse). Ils sont aidés d'une équipe d'animateurs (qui animent les dessins originaux à raison de 24 images par seconde) et d'une équipe de traceurs (qui perfectionnent avec un feutre les images avant qu'elles ne soient filmées). Le résultat: un film unique acclamé par tous les critiques, un film qui fait sourire et qui fait réfléchir.

pariscope

Paris · Ile-de-France

du mercredi 12 au mardi 18 juillet 2000

www.pariscope.fr

M 6310 - n°1677 - 3,00 F

Canada $ 2,50 · Suisse 2,75 · Belg. 50 FB · Grande-Bretagne 0,80 £

cinéscope les

Pariscope

Vous êtes à Paris. Vous voulez aller au cinéma. Mais il passe plus de 300 films chaque semaine. Comment décider? Vous pouvez consulter *Pariscope*, revue de petit format qui paraît tous les mercredis et qui résume tout ce qu'il y a à Paris et dans la région parisienne pendant la semaine qui vient—concerts, pièces de théâtre, opéras, musées, restaurants, clubs, discothèques et, bien sûr, films. Voici quelques comptes rendus de film tirés d'un numéro de *Pariscope*.

PO **LE TROISIEME HOMME. The third man.** 1949. 1h45 Policier anglais en noir et blanc de Carol Reed avec Joseph Cotton, Orson Welles, Alida Valli, Trevor Howard. Dans Vienne occupée par les Alliés, un Américain est à la recherche de son ami devenu trafiquant de pénicilline. Un scénario de Graham Greene, une musique lancinante et la présence de Welles ont fait de ce film un grand succès. ◆**Grand Action 18** ◆**MacMahon 100 v.o.**

DR **TERRE ET CENDRES.** 2004. 1h50. Drame franco-afghan en couleurs de Atiq Rahimi avec Abdul Ghani, Jawan Mard Homayoun, Walli Tallosh, Guilda Chahverdi. Un vieil homme et son petit-fils voyagent en direction de la mine où travaille leur fils et père. Il faut lui annoncer que le village a été bombardé et qu'ils sont les seuls survivants. Le vieil homme hésite et souffre, rappelle ses souvenirs, attend. Le réalisateur adapte son roman pour dire avec une grande beauté et une forte sensibilité toute la douleur de la guerre.

CO **LE FABULEUX DESTIN D'AMELIE POULAIN.** 2000. 2h. Comédie française en couleurs de Jean-Pierre Jeunet avec Audrey Tautou, Mathieu Kassovitz, Rufus, Claire Maurier, Isabelle Nanty, Dominique Pinon, Serge Merlin, Jamel Debbouze, Yolande Moreau. Décidée à réparer les accrocs de la vie de son entourage, une jeune fille multiplie les ruses et les stratagèmes pour intervenir en douce sur les destins… au point d'en oublier son propre bonheur. Pourtant, le prince charmant est juste sous son nez! Un univers qui mêle tendresse, humour et poésie avec une galerie d'acteurs épatants. ◆**Studio Galande 21** ◆**Denfert 82** ◆**Le grand Pavois 94** ◆**Saint Lambert 96**

DA **LES TRIPLETTES DE BELLEVILLE.** 2002. 1h20. Dessin animé français en couleurs de Sylvain Chomet. Orphelin, Champion a été adopté par sa grand-mère, qui lui offre un tricycle, influençant définitivement son destin. Promis à un brillant avenir de coureur cycliste, le garçon, devenu grand, participe au Tour de France. Mais la mafia le kidnappe. Mémé et ses copines ne vont pas en rester là. Le réalisateur du très remarqué *La vieille dame et les pigeons* passe du court au long métrage avec cette course-poursuite burlesque. ◆**Le Grand Pavois 94** ◆**Saint Lambert 96**

CD **LES TEMPS QUI CHANGENT.** 2004. 1h30. Comédie dramatique française en couleurs d'André Téchiné avec Gérard Depardieu, Catherine Deneuve, Gilbert Melki, Malik Zidi, Lubna Azabal. En mission à Tanger, un homme y retrouve son premier amour, une femme mariée, journaliste à la radio. Elle l'a oublié, il n'a pensé qu'à elle et n'a qu'un but: la reconquérir. Une histoire d'amour impossible, qu'un présent agité met à portée de main. Les interprètes du *Dernier métro* se donnent la réplique dans ce film teint de nostalgie mais aussi d'espoir et d'amour. ◆**L'Arlequin 25** ◆**Saint Lazare Pasquier 51** ◆**Majestic Bastille 72**

DICO

à raison de *at a rate of*
acclamé *praised, acclaimed*
accrocs *complications*
ayatollahs *Islamic religious leaders*
boiter *to limp*
braconnier *poacher*
carrure de camionneur *build of a truck driver*
casse le moule *breaks the mold*
Chah *Shah (autocratic hereditary ruler)*
Choyée *Coddled*
chute *fall*
divertir *to distract*
en douce *subtlely, quietly*
épatants *amazing*
feutre *felt-tip pen*

garde-chasse *gamekeeper*
lancinante *obsessive*
lui vaut *gains for him*
muets *here, silent*
plagiste *beachboy*
privations *wants (things people are deprived of)*
raté *failed*
savonnettes *cakes of soap*
sourire *to smile*
Stradivarius *violin made by a famous 18th century Italian*
trapu *thickset*
viticulture *winegrowing*
voile *veil*
voyou *hoodlum*

Q. Petit test: Le cinéma en France. Indiquez si les constatations suivantes sont vraies ou fausses. Si une phrase est fausse, corrigez-la selon ce que vous avez appris dans le **Magazine Culture.**

Jean Renoir

1. Après être sorti de l'armée, il envisage d'imiter son père célèbre en devenant artiste-peintre.
2. Au début de sa carrière de cinéaste, il réalise de nombreux films muets qui ont un succès très limité.
3. Son premier film à succès, *Boudu sauvé des eaux*, est un film parlant.
4. *La Grande Illusion* est un film anti-guerre qui réussit à communiquer son message sans montrer les horreurs du champ de bataille.
5. *La Règle du jeu* montre la frivolité et la décadence de la haute société française à la veille de la Deuxième Guerre mondiale.

Gérard Depardieu

6. Son premier film lui vaut une renommée instantanée.
7. Physiquement, il est une version française de Brad Pitt et de Matt Damon.
8. Sa carrière est à son zénith dans les années 1970 et 1980.
9. Il doit beaucoup de son succès à sa faculté de s'adapter à des rôles variés et à des réalisateurs divers.
10. Nominé pour son rôle dans *Cyrano*, il ne gagne pas l'Oscar, mais il se voit récompensé par un Golden Globe pour son rôle dans un film tourné à Hollywood.

Persépolis

11. *Persépolis* est à la fois un film d'animation et un film autobiographique.
12. Dans le film, la jeune héroïne grandit sous deux régimes totalitaires.
13. Après une jeunesse protégée à Téhéran, elle vit une adolescence plutôt turbulente et difficile à Vienne.
14. On a exceptionnellement réalisé le film surtout en noir et blanc en utilisant des techniques d'animation traditionnelles.
15. En tant que collaborateurs, Marjane Satrapi est responsable du scénario et Vincent Paronnaud, des dessins.

Pariscope

16. Les petits comptes rendus de *Pariscope* indiquent l'année où le film est sorti, le nom du réalisateur et des acteurs principaux et la durée du film.
17. Les petits comptes rendus de *Pariscope* indiquent aussi le coût de la production du film.
18. Le petit paragraphe au milieu du compte rendu donne un mini-résumé du film.

R. Mini-discussion. Discutez des questions suivantes avec quelques camarades de classe.

1. Jean Renoir est un réalisateur cinématographique très connu. Quels réalisateurs de cinéma connaissez-vous? Y a-t-il un réalisateur dont vous aimez particulièrement les films? Expliquez.
2. Gérard Depardieu est une star internationale. Quels sont vos acteurs (et actrices) préféré(e)s? Pourquoi les aimez-vous?
3. *Persépolis* est un film qui casse le moule *(breaks the mold)*, qui ne ressemble pas à la plupart des films à succès américains. Est-ce que vous connaissez un film original, un film qui soit non-conformiste, un film expérimental? Expliquez.

Fonction

Comment éviter la répétition (2)

Les pronoms compléments d'objet indirect *y* et *en*

1. Le pronom *y*

- avec le verbe **aller:**

  J'y vais, moi.

- pour remplacer une préposition de lieu (à, en, dans, sur, sous, chez):

  Il est en Allemagne? Oui, il y habite depuis deux ans.

- avec certains verbes suivis de la préposition à (penser à, s'intéresser à, tenir à, s'amuser à):

  Tu t'intéresses aux sciences? Non, je ne m'y intéresse pas.

2. Le pronom *en*

- pour remplacer un partitif:

  Tu veux du vin? Non, merci. Je n'en veux pas.

- avec une expression de quantité:

  Il vous faut encore des chaises? Non, nous en avons assez.

- avec certaines expressions suivies de la préposition de (avoir peur de, parler de, s'occuper de, avoir besoin, être content[e] de):

  Vous connaissez le nouveau film de Chabrol? Oui, Georges m'en a parlé.

- pour remplacer un nom précédé d'un chiffre:

  Il a des sœurs? Oui, il en a trois.

S. Un film de Renoir. Un amateur de cinéma (A) qui vient de découvrir l'œuvre de Jean Renoir interroge un cinéphile (C) au sujet de *Boudu sauvé des eaux*. Complétez leur conversation en utilisant les pronoms **y** et **en** pour éviter la répétition des mots en italique.

Modèle: A: Combien de *films* est-ce que Renoir a réalisé? (une quarantaine)
C: *Il en a réalisé une quarantaine.*

1. A: Et combien de *films parlants* est-ce qu'il a tourné? (une trentaine)
C: _____
2. A: Vous avez vu tous ses *films*? (non, mais... beaucoup)
C: _____. Et *Boudu sauvé des eaux* est un de ses meilleurs.
3. A: Le personnage principal s'appelle Boudu, non? Il a *de la famille*, ce Boudu? (non)
C. _____. Il est clochard *(homeless)*. Il n'a personne... sauf un chien.
4. A: Ah, il vit *dans la rue* depuis longtemps? (oui, depuis des années)
C: _____. Mais au début du film, il est déprimé. Il a perdu son chien. Il se jette donc *dans la Seine*.

5. A: _____ (pourquoi?)
   C: Parce qu'il veut mourir. Mais il est repêché par un certain
      M. Lestingrois, qui le ramène à sa maison.
6. A: Est-ce que Boudu est content *chez les Lestingrois*? (oui,... très content)
   C: _____
7. A: Et la famille de Lestingrois, elle est contente *de la présence de Boudu*.
      (non,... surtout au début)
   C: _____
8. A: Pourquoi pas?
   C: Parce que Boudu refuse de s'adapter à la vie bourgeoise. Par exemple,
      il ne se lave pas.
   A: Il ne prend pas *de bains*? (non)
   C: _____. Et il mange avec les doigts, il astique *(polishes)* ses chaussures
      avec les bas de soie de Madame et il crache *(spits)* sur les livres de
      Monsieur.
9. A: Alors la famille, elle doit avoir envie *de jeter Boudu dehors*? (non,...)
   C: _____. Au contraire. Peu à peu on commence à aimer Boudu parce
      qu'il est naturel, spontané et libre. Il fait ce qu'il veut. Il tente de
      séduire Anne-Marie, la bonne *(maid)* et Mme Lestingrois devient sa
      maîtresse!
10. A: Et M. Lestingrois? Il s'habitue *à la présence de Boudu chez lui*?
       (oui... finalement)
    C: _____
11. A: Et il réussit *à transformer son vagabond en honnête bourgeois*? (oui,
       sembler réussir)
    C: _____. Boudu tombe amoureux d'Anne-Marie et elle accepte finale-
       ment de l'épouser.
12. A: Alors Boudu et Anne-Marie se marient et tout finit bien.
    C: Pas exactement. Le jour du mariage, pendant que la noce descend la
       Seine pour fêter l'occasion, Boudu fait chavirer la barque *(causes the
       boat to tip over)*.
    A: Et Boudu est *à l'eau* de nouveau? (oui... encore une fois et tous les
       autres aussi)
    C: _____
13. A: Il y a donc *de la panique*? (oui, et Boudu... profite pour s'enfuir *[to
       flee]*)
    C: _____. Il reprend sa vie de clochard et recouvre sa liberté.

T. Échange rapide. Répondez rapidement aux questions en utilisant les pronoms **y** et **en.**

Modèle: —Vous avez des frères?
           —*Oui, j'en ai deux.*
           —*Moi, j'en ai trois.*
           —*Et moi, je n'en ai pas.*

1. Vous avez des frères?
2. Vous avez des sœurs?
3. Vous allez souvent au cinéma?
4. Vous vous intéressez à la politique?
5. Vous voulez du chewing-gum?
6. Vous avez besoin d'argent?
7. Vous aimeriez aller en Afrique?
8. Vous avez peur des lieux élevés *(heights)*?
9. Vous avez beaucoup de temps libre?
10. Vous avez acheté quelque chose à la librairie récemment?

Do **A faire! (5-4)** on page 217 of
the **Manuel de préparation.**

REPRISE

Les pronoms compléments d'objet direct et indirect

U. Quelques questions personnelles. Répondez aux questions que vous pose votre camarade de classe en utilisant des pronoms (**le, la, l', les; lui, leur; y, en**). Puis posez-lui la même question.

Modèle: —*Tu as des frères?*
—*Oui, j'en ai un. Et toi? Tu as des frères? (Tu en as?)*
—*Non, moi, je n'en ai pas.*

1. Tu as des sœurs?
2. Tu vois souvent tes parents?
3. Tu parles souvent à ton (ta) meilleur(e) ami(e) au téléphone?
4. Tu as beaucoup de temps libre?
5. Où est-ce que tu achètes tes chaussures?
6. Tu as peur des araignées *(spiders)*?
7. Tu es allé(e) au cinéma récemment?
8. Tu voudrais voir [mentionnez un film]?
9. Tu connais bien la ville de San Francisco?
10. Tu manges assez de fruits et de légumes?
11. Tu t'intéresses aux sports professionnels?
12. Combien de cours est-ce que tu as ce semestre?
13. Tu parles souvent à tes professeurs en dehors des *(outside of)* cours?
14. Tu as besoin d'argent?
15. Tu penses souvent à tes années au lycée?

Quant à moi...

 V. A vous d'abord! Discutez des questions suivantes avec quelques camarades de classe afin de découvrir leurs idées sur la télévision.

1. Vous regardez la télévision? Combien d'heures par semaine? Quelles sortes d'émissions?
2. Est-ce que vous faites confiance à la télévision en ce qui concerne les informations reçues?
3. Est-ce que la télévision peut avoir une mauvaise influence? Sur qui?

W. Les témoins vous parlent. Ecoutez quelques Français et Francophones vous parler de leurs idées sur la télévision, puis répondez aux questions.

 CD4, Tracks 2–5

 Visit the **témoins** in their hometown on Google Earth.

Pierre Hurel
Paris, France

> **Vocabulaire utile**
> **quel qu'il soit** *(whatever it may be)*, **améliorer** *(to improve)*, **pas que** *(not only)*, **confondent** *(confuse, mix up)*, **détente** *(relaxation)*

1. Complétez l'interview en ajoutant les mots qui manquent. Utilisez une autre feuille de papier.

—Vous regardez la télévision? Quand? Quelles sortes d'émissions? _____ par semaine?

—Je regarde la télévision presque chaque jour _____. Euh... je regarde des émissions _____. J'aime beaucoup regarder effectivement des chaînes _____, un petit peu de chaînes de _____ si c'est du tennis parce que, finalement, je regarde très peu de sport mais j'_____ le tennis. Euh... donc, je dirais que je regarde la télé _____, peut-être deux heures par jour, donc, mettons entre _____ et _____ heures par semaine.

—Est-ce que la télévision a une _____ influence sur certaines personnes?

—Je pense que, d'ailleurs on le sait, la télévision est une activité complètement _____. Et on sait que des études montrent que l'état mental dans lequel vous êtes _____ regarder la télévision est le _____ qu'après avoir regardé la télévision. Donc, pendant que vous regardez un programme quel qu'il soit, vous pouvez avoir l'impression d'améliorer votre état mental, euh si vous étiez _____, vous avez l'impression d'être plus _____, mais vous _____ à l'état où vous étiez _____ après. Donc je pense que c'est peut-être ça le _____ de la télévision. C'est une activité passive qui ne vous permet pas de vous _____ ni d'un point de vue _____, ni d'un point de vue _____. Et je pense que c'est dans ce sens-là que la télévision peut avoir une mauvaise influence.

—Est-ce que vous faites confiance à la télévision en ce qui concerne les _____ reçues?

—Quant à la validité des _____ que l'on peut entendre et regarder à la télévision, je pense qu'on a cette chance d'avoir la presse _____, on peut lire *Le Monde*, on peut lire d'autres journaux, surtout *Le Monde* mais pas que *Le Monde*. On peut trouver beaucoup d'informations sur l'Internet. Je pense que la télévision pour profits, la télévision _____, est dangereuse parce que les journalistes confondent _____ et détente et je pense que ce n'est pas le rôle d'un journaliste de vous _____, c'est le rôle d'un journaliste de vous _____. Et donc j'ai une confiance relative dans les informations que je reçois de la télévision mais, par contre, ce qui n'est pas relatif du tout, c'est les _____ que je suis bien sûr très _____ de voir à la télévision.

Corinne Bernimoulin-Schmid
Genève, Suisse

Vocabulaire utile

phénomène *(phenomenon, here: exception)*, **corbeille à linge** *(laundry basket)*, **débat** *(debate)*, **concordantes** *(in agreement)*, **ne m'y connais pas** *(am not familiar with)*, **œil** *(eye)*, **heurtantes** *(shocking)*

2. Vrai ou faux? Corrigez les phrases fausses. Corinne dit que (qu')…

   a. elle regarde la télévision un soir par semaine.
   b. elle aime beaucoup les films télévisés.
   c. autrefois elle regardait des «soap operas» américains.
   d. elle fait confiance aux informations télévisées si elle connaît le journaliste.
   e. elle aime comparer ce qu'elle voit à la télévision et ce qu'elle entend à la radio.
   f. toutes les émissions pour enfants ont une très mauvaise influence sur eux.

Nadia Aouad
Beyrouth, Liban

Vocabulaire utile

forcément *(necessarily)*, **nouvelles** *(news)*, **appartiennent à** *(belong to)*, **méfiant** *(distrustful)*, **feuilletons** *(soap operas)*, **adhérer** *(to adhere, agree with)*

3. Répondez aux questions.

   a. Pourquoi est-ce que Nadia ne regarde pas souvent la télévision?
   b. Si elle la regarde, quelles sortes d'émissions préfère-t-elle?
   c. Selon Nadia, pourquoi ne peut-on pas faire confiance aux informations télévisées au Liban?
   d. Quels conseils donne-t-elle aux personnes qui voudraient avoir des informations fiables *(credible, trustworthy)*?
   e. Comment la télévision peut-elle avoir une mauvaise influence sur certaines personnes?

Anne-Marie Floquet
Paris, France

Vocabulaire utile

entre guillemets *(in quotes)*, images en soi *(images in and of themselves)*, obsède *(obsesses)*, détendu *(relaxed)*, quotidien *(everyday)*, anodin *(harmless, inoffensive)*

4. Résumez ce que dit Anne-Marie sur les sujets suivants:

    a. quand elle regarde la télévision
    b. les émissions qu'elle regarde
    c. son opinion sur les séries américaines
    d. la fiabilité *(credibility)* des informations télévisées
    e. les clichés
    f. les images qu'on voit à la télévision
    g. le sexe et la violence à la télévision
    h. la musique à la radio et à la télévision

X. Les témoins et vous. Ecoutez encore une fois les témoignages, puis discutez des questions suivantes avec quelques camarades de classe.

1. Pour la plupart, les quatre témoins disent ne pas regarder très souvent la télévision. Vos amis et votre famille répondraient-ils de la même façon? Expliquez.

2. Quelques témoins semblent faire plus confiance aux informations qu'on trouve dans le journal qu'aux informations télévisées. Etes-vous d'accord? Pourquoi (pas)?

3. Tous les témoins pensent que la télévision peut avoir une mauvaise influence sur certaines personnes. Etes-vous d'accord? Pourquoi (pas)?

Do **A faire! (5-5)** on page 222 of the **Manuel de préparation**.

FICHE VOCABULAIRE

LES MEDIAS *(m. pl.)*

La radio
    une (station de) radio
    un auditeur / une auditrice *listener*
    une émission (radiophonique) *(radio) program*
    la musique
    les infos *(f. pl.) news*
    la météo *weather*
    le sport

La télévision
    la télévision gratuite
    la télévision payante
    par câble
    par satellite
    une chaîne (de télévision) *TV station*
    un téléspectateur / une téléspectatrice *TV viewer*
    une émission *program*
    un feuilleton *soap opera*
    les jeux *(m. pl.) gameshows*
    les variétés *(f. pl.) music shows*
    le sport
    un magazine télévisé
    une série *sitcom*

La presse écrite *print media*
    un journal / des journaux
    un quotidien *daily newspaper*

    un journal du matin
    un journal du soir
    un hebdomadaire *weekly newspaper (magazine)*
    une édition électronique *online newspaper*
    un article de journal
    un lecteur / une lectrice *reader*

Les actualités *(f. pl.) current events*

Les informations *(f. pl.) news*

Les nouvelles *(f. pl.) news*
    s'informer *to get informed*
    se tenir au courant *to keep up with what's happening*

Comment parler des actualités

Qu'est-ce qu'il y a d'intéressant dans le journal (à la télé / à la radio)?

Qu'est-ce qui se passe (dans le monde) (en France)?

Je viens de voir (lire, entendre) que…

J'ai vu (lu, entendu) que…

J'ai lu un article sur…
        qui parle de…
        qui a pour titre *(title)*…
        dans lequel il s'agit de (d')…

Y. Les médias et vous. Discutez des sujets suivants avec quelques camarades de classe en vous inspirant de vos réponses aux questions de l'Exercice XXIV (**Manuel de préparation**).

    1. La radio: Quand? Où? Quelles émissions?

    2. La télévision: Combien d'heures par semaine? Quelles émissions?

    3. Le journal: Lequel? Quand?

*Des contes folkloriques, des intrigues cinématographiques, oui... mais aussi les nouvelles du jour et de la semaine: voilà ce qu'on peut raconter. A l'ère des médias et de l'information, il n'est pas surprenant qu'il existe des «fanas d'actualité», des gens qui doivent être au courant de tout ce qui se passe près de chez eux et autour du monde. Dans ce **Magazine Culture**, vous allez découvrir des sources d'information—audiovisuelles et imprimées—dont disposent les Français. Vous allez ensuite lire deux articles de journal.*

Une réforme médiatique: du monopole d'Etat à une ouverture du marché

Tout comme les Etats-Unis, la France participe à la révolution technologique et informatique qui s'empare de notre planète. Les avancées techniques ont entraîné des changements importants dans le domaine de la communication, surtout en ce qui concerne l'audiovisuel (la radio et la télévision) et aussi la presse écrite.

LA RADIO

A la fin de la Deuxième Guerre mondiale, une ordonnance établit en France le monopole d'Etat sur les stations de radio. A cette époque-là, il n'existe qu'une seule radio publique: Paris Inter, devenu plus tard France 1 puis RTF Inter. Plus tard, on crée France-Culture et France-Musique, elles aussi sous le contrôle du gouvernement. Peu à peu, en réaction à ce monopole, il se développe des radios périphériques (radios situées de l'autre côté de la frontière—par exemple, Radio Luxembourg) et puis des radios pirates (des radios illégales établies sur le sol français—par exemple, Radio Campus à Lille, Radio Ivre à Paris). En 1981, les radios pirates deviennent des radios libres, mettant fin au monopole radiophonique et encourageant la création de nouvelles radios thématiques (surtout des radios musicales et des radios d'infos). De nos jours, il existe un grand nombre de radios nationales et locales. Parmi les plus importantes, NRJ (la Nouvelle Radio des Jeunes—la radio la plus écoutée en France), France Info (qui occupe la troisième place quant au nombre d'auditeurs) et RMC (qui offre infos, talk et sports, et dont l'audience est en hausse).

LA TÉLÉVISION

Au début, la télévision française suit le même modèle. Les premières chaînes sont des chaînes d'Etat, mais la création de Canal+ (la première chaîne payante) en 1984 et la privatisation de TF1 en 1987 mènent à l'ouverture de nouveaux canaux. Aujourd'hui, la France a plusieurs centaines de chaînes de télévision—nationales et privées, par câble et par satellite, gratuites et payantes. Depuis 2005, grâce à la TNT (télévision numérique terrestre) et avec l'aide d'un décodeur qu'on achète, on peut accéder gratuitement à 18 chaînes nationales (dont TF1, France 2, France 3, France 5, M6), à 18 chaînes locales (programmes diffusés à Marseille, à Lyon, à Toulouse, etc.) et on peut accéder par abonnement à plusieurs chaînes payantes (telles que Canal+, Canal J [Jeunesse] et Eurosport). Beaucoup de ces chaînes diffusent tous les jours de nombreux programmes consacrés à l'actualité. Par exemple:

- **TF1** (journal de 13h et journal de 20h);
- **France 2** (huit éditions par jour: 6h30, 7h, 7h30, 8h, 8h40, 13h, 20h et JT Nuit);
- **France 3** (alternance de programmes nationaux et régionaux: de 18h35 à 20h; journal du soir: après le film);
- **M6** (10 minutes: journal tout en images diffusé tous les soirs à 19h50).

En plus, France 24 diffuse simultanément par câble et par satellite des bulletins d'information toutes les 30 minutes en français et en anglais. On peut capter ces émissions en Europe, en Afrique, au Proche et Moyen Orient et on espère étendre la zone de diffusion au continent américain et à l'Asie. Il faut mentionner aussi TV5Monde, chaîne internationale câblée dont on peut voir les informations en Europe, en Afrique et en Amérique du Nord. Enfin, n'oublions pas *Les Guignols de l'Info*, parodie des journaux télévisés présentée par des marionnettes.

UN SECTEUR DE L'INFORMATION EN BAISSE: LA PRESSE ÉCRITE

Comme dans beaucoup de pays, le nombre de lecteurs de journaux en France connaît une forte érosion. La perte de l'audience s'explique sans doute en partie par la concurrence de la télévision et des nouveaux médias (comme Internet). Moins de 50% de la population lit régulièrement un journal. Si on laisse de côté *L'Equipe* (journal sportif qui occupe la première place en nombre de lecteurs), parmi les quotidiens nationaux payants les plus populaires on trouve:

- *Le Monde:* fondé en 1944, c'est le quotidien français le plus diffusé à l'étranger; il jouit d'une grande réputation mondiale et occupe une place au centre-gauche du spectre politique français;
- *Le Figaro:* fondé en 1826, c'est le plus ancien quotidien national encore publié; il occupe une place au centre-droite du spectre politique français;

- *Libération:* fondé en 1973 sous l'égide de Jean-Paul Sartre, c'est un journal de gauche qui a repris le titre d'un journal de la Résistance (Deuxième Guerre mondiale);
- *La Croix:* quotidien catholique fondé en 1880;
- *L'Humanité:* fondé en 1904 par le socialiste Jean Jaurès, il est devenu pendant près de 75 ans l'organe officiel du parti communiste.

Encore plus de lecteurs choisissent de lire un quotidien régional. Parmi les plus populaires sont *Ouest-France* (la Bretagne et la Normandie), *Le Parisien* (Paris et l'Ile-de-France), *Sud-Ouest* (la région de Bordeaux) et *La Voix du Nord* (la région de Lille et de Calais). Tous les quotidiens régionaux ainsi que tous les quotidiens nationaux ont leur site Web, où on peut trouver une édition électronique comprenant des informations en continu, des articles, des dossiers, des rubriques loisirs, etc.

Phénomène relativement récent (les premiers numéros paraissent en 2002), la PQUG (presse quotidienne urbaine gratuite) connaît un assez grand succès. Il s'agit de journaux au petit format (moins de 30 pages normalement) totalement financés par les publicités et donc distribués gratuitement aux lecteurs. A l'inverse du journal traditionnel (si on veut l'acheter, il faut se diriger vers un kiosque ou chez un marchand de journaux), ces nouveaux journaux se trouvent sur les lieux de mobilité: dans le métro, dans les centres commerciaux, dans d'autres lieux publics. Faciles d'accès, ils sont aussi rapides à lire, car l'actualité du jour est présentée en peu de mots et est accompagnée de nombreuses informations pratiques. Parmi les journaux gratuits les plus populaires distribués à Paris et en Ile-de-France sont *Métro, 20 Minutes, Direct Soir* et *Matin Plus*.

Deux articles de journal

Accident mortel dans les Alpes italiennes

Cinq alpinistes, une femme et quatre hommes, âgés de 38 à 60 ans et tous de nationalité française, sont morts dans une avalanche, mercredi soir, dans le parc du Grand Paradis, au sud d'Aoste en Italie.

On a retrouvé vivant leur guide, français lui aussi, et on l'a transporté dans un hôpital dans le Val d'Aoste. Inconscient et en état de choc, il n'a pu donner aucune information sur l'accident, qui s'est produit à 3 000 mètres d'altitude alors qu'un brouillard épais empêchait les alpinistes et plus tard les sauveteurs de voir. Selon la police, des gardiens d'un refuge d'altitude, inquiets de l'absence des Français qui devaient y retourner avant la tombée de la nuit, avaient donné l'alarme. Avec l'aide d'un hélicoptère on a retrouvé le guide mais les opérations de recherche ont dû être interrompues en raison de l'obscurité et des conditions atmosphériques. Il a fallu attendre le lendemain matin pour retrouver les corps des victimes encore encordées.

Mercredi, les services météorologiques italiens signalaient un «risque marqué d'avalanches (3 sur une échelle de 5)» dans cette région, mais, selon le porte-parole des sauveteurs, les alpinistes n'ont pas été victimes d'une vraie avalanche mais plutôt de l'effondrement d'un pont de neige.

Mort d'un humanitaire français au Tchad

Hier matin, Pascal Marlinge, chef de mission au Tchad pour l'association humanitaire britannique «Save the Children», a été tué près de la frontière avec le Soudan par des hommes armés. Il faisait partie d'un convoi de trois véhicules allant de Farchana à Hajir Hadid. Aucun des quatre autres travailleurs humanitaires n'a été touché. Les autorités locales, aidées de soldats de l'Eufor (force européenne), ont poursuivi les agresseurs. Ils ont retrouvé l'un des trois véhicules du convoi abandonné cent kilomètres plus loin, mais il n'y avait aucune trace des auteurs du crime. Les ONG (organisations non-gouvernementales) opérant au Tchad ainsi que les agences de l'ONU (Organisation des Nations-Unies) ont annoncé qu'elles suspendraient leurs activités au Tchad afin de «protester contre la détérioration de la sécurité» dans la région. Et le ministre français des Affaires étrangères, Bernard Kouchner, a dénoncé cet «acte de barbarie globale» et a demandé aux autorités tchadiennes de faire «toute la lumière».

On se demande qui et pourquoi on voudrait tuer si froidement un humanitaire désarmé. Selon les uns, les auteurs du crime seraient des «coupeurs de route» qui visaient surtout le 4x4, voiture très prisée au Tchad. D'autres accréditent l'hypothèse qu'il s'agirait d'un acte politique visant spécifiquement la France dont la présence au Tchad (plus de 1 800 soldats) et l'aide au gouvernement tchadien gênent les rebelles soudanais.

DICO

abonnement *subscription*
brouillard *fog*
concurrence *competition*
coupeurs de route *bandits*
diffusés *broadcast*
effondrement *collapse*
encordées *tied together*
épais *thick*
gênent *bother, upset*
gratuites *free*
kiosque *news stand*
monopole d'Etat *government monopoly*
numérique *digital*
périphériques *here, outside of France*
pont de neige *ice bridge*
porte-parole *spokesperson*
prisée *highly valued*
sauveteurs *rescuers*

Z. Vous avez compris? Indiquez si les déclarations suivantes sont vraies ou fausses. Corrigez les phrases fausses.

1. Aujourd'hui, les stations de radio françaises sont toutes sous le monopole du gouvernement.

2. Il existe en France un mélange *(mix)* de chaînes de télévision nationales et privées, gratuites et payantes.

3. TF1, la chaîne qui attire le plus grand nombre de téléspectateurs, est une chaîne nationale sous le contrôle du gouvernement.

4. En France, avec l'achat d'un décodeur, on a l'accès gratuit à un nombre important de chaînes.

5. Les Français peuvent regarder les actualités tout au long de la journée.

6. Plus de la moitié des adultes français lisent un journal tous les jours.

7. *Le Monde* est un journal conservateur.

8. La ligne éditoriale de *L'Humanité* est d'extrême gauche.

9. Cinq alpinistes français et leur guide sont morts dans les Alpes italiennes.

10. On a retrouvé les corps des victimes le soir même de l'accident.

11. Les victimes semblent ne pas avoir fait attention au signalement du risque d'avalanches dans la région.

12. Un travailleur humanitaire français a été tué au Tchad; quatre autres ont été blessés.

13. La police et les soldats ont pu capturer les agresseurs à une centaine de kilomètres des lieux du crime.

14. Tout le monde n'est pas d'accord sur les mobiles *(motives)* de l'attaque.

AA. Discussion: Les médias et les actualités. Discutez des questions suivantes avec quelques camarades de classe.

1. A votre avis, est-ce qu'il est important de s'informer sur l'actualité? Pourquoi (pas)? Quel(s) est (sont) le(s) meilleur(s) moyen(s) de se tenir au courant?

2. Selon certains critiques, la télévision contribue énormément à l'anti-intellectualisme des Américains. Il cite comme exemples les jeux, les émissions de télé-réalité, les séries avec leurs bandes de rires préenregistrés. Etes-vous d'accord? Pourquoi (pas)?

3. Chaque année le nombre de lecteurs de journaux semble diminuer. Il y a même des gens qui prédisent que les journaux imprimés disparaîtront bientôt. A votre avis, les journaux sont-ils essentiels ou peuvent-ils être remplacés par d'autres sources d'information?

Fonction

Comment éviter la répétition (3)

To download a podcast on the Direct and Indirect Pronouns, go to **academic.cengage.com/french/quantamoi**.

RAPPEL

Les pronoms compléments d'objet direct et indirect *me, te, nous, vous*

Les formes

je	**me**
tu	**te**
nous	**nous**
vous	**vous**

La position

- devant le verbe conjugué

  Il **me** parle.   Il ne **me** parle pas.
  Nous **vous** avons vus hier.   Nous ne **vous** avons pas vus hier.
  Ne **nous** parle pas!

- devant l'infinitif

  Je vais **t'**écrire.   Je ne vais pas **t'**écrire.

- après l'impératif affirmatif

  Donne-**moi** la lettre!

BB. A toi de répondre! Posez les questions à votre partenaire qui vous répondra aussi rapidement que possible.

1. Tu me connais?
2. Tu m'entends?
3. Tu me vois tous les jours?
4. Tu m'as vu(e) hier?
5. Tu m'as parlé hier?
6. Tu m'as téléphoné hier.
7. Tu vas me voir demain?
8. Tu vas me téléphoner demain?
9. Tu nous aimes bien, mes amis et moi?
10. Tu nous respectes?
11. Tu nous as apporté quelque chose?
12. Tu veux nous accompagner au cinéma?
13. Est-ce que je te fais peur?
14. Est-ce que je te fais rire?
15. Est-ce que je te gêne *(bother, upset)*?
16. Est-ce que je peux te rendre visite chez toi?
17. Est-ce que je peux t'aider?
18. Est-ce que je peux vous aider, toi et tes amis?
19. Est-ce que je peux vous téléphoner?
20. Est-ce que je peux vous attendre ici?

Do **A faire! (5-6)** on page 228 of the **Manuel de préparation**.

Littérature

Deux fables:
Le Corbeau et le Renard
(Jean de la Fontaine)

et Pourquoi le chat fait sa toilette après manger
(conte africain)

Une fable est un petit récit en vers ou en prose destiné à illustrer une vérité générale ou à expliquer un phénomène naturel. Souvent elle utilise des animaux pour s'adresser aux êtres humains.

Jean de la Fontaine (1641–1695) est un poète et un moraliste de l'âge classique en France. On considère ses fables comme des chefs-d'œuvre de la littérature française.

Les contes africains font partie de la littérature orale folklorique. Au cours des trente dernières années, on a publié de nombreux recueils de ces contes traditionnels.

Le Corbeau° et le Renard° — Crow; Fox

Maître Corbeau, sur un arbre perché,
Tenait en son bec un fromage.
Maître Renard, par l'odeur alléché°. — *attracted*
Lui tint à peu près ce langage°: — *Spoke to him something like this*
5 «Hé! bonjour, Monsieur du Corbeau.
Que vous êtes joli! Que vous me semblez beau!
Sans mentir°, si votre ramage° — *No lie; voice*
Se rapporte à votre plumage°, — *Is like your feathers*
Vous êtes le Phénix° des hôtes de ces bois°.» — *Phoenix (here: unique individual); woods*
10 A ces mots le Corbeau ne se sent pas de joie°; — *is overjoyed*
Et pour montrer sa belle voix,
Il ouvre un large bec, laisse tomber sa proie°. — *prey*
Le Renard s'en saisit, et dit: «Mon bon Monsieur,
Apprenez que tout flatteur
15 Vit aux dépens de celui° qui l'écoute: — *the one*
Cette leçon vaut bien° un fromage, sans doute.» — *is worth*
Le Corbeau, honteux° et confus°, — *ashamed; embarrassed*
Jura°, mais un peu tard, qu'on ne l'y prendrait plus°. — *Swore; wouldn't be taken in again*

In Standard French, the title would end in **après avoir mangé.**

washes up; Sparrow
notices; Yum, yum!
stops; with a graceful leap
is getting ready
well brought up

No sooner said than done.; lets go of
to get away
flying off
tricked

will wash up

Pourquoi le chat fait sa toilette° après manger

Un jour, un Moineau° imprudent se pose sur la branche la plus basse d'un arbre. Un Chat aperçoit° l'oiseau. Miam miam!° Quel bon repas en perspective. Il s'approche tout doucement, il se met en arrêt° et, d'un bond souple°, il attrape l'oiseau. Comme il s'apprête° à le dévorer, le Moineau lui dit:

—Un Chat bien élevé° ne mange pas avant de se laver. 5

—C'est vrai, tu as raison, répond le Chat.

Aussitôt dit, aussitôt fait.° Le Chat lâche° sa proie et il commence à faire sa toilette. L'oiseau en profite, bien sûr, pour se sauver° sans demander son reste.

—Tu es vraiment stupide, crie-t-il au Chat en s'envolant°.

Le Chat comprend alors qu'il a été trompé°. Profondément vexé, il se dit en 10 lui-même:

—La prochaine fois que je capturerai un oiseau, je commencerai par le manger. Après seulement je me débarbouillerai°.

Depuis ce jour, on voit toujours les chats faire leur toilette après manger.

Source: Contes d'Afrique Centrale.

CC. Discussion: Les fables et nous. Discutez des questions suivantes avec quelques camarades de classe.

1. En quoi les deux fables se ressemblent-elles? Quels éléments ont-elles en commun?
2. En quoi sont-elles différentes?
3. Le Renard profite d'un défaut de caractère chez le Corbeau pour obtenir le morceau de fromage. Quel est ce défaut? S'agit-il du même défaut chez le Chat? Expliquez.
4. Les fables mettent souvent en opposition les «forts» et les «faibles». Dans ces deux fables, qui gagne, le «fort» ou le «faible»? Expliquez. Les autres fables que vous connaissez ont-elles généralement le même résultat? Donnez des exemples.

REPRISE

Les pronoms compléments d'objet direct et indirect

DD. Quel(le) internaute es-tu? (What kind of an Internet user are you?) Vous faites une enquête sur les habitudes cybernétiques des étudiants. Posez les questions à un(e) camarade de classe, qui vous répondra en utilisant un pronom complément d'objet (**le, l', la, les; lui, leur; y, en; me, te, nous, vous**).

1. Je peux te poser des questions?
2. Tu as un portable?
3. Tu apportes ton portable en classe?
4. Tu es sur Internet combien de temps par jour?
5. Tu utilises Internet pour faire tes devoirs?
6. En moyenne *(On average),* combien de méls est-ce que tu reçois par jour?
7. Est-ce que tu lis les publicités que tu reçois dans ta boîte aux lettres?
8. Est-ce que tu as téléchargé de la musique récemment?
9. Est-ce que tu connais par cœur beaucoup d'adresses sur Internet?
10. Est-ce que tes parents ou tes grands-parents te demandent de les aider à naviguer sur Internet?
11. Est-ce que tu pourrais m'expliquer comment protéger mon ordinateur?
12. Est-ce que tu utilises souvent des smileys?
13. Est-ce que tu envoies un mél à ton (ta) meilleur(e) ami(e) pour son anniversaire?
14. Est-ce qu'il t'arrive encore *(still)* de lire des livres?

15. Je te vois souvent à la bibliothèque, non?
16. Tu changes souvent de pseudo *(username)*?
17. Tu regardes la télévision sur ton ordinateur?
18. Est-ce que tu voudrais inventer Internet s'il n'existait pas?
19. Je t'ai promis de ne pas mentionner ton nom?
20. Est-ce que je peux te téléphoner si j'ai d'autres questions?

EE. Une interview. Voici quelques questions qu'on pourrait poser à quelqu'un au cours d'une interview pour un job. Posez-les à un(e) camarade de classe, qui vous répondra en utilisant un pronom complément d'objet (**le, l', la, les; lui, leur; y, en; me, te, nous, vous**).

1. Vous avez des frères?
2. Vous avez des sœurs?
3. Où est-ce que votre famille habite? Est-ce qu'elle habite à… depuis longtemps?
4. Vous voyez souvent vos parents?
5. Vous parlez souvent à vos parents?
6. Où est-ce que vous avez déjà travaillé? Pendant combien de temps est-ce que vous avez travaillé à… ?
7. Vous avez trouvé le travail intéressant?
8. Vous avez gagné assez d'argent?
9. Comment s'appelait votre patron(ne) *(boss)*? Vous aimiez votre patron(ne)?
10. Il (Elle) vous parlait souvent?
11. Vous aviez beaucoup de collègues *(co-workers)*?
12. Vous parliez souvent à vos collègues?
13. Vous gardez un bon souvenir de ce job?
14. Vous vous intéressez à notre poste?
15. Vous aimeriez visiter nos bureaux?
16. Vous voudriez parler à nos employés?
17. Vous avez des lettres de recommandation?
18. Je pourrais voir vos lettres de recommandation?
19. Comment est-ce que nous pouvons vous contacter?
20. Est-ce que vous voulez bien nous donner votre numéro de téléphone?

Do **A faire!** (5-7) on page 231 of the **Manuel de préparation**.

C'est à vous maintenant!

FF. Au choix (suite). Résumez votre conte, votre film ou votre article en donnant autant de précisions que possible. Quand vous aurez fini, vos camarades feront eux-mêmes le résumé de votre conte, de votre film ou de votre article afin de démontrer que vous en avez fait un bon résumé.

Do **A faire!** (5-8) on page 234 of the **Manuel de préparation**.

Chapitre

Ça, c'est la France aujourd'hui!

234

Hier, aujourd'hui, demain

Et ça, c'est la France de demain!

Objectives

In this chapter, you will learn to:

- talk about cultural heritage;
- talk about the environment and human conflicts;
- talk about technological achievements;
- talk about the future;
- express active and passive voices, future events, and hypothetical events.

In addition, you will read about and explore the following topics: the French cultural heritage; French and Francophone natural resources; world problems such as pollution and prejudice; innovations in technology; and scenarios for the future.

 academic.cengage.com/french/quantamoi

iTunes Playlist
Heinle iRadio Podcasts
Cultural, Grammar, Video Activities
Google Earth coordinates

CD4, Tracks 6–20   A faire! MP: pp. 235–282

 Système-D

Repères

Les atouts de la France

▲ **L'arc de triomphe de l'Etoile, Paris**

Avec la tour Eiffel, l'arc de triomphe fait partie des monuments français qui sont devenus des symboles historiques mondialement reconnus. Il est situé à l'extrême ouest de l'avenue des Champs-Elysées au milieu de la place de l'Etoile, un énorme rond-point d'où rayonnent douze avenues. C'est Napoléon Ier qui en a commandé la construction en 1806. Le monument a été inauguré le 29 juillet 1836 (bien après la mort de Napoléon).

C'est sous l'arc de triomphe que se trouve la tombe du Soldat inconnu de la Première Guerre mondiale avec la flamme éternelle (la flamme du souvenir) qui ne s'éteint jamais. Avec ses arcades, sculptures et bas-reliefs, ce monument rappelle non seulement des jours de gloire militaire mais représente aussi une œuvre artistique impressionnante.

Le monde d'aujourd'hui et de demain

Le monde dans lequel nous vivons, c'est notre réalité et notre point de repère. D'une façon ou d'une autre, nous sommes tous définis par notre histoire, par notre patrimoine culturel et par l'environnement dans lequel nous nous trouvons. Comme nous, les Français et les Francophones sont fiers de leur pays, de leur patrimoine, de leurs réalisations. Leur histoire, leurs traditions et leur culture se manifestent dans leurs monuments, leurs musées, leur littérature, leur musique, leur production artistique et leur façon de s'entendre avec la nature qui les entoure. Mais les richesses de ces cultures sont aussi menacées par des problèmes tels que la dégradation de l'environnement, la haine, la discrimination, la criminalité, etc. L'avenir sera donc certainement défini par l'appréciation et la protection des richesses culturelles et naturelles. Dans ce chapitre, les témoins vous parleront des atouts de leur pays; ils vont identifier quelques problèmes qui menacent la planète et, enfin, ils expliqueront comment ils envisagent l'avenir.

▲ **Le musée d'Orsay, Paris**

Qui ne connaît pas Renoir, Monet, Cézanne, Gauguin, Toulouse-Lautrec et tous les autres peintres français d'une longue tradition artistique qui remonte jusqu'au Moyen Age? Qu'il s'agisse des cathédrales gothiques avec leurs sculptures monumentales, des tapisseries médiévales, de l'art de la période de Louis XIV, des impressionnistes, on ne peut guère parler d'art sans évoquer l'influence mondiale de la France. A Paris, par exemple, on peut visiter quelque 130 musées—parmi lesquels se trouvent les musées les plus connus du monde (musée du Louvre, musée d'Orsay, musée Rodin, musée national d'art moderne—Centre Georges Pompidou). Qu'on soit fana de peinture ou de vin, de sciences ou de musique, de personnages littéraires ou de haute couture, il y a des musées pour tous les goûts à Paris comme dans toutes les autres villes de France.

▲ *La cuisine française, c'est un art de manger et de vivre. Il ne s'agit pas forcément de manger de grandes quantités. Il est plutôt question de bien manger, de prendre son temps, de savourer les plats, de les déguster avec un bon vin et de partager les repas avec ses proches dans une ambiance conviviale.*

▲ **La littérature française: patrimoine sans égal**

Montaigne, Rabelais, Corneille, Racine, Molière, Voltaire, Rousseau, Balzac, Hugo, Baudelaire, Flaubert, Zola, Colette, Camus, Sartre, Simone de Beauvoir. Voilà des noms qui continuent à exercer une influence importante sur la production littéraire occidentale. Ce ne sont pas seulement les étudiants et profs d'université qui se penchent sur les romans, la poésie, les pièces de théâtre et les essais des écrivains français. C'est aussi tous les lecteurs qui aiment se détendre avec les auteurs classiques. En littérature comme en philosophie, la France est un des rares pays du monde qui a une production ininterrompue de chefs-d'œuvre, du Moyen Age jusqu'à aujourd'hui.

◄ *La cuisine française reflète la richesse des ressources agricoles du pays. Les meilleurs chefs comme la ménagère du petit village préfèrent donc les produits frais de leur région. Et, étant donné la variété des climats en France (climat continental, climat montagnard, climat atlantique, climat méditerranéen), chaque région a donc toute une gamme de spécialités culinaires très appréciées et mondialement connues. La quiche lorraine, la choucroute alsacienne, la crêpe bretonne, la bouillabaisse, le bœuf bourguignon, les moules marinières, le cassoulet, les pâtisseries, le pain, les fromages et, bien entendu, les vins des plus grands vignobles français, voilà le patrimoine naturel français.*

▲ **Parc National de la Guadeloupe**

Il faut se rappeler que, quand on dit «France», il ne s'agit pas seulement de la France métropolitaine mais aussi des départements (français) d'outre-mer (DOM— la Guadeloupe, la Martinique, la Guyane, La Réunion) et des collectivités d'outre-mer (la Nouvelle-Calédonie, la Polynésie française, Wallis-et-Futuna, les Terres françaises australes et antarctiques, Saint-Pierre-et-Miquelon). Musique, arts, architecture, littérature, produits agricoles, ces départements et collectivités apportent une richesse culturelle importante au patrimoine français.

▲ **Guadeloupe: marché en plein air**

Répartition de l'eau sur la planète

Et pourquoi parler de l'environnement, de l'eau, de l'air, de la pollution dans le contexte des atouts d'un pays ou d'une région? Eh bien, parce que si le patrimoine naturel n'est pas protégé, les richesses des pays risquent de disparaître. Il faut donc tout faire pour protéger les ressources dont dépendent la vie et la création artistique et intellectuelle.

Y a-t-il beaucoup d'eau sur notre planète? Enormément: 1 350 millions de km³, c'est-à-dire une quantité inimaginable. 74% de la surface du globe est recouverte par les océans... mais c'est de l'eau salée, qui n'est bonne ni pour notre soif ni pour nos cultures. Seules 2,5% des eaux du globe sont douces!

Environ les trois-quarts de cette eau douce sont bloqués, gelés dans les calottes glaciaires des pôles, donc inaccessibles!

Que reste-t-il alors pour notre soif? Nos rivières et nos lacs, qui ne représentent que 1% de l'eau douce, et surtout l'eau qui se loge loin de nos yeux sous le sol, et qui représente le quart de l'eau douce.

Et qu'est-ce qui nous restera si nous continuons à polluer ces eaux potables? Dans relativement peu de temps, les richesses de la terre ne seront peut-être qu'un souvenir lointain. Qu'est-ce que nous ferons donc pour protéger l'air, l'eau, les plantes, les animaux et nous-mêmes? Qu'est-ce qu'il faut faire pour cet environnement qui constitue notre patrimoine naturel?

A. Mots-clés. Etudiez les **Repères** (pages 236–239) pour trouver les mots et les expressions qui s'associent aux concepts suivants.

1. art et achitecture (10)
2. littérature (5)
3. cuisine (5)
4. patrimoine français (10)
5. environnement (10)

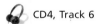 CD4, Track 6

B. Une visite guidée. Vous faites la visite de Paris avec un guide électronique qui explique ce que vous voyez et ce que vous regardez. Répondez aux questions en fonction de ce que vous apprenez dans chaque situation.

Modèle: (Vous entendez)
—Et ici, à droite, vous voyez le tableau le plus célèbre du monde. En français, la femme au sourire mystérieux s'appelle «La Joconde». En anglais, elle s'appelle «Mona Lisa». C'est le chef-d'œuvre de Léonard de Vinci, peint entre 1503 et 1507, à l'époque où De Vinci était installé en France à la cour du roi François Iᵉʳ. La peinture a été achetée par le roi et elle est dans la collection permanente du musée du Louvre ici à Paris. Tous les ans, des milliers de personnes du monde entier viennent admirer ce tableau magnifique.

(Vous répondez aux questions.)
Où êtes-vous?   *Au musée du Louvre à Paris.*
Comment s'appelle le tableau?   *La Joconde.*

1. Où êtes-vous? / Qui a peint les représentations de la cathédrale de Rouen? / Quand est-ce qu'il a commencé à peindre la cathédrale de Rouen? / A quel mouvement artistique est-ce qu'on associe son nom? / Combien de représentations de ce sujet existent? / Quelles sont deux techniques qui caractérisent ce mouvement artistique?

2. Quel est le style architectural de Notre Dame? A quelle époque est-ce que la cathédrale a été construite? / Combien de tours est-ce qu'il y a? / Est-ce que ces tours sont identiques? / Quelle est la signification de la plaque en bronze devant l'entrée de la façade ouest?

Ville utopique: Aérocity

Quel rapport entre le patrimoine, les problèmes de la planète et l'avenir? Au niveau le plus simple, si nous ne trouvons pas de solutions à ce qui menace le patrimoine naturel, la qualité de vie des êtres humains n'est pas du tout assurée. Il faut donc saluer les chercheurs qui s'emploient à imaginer les scénarios du futur tout en proposant des solutions aux problèmes les plus graves d'aujourd'hui. En voici quelques exemples.

Ceux qui habitent les grands centres urbains savent ce que c'est que la pollution. De par sa définition, la ville est un espace qui devient de plus en plus pollué: pollution de l'air, bruit, problèmes de déchets, etc. Plutôt que de se lamenter sur cet état de choses, des urbanistes, ingénieurs et architectes imaginent des modèles de cités futuristes qui pourraient remédier à ces problèmes et où tous les besoins humains seraient prévus: habitations, commerces,

bureaux, écoles, déplacements par transports en commun électriques, espaces verts, bref, un espace propre, respirable, confortable et beau. C'était le rêve de l'architecte québécois Gilles Gauthier quand il a imaginé la ville linéaire (c'est-à-dire horizontale mais non radiocentrique) avec transports métro et TGV souterrains électriques. Ce modèle a inspiré Pier Paolo Bonandrini et Julien Allègre pour créer Aérocity, une utopie linéaire qui utilise les technologies dernier cri et qui est leur vision écologique de l'avenir. Intéressant, n'est-ce pas?

3. Quel musée se trouve dans le VII⁽ᵉ⁾ arrondissement de Paris, plus précisément au 79, rue de Varenne? / Quelles sont deux des statues les plus célèbres de ce sculpteur? / Est-ce que toutes les sculptures du musée se trouvent à l'intérieur? / Est-ce qu'il existe un seul exemplaire du *Penseur*? / En quoi les exemplaires sont-ils différents? Est-ce qu'on peut voir *Le Penseur* aux Etats-Unis?

4. Chez qui est-ce que vous êtes au 6, place des Vosges? / Pendant combien de temps est-ce que l'auteur a vécu dans cet appartement? / A quelle époque est-ce que l'auteur a vécu? / Est-ce que l'auteur a écrit seulement des romans? / Comment s'appellent les deux romans les plus célèbres de l'auteur?

5. C'est quoi, la Villette? / Qu'est-ce qu'il y a à «Explora»? / Qu'est-ce qu'on peut voir à l'exposition «Le Vivant»? / Où est-ce qu'on peut aller si on s'intéresse à l'aéronautique? / Où est-ce qu'on peut aller si on veut voir les étoiles?

C. Est-ce que vous avez compris? Répondez aux questions suivantes selon ce que vous avez appris dans **Repères.**

1. Quels sont les éléments qui constituent le patrimoine d'un peuple?
2. A quelle époque est-ce que l'arc de triomphe a été construit?
3. Qu'est-ce qu'il y a sous l'arc de triomphe?
4. A peu près combien de musées est-ce qu'il y a à Paris?
5. Quel est le nom donné au musée d'art moderne de Paris?
6. Est-ce que Molière était un écrivain ou un peintre?
7. Quels sont les genres littéraires identifiés dans **Repères**?
8. Qu'est-ce qui compte le plus dans la cuisine française, la quantité ou la qualité?
9. Qu'est-ce qui est important pour les chefs français?
10. Quels sont les quatre types de climats qu'on trouve en France?
11. Quel est le statut officiel de la Guadeloupe?
12. De toute l'eau sur la terre, quel pourcentage est de l'eau douce?
13. Quelle expression est synonyme d'«eau douce»?
14. Pourquoi est-ce qu'il est important que les urbanistes imaginent des villes du futur?
15. Quels sont deux modèles de villes du futur?

Quant à moi...

D. A vous d'abord! Vos camarades et vous allez énumérer les atouts (patrimoine culturel, patrimoine naturel) de votre pays. S'il y a des étudiants d'autres pays dans votre groupe, ils peuvent parler des atouts de leur pays. Voilà quelques rubriques qui pourront vous aider dans votre discussion: monuments, littérature, musique, art, musées, architecture, traditions, sports, cuisine, beautés naturelles.

CD4, Tracks 7–10

Visit the **témoins** in their hometown on Google Earth.

E. Les témoins vous parlent. En écoutant quelques Français et Francophones vous parler des atouts de leurs pays, faites les exercices selon les indications données.

Anne-Marie Floquet
Paris, France

Vocabulaire utile

atouts *(assets)*, **fierté** *(pride)*, **terroir** *(soil, land)*, **nourriture** *(food)*, **fiers** *(proud)*, **terre** *(land, soil)*, **lancer** *(launch)*, **pour le mettre en valeur** *(to highlight it)*, **à toute échelle** *(at every level)*, **on tombe sur** *(you come upon)*, **ça remonte à tellement loin** *(it goes so far back)*, **savoir-vivre** *(etiquette, way of living)*, **rites** *(rituals)*

1. Complétez l'interview en ajoutant les mots qui manquent. Utilisez une autre feuille de papier.

Je pense qu'il y a vraiment une, une _____ dans les _____ du, du pays. Euh... ben je vais peut-être _____ par les, les plus _____, euh... la _____ du _____, son _____, la _____ qui vient de ce terroir, le _____. Donc je pense que les gens sont _____ de, de ce rapport à la terre, euh de la beauté, de l'_____ du pays. Euh, la France est aussi un pays qui n'a pas seulement un _____ culturel... euh... considérable mais qui est un pays riche. Et donc euh, elle, elle peut euh _____ des _____ euh remarquables pour maintenir ce patrimoine et pour le, pour le _____ en valeur. Donc les musées sont superbes, à toute échelle. Euh, régulièrement, dans les petits _____, on tombe sur des, des petits _____ sur l'histoire du vin ou sur n'importe quoi de, de local.

Quand on _____ dans Paris, je crois que c'est, c'est vraiment une _____ unique euh, bon par sa beauté, il y a d'autres villes qui sont très _____ , euh mais je crois _____ on se promène dans Paris, il y a toutes les _____ , ça remonte à tellement loin et, et ça c'est _____, la _____ des styles et, et pourtant une, une _____ dans la beauté qui est vraiment remarquable.

Un savoir-vivre aussi. Ce n'est pas tellement ce qu'on mange, oui, c'est en partie ce qu'on mange, mais _____ on le mange, les les _____ , euh le _____ comme rite. Le repas en famille ou avec des amis, euh la culture de, de l'_____ de, de la bonne cuisine. Ça fait partie du savoir-vivre, une certaine _____ aussi.

Pierre Hurel
Paris, France

Vocabulaire utile

à citer *(to mention)*, services sociaux *(social services)*, à croire *(to believe)*, devrait *(should be)*, gratuite *(free of charge)*, frais médicaux *(medical fees)*, ministère de la culture *(ministry of culture)*, investir *(invest)*, régit *(governs)*, de mieux vivre *(to live better)*, efficace *(effective)*, produits de luxe *(luxury items)*, puissance *(power)*, qu'il s'agisse *(be it about)*, mode *(fashion)*, fière *(proud)*, (Airbus) A380 *(number of the latest and largest double-decker Airbus)*, niveaux *(levels)*, usines *(factories)*, prouesse *(feat)*, pourrait être *(could be)*, à propos de *(about)*, qualité de vie *(quality of life)*, de nombreux *(many, numerous)*, étrangers *(foreigners)*, bonheur *(happiness)*

2. Répondez aux questions selon ce que dit Pierre. Utilisez une autre feuille de papier.

    a. En termes généraux, quels sont les atouts que mentionne Pierre?

    b. Quels exemples est-ce qu'il cite pour certains de ces atouts?

    c. Comment est-ce que vous pouvez caractériser l'attitude de Pierre en ce qui concerne la France?

    d. Quand il parle de la «qualité de vie en France», qu'est-ce qu'il veut dire?

Corinne Bernimoulin-Schmid
Genève, Suisse

Vocabulaire utile

que ce soit *(be it)*, également *(also)*, bilingue *(bilingual)*, trilingue *(trilingual)*, quadrilingue *(quatrilingual)*, lacs *(lakes)*, fiers *(proud)*, vaches *(cows)*, mythe *(myth)*, séchée *(dried)*, raclette *(melted cheese served with boiled potatoes, pickles, and coldcuts)*, marches *(hikes)*, âme *(soul, person)*, verdure *(greenery)*, paysages *(landscapes)*, depuis *(from)*, de route *(by car)*, pistes de ski *(ski slopes)*, roule *(drives)*, romanche *(language spoken in Eastern Switzerland, one of the four Swiss national languages; the three official languages are German, French, and Italian)*, multilinguisme *(multilingual)*, ouverts *(open)*, pacifisme *(pacifism, the idea of living in peace)*

3. Complétez les phrases en utilisant les faits et données que vous avez appris sur la Suisse. Utilisez une autre feuille de papier.

    • La Suisse est un pays de _____ d'habitants.

    • On peut traverser la Suisse en _____ heures.

    • Depuis la Suisse, on a accès à la _____, à l'_____, à l'_____ et à l'_____.

    • En Suisse, on est obligé d'apprendre d'autres _____.

    • La Suisse est un _____ pays. Il y a des _____, des _____, une _____ fabuleuse.

    • Le chocolat suisse est tout simplement le _____.

    • Les Suisses boivent du vin avec de la _____ séchée.

    • La _____ et la _____ sont des spécialités suisses.

    • La Suisse a _____ langues nationales: l'_____, le _____, l'_____ et le _____.

Nadia Aouad
Beyrouth, Liban

4. Notez au moins cinq faits que vous avez appris sur le Liban et les Libanais.

F. Visitez notre région. Imaginez que vous êtes chargé(e) de créer une liste des atouts pour la région où se trouve votre université. Votre but est d'attirer des visiteurs. Parlez de la nature, des choses à voir, des musées, des monuments, des spécialités culinaires, des restaurants, des activités culturelles (théâtre, concerts, cinéma, etc.) et des gens.

● Do **A faire! (6-1)** on page 236 of the **Manuel de préparation**.

FICHE VOCABULAIRE

LES ATOUTS D'UN PAYS OU D'UNE RÉGION

Pour parler des atouts (vocabulaire général)
un aspect
un atout *asset*
avoir accès à
beau (belle)
la beauté
le bonheur *happiness*
croire *to think; to believe* (je crois, tu crois, il/elle/on croit, nous croyons, vous croyez, ils/elles croient)
la culture
une époque
être fier (fière) de *to be proud of*
extraordinaire
la fierté *pride*
l'héritage *(m.)*
une industrie
magnifique
un mythe
le patrimoine *heritage*
un pays
un produit
la qualité de vie
une région
un rite *ritual*
le savoir-vivre *stylish (refined) lifestyle*
un village
une ville

Le patrimoine culturel
un acteur (une actrice)
l'archéologie *(f.)*
un(e) archéologue
un(e) architecte
l'architecture *(f.)*
l'art *(m.)*
un bâtiment
une bibliothèque
une cathédrale
un centre culturel
le chant *song; singing*
un(e) chanteur(euse)
le cinéma

un compositeur
la danse
un(e) danseur(euse)
dater de *dates from, goes back to*
un dramaturge *playwright, dramatist*
le dessin *drawing, sketch*
une école de danse (de musique, d'art, des beaux-arts)
un écrivain (une femme écrivain, une écrivaine) *writer*
un essai
l'esthétique *(f.) (adj.* esthétique)
une exposition
un festival (des festivals)
la haute couture *high fashion*
l'histoire *(f.)*
une langue
la littérature
la mode *fashion*
un monument (historique)
un musée
la musique
la peinture
un philosophe
la philosophie
la photographie
une pièce de théâtre *play (theater)*
la poésie (un poème)
un(e) poète
un roman *novel*
un(e) romancier(ère) *novelist*
une ruine
une salle de spectacle
un sculpteur
la sculpture
une statue
le théâtre
une troupe de théâtre

Le patrimoine naturel
un arbre *tree*
le bord de la mer *seaside*
un champ *field*
la côte *coast (ocean)*
la cuisine
délicieux(se)
l'environnement *(m.) (surroundings; environment)*
une fleur

une forêt
un lac
la marche (à pied) *hiking*
une montagne
la nature
la nourriture
un paysage *countryside; landscape*
un plat *dish (food)*
un produit frais
une saison
une spécialité culinaire
une station balnéaire *seaside resort*
une station de ski *ski resort*
la terre *earth; soil; land*
le terroir *earth; soil; land*
la verdure *greenery*

Les innovations technologiques
un avantage
le chemin de fer *railroad(s)*
dernier cri *state-of-the-art*
l'énergie *(f.)* (solaire)
une idée
un inconvénient *disadvantage*
innovateur(trice) *innovative*
lancer *to launch*
une mini-voiture
un pont *bridge*
un projet
une prouesse (technique, technologique) *(technical, technological) feat*
souterrain(e) *underground, subterranean*
un système de transports
le TGV (train à grande vitesse) *high-speed train*
une technologie
un train
les transports *(m.)* en commun *public transportation; carpooling*
un tunnel
une usine
un véhicule (solaire, électrique, hybride, etc.)
une voiture (solaire, électrique, hybride, etc.)

G. Les atouts des U.S.A. Avec vos camarades, faites une liste des points d'intérêt des Etats-Unis. Consultez la **Fiche Vocabulaire** et le vocabulaire utile ci-dessous pour vous aider dans votre discussion. N'oubliez pas de prendre des notes. Vous allez rédiger un petit essai sur le même sujet dans le **Manuel de préparation.**

Vocabulaire pour la discussion

When you're talking about points of interest in the United States, most of the proper nouns you'll be referring to are in English. In some cases, you'll simply retain the proper nouns and in other instances you can translate part or all of the names into French. You can also add general French vocabulary and expressions, some of which are indicated below.

Examples:

le Grand Canyon (le parc national du Grand Canyon)
le parc national de Death Valley (la Vallée de la Mort)
le parc d'attractions Walt Disney World
le Lincoln Memorial
la statue de la Liberté
Ellis island
le parc de spectacles aquatiques SeaWorld
les montagnes Rocheuses *(Rocky Mountains)*
Boston (la ville de Boston)

Le Lincoln Memorial

Si jamais vous partez à la découverte des richesses culturelles, historiques et technologiques de la France, vous trouverez de tout pour satisfaire à vos goûts et à vos intérêts: châteaux, monuments, églises, cathédrales, sites préhistoriques, édifices antiques, musées, vieux villages pittoresques, jardins magnifiques, ponts, moyens de transports. Les Français connaissent bien leur pays et ils sont très fiers de ce passé historique qui fait partie intégrale de leur vie.

Patrimoine culturel: le château de Blois

Blois est une ville de 52 500 habitants, située de part et d'autre de la Loire entre Tours et Orléans dans la région du Centre. C'est une ville qui a gardé certains aspects de son passé médiéval avec des petites ruelles tortueuses et des escaliers qui s'adaptent au relief escarpé du paysage. Le tricolore donne à Blois un caractère tout à fait unique: façades blanches, toits d'ardoises bleues, cheminées de briques rouges.

Blois est le centre commercial d'une région dominée par l'agriculture. Parmi ses produits, les plus importants sont le blé, le vin, les fraises, les légumes et les asperges. Mais Blois est aussi une ville industrielle avec une économie qui comprend l'automobile, le chocolat Poulain, une industrie pharmaceutique importante et, chose remarquable, la fabrication de sushis congelés! En fait, Blois est le premier centre européen du sushi.

Le château royal de Blois est situé en plein centre de la ville, sur la rive droite de la Loire. La construction du château de Blois a commencé au XIIIe siècle mais de cette forteresse il ne reste aujourd'hui que la grande salle et une tour cylindrique. Entre le XIIIe et le XVIIe siècle le château a été refait plusieurs fois. C'est au XVIe que le château est devenu la résidence principale des rois de France. Au début de ce siècle, le roi Louis XII et sa femme Anne de Bretagne ont entamé une reconstruction majeure du château et la construction de la chapelle Saint-Calais. Il y avait aussi des jardins de style Renaissance qui ont aujourd'hui disparu.

Vue sur Blois

Blason de Blois: fleur de lys d'or sur fond azur (accordée par le roi Louis XII) *(à gauche)*;
Le porc-épic est l'emblème de la ville *(à droite)*

Patrimoine français:
les grands châteaux
de la Loire

Amboise	Chenonceau
Azay-le-Rideau	Cheverny
Blois	Chinon
Chambord	Le Lude
Chaumont	Valençay

Le château de Blois, un des grands châteaux du Val de Loire: vue de l'aile Louis XII avec, à gauche, la galerie Charles d'Orléans et à droite, la chapelle Saint-Calais

Quelques années après, François Ier a lancé la construction d'une nouvelle aile et un escalier monumental de style Renaissance et c'est ce roi qui a commencé la collection des livres et manuscrits les plus importants de l'époque. Cette collection impressionnante de Blois deviendra, vers 1524, la base de la Bibliothèque Nationale (Paris), une des plus grandes bibliothèques d'Europe.

Entre 1660 et 1841, le château a été abandonné et presque tous les meubles et les statues ont disparu. Mais, en 1841, sous le roi Louis-Philippe, le château de Blois a été désigné monument historique et la restauration a commencé pour le transformer en musée. Le château de Blois est aujourd'hui la propriété de la ville de Blois et il est devenu un centre important d'expositions, de concerts et de productions théâtrales. Avec toutes les reconstructions, les visiteurs peuvent aujourd'hui apprécier le mélange de styles architecturaux (gothique, Renaissance, classique) et même les quelques vestiges du Moyen Age. En 1990, un son-et-lumière *(Ainsi Blois vous est conté...)* a été ajouté pour attirer l'attention sur un des plus grands châteaux du Val de Loire.

Aile François Ier avec l'escalier

Patrimoine biologique et paysager: la Guadeloupe

Les huit îles de la Guadeloupe administrative représentent un patrimoine biologique et paysager très important pour la France. Il est vrai que, depuis le début de la colonisation, la dégradation de l'environnement a beaucoup réduit la biodiversité de ces îles. Mais aujourd'hui, des arrêtés ministériels assurent la protection des paysages et espèces les plus fragiles. Voici quelques exemples des grottes, marais, bois, plages, étangs et mangroves qui constituent le patrimoine guadeloupéen.

Grottes abritant des chiroptères

En tout, il y a à peu près 170 espèces de chauve-souris dans le monde, dont 33 sur le territoire français, dont une dizaine dans les six grottes de la Guadeloupe. Ces mammifères se déplacent grâce à un système d'ultrasons perfectionné. Ils ont, à tort, une mauvaise réputation créée surtout par des contes et légendes. Mais on reconnaît aujourd'hui leur importance dans le contrôle des insectes, notamment dans les vergers. La protection de la chauve-souris est donc essentielle à l'équilibre écologique.

Marais et bois

Un des derniers grands marécages se trouve dans l'île guadeloupéenne de Marie-Galante. Les conditions hydrologiques très spéciales de la basse vallée contribuent au développement d'une forêt mésophile où on peut voir des espèces végétales très rares. Ce qui est important, c'est que cette zone humide se trouve sur une île plutôt sèche. Les marais ainsi que la forêt servent donc d'environnement diversifié non seulement pour des plantes mais aussi pour plusieurs espèces d'amphibiens et tortues.

Profil

Statut: département d'outre-mer (DOM) français et région française

Situation: archipel des Antilles à 7 000 km de la France

Géographie: Administrativement, la Guadeloupe regroupe 8 îles, mais deux îles (Basse-Terre et Grande-Terre) constituent la Guadeloupe proprement dite. Les deux îles sont réliées par deux ponts.

Fleur d'Alpinia en Guadeloupe

Préfecture: Basse-Terre

Chef-lieu: Pointe-à-Pitre

Population: 420 000 (2008)

Langue officielle: le français

Langue régionale: le créole guadeloupéen

Monnaie: l'euro

Domaine Internet: .gp

Economie: L'agriculture (canne à sucre, banane, melon, avocat, ananas, orange, citron, aubergine, pamplemousse) est une industrie en crise; le tourisme est le secteur économique le plus important; le taux de chômage est de 27,8%.

Musique: la musique créole—le zouk, le gwo-ka, la biguine

La plage de Grande-Anse (Trois-Rivières)

Cinq des sept espèces de tortues marines identifiées dans le monde passent par l'archipel de la Guadeloupe. Il faut donc savoir que toutes les espèces de tortues marines sont protégées dans toute l'île. Mais il y a certaines plages qui sont particulièrement importantes à leur survie. Par exemple, la plage de Grande-Anse, avec son sable gris-noir rare aux Antilles, attire la tortue luth qui, elle, a besoin d'une plage très large avec un sable profond pour pondre ses œufs.

Etangs et mangroves

Les étangs et les mangroves deviennent de plus en plus rares sur l'archipel guadeloupéen. Ceux qui existent encore doivent donc être préservés car c'est dans ces endroits que les oiseaux migrateurs trouvent du repos et de la nourriture. Sans même parler des autres créatures qui y trouvent refuge. Les étangs et les mangroves contribuent à la diversité écologique de cette région.

Le viaduc de Millau, le plus haut pont du monde

La France est renommée dans le monde entier pour ses accomplissements techniques et technologiques. Que ce soit la tour Eiffel (avec ses 18 038 pièces métalliques, 2 500 000 rivets et une hauteur de 300 mètres), le TGV (le train le plus rapide du monde), l'Airbus A380 (le plus grand avion jamais conçu) ou le viaduc de Millau (le plus haut pont du monde), les Français sont non seulement innovateurs au niveau des concepts mais ils savent comment réaliser des projets technologiques extraordinaires.

C'est le cas du viaduc de Millau, le pont autoroutier A75 à haubans qui enjambe la vallée du Tarn à une hauteur de 270 mètres. Après des années d'études, le pont a été construit entre 2001 et 2004 et inauguré le 14 décembre 2004 par le président Jacques Chirac. Pourquoi construire ce viaduc? Avant la construction du pont, il n'y avait que trois itinéraires nord-sud pour traverser la France. Avec le viaduc, une quatrième voie a été créée pour faciliter la communication entre Paris et le sud de la France et l'Espagne. Même les critiques de ce projet monumental en reconnaissent aujourd'hui les avantages économiques et commerciaux. Il va sans dire que le viaduc est aussi devenu un point d'intérêt qui attire de nombreux visiteurs.

Le viaduc de Millau—Records mondiaux

- **Hauteur générale:** 270 m (le tablier routier le plus haut du monde)
- **Hauteur de la pile N°2:** 245 m (la pile la plus haute du monde)
- **Hauteur de la flèche de la pile N°2:** 343 m (la flèche la plus haute du monde)
- **Longueur:** 2 460 m (le tablier routier à haubans le plus long du monde)
- **Largeur:** 32 m (2 fois 2 voies et 2 voies de secours)

DICO

à tort *wrongly*
abritant *sheltering*
aile *wing (of a building)*
arrêtés ministériels *ministerial decrees (legislation)*
aubergine *eggplant*
basse *lower*
Blason *Coat of arms*
blé *wheat*
bois *woods*
chauve-souris *bats*
chiroptères *the family of bats*
comprend *includes*
conçu *conceived*
congelés *frozen*
enjambe *spans*
escarpé *steep*
espèces *species*
étangs *ponds*
flèche *spire*
fleur de lys *the former royal arms of France (a lily composed of three petals)*
grottes *grottos*
la Guadeloupe proprement dite *Guadeloupe proper*
Il va sans dire *It goes without saying*
mammifères *mammals*
mangroves *stands of mangrove trees that grow on the edge of swamps*

Marais *Swamps*
marécages *swamps*
mélange *mixture*
mésophile *mesophyte (plant needing a moderate amount of water)*
le monde entier *the whole world*
oiseaux migrateurs *migrating birds*
ont entamé *began*
Parmi *Among*
pile *support pillar*
pont *bridge*
(pont) à haubans *cable-stayed (bridge)*
porc-épic *porcupine*
pour pondre *to lay*
renommée *renowned*
rives *bank (of a river)*
ruelles *alleys*
sable *sand*
sèche *dry*
son-et-lumière *sound and light show*
survie *survival*
tablier routier *roadway*
toits d'ardoises *slate roofs*
tortues *turtles*
vergers *orchards*
viaduc *viaduct (a long bridge carrying a road)*
voies *lanes (road)*
voies de secours *emergency (breakdown) lanes*

H. Qu'est-ce que vous avez appris? Répondez aux questions suivantes.

1. Quels sont les deux symboles qui représentent la ville de Blois?
2. Où est située la ville de Blois?
3. Quels sont les aspects uniques de la ville?
4. Quel est le produit commercial le plus surprenant de l'économie de Blois?
5. Quand est-ce que la forteresse de Blois a été construite?
6. A quelle époque est-ce que le château de Blois est devenu la résidence principale des rois de France?
7. Qu'est-ce que le château de Blois a d'intéressant du point de vue de l'architecture?
8. Qu'est-ce qui est arrivé au château entre 1660 et 1841?
9. Et qu'est-ce qui est arrivé au château à partir de 1841?
10. Qu'est-ce qui assure la protection du patrimoine biologique et paysager en Guadeloupe?
11. Quels sont les aspects les plus importants du patrimoine biologique guadeloupéen?
12. Qu'est-ce que vous avez appris sur les chauve-souris?
13. Quels autres espèces et paysages sont protégés en Guadeloupe?
14. Quel est le secteur le plus important de l'économie guadeloupéenne?
15. Pourquoi est-ce que le viaduc de Millau a été construit?
16. Pourquoi est-ce que le viaduc de Millau est un accomplissement extraordinaire?
17. A part le côté technique et les avantages pour les voyageurs, qu'est-ce que le pont apporte aussi à la France?

I. Mini-discussion. Discutez des questions suivantes avec quelques camarades de classe.

1. En ce qui concerne le patrimoine culturel historique, quelle est la différence entre les points de repère des Français et les points de repère des Américains?
2. Qu'est-ce que vous savez sur le Val de Loire et son importance pour le patrimoine culturel français?
3. Qu'est-ce que vous avez appris sur la Guadeloupe dans le **Magazine Culture**?
4. Quand on parle de la France, quels sont les aspects ou les points d'intérêt qu'on mentionne presque toujours? Quelle autre dimension des Français est révélée par la construction du viaduc de Millau?

Contrôle des connaissances

RAPPEL

Les verbes *avoir* et *être*

Le présent
avoir j'ai, tu as, il/elle/on a, nous avons, vous avez, ils/elles ont
être je suis, tu es, il/elle/on est, nous sommes, vous êtes, ils/elles sont

Le passé composé
avoir j'ai eu, tu as eu, il/elle/on a eu, nous avons eu, vous avez eu, ils/elles ont eu
être j'ai été, tu as été, il/elle/on a été, nous avons été, vous avez été, ils/elles ont été

L'imparfait
avoir j'avais, tu avais, il/elle/on avait, nous avions, vous aviez, ils/elles avaient
être j'étais, tu étais, il/elle/on était, nous étions, vous étiez, ils/elles étaient

Le plus-que-parfait
avoir j'avais eu, tu avais eu, il/elle/on avait eu, nous avions eu, vous aviez eu, ils/elles avaient eu
être j'avais été, tu avais été, il/elle/on avait été, nous avions été, vous aviez été, ils/elles avaient été

Le présent du subjonctif
avoir que… j'aie, tu aies, il/elle/on ait, nous ayons, vous ayez, ils/elles aient
être que… je sois, tu sois, il/elle/on soit, nous soyons, vous soyez, ils/elles soient

Le passé du subjonctif
avoir que… j'aie eu, tu aies eu, il/elle/on ait eu, nous ayons eu, vous ayez eu, ils/elles aient eu
être que… j'aie été, tu aies été, il/elle/on ait été, nous ayons été, vous ayez été, ils/elles aient été

J. Terminons les idées! Terminez les phrases suivantes avec vos propres idées. Attention aux temps des verbes. Chaque fin de phrase doit comprendre une forme du verbe **avoir** ou du verbe **être**.

Modèle: Je suis content(e) que…
Je suis contente que *tu aies téléphoné à ta mère.*

1. Je suis content(e) que…
2. Il est important que…
3. Je suis sûr(e) que…
4. Il faut que…
5. Pourquoi est-ce que vous…
6. A quelle heure est-ce que tu…
7. Quand j'habitais chez mes parents,…
8. Ma sœur (Mon frère, Mon père, Ma mère, Mon ami[e]) et moi, nous…
9. Il faut que vous…
10. Mon prof de français pense que…
11. Mon prof de français n'est pas content que…
12. Hier soir, je…

● Do **A faire! (6-2)** on page 246 of the **Manuel de préparation**.

Fonction

Comment distinguer entre la voix active et la voix passive

RAPPEL

1. *La voix active*
   L'inondation **a détruit** plus de 200 maisons.
   Evelyne **va acheter** une nouvelle voiture.

2. *La voix passive sans agent*
   Mitterrand **a été élu** président pour la première fois en 1981.
   Notre maison **a été cambriolée.**

3. *La voix passive avec agent*
   Elles **vont être accueillies par** le président de l'université.
   Tous ses frais **ont été payés par** ses parents.

4. *La voix passive à valeur descriptive*
   Ce professeur **est respecté de** tous ses étudiants.
   La maison **était entourée d'**arbres.

K. Les dernières nouvelles: qu'est-ce qui s'est passé? En écoutant les actualités à la radio, indiquez si les verbes donnés ci-dessous sont conjugués à la voix active ou à la voix passive.

 CD4, Track 11

1. demander
2. suspendre
3. retarder *(to delay)*
4. appuyer *(to support)*
5. tuer
6. appeler
7. chercher
8. saluer *(to greet)*

L. En lisant *Pariscope*... Quand on lit *Pariscope*, on apprend beaucoup de choses sur les films et sur le monde du cinéma. Transformez les phrases à la voix active en phrases à la voix passive.

Modèle: Dans le film noir français *Sur mes lèvres*, une jeune femme malentendante *(hearing-impaired)* et frustrée choisit comme assistant un repris de justice *(ex-con)*.
Dans le film noir français Sur mes lèvres, un repris de justice est choisi comme assistant par une jeune femme malentendante et frustrée.

1. Dans le film de Robert Altman *Gosford Park*, un double meurtre et quelques scandales provoquent des remous *(a stir)* dans le monde privilégié d'un manoir anglais.
2. Dans le drame français *A la folie... pas du tout*, une jolie artiste de 20 ans aime passionnément un cardiologue marié, bientôt papa.
3. Le film d'aventures canadien *Atanarjuat* a gagné le prix Caméra d'Or au festival de Cannes en 2001.
4. Les réalisateurs du documentaire américain-israélo-palestinien *Les Réalistes* ont interviewé sept enfants juifs et palestiniens à propos de leur vision des événements au Moyen-Orient.

5. Aux prochains Césars [équivalent français des Oscars], on va décerner un nouveau prix, celui du meilleur court métrage *(short subject)*.
6. On a tourné le film *L'Orphelin d'Anyang* dans une petite ville chinoise de province.
7. Dans le thriller américain *L'Intrus,* le divorce de ses parents perturbe la vie d'un jeune garçon.
8. Le comité de sélection du festival de Cannes a présenté *Hollywood Ending* (comédie de Woody Allen) en ouverture de la compétition 2002.
9. Dimanche prochain sur France 2, on va interviewer les acteurs principaux du drame psychologique franco-autrichien *La Pianiste.*
10. L'histoire vraie de Kurt Gerstein pendant la Seconde Guerre mondiale a inspiré le film de Costa-Gavras, *Amen.*

M. Dans notre université. Utilisez les mots suggérés pour faire une description de votre université. Exprimez autant que possible vos idées en employant la voix active et la voix passive.

Modèle: *Dans notre université, les assistants font les cours pour débutants. Dans notre université, les cours pour débutants sont faits par des assistants.*

Vocabulaire utile

faire les cours	le/la président(e)
corriger les devoirs	le/la/les vice-président(e)(s)
corriger les examens	le doyen / la doyenne *(dean)*
établir les règles	le chef du département
punir les infractions aux règles	les professeurs
engager les nouveaux professeurs	les étudiants
organiser les activités	les administrateurs
organiser le programme d'études	remettre les diplômes

Quant à moi...

Témoignages: «A votre avis, quels sont les problèmes les plus graves dans le monde d'aujourd'hui?»

N. A vous d'abord! Voilà une liste des dangers qui menacent notre planète. Avec vos camarades de classe, mettez-vous d'accord sur les trois dangers qui vous semblent être les plus graves. Quand vous aurez choisi les dangers, donnez quelques exemples qui justifient votre choix.

la pollution
la discrimination et la haine *(hate)*
les maladies comme le SIDA
la faim
le chômage
le réchauffement de la planète
   (global warming)

le terrorisme
la guerre
la criminalité et la violence
la disparition des forêts tropicales
la disparition des espèces animales et
   végétales

O. Les témoins vous parlent. En écoutant quelques Français et Francophones parler des problèmes qui menacent la terre, faites les exercices selon les indications données.

 CD4, Tracks 12–16

 Visit the **témoins** in their hometown on Google Earth.

**Christophe
Mouraux**
Liège, Belgique

Vocabulaire utile

dix fois trop *(ten times too much)*, **à résoudre** *(to resolve)*, **SIDA** *(AIDS)*, **de moins en moins** *(less and less)*, **banalisé** *(trivialized)*, **meurent** *(die)*, **engendrer** *(engender, cause)*, **réchauffement de la planète** *(global warming)*, **passer sous silence** *(not mention)*, **auparavant** *(earlier)*, **subi** *(undergone, experienced)*, **au cours du** *(during the)*, **se sont améliorées** *(have gotten better)*, **nettement** *(clearly)*, **de par le fait** *(by the fact, because)*, **vague** *(wave)*, **provenait de** *(came from)*, **sachant que** *(knowing that)*, **je côtoyais** *(I frequented, I was around)*, **quoi qu'elles fassent** *(whatever they do)*, **n'auront pas** *(will not have)*, **s'en sortir** *(get out of their situation)*

1. Dites si les phrases sont vraies ou fausses selon ce qu'a dit Christophe.

   a. Le premier problème que mentionne Christophe, c'est le SIDA.
   b. Du point de vue humanitaire, Christophe a des difficultés à accepter l'idée qu'il y a beaucoup de gens dans le monde qui n'ont pas assez à manger.
   c. Ce qui choque Christophe, c'est que les médias banalisent les maladies comme le SIDA parce qu'ils en parlent de moins en moins.
   d. La pollution de l'eau est le problème qui préoccupe Christophe particulièrement.
   e. Il reconnaît que le terrorisme est un problème, mais pour lui, ce n'est pas un problème aussi grave que la faim, les maladies et la pollution.

f. La discrimination n'est pas un problème en Belgique.

g. Après la Seconde Guerre mondiale, la première vague d'immigrants en Belgique était constituée d'Italiens.

h. Ces premiers immigrants sont arrivés en Belgique pour travailler dans les mines.

i. Le travail dans les mines était un travail que les Belges ne voulaient pas faire.

j. Selon Christophe, la discrimination n'existe plus en Belgique.

k. Actuellement, les immigrants sont les gens des pays d'Afrique du Nord.

l. Ces immigrants sont traités avec beaucoup de respect.

m. Les immigrants d'Afrique du Nord n'ont pas le même accès aux emplois et aux logements.

Corinne Bernimoulin-Schmid
Genève, Suisse

Vocabulaire utile

réchauffement climatique *(global warming)*, **scolarisés** *(educated)*, **hautes études** *(higher education)*, **n'auront pas** *(will not have)*, **xénophobes (la xénophobie)** *(xenophobic, xenophobia, a deep dislike of foreigners)*, **dû à** *(due to)*, **volent** *(steal)*, **une montée de** *(a rise in)*, **due à** *(due to)*, **avenir proche** *(near future)*, **guerre** *(war)*, **actuellement** *(currently)*, **ça nous brise le cœur** *(it's heart breaking)*, **pourrait faire** *(could do)*, **Il faudrait prendre exemple sur nous** *(You should take us as an example)*, **assiettes en carton** *(paper plates)*, **fourchettes** *(forks)*, **couteaux** *(knives)*, **ceux** *(those)*, **en porcelaine** *(china)*, **camions de recyclage** *(recycling trucks)*, **verre** *(glass)*, **boîtes de conserve** *(cans)*, **voisins** *(neighbors)*, **vous font remarquer** *(let you know)*, **sacs à poubelle** *(trash bags)*, **on les économise** *(we save them)*, **le moins possible** *(the least amount possible)*, **ménage** *(household)*, **glaciers** *(glaciers)*, **reculent** *(retreat)*, **prendre soin de** *(take care of)*, **taille** *(size)*, **grosses** *(large)*

2. Répondez aux questions selon ce qu'a dit Corinne.

   a. Quels sont les cinq grands problèmes énumérés par Corinne?

   b. Selon Corinne, quel est le problème des jeunes?

   c. Pourquoi est-ce que la xénophobie monte en Suisse et à Genève en particulier?

   d. Quel est le résultat de la xénophobie et de l'insécurité?

   e. De quoi est-ce que les Suisses ont peur?

   f. Que font les Suisses pour protéger l'environnement?

   g. Quel pourcentage de Suisses n'a pas de voiture?

Pierre Hurel
Paris, France

Vocabulaire utile

époque charnière *(pivotal period)*, **bloc de l'Est** *(Eastern Block)*, **ère** *(era)*, **espèce d'** *(kind of, type of)*, **lié à** *(tied to)*, **nous interpelle** *(concerns us)*, **s'ennuient** *(are bored, have nothing to do)*, **ne devraient pas faire** *(shouldn't do)*, **manifestations** *(demonstrations)*

3. Notez au moins cinq idées que vous avez repérées dans les commentaires de Pierre.

P. Qu'est-ce que vous en pensez? Chacun des trois témoins donne son propre point de vue sur les problèmes du monde. Discutez des questions suivantes avec vos camarades de classe.

1. Quels sont les problèmes identifiés par chaque témoin? Quels problèmes est-ce que vous voulez ajouter à cette liste?

2. Qu'est-ce que tous les témoins ont en commun dans leurs réponses? En quoi leurs réponses sont-elles différentes?

3. Pierre présente un point de vue un peu différent. Que pensez-vous de son idée selon laquelle l'égoïsme est à la base de la plupart des problèmes que nous avons, y compris du problème de la pollution?

Do **A faire! (6-3)** on page 254 of the **Manuel de préparation.**

Et vous?

FICHE VOCABULAIRE

LES RELATIONS ENTRE L'HOMME ET L'ENVIRONNEMENT /
LES RELATIONS ENTRE LES ETRES HUMAINS

L'environnement
abîmer la nature *to damage, harm nature*
un accident (nucléaire, etc.)
avoir peur
le bruit *noise*
une catastrophe
une conséquence
dangereux(se)
les déchets *(m.)* (radioactifs, toxiques, nocifs, chimiques,
etc.) *(radioactive, toxic, harmful, chemical) garbage,
waste, trash*
la dégradation (de la faune, de la flore)
la destruction (des forêts, etc.)
la disparition (de la forêt amazonienne, etc.)
l'écologie *(f.)*
un écosystème
l'effet *(m.)* de serre *greenhouse effect*
l'énergie *(f.)*
l'environnement *(m.)*
être menacé(e) de disparition *to be endangered*
une espèce *species*
les espèces en voie de disparition *endangered species*
le gaspillage *waste*
gaspiller *to waste*
l'impact *(m.)* sur l'environnement *environmental impact*
une industrie
industriel(le)
une menace
menacer
la nature sauvage *wilderness*
les ordures *(f.)* ménagères *household garbage*
polluer

un pollueur
la pollution (de l'eau, de l'atmosphère, des rivières, de la
mer, des sols, etc.)
préserver (les espaces naturels, etc.)
le progrès
la protection
protéger (la nature, les espaces naturels, etc.)
la qualité de vie
le réchauffement de la planète *global warming*
le recyclage (du papier, des magazines, du carton, des vêtements, etc.)
le trou dans la couche d'ozone *tear in the ozone layer*

La discrimination
l'action *(f.)* en faveur des minorités *affirmative action*
l'antisémitisme *(m.)*
une attitude condescendante
avoir des préjugés contre *to be prejudiced against*
avoir l'esprit ouvert *to be open-minded*
la couleur de la peau *skin color*
la discrimination à l'envers *reverse discrimination*
l'égalité (l'inégalité) *(f.)*
l'égalité des droits *equal rights*
les émeutes raciales *(f.) race riots*
être étroit(e) d'esprit *to be narrow-minded*
être l'objet de discrimination *to be discriminated against*
la haine *hate*
l'homophobie *(f.)*
une insulte verbale
mépriser *to scorn; to detest*
la peur *fear*
un préjugé
le racisme
la ségrégation
le sexisme
la tolérance (l'intolérance)

Q. Les mots de la même famille. Consultez la **Fiche Vocabulaire** pour trouver
le mot de la même famille pour chacun des mots donnés.

Modèle: énergique   *l'énergie*

1. catastrophique
2. une menace
3. l'industrie
4. le danger
5. la pollution
6. la protection
7. le mépris
8. tolérant

9. gaspiller
10. un écologiste
11. raciste
12. dégrader
13. détruire
14. disparaître
15. la biologie

R. Je suis d'accord parce que… Je ne suis pas d'accord parce que…
Choisissez deux ou trois points de vue de la liste ci-dessous. Dites si vous êtes d'accord ou pas et donnez des raisons pour justifier votre réponse. Consultez la **Fiche Vocabulaire** pour vous aider dans vos conversations.

Modèle:　　*Les menaces de l'environnement sont une invention des écologistes! C'est absurde! Ce n'est pas du tout une invention. Nous savons que des espèces animales disparaissent tous les jours. L'effet de serre est une réalité. La planète est polluée. Ce n'est pas le peine d'être écologiste pour savoir que les menaces sont réelles et qu'il faut trouver des solutions si nous voulons protéger notre avenir.*

1. Il y a certaines cultures qui n'ont aucun respect pour l'environnement!
2. Nous sommes tous obligés de protéger l'environnement.
3. La discrimination se manifeste rarement aux Etats-Unis.
4. Il y a très peu de choses qu'un individu peut faire pour protéger l'environnement.
5. La discrimination se voit partout: dans les lieux de travail, dans les universités, dans les affaires, en politique… enfin partout.

Si l'on ne se penche que sur les problèmes de notre planète, on pourrait facilement devenir pessimiste face à l'avenir. Mais il est aussi important de regarder ce que nous faisons pour protéger l'environnement par exemple, et on peut même espérer que les choses vont s'améliorer. En fait, il y a des solutions à nos problèmes écologiques. Mais il faut que chaque individu participe de façon sérieuse aux efforts pour protéger notre patrimoine naturel. Il en est de même pour la discrimination, la haine, la guerre et les autres problèmes qui menacent notre bien-être et notre planète.

ALERTE: LES DIX PLAIES DE LA TERRE

Selon les experts en environnement des Nations unies, les principales menaces pour l'avenir de l'humanité sont les suivantes:

1. La dégradation des sols due à la disparition du couvert forestier et à l'intensification des cultures;
2. Le réchauffement climatique causé par l'effet de serre, qui provoquera une élévation du niveau des mers et modifiera les écosystèmes;
3. La réduction de la biodiversité liée au recul des zones naturelles devant l'urbanisation, les cultures et la pollution, qui fait disparaître des milliers d'espèces;
4. La déforestation (150 millions d'hectares disparus entre 1980 et 1990, soit 12% de la surface totale);
5. La raréfaction de l'eau douce, conséquence des prélèvements par l'agriculture et de la pollution des nappes phréatiques;
6. La pollution chimique produite par l'industrie, qui se retrouve dans l'eau, l'air, les sols et contamine les animaux et les hommes;
7. L'urbanisation anarchique, qui entraîne la multiplication des mégapoles et des bidonvilles où les conditions de vie se détériorent;
8. La surexploitation des mers (pêche) et la pollution du littoral, qui vont accroître la famine dans certains pays et les risques de maladie dans les pays développés;
9. La pollution de l'air, liée à l'activité des grandes villes (chauffage, circulation, usines...), qui favorise les pluies acides;
10. Le trou de la couche d'ozone (20 à 30% au-dessus de l'Arctique et plus de 50% de l'Antarctique), qui réduira la protection aux rayons de soleil

Source: PNUE, 1998.

On propose des solutions

La Smart Car

Les voitures électriques sont de plus en plus nombreuses, surtout dans les grandes villes comme Paris. Ces voitures sont économiques, elles ne polluent pas l'atmosphère et elles sont très pratiques dans des villes à stationnement limité. La Smart Car est maintenant adaptée aux besoins américains. Il faut que tout le monde pense à acheter une voiture électrique ou, au moins, hybride. Notre air sera beaucoup plus respirable!

La vie sans voitures

Des livraisons de pizzas faites à Vespa, le métro ou le tramway pour aller au travail, le train pour se déplacer en vacances, des journées officielles sans voitures, des voies piétonnières qui traversent des espaces verts, aller à pied plutôt qu'en voiture, voilà des solutions assez faciles pour réduire la pollution atmosphérique dans les centres urbains. Nous avons tous le moyen de modifier, même pour une journée par semaine, notre comportement et nos habitudes. Et une journée peut devenir deux, trois, quatre…

Des gestes d'économie

L'eau du robinet n'est pas gratuite: elle coûte cher à extraire, éventuellement à nettoyer, et à transporter. Les eaux usées coûtent cher aussi à évacuer et à épurer. Quand il faut puiser l'eau et la transporter sur son dos, on sait bien qu'il faut l'économiser.

Quand on n'a qu'à ouvrir le robinet, il faut se rappeler que l'eau est précieuse et penser à avoir des gestes d'économie.

• Ne pas laisser un robinet ouvert.
• Ne pas laisser couler l'eau pour rien, par exemple pendant qu'on se brosse les dents.
• Changer le joint du robinet au lieu de le laisser goutter.
• Ne pas jeter dans l'égout les huiles de vidange des moteurs.

• Ne pas jeter de déchets dans la nature. La pluie les introduit dans les lacs et les rivières.
• Ne pas jeter de produits chimiques dans l'évier, le lavabo, les toilettes, la baignoire. Ils sont très toxiques et polluent l'eau.
• Dans le jardin, utiliser un grand bac pour récupérer l'eau de pluie; utiliser cette eau pour arroser les plantes.
• Dans le jardin, utiliser le tuyau le moins possible; préférer l'arrosoir qui gaspille moins d'eau et est donc préférable.
• Demander à la compagnie d'eau d'indiquer la quantité moyenne d'eau utilisée pendant un mois; établir le but de réduire la consommation d'eau d'un quart; surveiller la consommation d'eau de très près.

Source: Planète jeunes, no. 39, juin–juillet 1999.

Pourquoi trier?

Trier, c'est faire un geste utile pour soi et pour les autres. Une manière moderne et personnelle de contribuer à la protection de l'environnement.

Trier, c'est bon pour l'environnement. Le tri des déchets recyclables rime avec économies d'énergie et de ressources naturelles. Par exemple, lorsque l'on crée des produits en aluminium recyclé plutôt qu'en aluminium non recyclé, on économise 95% de l'énergie nécessaire à la fabrication.

Trier, c'est la première étape. En triant chaque jour, vous êtes le premier maillon d'une chaîne. Vous effectuez le premier geste de tri chez vous en déposant les déchets recyclables [...]. Dans les centrales de tri, les différents matériaux sont séparés: acier, aluminium, briques alimentaires, papier carton, plastique opaque ou transparent, journaux, magazines et petit électroménager. Des usines de recyclage réceptionnent ensuite les matériaux pour en faire de la matière première destinée aux industries du recyclage.

Trier, c'est donner une seconde vie à vos emballages. Trier ses déchets, c'est changer le destin des emballages en leur permettant de réapparaître sous forme de produits recyclés.

DICO

accroître *increase*
anarchique *random*
arroser *water*
arrosoir *watering can*
bac *barrel*
bidonvilles *slums*
briques alimentaires *food packaging*
but *goal*
centrales de tri *recycling stations*
couler *run*
cultures *crops*
d'autrui *from others*
emballages *wrappings*
épurer *purify*
évier *sink*
goutter *drip*
gratuite *free*
huiles de vidange *oil from oil changes*
littoral *coastlines*

livraisons *deliveries*
maillon *link*
nappes phréatiques *ground water*
niveau *level*
pêche *fishing*
petit électroménager *small appliances*
plaies *wounds, scourges*
pluies acides *acid rain*
prélèvements *taking, removal*
puiser *draw up*
recul *reduction*
respirable *breathable; clean*
robinet *faucet*
Si l'on ne se penche que sur *If you only focus on*
sols *earth; soil*
tri *separation, triage*
trier *separate*
trou de la couche d'ozone *hole in the ozone layer*
tuyau *hose*
voies piétonnières *pedestrian walkways*

Le racisme expliqué à ma fille (extrait)

Tahar Ben Jelloun, sociologue et romancier, est né à Fès (Maroc) en 1944. Il a obtenu le prix Goncourt français en 1987 pour *La Nuit sacrée*.

Tahar Ben Jelloun

—Dis, Papa, c'est quoi le racisme?

—[...] Il consiste à se méfier°, et même à mépriser°, des personnes ayant des caractéristiques physiques et culturelles différentes des nôtres. [...]

La **différence**, c'est le contraire de la ressemblance, de ce qui est identique. La première différence manifeste° est le sexe. Un homme se sent différent d'une femme. Et réciproquement. [...]

Par ailleurs, celui qu'on appelle «différent» a une autre couleur de peau° que nous, parle une autre langue, cuisine autrement que nous, a d'autres coutumes, une autre religion, d'autres façons de vivre, de faire la fête, etc. Il y a la différence qui se manifeste par les apparences physiques (la taille, la couleur de la peau, les traits du visage, etc.), et puis il y a la différence du comportement, des mentalités, des croyances°, etc.

—Alors le raciste n'aime pas les langues, les cuisines, les couleurs qui ne sont pas les siennes°?

—Non, pas tout à fait; un raciste peut aimer et apprendre d'autres langues parce qu'il en a besoin pour son travail ou ses loisirs, mais il peut porter un jugement négatif et injuste sur les peuples qui parlent ces langues. De même, il peut refuser de louer une chambre à un étudiant étranger, vietnamien par exemple, et aimer manger dans des restaurants asiatiques. Le raciste est celui qui pense que tout ce qui est trop différent de lui le menace° dans sa tranquillité.

—C'est le raciste qui se sent menacé°?

—Oui, car il a peur° de celui qui ne lui ressemble pas. Le raciste est quelqu'un qui souffre d'un complexe d'infériorité ou de supériorité. [...]

—Il a peur?

—L'être humain a besoin d'être rassuré. Il n'aime pas trop ce qui risque de le déranger° dans ses certitudes. Il a tendance à se méfier de ce qui est nouveau. Souvent, on a peur de ce qu'on ne connaît pas. [...] Ce n'est pas logique. Le racisme n'est pas quelque chose de juste ou de raisonnable. [...]

Source: Extrait de Tahar Ben Jelloun, *Le racisme expliqué à ma fille*. Paris: Editions du Seuil, 1998.

to mistrust, distrust, be suspicious of; to despise, look down on, scorn

visible, obvious

skin color

beliefs

his own

threatens him
feels threatened
he's afraid

upset him

Faits divers

- Le 22 avril 1970, la Journée de la Terre *(Earth Day)* a été célébrée pour la première fois (20 millions de participants). Aujourd'hui, c'est l'événement populaire environnemental le plus important du monde.
- 97% des ménages australiens participent au recyclage.
- Le recyclage des exemplaires du *New York Times* d'un seul dimanche épargnerait 75 000 arbres.
- Les Suisses sont les champions en matière de recyclage: 47 à 50% des déchets urbains sont recyclés. Parmi les déchets ménagers, les Suisses recyclent 70% du papier, 71% des bouteilles en plastique, 95% du verre, 90% de l'aluminium et 75% des boîtes de conserve.
- 300 millions d'Africains n'ont pas accès à de l'eau salubre *(clean)*.

S. L'environnement: Causes, conséquences et solutions. Pour chaque problème, donnez d'abord une cause et ensuite une ou plusieurs conséquences. Enfin, proposez quelques solutions. Consultez le **Magazine Culture** pour vous aider. Dans certains cas, vous serez obligé(e) de trouver vos propres réponses logiques selon ce que vous avez appris dans ce chapitre (**Repères, Témoignages, Magazine Culture**) et ce que vous savez sur les problèmes.

> **Modèle:** le réchauffement climatique
> *Le réchauffement climatique est causé par l'effet de serre. Ce réchauffement de la planète provoque une élévation du niveau des océans et modifie les écosystèmes. Ces changements vont menacer les espèces animales et végétales qui perdent leur habitat. Il faut réduire la pollution de l'air. On peut utiliser moins de pétrole, réduire le nombre de voitures et, comme les Australiens et les Suisses, participer systématiquement au recyclage. Etc.*

1. la réduction de la biodiversité
2. la raréfaction de l'eau douce
3. la pollution chimique
4. la pollution des villes
5. le trou de la couche d'ozone
6. la pollution atmosphérique
7. le manque d'eau
8. le problème des déchets ménagers

T. *Le racisme expliqué à ma fille:* **Vous avez bien compris?** Répondez aux questions suivantes selon ce que vous avez lu dans l'extrait de Ben Jelloun.

1. Selon le père, quelle est la définition du racisme?
2. Et quels exemples est-ce qu'il donne du mot «différence»?
3. Comment se manifeste le racisme dans la vie quotidienne?
4. De quoi est-ce que le raciste a peur?

U. *Le racisme expliqué à ma fille:* **Discussion.** Voici quelques citations du texte de Ben Jelloun. Donnez des exemples qui illustrent chaque citation. Donnez également des exemples qui montrent que les généralités de Ben Jelloun s'appliquent aussi à d'autres formes de discrimination (le sexisme, l'homophobie, l'antisémitisme, les préjugés contre les plus démunis et les personnes âgées, etc.).

1. «Le raciste peut aimer et apprendre d'autres langues…, mais il peut porter un jugement négatif et injuste sur les peuples qui parlent cette langue.»
2. «Le raciste est celui qui pense que tout ce qui est trop différent de lui le menace dans sa tranquillité.»
3. «… il a peur de celui qui ne lui ressemble pas.»
4. «L'être humain a besoin d'être rassuré.»
5. «Souvent, on a peur de ce qu'on ne connaît pas.»
6. «Le raciste est quelqu'un qui souffre d'un complexe d'infériorité.»
7. «Le raciste est quelqu'un qui souffre d'un complexe de supériorité.»

Fonction

Comment exprimer l'hypothèse

To download a podcast on the Conditional, go to **academic. cengage.com/french/quantamoi.**

To download a podcast on the Past Conditional, go to **academic.cengage.com/french/ quantamoi.**

RAPPEL

Le conditionnel

1. LE PRÉSENT DU CONDITIONNEL

Conditional endings: -ais, -ais, -ait, -ions, -iez, -aient

Regular stems: infinitive of **-er** or **-ir** verbs + endings (**je parlerais / tu finirais**)

Regular stems: infinitive of **-re** verbs (drop **-e**) + endings (**il attendrait**)

Irregular stems:

aller	ir-	j'irais
avoir	aur-	tu aurais
devoir	devr-	il devrait
envoyer	enverr-	elle enverrait
être	ser-	on serait
faire	fer-	nous ferions
falloir	faudr-	il faudrait
pouvoir	pourr-	vous pourriez
savoir	saur-	ils sauraient
voir	verr-	elles verraient
vouloir	voudr-	je voudrais

2. LE CONDITIONNEL PASSÉ

Conjugation of past conditional

Use the conditional form of the auxiliary **avoir** or **être** + past participle of main verb:

j'aurais fait / elle serait allée / ils se seraient disputés

3. LES PHRASES CONDITIONNELLES

One sentence clause: **si** + imperfect   *The other sentence clause:* conditional

Si tu *finissais* tes devoirs, tu *pourrais* aller au cinéma avec nous.
Tu *pourrais* aller au cinéma avec nous *si* tu *finissais* tes devoirs.

One sentence clause: **si** + pluperfect   *The other sentence clause:* past conditional

Si tu *avais fini* tes devoirs, tu *aurais pu* aller au cinéma avec nous.
Tu *aurais pu* aller au cinéma avec nous *si* tu *avais fini* tes devoirs.

One sentence clause: **si** + pluperfect   *The other sentence clause:* present conditional

Si j'*avais étudié*, j'*aurais* de meilleures notes.
Elle *serait* plus heureuse si elle *était restée* avec son fiancé.

V. Que feriez-vous si... ? Utilisez les éléments donnés pour expliquer à vos camarades ce que vous feriez dans les cas hypothétiques suivants. N'oubliez pas d'utiliser l'imparfait avec **si** et le présent du conditionnel pour exprimer les conséquences. Vos camarades vont vous donner des conseils pour suggérer d'autres possibilités.

Modèle: Que feriez-vous si vous ne trouviez pas un poste qui vous plaît? (prendre n'importe quoi *[anything at all]* / travailler pour un membre de ma famille / continuer mes études / parler à une conseillère *[advisor]* / ?)
—*Si je ne trouvais pas un poste qui me plaît, je prendrais n'importe quoi pour gagner de l'argent.*
—*Moi, à ta place, j'irais travailler pour un membre de ma famille.*
—*Si j'étais toi, je continuerais mes études.*
—*A mon avis, tu devrais parler à ta conseillère.*

Que feriez-vous...

1. si un(e) camarade de classe vous demandait de copier vos devoirs?

   (le signaler à mon prof / refuser et dire pourquoi / lui donner mes devoirs / ?)

2. si votre père (mère, femme, mari) perdait son poste?

   (aider la personne financièrement / faire des suggestions pour trouver un autre poste / lui proposer d'habiter chez moi / ?)

3. si vous n'aviez pas assez d'argent pour terminer vos études?

   (emprunter de l'argent à la banque / demander de l'argent à mes parents / trouver un job et abandonner mes études / trouver un job et rester à l'université / quitter l'université, trouver un job, reprendre mes études plus tard / ?)

4. si vous aviez un problème avec un(e) ami(e)?

   (discuter du problème avec mon ami[e] / parler à un[e] autre ami[e] / oublier le problème / faire semblant *[pretend]* que le problème n'existe pas / ?)

5. si vous aviez à vous adapter à une culture étrangère?

   (apprendre la langue / étudier la culture sur Internet / voir des films de la culture étrangère / lire les journaux et magazines / parler aux gens le plus possible / demander des renseignements quand j'en ai besoin / se faire des amis / ?)

6. si vous trouviez un petit chat perdu dans la rue?

   (l'emmener chez *[take it to]* le vétérinaire / essayer de trouver la personne qui en est responsable / ne pas trouver la personne, garder le chat / ?)

7. si vous saviez qu'un(e) ami(e) se droguait?

   (parler d'abord à l'ami[e] / demander l'avis d'un prof / consulter la clinique de l'université / refuser de sortir avec l'ami[e] et lui dire pourquoi / ?)

8. si vous saviez que votre meilleur(e) ami(e) buvait de l'alcool tous les jours?

   (parler d'abord à l'ami[e] / ne pas acheter d'alcool / ne pas être dans une voiture avec lui [elle] et lui dire pourquoi / lui dire de consulter le médecin / offrir d'aller dans un centre de désintoxication avec lui [elle] / ?)

W. Qu'est-ce que vous auriez fait (feriez maintenant) si... ? Répondez aux questions en utilisant le conditionnel passé et le présent du conditionnel pour exprimer les conséquences.

Modèle: Qu'est-ce que vous auriez fait si vous n'étiez pas venu(e) à l'université?
J'aurais trouvé un job près de ma famille.
J'aurais travaillé pour gagner de l'argent.
J'aurais acheté une voiture et ensuite je serais allé(e) à l'université.
Je n'aurais pas de job.
J'habiterais encore avec mes parents.

Qu'est-ce que vous auriez fait (feriez)...

1. si vous n'étiez pas à l'université?
2. si vous vous étiez disputé(e) avec votre meilleur(e) ami(e)?
3. si vous aviez gagné des millions à la loterie?
4. si vous aviez trouvé un portefeuille qui contenait 1 000 dollars sur le trottoir?
5. si vous n'aviez pas étudié le français?
6. si vous aviez oublié d'étudier pour un examen?

Do **A faire! (6-4)** on page 265 of the **Manuel de préparation**.

REPRISE

L'emploi de la voix active et de la voix passive

Le conditionnel

X. Actif et passif. Inventez des phrases avec les éléments donnés. Utilisez soit la voix active soit la voix passive. Dans certains cas, vous avez le choix des temps des verbes que vous voulez utiliser.

Modèle: construire / l'arc de triomphe / XIXe siècle
L'arc de triomphe a été construit au XIXe siècle.

1. ouvrir / la porte / le professeur
2. inaugurer / le viaduc de Millau / le président de la République
3. construire / le pont / des ingénieurs français
4. faire / la robe / une couturière célèbre
5. entourer de / le Mont St. Michel / eau
6. respecter / le prof / tous ses étudiants
7. accompagner / Angèle / mari
8. entourer de / la villa / arbres

Y. Causes et effets. Pour chaque phrase, donnez d'abord la forme passive. Terminez ensuite les phrases avec les verbes indiqués.

Modèle: Ils ont inauguré le viaduc de Millau en 2004.
Le viaduc de Millau a été inauguré en 2004.

Si le viaduc de Millau n'avait pas été construit, le trajet nord-sud... (être beaucoup plus long)
Si le viaduc de Millau n'avait pas été construit, le trajet nord-sud serait beaucoup plus long.

1. Autrefois, des jardins entouraient le château de Blois.

   S'il n'y avait pas eu de jardins à Blois, les membres de la famille royale… (ne pas pouvoir se promener en plein air)

2. La famille royale a abandonné le château de Blois entre 1660 et 1841.

   Si le roi Louis-Philippe n'avait pas désigné le château monument historique, le château… (tomber en ruines)

   Si le château n'avait pas été acheté par la ville de Blois, il… (ne pas faire partie du patrimoine culturel français aujourd'hui)

3. François Ier a lancé la construction d'un escalier de style Renaissance au château de Blois.

   Si l'escalier n'avait pas été construit, les appartements du roi… (être difficilement accessibles)

4. Les membres de la famille royale ont construit la plupart des grands châteaux de la Loire.

   S'ils n'avaient pas construit ces châteaux, ils… (s'amuser beaucoup moins)

Quant à moi…

 Z. A vous d'abord! Imaginez certains aspects de votre avenir avec vos camarades de classe. Utilisez les questions suivantes pour vous guider.

Dans votre imagination:

1. Quelle sorte de job est-ce que vous avez dans vingt ans?
2. Où est-ce que vous habitez dans vingt ans? Dans quelle sorte de logement?
3. Avec qui habitez-vous? Est-ce que vous avez une famille? Est-ce que vous habitez seul(e)?
4. Comment est-ce que vous passez votre temps libre?
5. Qu'est-ce que vous faites pendant les vacances?

 CD4, Tracks 17–20

 Visit the **témoins** in their hometown on Google Earth.

AA. Les témoins vous parlent. Ecoutez comment les témoins français et francophones envisagent la vie en l'an 2040 et faites les exercices selon les indications données.

Emmanuel Roger
Lille, France

> **Vocabulaire utile**
> **auront changé** *(will have changed)*, **sera** *(will be)*, **vu** *(given)*, **montée** *(rise)*, **vivra** *(will live)*, **ça nous occupe un peu trop l'esprit** *(that's a bit too much on our minds)*, **je vis** *(I live)*, **branchés** *(connected)*, **reliés à** *(connected to)*, **j'appartiens à** *(I belong to)*, **valeurs** *(values)*

1. Reformulez ce que dit Emmanuel en ajoutant les mots qui manquent. Utilisez une autre feuille de papier.

—Quels _____ envisagez-vous pour l'an 2040? Quels aspects de la vie auront changé?
—Ah, c'est une question _____ évidemment. Comment sera _____ en l'an 2040? Euh… j'ai plutôt tendance à être euh pessimiste. Euh c'est difficile de ne pas l'être, vu euh l'état du _____ aujourd'hui, si on pense aux _____, euh aux problèmes euh de l'_____, euh à la _____ de toutes sortes de fondamentalismes, d'extrêmismes, au terrorisme. _____ de rester positif mais euh c'est un peu difficile. Je pense quand même que la technologie continuera _____ certains aspects de notre vie. Euh _____ de la _____ euh sont extraordinaires. Et _____ qu'on va continuer à faire des progrès et à trouver des cures à des _____ jusqu'à maintenant _____. Donc j'ai espoir qu'on vivra _____ de ce côté-là. Euh… j'ai un peu _____ de, de l'invasion de la technologie, de l'information dans notre vie _____. On est déjà bombardés d'informations et euh ça nous occupe un peu trop l'esprit. Et

j'ai peur que ça continue hein, je vois les _____ de _____, là où je vis, euh constamment _____, euh reliés à quelque chose, avec un iPod dans les _____ ou avec le cell phone et _____ un vrai progrès mais, encore une fois, j'appartiens à la génération précédente et j'ai des _____ différentes euh c'est difficile pour moi de _____.

Pierre Hurel
Paris, France

Vocabulaire utile

d'autant plus difficile que *(all the more difficult in that)*, **sera réglé** *(will be settled)*, **changera** *(will change)*, **surpopulation** *(overpopulation)*, **aura** *(will have)*, **taxer** *(strain)*, **doit nous inquiéter** *(has to [should] worry us)*, **aura sans doute changé** *(will doubtlessly have changed)*, **crainte** *(fear)*, **enregistrer** *(record)*, **inquiétant** *(worrysome)*, **pourra-t-on** *(will one be able to)*, **angoissante** *(agonizing)*

2. Choisissez la bonne réponse selon ce que vous savez de Pierre.

- Pierre pense que le problème de la pollution…
  a. sera résolu en 2040.
  b. ne changera pas.
  c. va continuer.
  d. est déjà réglé.

- Selon Pierre, le problème numéro un de l'an 2040 sera…
  a. l'environnement.
  b. le manque de ressources naturelles.
  c. le fait qu'il y aura trop de gens sur la terre.
  d. le fait qu'il y aura trop de jeunes sur la terre.

- Ce qui fait peur à Pierre, c'est…
  a. le rôle du gouvernement dans notre vie.
  b. qu'il y aura trop de systèmes GPS dans le monde.
  c. que la vie sera trop compliquée.
  d. qu'on sera toujours surveillé par quelqu'un.

- En ce qui concerne l'avenir, Pierre est…
  a. plus pessimiste qu'optimiste.
  b. plus optimiste que pessimiste.
  c. plutôt neutre.

Christophe Mouraux
Liège, Belgique

Vocabulaire utile

par rapport à *(about)*, **moyens** *(means, ways)*, **on ira vivre** *(we'll go live)*, **En étant plus terre à terre** *(Being more down-to-earth)*, **dans lequel** *(in which)*, **de par leur faute** *(because of them)*, **notamment** *(especially)*, **polluants** *(polluting)*, **à prendre conscience** *(to realize, to become aware)*, **doit passer** *(has to come)*, **on ira** *(we'll go)*, **un mieux** *(something better)*, **robotique** *(robotics)*, **indéniable** *(undeniable)*, **en marche depuis toujours** *(moving forward forever)*, **apports** *(contributions)*, **on n'y échappera pas** *(we will not be able to escape it)*, **effectivement** *(really)*, **dira** *(will say)*, **SIDA** *(AIDS)*, **acharnement thérapeutique** *(prolongation of life by medical means [when the patient would otherwise die])*, **à un tel âge** *(to such an [old] age)*, **quand ça vaut la peine** *(when it's worth it [because there's a cure])*, **on ne s'acharne pas** *(we don't prolong life)*, **après avoir lutté** *(after having fought)*, **pourront** *(could)*

3. Répondez aux questions selon ce que dit Christophe.

   a. Est-ce que Christophe imagine un monde futuriste très différent de celui d'aujourd'hui?
   b. Quelle sorte de personne est Christophe?
   c. Christophe est très préoccupé par les problèmes de l'environnement. Selon lui, qui est surtout responsable de ces problèmes?
   d. Pour Christophe, les apports technologiques peuvent être positifs ou négatifs. Pourquoi est-ce qu'il dit ça?
   e. En médecine, qu'est-ce qu'il pense de l'acharnement thérapeutique que pratiquent certains médecins et certaines familles?

**Anne-Marie
Floquet**
Paris, France

Vocabulaire utile

dur *(difficult)*, **aura changé** *(will have changed)*, **se seront posées** *(will have been asked)*, **graves** *(serious)*, **davantage** *(more, increasingly)*, **utiliseront** *(will use)*, **outrée** *(outraged)*, **au boulot** *(to work)*, **transports en commun** *(public transportation)*, **me font enrager** *(infuriate me)*, **il y aura** *(there will be)*, **tellement** *(so much)*, **ce sera** *(it will be)*, **plus permis** *(no longer allowed)*, **se noircissent** *(are getting black, dirty)*, **pierre** *(stone)*, **couleur dorée** *(golden color)*, **réglementations** *(rules, regulations)*, **je vivrais** *(I would live)*, **rapports** *(rapports, interactions)*, **les uns aux autres** *(with each other)*, **Est-ce que ça enrichit?** *(Does it enrich [us]?)*, **il y aura** *(there will be)*, **recherche** *(research)*, **cellules souches** *(stem cells)*, **par rapport à** *(related to)*, **cauchemardesques** *(nightmarish)*, **nettement** *(clearly)*, **comme le nôtre** *(like ours)*, **tout d'un coup** *(suddenly)*, **auront** *(will have)*

4. Notez au moins cinq idées que propose Anne-Marie pour l'avenir.

BB. Et qu'est-ce que vous pensez? Les témoins présentent leurs idées sur les changements qu'ils envisagent pour l'an 2040. Avec vos camarades de classe, faites une liste des domaines dans lesquels ces changements vont être les plus remarquables. Quand vous aurez noté les domaines, mettez-les dans un ordre de priorité. Par exemple, à votre avis, quel est le changement numéro un, etc.?

Do **A faire! (6-5)** on page 270 of the **Manuel de préparation.**

FICHE VOCABULAIRE

LE MONDE FUTURISTE

Tous les domaines
    l'accélération *(f.)*
    l'ADN *(m.) DNA*
    un alicament (aliment + médicament)
    améliorer
    automatiser
    autonettoyant(e) *self-cleaning*
    un biocarburant
    la biosphère
    les biotechnologies *(f.)*
    les carburants *(m.)* fossiles (pétrole, gaz)
    un carburant végétal
    le clonage
    un clone
    cloné(e)
    cloner
    contrôler
    un croquis *draft, sketch*
    le cyberespace
    la cybersphère
    une découverte *discovery*
    découvrir
    développer
    diminuer *to reduce*
    e-commerce (e-éducation, e-bike, e-livre, etc.)
    écosystème informationnel, Internet
    faire des recherches
    fonctionner *to work, function*
    un gadget
    gagner du temps *to save time*
    un gène
    génétique
    le GPS (géopositionnement par satellite)
    hybride

imaginer
l'infopollution *(f.)*
une innovation
inventer
une invention
un i-pet (i = intelligent), i + objet
un machin *thing, object*
une manière de (une façon de) faire quelque chose *a way to do something*
un médicament *medicine, drug*
miniaturiser
le monde (un objet) virtuel
les multimédias multi-fonctions
prévenir *to prevent*
prévoir *foresee*
un produit bio *organic food*
le progrès
la réalité virtuelle
réduire les heures de travail
remplacer *to replace*
un robot
la robotique
le sang artificiel (synthétique) *synthetic blood*
le sans-fil *wi-fi*
une simulation
solaire
supprimer (les efforts physiques) *to eliminate (physical work)*
un système
la technosphère
la thérapie génique *gene therapy*
la traçabilité
un traitement
travailler chez soi
un truc *thing, object*

Pour mieux vous exprimer

faire une expérience (expérimenter)	*to experiment*
une télécommande	*remote control*
allumer (le gaz, une lampe, le chauffage, la télé)	*to turn on*
éteindre (le gaz, une lampe, le chauffage, la télé)	*to turn off*
faire démarrer	*to get started (machine)*
mettre en marche, faire marcher	*to get running (machine)*
arrêter (un appareil)	*to stop (machine)*
appuyer sur (un bouton)	*to push (a button)*
ouvrir (un robinet, une fenêtre, etc.)	*to open (a faucet, a window, etc.)*
fermer (un robinet, une fenêtre, etc.)	*to shut (turn off) (a faucet, a window, etc.)*
brancher	*to plug in*
débrancher	*to unplug*
attacher	*to attach*
détacher	*to detach*
remplir	*to fill*
vider	*to empty*
c'est un truc (machin, gadget) qui sert à...	*it's a thing that's used to . . .*

CC. Comment ça sera? Imaginez comment sera la vie en l'an 2040. Consultez la **Fiche Vocabulaire** et **Pour mieux vous exprimer** pour vous aider. N'oubliez pas d'utiliser le futur et des phrases conditionnelles.

Modèle: le frigo
Il y aura un ordinateur dans le frigo qui contrôlera les aliments à l'intérieur. Par exemple, s'il n'y a plus de lait, un message sera transmis automatiquement au supermarché et le lait sera livré (delivered) au domicile en peu de temps.

1. le frigo
2. la voiture
3. les cours à l'école / à l'université
4. le logement
5. les transports
6. les communications
7. les villes
8. les aliments / la cuisine
9. la santé / la médecine
10. les voyages
11. les loisirs
12. la sécurité

Personne ne peut savoir avec précision comment sera le monde en l'an 2040. Mais, étant donné la rapidité des innovations des dernières années, on peut imaginer toutes sortes de choses. Il y a même des experts pour qui l'avenir est un sujet de recherches. Ces futuristes dans tous les domaines sont aidés par la technologie qui leur permet de créer des mondes virtuels ou des croquis précis d'un objet, d'un être, ou même d'un environnement entier. Cette réalité virtuelle sert ensuite d'inspiration à ceux qui transforment le virtuel en réel. Mais est-ce que toutes les innovations et changements auront des résultats positifs? Le changement, c'est inévitable. Ce que nous, les êtres humains, ferons de ces changements restera peut-être la question la plus importante.

Et l'homme créa le cyberespace... (Joël de Rosnay)

Des millions d'années ont été nécessaires pour procéder, en tâtonnant, par «essais» et par «erreurs». L'organisme lui-même réalisait alors des «tests» de validité du système. Puis l'homme apparaît… et invente. Une invention est un peu l'analogue d'une mutation. L'homme invente la roue, le crayon, l'aile, le moteur… Ses inventions vont créer—telles des mutations—une possibilité d'accélération. En effet, l'homme peut imaginer dans son cerveau, puis dessiner un croquis et, éventuellement, déposer un brevet… J'utilise ce raccourci un peu simpliste pour démontrer que l'évolution technologique est capable d'une plus grande accélération que l'évolution biologique. La biosphère a évolué au cours de milliards d'années, la technosphère en quelques dizaines de siècles.

Soudain, l'homme invente le cyberespace. Un monde virtuel où—mieux que dans sa tête—il peut construire un objet virtuel sur son ordinateur. Un architecte proposera par exemple aux internautes de visiter une maison virtuelle. Voilà bien une extraordinaire possibilité d'accélération! L'évolution de la cybersphère se réalise en quelques décennies. […]

Dans le cyberespace, de nombreux programmes seront (un peu comme l'ADN, d'une certaine manière) téléchargés, utilisés, copiés, améliorés, etc., par des utilisateurs. En reproduisant ces programmes, les internautes vont parfois commettre des erreurs, parfois les améliorer. Certains vont développer de nouveaux programmes à partir des programmes originaux que les internautes, d'une manière variée, vont alors choisir de conserver ou d'éliminer selon leur intérêt pour les fonctions proposées. Les mauvais programmes seront rejetés. Ceux qui seront adaptés à un usage donné viendront renforcer l'existant. On note que les mêmes mécanismes de reproduction, de copie, de variation, de disparition et d'adaptation s'appliquent aux objets du cyberespace comme à l'ADN.

Ce phénomène crée la complexité, et donc des systèmes de plus en plus variés, interdépendants, sélectifs et adaptés à l'environnement dans lequel ils évoluent.

[…] Internet est considéré aujourd'hui comme un véritable phénomène de société, qui fait apparaître, à l'échelle mondiale, de nouveaux pouvoirs, de nouveaux enjeux, de nouveaux défis, de nouveaux espoirs donc. Mais aussi, bien entendu, de nouveaux risques et de nouvelles craintes.

[...] Nos prévisions [pour l'avenir] dépendront nécessairement de l'usage que choisiront d'en faire les utilisateurs.

QUELS SCÉNARIOS PROPOSE JOËL DE ROSNAY POUR L'AVENIR? DES EXEMPLES PAS SI LOIN DE LA RÉALITÉ FUTURE!

[...] une adolescente pourra communiquer avec ses amies grâce à un téléphone-écran se portant, comme une montre, au poignet. L'écran sera souple, comme il en existe déjà. Quand la jeune fille se connectera, elle entendra son amie. Les deux ados pourront proposer à un de leurs camarades de les rejoindre alors que celui-ci se promène au milieu de la foule, dans les rues de Londres. Une fois repéré grâce à la localisation GPS, le garçon, équipé du même appareil, pourra accepter ou non de se connecter et envoyer un message *via* la messagerie ou leur parler grâce à son téléphone-écran. [...]

Il existe des quantités de situations possibles grâce à ces nouveaux outils. Une personne pourra rester en contact permanent avec ses parents ou ses enfants. Ainsi, une mère pourra suivre les déplacements de son enfant sur l'écran fixé à son bracelet, et lui rappeler qu'il doit aller à son cours de musique . . . De retour à la maison, cet enfant chaussera sa paire de lunettes spéciales, connectée à l'Internet du futur, et suivra un match de football sur l'écran flottant projeté devant ses lunettes. Tout en regardant le match, il pourra accéder à des informations sur les joueurs ou à des statistiques sur les actions, les buts, etc.

L'Internet du futur offrira de nouvelles applications dans le secteur de la santé également. Par exemple, un patient (ou un sportif) pourra être suivi médicalement par des spécialistes l'informant en permanence de son état de santé. Même la pratique quotidienne du vélo d'appartement pourra connaître une petite révolution. Un vélo un peu particulier, équipé d'un écran et connecté en permanence à un centre médical, transmettra chaque jour aux médecins des informations sur l'état de santé du patient (paramètres cardiaques, tension artérielle, etc.). [...]

Les objets familiers vont de plus en plus communiquer avec nous. Il peut s'agir de nos clés de voiture, d'un parapluie, de notre téléphone portable, d'un sac à main. Ces objets seront dotés de puces électroniques . . . [...]

Qui n'a pas égaré sa voiture dans un parking? Avec cet appareil intégré à votre trousseau de clés, une sorte de petite boussole équipée d'une aiguille indiquera dans quelle direction est garée votre voiture, laquelle allumera ses phares à votre approche . . . Il en sera de même avec votre téléphone portable ou tout autre objet égaré.

Source: Joël de Rosnay, *2020 Les Scénarios du futur: Comprendre le monde qui vient.* Paris: Des Idées & des hommes, 2007.

Le T-shirt qui vous oblige à vous tenir droit

L'Ergoskin est typiquement le genre de concept qui ne verra jamais la lumière du jour. Malgré tout, de nombreuses personnes adoptent une mauvaise posture (les nerds étant particulièrement concernés), et l'idée d'un vêtement qui corrige notre attitude devant l'écran est suffisamment intrigante pour qu'on ait envie d'en savoir plus.

Le concept propose d'utiliser des capteurs cousus directement dans le tissu et de délivrer le cas échéant des petites impulsions électriques lorsque vous maintenez trop longtemps une posture inadaptée. Au fil du temps, le procédé permettrait de vous rééduquer en vous faisant adopter une posture anatomiquement correcte.

Et même si l'Ergoskin a peu de chances de devenir réalité en l'état, il faut peut-être faire quelque chose, car le look de Quasimodo hypnotisé par l'écran est tout sauf flatteur.

Un seul bouton pour les contrôler tous

Voici un amusant concept de télécommande multi-fonctions qui vient se clipser sur les boutons de vos vêtements.

Evidemment, l'idée occulte complètement l'invention de la fermeture à glissière, qui a rendu les boutons obsolètes. Mais l'idée d'intégrer à nos vêtements un objet capable de piloter tous nos gadgets est plutôt séduisante.

Source: http://www.gizmodo.fr

DICO

à l'échelle mondiale *on a global scale*
à partir des *from*
aiguille *needle*
l'aile *the wing*
Ainsi *In this way*
allumera *will put on*
alors que celui-ci *while he*
attitude *here, posture*
au cours de *over*
Au fil du temps *Over time*
au poignet *on the wrist*
boussole *compass*
brevet *patent*
buts *goals (soccer)*
capteurs *sensors*
Ceux *Those*
chaussera *will put on*
clipser *clip on*
cousus *sewn*
craintes *fears*
décennies *decades*
défis *challenges*
déplacements *movements*
dotés *equipped*
égaré *lost*

enjeux *stakes*
en tâtonnant *tentatively*
en vous faisant adopter *by making you adopt*
est tout sauf *is anything but*
l'existant *what exists*
fermeture à glissière *zipper*
flatteur *flattering*
foule *crowd*
garée *parked*
grâce à *thanks to*
le cas échéant *if need be, if the need arises*
l'homme *human beings, humans, "man" in a general sense*
inadaptée *unsuitable, wrong*
les rejoindre *join them*
lumière du jour *light of day*
occulte *eclipses*
outils *tools*
par essais et par erreurs *by trial and error*
paramètres cardiaques *heart functions*
phares *headlights*
pourra être suivi *will be able to be followed*
pouvoirs *powers*

puces électroniques *microchips*
Quasimodo *name of the hunchback in Victor Hugo's novel Notre-Dame de Paris (translated as The Hunchback of Notre-Dame)*
raccourci *short-cut*
réalisait *carried out*
rejetés *rejected*
repéré *located*
sac à main *handbag, purse*
se portant *being worn*
se réalise *happens*
souple *pliable*
téléchargés *downloaded*
téléphone-écran *phone with screen*
telles des *like*
tenir droit *to sit up (stand) straight*
tension artérielle *blood pressure*
tissu *fabric*
trousseau de clés *key chain*
utilisateurs *users*
vélo d'appartement *stationary bike*
viendront renforcer *will reinforce*

DD. Qu'est-ce que vous avez compris. Les textes de ce **Magazine Culture** présentent non seulement des idées intéressantes mais utilisent aussi des structures grammaticales qui sont particulièrement bien liées au contenu (e.g., la voix passive, le futur). Répondez aux questions suivantes pour examiner le double aspect de cette lecture.

1. Comment est-ce que le monde a évolué avant les inventions de l'homme? Ça a pris combien de temps?
2. Qu'est-ce que c'est qu'une mutation?
3. Pourquoi est-ce que les inventions de l'homme ressemblent aux mutations?
4. En général, quelle est la différence entre l'évolution biologique et l'évolution technologique?
5. Qu'est-ce qui est possible avec l'invention du cyberespace?
6. L'auteur compare l'évolution technologique à l'ADN, qui suggère l'idée de sélection naturelle de Darwin. Quelles sont les étapes de l'évolution du cyberespace si on accepte cette comparaison?
7. Quel est le résultat de ce système d'essais et d'erreurs dans le cyberespace?
8. Selon l'auteur, de quoi dépendent les prévisions du futur?
9. Quels sont les domaines que l'auteur donne comme exemples des innovations technologiques?
10. Quelle est la fonction du T-shirt innovateur?
11. Quel est l'avantage de la télécommande multi-fonctions qu'on peut porter sur un vêtement?
12. Quels sont les cinq exemples de voix passive dans le **Magazine Culture**?
13. Le futur est le temps grammatical logiquement utilisé quand on parle d'un avenir assez lointain. Notez tous les exemples du futur dans le **Magazine Culture**.

EE. Mini-discussion: Des scénarios du futur. Vous venez de lire plusieurs exemples de choses qu'on pourra faire à l'avenir avec de nouvelles technologies. Maintenant c'est à vous d'inventer vos propres exemples. Rappelez-vous aussi de ce que vous avez fait dans l'Exercice DD (le futur: le frigo, la voiture, le logement, les transports, les cours, la communication, la santé, etc.).

Fonction
Comment parler de l'avenir

RAPPEL

Le futur

1. LES FORMES DU FUTUR

J'ir*ai* en Espagne dans deux ans.
Tu fer*as* cet exercice pour demain.
Il aur*a* assez de patience pour finir ce puzzle?
Nous enverr*ons* un mél à Carla.
Vous ser*ez* à la réunion demain matin?
Elles apprendr*ont* les phrases conditionnelles.

2. LES EMPLOIS DU FUTUR

Future event: **Nous** *aurons* un examen la semaine prochaine.

Command: **Vous** *mangerez* tous vos légumes.

Polite request: **Tu** *iras* à la boulangerie pour moi?

With **quand, lorsque, dès que, aussitôt que:**
Je les verrai dès qu'ils *arriveront*.

3. LES PHRASES CONDITIONNELLES

si + present + future	**Si tu** *as* assez d'argent, tu *pourras* acheter ce DVD.
+ present	**Si tu** *as* assez d'argent, tu *peux* acheter ce DVD.
+ imperative	**Si tu** *as* assez d'argent, *achète* ce DVD.
si + imperfect + present conditional	**Si tu** *avais* assez d'argent, tu *pourrais* acheter ce DVD.
si + pluperfect + past conditional	**Si tu** *avais eu* assez d'argent, tu *aurais pu* acheter ce DVD.
si + pluperfect + present conditional	**Si tu** n'*avais* pas *acheté* cette voiture, tu *pourrais* nous accompagner en Europe.

FF. Un entretien pour un job. Complétez l'entretien en utilisant le futur des verbes entre parenthèses.

1. —Est-ce que vous (être) _____ prêt à déménager?

2. —Oui, tout à fait. Ma femme et moi, nous (aller) _____ dans n'importe quelle partie de la France ou même à l'étranger, si c'est nécessaire.

3. —Est-ce que vous (pouvoir) _____ commencer dans quinze jours?

4. —Oui, absolument. Ma femme (rester) _____ ici pour s'occuper de nos affaires et moi, je (partir) _____ quand vous (vouloir) _____.

5. —Est-ce que vous (prendre) _____ vos vacances en juillet?

6. —Oui. Ça vous (arranger) _____? Ma femme et mes enfants (aller) _____ au bord de la mer et moi, je les y (retrouver) _____ pour quinze jours. Les enfants (voir) _____ leurs grands-parents et moi, j'(avoir) _____ le temps de me reposer un peu.

7. —Quinze jours, oui, ça (aller) _____ très bien pour nous. Moi, aussi, je (être) _____ en vacances à ce moment-là. Ma fille ne cesse de me répéter: «Tu (prendre) _____ des vacances cette année?» Elle (être) _____ très contente quand je vais lui dire qu'on (visiter) _____ la Grèce cette année. Ça (être) _____ une grande surprise pour elle.

8. —En effet! Elle a quel âge, votre fille?
   —Elle (avoir) _____ douze ans le mois prochain. Bon, alors, on est d'accord. Vous (commencer) _____ dans quinze jours et je vous (voir) _____ donc à ce moment-là. Et si vous avez d'autres questions, vous (pouvoir) _____ me téléphoner ou vous m'(envoyer) _____ un mél.

9. —D'accord. Et merci, madame. Je (faire) _____ de mon mieux pour remplir les responsabilités du poste.

GG. Des conséquences... Faites des phrases avec le futur pour indiquer ce qui arrivera si on ne fait rien pour protéger l'environnement.

> **Modèle:** Si on ne fait rien pour conserver l'eau douce...
> *Si on ne fait rien pour conserver l'eau douce, on n'aura pas assez d'eau pour les plantes, les animaux et les personnes.*

1. Si on ne fait rien pour limiter la pollution de l'eau...
2. Si on ne fait rien pour protéger les forêts...
3. Si on ne fait rien pour limiter la pollution de l'air...
4. Si on ne fait rien pour protéger les espèces animales et végétales...

Do **A faire! (6-6)** on page 280 of the **Manuel de préparation.**

Littérature

«*Un monde futuriste*» (Claude Jasmin)

Dans sa nouvelle Le Cosmonaute romantique, *l'écrivain québécois Claude Jasmin transporte ses lecteurs dans le monde de l'avenir. En racontant l'histoire de l'amour entre deux Montréalais au XXIᵉ siècle, il nous donne sa vision d'une société à venir. Voici quelques extraits de cette nouvelle fantaisiste. Les astérisques (*) signalent des mots inventés par l'auteur pour parler de ce monde futur.*

Tous les soirs, c'est la même chose, la même manie°. Après le travail, vers deux ou trois heures de l'après-midi,—ah! l'ancien «9 à 5» est bien fini!—Paulette saute° dans le métro et file° vers les pistes aériennes. Comme je travaille sur une autre équipe, de onze à quatre heures, je ne peux pas l'empêcher° de se livrer° à
5 son triste vice. Car c'est un vice: elle passe toutes les soirées… à Paris! Elle en est folle. Folle à lier°. On m'a dit qu'elle y bouquine°, qu'elle traîne° aux terrasses des anciens cafés littéraires, dans les bibliothèques visuelles, dans des caves à disques°, jusqu'à des heures impossibles, parfois trois heures du matin.

Elle ferait pire°. Mais le dernier omnibus pneumatique pour Montréal, le Fusik
10 6, quitte Paris à cette heure-là. Alors, elle revient, elle n'a pas de choix. Il y a que° je l'aime et cette manie nous sépare. Je ne peux plus lui parler que le matin lorsqu'elle rentre aux bureaux de la compagnie. Elle m'étonne, elle apparaît pour l'heure d'entrée pile° fraîche et en pleine forme. Oui, j'aime Paulette, sans trop savoir pourquoi. C'est mon type de femme. Je l'ai dans la peau.° C'est sans rai-
15 son. Je l'aime.

Et je l'ai prouvé. Plus d'une fois. Pour son anniversaire, je lui ai offert un joli plusistor*. Ainsi, elle peut écouter toutes les émissions du globe. M'a-t-elle manifesté de la gratitude? Elle a fait°: «Très gentil, ça. Je vais le montrer à mes copains parisiens… Dès ce soir!» Zut!

20 Et j'en fus quitte° pour aller encore me balader, tout seul, dans le vide cosmique. Je voudrais tant que Paulette aime aussi la nature cosmique comme moi. Dans l'ionosphère°, le soleil est magnifique à examiner.

Je fais du temps supplémentaire à l'usine. Je fais des semaines de vingt heures parfois! Même de vingt-cinq heures certains mois d'hiver. La semaine dernière,
25 la section que je dirige a réussi à sortir mille combinaisons pressurisées°. Ceci grâce à ma vaillance° de chef d'atelier°. Je veux m'acheter, au plus tôt, un de ces petits engins° merveilleux, à pile° nucléaire, qui me conduirait partout dans l'ionosphère. Oui, avec un de ces Exik-1, je pourrais m'abandonner à ma manie à moi: les balades dans le vide cosmique. Et tant pis pour Paulette. Je finirais bien
30 par me l'enlever° de la tête.

Je suis le cours du fameux Zimenov à la télévision, tous les mercredis matins, pendant que les ouvriers vont aux bains de vapeur° et au gymnase. Et bientôt, j'irai passer l'examen d'astronaute, grade 7, le plus haut degré chez les amateurs. Quand j'aurai mon certificat, je ferai une demande pour aller travailler sur les
35 quais satellisés, dans les gares spatiales du côté de Vénus ou de Mars. Là où il y a de la vie!

Claude Jasmin (1930–) est né à Montréal. C'est un des écrivains québécois les plus connus. Il a écrit de nombreux romans (*La Corde au cou*), des nouvelles (*Le Veau dort*) et des scénarios pour la radio et la télévision.

obsession

jumps; goes off
prevent / to indulge in

Raving mad / browses for books / hangs out

discotheques

worse

Il y a que = Le problème est que

on the dot
She's gotten under my skin.

said

I was left

upper atmosphere of the earth

pressurized suits
diligence / foreman
aircrafts / battery

to get out of

steam

Je m'exilerai loin d'elle.

Rendu là-haut, peut-être, découvrira-t-elle mon existence enfin et que je l'aimais. Elle aura du chagrin°. Saura ce que c'est que l'ennui. Et se décidera enfin à tenir un peu compte de° moi, de mon existence, de ma vie. Car c'est vite passé 40 une vie: deux cents pauvres petites années. [...]

Paulette n'est pas du tout intéressée par les voyages interplanétaires. Elle adore l'art du passé, de la «préhistoire» (les surréalistes, les cubistes); elle se plaît dans «ce Paris-de-musée». Par conséquent, quand le narrateur propose qu'ils aillent vivre tous les deux sur Mars, elle lui répond que c'est impossible. 45

Bref, elle a catégoriquement refusé de se lier à moi «pour le meilleur et le pire» comme disaient les vieux. Elle veut vivre à Paris. C'est là sont idéal, son vœu° le plus cher. Eh bien, qu'elle y aille! Qu'elle y passe ses soirs et ses fins de semaine, sa vie entière. Moi, je n'ai plus qu'à essayer de me défaire de ces liens° que j'avais si patiemment tissés° entre nous deux. Ce sera long, pénible°. J'étais bien ficelé°. 50 Mais je l'oublierai. Elle me rendra mes présents, mes cartes, mes billets doux°. J'étais fou, ces cadeaux idiots: le plurimètre* comptable, la machine à peindre, le plusistor...

Si j'arrive pas à l'oublier, je me prêterai aux expériences° du fameux souvenak* dont tout le monde parle. Il paraît que cette merveilleuse machine peut effacer 55 jusque dans le subconscient toute trace de n'importe quel souvenir déságéable. Le père Freud° en baverait° de satisfaction!

Le narrateur prend donc le parti de quitter Paulette, qui souffre de ce qu'il appelle «l'aliénation terrestre». Il va par conséquent reprendre sa vie à lui.

Il faut maintenant que j'aille carrément° vers ma vraie nature. Le biologiste- 60 psychologue de l'usine, lors de sa récente visite, m'a bien expliqué l'importance vitale d'être fidèle° à sa nature. Je n'ai pu m'empêcher de lui parler de ma grande Paulette. De son goût de forcenée° pour le passé, pour les vieilles cultures euro-péennes. «C'est un cas», m'a-t-il dit en se frottant le bout du menton°, «un cas intéressant, faudrait que je puisse l'examiner pour savoir si elle obéit vraiment à 65 la nature biologique!» Hein? Mais c'est trop tard.

Je regrette de n'être pas demeuré aux études plus de dix ans. Aujourd'hui je pourrais mieux participer aux nouvelles découvertes. Je pourrais m'inscrire comme chercheur national dans les équipes de sondage interspatial.

On en est tous las° de nos neuf planètes, de notre petit système solaire! 70 Des savants° parlent d'un certain point où se trouvent une centaine d'astres-soleils, étoiles clignotantes°, qui se refroidissent et se rallument toutes les heures, dans un ordre précis. C'est, paraît-il, passionnant, le jour, la nuit, d'heure en heure! Ces petits soleils pivotent, gravitent autour d'une planète habitée baptisée «Lumi». Ses habitants sont des géants° sur-doués° mais immobiles. Ils sont plan- 75 tés comme des arbres, avec des racines° qui croissent°, se multiplient. Etranges sédentaires forcés qui réfléchissent énormément. Ils auraient résolu tous les problèmes de la pensée moderne.

Déjà, la télévision, à son émission, «Aujourd'hui», y a consacré plusieurs épisodes. Le professeur Martin, le grand savant gaspésien°, prédit qu'il s'agit de 80 l'anti-homme dont il était question ces dernières années. Il serait impossible de les toucher! Au moindre contact, ce serait l'explosion. Il n'y aurait qu'à entretenir l'amitié! A moins d'inventer des antennes spéciales. Ne pas pouvoir se toucher! Serait-ce la solution?

Tiens, tiens! Pas besoin d'aller si loin, si haut. Voilà ce qui est arrivé entre 85 Paulette et moi. On ne peut plus s'approcher sans exploser! Au moindre contact, paf! Tout nous sépare.

Il me reste à suivre les cours du soir pour l'embarquement. J'irai dans l'ionosphère. Oh! oui, à toute vitesse. Je suis peut-être d'essence anti! J'en ferais le

90 pari°. Je vais pouvoir aller vivre en paix, enfin, avec une de ces anti-femmes. Sans pare-chocs° sans rien, tout nu° avec une de ces géantes philosophes, sages comme on n'imagine pas. Et j'aurai, comme on dit, de nombreux petits anti-enfants. Adieu, ma belle Parisienne attardée°!

bet

fenders (protection) / naked

behind the times

Source: Claude Jasmin, Le Cosmonaute romantique, Châtelaine, avril 1965.

HH. Le monde futuriste de Claude Jasmin. Dans le **Manuel de préparation,** on vous a demandé de faire une liste des détails qui montrent que la vie à l'avenir sera bien différente de celle que nous connaissons. Vous allez maintenant refaire cette liste en cours.

II. Avez-vous compris? Discutez des questions suivantes avec vos camarades de classe.

1. Malgré l'amour que le narrateur a pour sa bien-aimée, Paulette et lui forment un couple très mal assorti *(poorly matched)*. Qu'est-ce qui les sépare l'un de l'autre?
2. Selon le dictionnaire, l'adjectif «romantique» veut dire «qui touche la sensibilité, invite à l'émotion, à la rêverie». Dans quel sens le narrateur est-il romantique? Paulette l'est-elle aussi? Comment comprenez-vous donc le titre de la nouvelle *Le Cosmonaute romantique*?
3. A la fin de la nouvelle, le narrateur projette d'embarquer pour la planète «Lumi». A votre avis, cette fin est-elle optimiste ou pessimiste? Positive ou négative? Expliquez.

REPRISE

Le futur / Les phrases conditionnelles

JJ. Qu'est-ce qui arrivera? Faites des phrases avec le futur pour indiquer ce qui arrivera si on ne fait rien dans les circonstances suivantes.

Modèle: Si on passe de plus en plus de temps à l'ordinateur,...
Si on passe de plus en plus de temps à l'ordinateur, on ne communiquera plus face à face avec nos proches.

1. Si on passe de plus en plus de temps à l'ordinateur,...
2. Si les gens peuvent tout télécharger légalement,...
3. Si on peut tout faire chez soi électroniquement (projeter les peintures de tous les musées sur un grand écran, etc.),...
4. Si on peut suivre tous les cours d'université sur Internet,...
5. Si les robots font toutes les tâches ménagères,...
6. Si tout ce que nous avons est autonettoyant,...
7. Si tout fonctionne sans être touché (e.g., les portes s'ouvrent automatiquement, l'eau coule sans ouvrir le robinet, le lave-vaisselle se met en marche automatiquement quand il est plein, l'ordinateur s'allume quand on entre dans la pièce, les lumières s'éteignent automatiquement quand on se couche, etc.).

Do **A faire! (6-7)** on page 282 of the **Manuel de préparation.**

C'est à vous maintenant!

KK. Mon scénario pour le futur (suite). Voici enfin votre opportunité de créer votre scénario du futur dans un domaine que vous avez choisi. En utilisant le bilan que vous avez fait dans l'Exercice XXXXII dans le **Manuel de préparation**, présentez votre scénario à votre camarade de classe. Cet exercice vous prépare à faire une rédaction sur ce même sujet. N'oubliez donc pas de prendre des notes et de demander à votre camarade (ou à votre prof) de vous aider si vous avez des questions. N'oubliez pas d'utiliser le futur et, si nécessaire, des phrases conditionnelles.

1. Identifiez le domaine dont vous allez parler: **les villes / le travail / les études / les transports / la vie familiale / les loisirs / les rapports entre individus / l'environnement / la communication / la médecine / le logement / les aliments / la santé**

2. Pour chaque changement que vous envisagez dans l'avenir:
   - Donnez au moins un exemple qui l'illustre ou l'explique.
   - Faites des commentaires pour dire si vous êtes ou n'êtes pas content(e) des changements imaginés.

3. Essayez de créer un plan préliminaire pour la rédaction qu'on vous demandera de faire dans le **Manuel de préparation.**

Do **A faire! (6-8)** on page 282 of the **Manuel de préparation.**

Appendices

Appendice A
Fiches Grammaire

FICHE GRAMMAIRE (Chapitre 1)

L'inversion avec un nom

The answers to the exercise can be found at the end of the *Fiches Grammaire.*

Les Sénégalais mangent-ils du fast-food?
Do Senegalese people eat fast food?

Pourquoi les Américains boivent-ils du lait avec leurs repas?
Why do Americans drink milk with their meals?

Pour qui votre père a-t-il travaillé?
Whom did your father work for?

When asking a question, inversion can also be used when the subject is a noun. This type of inversion tends to be found in more formal French—in writing, in speeches, in public interviews. It can be used in yes-no questions, with information questions, and with questions involving a preposition. In all cases, a pronoun corresponding to the noun subject is added to the verb. Reminder: when a pronoun beginning with a vowel follows a verb ending in a vowel, **-t-** must be added.

L'inversion avec un nom. Utilisez l'inversion et les mots proposés pour poser des questions à une Sénégalaise nouvellement arrivée en France à propos de sa famille. Utilisez une autre feuille de papier.

Modèle: vos parents / être / de nationalité française
Vos parents sont-ils de nationalité française?

1. votre famille / habiter / en France

2. vos grands-parents / parler / français

3. depuis combien de temps / vos cousins / être / à Paris

4. pourquoi / votre oncle et votre tante / rester *(passé composé)* / au Sénégal

5. à qui / vos parents / s'adresser *(passé composé)* / en arrivant en France

6. de quoi / votre belle-sœur / avoir besoin

7. où / votre mère / faire / les courses

8. combien de fois par semaine / vos parents / sortir / dîner

The answers to the exercises can be found at the end of the *Fiches Grammaire.*

FICHE GRAMMAIRE (Chapitre 1)

L'expression *ne... que*

Je n'ai que cent euros.
I only have 100 euros.

Vous n'avez acheté que deux biftecks?
You only bought two steaks?

On n'a que des oranges d'Espagne aujourd'hui.
We only have Spanish oranges today.

Although **ne... que** structurally resembles a negative expression (i.e., **ne** before the verb and **que** after the verb), it serves to *limit* a noun rather than to negate it (i.e., it expresses the idea of *only*). Note that **que** always *precedes* the noun that it limits.

A traduire en anglais. It's important that you be able to recognize the use of **ne... que** in French sentences. Give the English equivalent of the following. Use a separate sheet of paper.

1. Elle n'a qu'un frère et pas de sœurs.
2. Nous ne travaillons que le matin.
3. Nous n'avons qu'une chambre chez nous.
4. Comment? Tu n'as vu qu'un alligator en Floride?
5. Ils n'ont pu parler qu'à une secrétaire; le directeur n'était pas là.

Ne... que = synonyme de *seulement*. Récrivez les phrases suivantes en mettant **ne... que** à la place de **seulement**. Utilisez une autre feuille de papier.

1. J'ai seulement trois cours ce semestre.
2. Il faut seulement quatre personnes pour jouer au bridge.
3. Nous avons visité seulement trois pays en Afrique.
4. Comment? Tu prends seulement un repas par jour?
5. Elles ont acheté seulement une baguette.

FICHE GRAMMAIRE (Chapitre 1)

Les expressions négatives *ne... aucun(e)* et *ne... ni... ni.*

The answers to the exercises can be found at the end of the *Fiches Grammaire.*

Aucun de mes amis ne joue au tennis.
None of my friends play tennis.

Je n'ai aucune idée.
I've no idea.

Ni les Chartier ni les Durant ne peuvent venir.
Neither the Chartiers nor the Durants can come.

Je n'ai vu ni lions ni éléphants.
I saw neither lions nor elephants.

The negative expressions **ne... aucun**(e) *(none, no)* and **ne... ni... ni...** *(neither . . . nor)* can be used both as a subject and as an object of the verb. When used as a subject, **aucun**(e) and **ni... ni...** precede **ne**; when used as an object, **aucun**(e) and **ni... ni...** follow the complete verb (i.e., helping verb + past participle). Notice that **aucun**(e) as a subject is always *singular* and that **ni... ni...** as a subject is always *plural*. In addition, **ne... ni... ni...** can be followed by a definite article (**le, la, l', les**) but not by an indefinite article (**un, une, des**) or a partitive (**du, de la, de l', des**).

L'expression négative *ne... aucun(e).* Donnez le contraire des phrases suivantes. Utilisez une autre feuille de papier.

Modèle: Il a une explication.
Il n'a aucune explication.

1. Nous avons une raison pour aller en Allemagne.
2. Tous mes amis travaillent pendant l'année universitaire.
3. Je voudrais voir un de mes cousins.
4. Chaque étudiant a le droit d'insulter le professeur.
5. J'ai visité toutes les cathédrales à Paris.

L'expression négative *ne... ni... ni.* Donnez le contraire des phrases suivantes en utilisant **ne... ni... ni.** Utilisez une autre feuille de papier.

Modèle: Mon père et ma mère aiment dîner au restaurant.
Ni mon père ni ma mère n'aiment dîner au restaurant.

1. Denise et Chloé sont étudiantes à la Sorbonne.
2. J'aime le thé et le café.
3. Nous avons mis des tomates et des oignons dans la salade.
4. Toi et moi, nous pouvons aller loin dans la vie.
5. Elle voudrait aller en Chine et au Japon.

The answers to the exercise can be found at the end of the *Fiches Grammaire.*

FICHE GRAMMAIRE (Chapitre 2)

Le sens des adjectifs

Un bâtiment **ancien.**	*An **old** building.*
Un **ancien** étudiant.	*A **former** student.*
Une chambre **propre.**	*A **clean** room.*
Sa **propre** chambre.	*His/Her **own** room.*
Une femme **pauvre.**	*A **poor** (not rich) woman.*
Une **pauvre** femme.	*An **unfortunate** (unhappy) woman.*

A number of adjectives change meaning depending on whether they're placed after or before a noun. In general, an adjective placed *after* the noun retains its basic, concrete meaning. The same adjective placed *before* the noun is used in an abstract or figurative manner. The following is a list of some of the most commonly used adjectives that change meaning according to their placement.

	AFTER THE NOUN	BEFORE THE NOUN
ancien	*old, ancient*	*former*
cher	*expensive*	*dear, well-loved*
dernier	*last (before this one)*	*last (in a series)*
grand	*tall; large*	*great*
pauvre	*poor (not rich)*	*poor (unfortunate)*
prochain	*next (after this one)*	*next (in a series)*
propre	*clean*	*own*

Le sens des adjectifs. Traduisez le(s) mot(s) entre parenthèses et ajoutez-le(s) à la phrase. Attention à l'accord et à la place des adjectifs. Utilisez une autre feuille de papier.

Modèle: C'est un appartement. *(very expensive)*
C'est un appartement très cher.

1. C'est une maison. *(very expensive)*
2. Mes enfants sont toujours prêts à m'aider. *(dear)*
3. J'ai ma chambre. *(own)*
4. C'est un bâtiment. *(old, ancient)*
5. C'est une cuisine. *(very clean)*
6. Nous avons aidé ce chat. *(unfortunate)*
7. C'est un homme. *(great)*
8. Thomas est un étudiant. *(former)*
9. Les nouvelles que nous avons eues de lui n'étaient pas bonnes. *(last)*
10. Ce sont des gens qui vivent dans la rue. *(very poor)*

FICHE GRAMMAIRE (Chapitre 2)

Les pronoms relatifs qui remplacent une proposition (*clause*)

The answers to the exercise can be found at the end of the *Fiches Grammaire.*

a. The relative pronoun **ce qui** replaces a clause (stated or unstated) that is the subject.

Tu as tort. C'est évident.
Tu as tort, **ce qui** est évident. *You're wrong, **that's (which is)** obvious.*

Je veux savoir. Quelque chose
est arrivé.
Je veux savoir **ce qui** est arrivé. *I want to know **what** happened.*

b. The relative pronoun **ce que** (**ce qu'**) replaces a clause (stated or unstated) that is a direct object.

Je ne comprends pas. Tu dis
quelque chose.
Je ne comprends pas **ce que** *I don't understand **what** you're saying.*
tu dis.

c. The relative pronoun **ce dont** replaces a clause (stated or unstated) that is the object of the preposition **de**.

Il a réussi à l'examen. Il est content
d'avoir réussi à l'examen.
Il a réussi à l'examen, **ce dont** il *He passed the exam, **about which**
est content. he's happy.*

Ce n'est pas compliqué, ce que vous faites! Faites une seule phrase de chaque paire de phrases en utilisant les pronoms relatifs **ce qui**, **ce que** et **ce dont**. Utilisez une autre feuille de papier.

Modèles: J'ai appris à faire des phrases complexes. C'est très intéressant.
J'ai appris à faire des phrases complexes, ce qui est très intéressant.

Je ne sais pas. Ils ont besoin de quelque chose.
Je ne sais pas ce dont ils ont besoin.

1. Elle ne comprend pas. Tu parles de quelque chose.
2. Vous avez vu? Quelque chose est arrivé.
3. Nous ne savons pas. Ils ont fait quelque chose.
4. Je n'ai pas pu finir mon travail. Ça m'irrite.
5. Nous ne comprenons pas très bien. Elles veulent quelque chose.
6. Elle a entendu. Vous avez dit quelque chose.
7. Ils doivent finir. Ils ont commencé quelque chose.
8. Je sais. Tu as besoin de quelque chose.
9. Tu n'as pas aimé? J'ai préparé quelque chose à manger.
10. Vous n'avez pas mangé? Quelque chose est dans le frigo.

The answers to the exercise can be found at the end of the *Fiches Grammaire.*

FICHE GRAMMAIRE (Chapitre 2)

C'est (Ce sont), Il/Elle est (Ils/Elles sont)

Ça, **c'est** Janine. **C'est** ma meilleure amie.	*That's Janine. She's my best friend.*
C'est elle qui habite à Rouen. **Elle est** très sympa, n'est-ce pas?	*She's the one who lives in Rouen. She's very nice, isn't she?*
Tu as vu les portraits de François Ier? **Ils sont** dans le Salon Carré. **Ce sont** des exemples de l'art de la Renaissance.	*Did you see the portraits of Francis I? They're in the Salon Carré. They're examples of Renaissance art.*

Generally, the expressions **c'est** and **ce sont** are used before a noun (**C'est Janine; Ce sont des exemples**) or a pronoun (**C'est elle; C'est lui; C'est vous,** etc.). The expressions **il/elle est** and **ils/elles sont** are usually used before an adjective (**Elle est très sympa; Ils sont malades**) or a preposition (**Ils sont dans le Salon Carré**).

There are, however, several exceptions:

1. Nouns of nationality, occupation, religion, social class

Elle est française.	*She's French.*
C'est une Française.	*She's a French woman.*
Il est journaliste.	
C'est un journaliste.	*He's a journalist.*
Ils sont catholiques.	*They're Catholic.*
Ce sont des catholiques.	*They're Catholics.*
Ils sont bourgeois.	*They're upper-middle-class.*
Ce sont des bourgeois.	*They're upper-middle-class people.*

Unmodified nouns (i.e., nouns not accompanied by an adjective or descriptive relative clause) of nationality, occupation, religion, and social class may be treated as adjectives or as nouns in French. When treated as adjectives, they're introduced by **il/elle est** or **ils/elles sont** and are *not* preceded by an article. When treated as nouns, they're introduced by **c'est** or **ce sont** and require the use of an article.

il/elle est **ils/elles sont**	+ adjective of nationality (not capitalized), occupation, religion, social class
c'est (ce sont)	+ article + noun of nationality (capitalized), occupation, religion, social class

However, when nouns of nationality, occupation, religion, and social class are modified, they must be treated as nouns, i.e., they're introduced by **c'est** or **ce sont** and are preceded by an article. **C'est** and **ce sont** can also be followed by an indefinite expression (**quelqu'un, quelque chose**) instead of a noun.

C'est le jeune homme assis près de la porte.	*He's/It's the young man sitting next to the door.*
C'est un journaliste très connu.	*He's a very well-known journalist.*
C'est une personne qui est honnête.	*He/She is an honest person.*
C'est quelqu'un que tu connais.	*He/She/It is someone you know.*
Ce sont des enfants bien élevés.	*They're well-behaved children.*

FICHE GRAMMAIRE (Chapitre 2, suite)

2. Indefinite adjectives

C'est vrai.	*It's/That's true.*
Comment? Ils ne viennent pas?	*What? They're not coming?*
C'est impossible!	***That's** impossible!*

Adjectives referring to an idea or to a previous sentence are introduced by **c'est.**

Ce ou il/elle? Complétez les phrases suivantes en y ajoutant **c'est (ce sont)** ou **il/elle est (ils/elles sont)**. Utilisez une autre feuille de papier.

1. _____ une bonne idée!
2. _____ très intelligent, ce garçon!
3. _____ agent de voyage.
4. _____ elle qui nous a trouvé ce joli petit hôtel à Alger.
5. _____ de vrais aristocrates.
6. _____ américaine, mais _____ une Américaine qui est très différente de l'Américaine typique.
7. Le monsieur là-bas, _____ mon oncle.
8. _____ boulanger.
9. _____ une personne qui n'aime pas la nature.
10. Elle a fini? _____ formidable!
11. _____ moi qui m'occuperai de la maison pendant leur absence.
12. _____ un bel exemple de l'architecture de la région.
13. _____ quelqu'un à qui tu as parlé.
14. _____ avocate.
15. Tu as fait ça pour lui? _____ très généreux.
16. _____ protestants, n'est-ce pas?
17. _____ une personne que j'admire beaucoup.
18. _____ des Japonaises.
19. _____ très ambitieuses.
20. _____ un quartier populaire.

The answers to the exercise can be found at the end of the *Fiches Grammaire.*

FICHE GRAMMAIRE (Chapitre 3)

L'accord du participe passé

Verbes conjugués avec être: past participle agrees in gender and number with the subject

Sophie est retourné*e* en Martinique.
Les deux garçons sont parti*s* sans nous.

Verbes conjugués avec avoir: past participle agrees in gender and number with the direct object IF it precedes the verb:

- direct object pronoun:

  Sophie? Je ne l'ai pas vu*e* récemment. (l' = la = Sophie)

- relative pronoun **que:**

  Où sont **les outils que j'ai acheté*s*?** (que = outils)

Verbes pronominaux: conjugated with **être;** the past participle agrees NOT with the subject, BUT with a preceding direct object (reflexive) pronoun:

- pronoun = direct object

  Micheline et moi, **nous nous sommes embrassé*es*.** (agreement)

- pronoun = indirect object

  Micheline et moi, **nous nous sommes parlé.** [parler à] (no agreement)

Il faut faire l'accord? Ajoutez le participe passé entre parenthèses en le faisant accorder ou non selon le cas.

1. (allé) Anne-Marie est _____ chercher ses amis à la gare.
2. (disputé) Georges et son frère se sont _____ au sujet de l'héritage de leur grand-père.
3. (vu) Comment s'appelle la petite Italienne que nous avons _____ au concert?
4. (envoyé) Nous nous sommes _____ plusieurs méls.
5. (amusé) Malheureusement elles ne se sont pas _____ à la plage.
6. (acheté) Combien coûtent les chaussures que tu as _____ avant-hier?
7. (rencontré) Tes cousins? Je ne les ai jamais _____ à la Fac.
8. (parlé) Comment s'appelle les étudiants à qui nous avons _____ à la réunion syndicale?
9. (adressé) A qui est-ce qu'elle s'est _____ au commissariat?
10. (donné) Il se sont _____ un coup de main *(a helping hand)*.
11. (acheté) Elle est très grande, la maison que tes parents ont _____.
12. (téléphoné) Vos enfants? Elle ne leur a jamais _____.
13. (trompé) Oh là là! Nous nous sommes _____ d'adresse.
14. (cassé) Je suis désolé. Ta nouvelle calculatrice, je l'ai _____.
15. (écrit) Je n'aime pas tellement les livres qu'il a _____.

FICHE GRAMMAIRE (Chapitre 3)

Des verbes conjugués avec *avoir* ou avec *être*

The answers to the exercise can be found at the end of the *Fiches Grammaire.*

Certain verbs usually conjugated with être—in particular, **monter, descendre, passer, sortir,** and **retourner**—can, in certain circumstances, also be conjugated with **avoir.**

- When used *alone* or when followed by a *preposition*, these verbs use être.

  Elle **est** sortie. Ils **sont** descendus de l'autobus.

- When followed by a *direct object*, these verbs require **avoir.**

  Elle **a** sorti **sa carte d'identité.** Ils **ont** descendu **l'escalier.**

- These verbs have two different meanings, depending on whether they're used with être or avoir.

  Il **est** monté dans l'autobus. *(got on)*
  Il **a** monté **mes valises** au quatrième étage. *(carried up)*

  Il **est** descendu du train. *(got off)*
  Il **a** descendu **l'escalier.** *(went down)*

  Nous **sommes** passés devant la maison. *(passed)*
  Nous **avons** passé **deux heures** ensemble. *(spent)*

  Ils **sont** sortis avec nous. *(went out)*
  Ils **ont** sorti **leurs mouchoirs.** *(took out)*

  Pourquoi est-ce qu'elle **est** retournée en Afrique? *(did . . . go back)*
  Pourquoi **as-tu** retourné **sa photo**? *(did . . . turn over)*

Avec *avoir* ou avec *être*? Mettez le verbe au passé composé en faisant attention à l'emploi d'**avoir** ou d'**être.** Puis donnez l'équivalent anglais de la phrase. Utilisez une autre feuille de papier.

1. Un petit garçon passe devant la fenêtre.
2. Quand est-ce qu'ils retournent en Chine?
3. Je descends l'escalier en courant.
4. Comment est-ce que vous passez l'après-midi?
5. Qu'est-ce que le criminel sort de sa poche?
6. Ils montent en haut de la tour de Notre-Dame.
7. Nous descendons dans un très bon hôtel à Lyon.
8. Il retourne le morceau de viande sur le gril.
9. La vieille dame monte l'escalier avec difficulté.
10. A quelle heure est-ce qu'elle sort?

The answers to the exercises can be found at the end of the *Fiches Grammaire.*

FICHE GRAMMAIRE (Chapitre 3)

L'expression *venir de* + infinitif

The expression **venir de** *(to have [had] just)* can be used only with two tenses—the present or the imperfect.

The PRESENT tense of the verbal expression **venir de** is used to connect an activity to the *immediate past* by indicating that the action *has just* been completed. Notice that English uses a past tense *(had, went out)* whereas French uses the present (**viens de, vient de**).

> **Je viens de recevoir** un coup de téléphone de Stéphanie. Elle veut sortir ce soir.
> *I **just had** a call from Stephanie. She wants to go out tonight.*

> Hervé? Non, il n'est pas là. **Il vient de sortir.**
> *Hervé? No, he's not here. **He just went out.***

The IMPERFECT tense of the verbal expression **venir de** is used to connect one past activity to the *immediate past of another past activity* by indicating that the action *had just* been completed. English uses the equivalent of the **plus-que-parfait** *(we had just done, she had just learned)*; French uses the imperfect tense (**nous venions de, elle venait d'**).

> Quand ils sont arrivés, **nous venions de faire** la vaisselle.
> *When they arrived, **we had just done** the dishes.*

> Quand je l'ai vue, **elle venait d'apprendre** la nouvelle.
> *When I saw her, **she had just gotten** the news.*

It's important to distinguish between the **plus-que-parfait** and **venir de** used with the imperfect. The **plus-que-parfait** indicates that one action had been completed some time before the other.

> Quand ils sont arrivés, j'avais déjà parlé à leurs parents.
> (Note: There could have been several hours between the two actions.)

Venir de used in the imperfect stresses that one action had been completed *just before* the other.

> Quand ils sont arrivés, je venais de parler à leurs parents.
> (Note: There were probably only a few minutes between the actions.)

FICHE GRAMMAIRE (Chapitre 3, suite)

Notre arrivée chez les Matheron

A. Vos amis Michel et Caroline Matheron vous invitent à dîner chez eux un samedi soir. Ils ont deux enfants—Thierry (3 ans) et Cécile (15 mois). Ils ont aussi un chat. En vous inspirant des mots suggérés, utilisez **le présent** de l'expression *venir de* + **infinitif** pour compléter le monologue de Caroline. Utilisez une autre feuille de papier.

> **Modèle:** le plombier / partir
> *Ah, bonsoir, mes amis. Entrez. Oh... je m'excuse... tout est en désordre. Vous n'allez pas me croire! Le plombier vient de partir. Il a réparé le lave-vaisselle...*

1. je / se couper le doigt en préparant le dîner
2. mon mari / renverser un vase sur la nouvelle nappe *(tablecloth)*
3. mon fils / attraper le chat par la queue *(tail)*
4. le bébé / casser sa poupée préférée
5. ma sœur / téléphoner pour dire que Maman est à l'hôpital.

B. Maintenant utilisez **l'imparfait** de l'expression *venir de* + **infinitif** pour raconter à quelqu'un d'autre votre arrivée chez les Matheron. Utilisez les mêmes suggestions. Utilisez une autre feuille de papier.

> **Modèle:** *Quand nous sommes arrivés chez les Matheron, la pauvre Caroline était complètement bouleversée. Tout était en désordre. Le plombier venait de partir; il avait réparé le lave-vaisselle. Caroline, elle...*

The answers to the exercise can be found at the end of the *Fiches Grammaire.*

FICHE GRAMMAIRE (Chapitre 3)

Autres expressions qui fonctionnent comme *depuis*

The expressions **Il y a… que**, **Voilà… que** and **Ça fait… que** are the equivalents of **depuis**.

Il y a une heure **que** nous attendons.
We've been waiting for an hour.

Voilà trois mois **que** je cherche un appartement.
I've been looking for an apartment for three months.

Ça fait dix ans **qu'ils** sont mariés.
They've been married for ten years.

Il y a combien de temps? Refaites les phrases suivantes en utilisant (a) **Il y a… que**, (b) **Voilà… que** et (c) **Ça fait… que.** Utilisez une autre feuille de papier.

1. Il pleut depuis trois jours.
2. Je connais les Mirabeau depuis très longtemps.
3. Ils sont à Madrid depuis quatre mois.

FICHE GRAMMAIRE (Chapitre 4)

Comment exprimer les rapport temporels: Conjonctions et prépositions

The answers to the exercises can be found at the end of the *Fiches Grammaire*.

The following conjunctions and prepositions are used to relate events to each other, i.e., to indicate whether two events occur simultaneously or whether one precedes or follows the other. The chart below summarizes these temporal relationships; the explanations and exercises that follow offer details and practice.

Résumé: Prépositions et conjonctions temporelles		
	DEUX SUJETS	UN SUJET
Simultanéité	pendant que + *indicatif*	en + *participe présent*
Antériorité	avant que + *subjonctif*	avant de + *infinitif*
Postériorité	après que + *indicatif*	après + *passé de l'infinitif*

1. Les rapports de simultanéité

When each verb has a *different* subject, you use **pendant que** to indicate that the actions occur (will occur, did occur) at the same time. **Pendant que** is followed by a verb in the indicative.

Pendant qu'elle est au travail, ses enfants sont à la garderie.	*While she's at work, her children are at day care.*
Le téléphone a sonné **pendant que** nous regardions les photos de mon voyage.	*The phone rang while we were looking at my travel photos.*

When both verbs have the same subject, you can use the preposition **en** *(while)* and a *present participle* (**participe présent**) to indicate that the actions occur (will occur, did occur) at the same time.

Elle s'est fait mal à la cheville **en dansant.**	*She hurt her ankle **while dancing.***
En sortant du parking, nous avons eu un petit accident.	***While leaving** the parking lot, we had a little accident.*

To form the present participle of a verb, take the **nous** form of the present tense, drop the **-ons**, and add **-ant.** For example:

regarder	nous regardons	en regardant
choisir	nous choisissons	en choisissant
partir	nous partons	en partant
attendre	nous attendons	en attendant
faire	nous faisons	en faisant
lire	nous lisons	en lisant

There are three exceptions:

avoir / (en) ayant	être / (en) étant	savoir / (en) sachant

Reminder: The French equivalents of the English *-ing*

The present participle in English ends in *-ing*. However, English uses the *-ing* form of the verb in many instances where French requires a different construction.

present tense	*I am watching*	je regarde
imperfect tense	*they were waiting*	ils attendaient
infinitive	*Seeing is believing.*	Voir, c'est croire.

FICHE GRAMMAIRE (Chapitre 4, suite)

Le participe présent. Complétez les phrases suivantes en y ajoutant le participe présent des verbes entre parenthèses. Utilisez une autre feuille de papier.

1. (arriver) En _____ à la gare, nous avons été surpris de voir le nombre de gens qui attendaient.
2. (faire) Elle a perdu cinq kilos en _____ du jogging.
3. (attendre) En _____ l'arrivée de leur avion, il s'est amusé à regarder les gens.
4. (se dépêcher) En _____, nous pourrons y être avant les autres.
5. (aller) Elle a eu un accident en _____ chez son grand-père.
6. (rougir) Il a répondu en _____.
7. (lire) En _____ des livres au sujet d'autres pays, on apprend beaucoup.
8. (se réveiller) En _____, j'ai parfois du mal à savoir où je suis.
9. (partir) Je ne les ai pas vus en _____.
10. (prendre) Il s'est coupé la moustache tout en _____ son café au lait matinal.

2. Les rapports d'antériorité

When each verb in the two clauses of a sentence has a *different* subject, use **avant que** *(before)* to indicate that one action precedes (will precede, did precede) the other. **Avant que** is followed by a verb in the *present subjunctive* (even if the main action is in the past).

Téléphone-lui **avant que** ce ne soit trop tard.	*Call him **before** it's too late.*
Il est parti **avant que** nous prenions le dessert.	*He left **before** we had dessert.*

When both verbs have the same subject, you must use **avant de** instead of **avant que**; the preposition **avant de** is followed by an *infinitive*.

Et puis... Combinez les deux phrases en utilisant **avant de** ou **avant que** et en faisant les changements nécessaires. Utilisez une autre feuille de papier.

Modèles: Georges a téléphoné à sa sœur. Et puis il es sorti.
Georges a téléphoné à sa sœur avant de sortir.

Georges est sorti. Et puis sa sœur lui a téléphoné.
Georges est sorti avant que sa sœur (lui) téléphone.

1. M. Delaudin a fait la vaisselle. Ensuite sa femme est rentrée.
2. M. Delaudin fera la vaisselle. Ensuite sa femme rentrera.
3. Tous les matins Rosine fait sa toilette. Et puis elle s'habille.
4. Le candidat socialiste à téléphoné à son rival. Et puis on a annoncé les résultats.
5. Jean-Pierre a fait ses valises. Ensuite il est descendu dire au revoir à sa famille.
6. J'espère qu'ils arriveront. Et puis tu partiras.

3. Les rapports de postériorité

When both verbs have the same subject, use the preposition **après** and a *past infinitive* (**passé de l'infinitif**) to indicate that one action follows (will follow, followed) the other.

Tu pourras sortir **après avoir fait** la vaisselle.	*You can go out **after you** do the dishes.*
Après m'être levée, j'ai pris une douche.	*After I got up (getting up), I took a shower.*

To form the *past infinitive*, use the infinitive of either the verb **avoir** or the verb **être** with the past participle of the main verb. All the rules of agreement you've learned about compound tenses apply also to the *past infinitive*.

> **Après être allée** à l'épicerie, Marie-Jo a préparé un dîner fantastique.
> *After having gone to the grocery store, Marie-Jo prepared a fantastic dinner.*

When the verbs in the two clauses have different subjects, use the preposition **après** and a *noun* or a *pronoun* (**moi, toi, lui, elle, nous, vous, eux, elles**).

Après le départ de Jeanne, les autres se sont mis à raconter des histoires à son sujet.	*After Jeanne left, the others started telling stories about her.*
Nous avons dîné **après leur arrivée**.	*We ate after they arrived.*
Je suis partie **après lui**.	*I left after him (after he did).*

Et puis... Combinez les deux phrases en utilisant **après** suivi du passé de l'infinitif ou bien d'un nom ou d'un pronom. Faites les changements nécessaires. Utilisez une autre feuille de papier.

Modèles: Georges a téléphoné à sa sœur. Et puis il est sorti.
Georges est sorti après avoir téléphoné à sa sœur.

La sœur de Georges lui a téléphoné. Puis il est sorti.
Georges est sorti après le coup de téléphone de sa sœur.

après + passé de l'infinitif

1. Tous les matins Rosine fait sa toilette. Et puis elle s'habille.
2. Jean-Pierre rentrera du travail. Et puis il préparera quelque chose à manger.
3. D'habitude, je me couche. Et puis je lis pendant une heure ou deux.

après + nom ou pronom

4. J'espère que son ex-mari partira et puis qu'elle arrivera.
5. Ils ont dîné à la Tour d'Argent. Mais je ne les ai pas vus après.
6. J'ai parlé au directeur. Ensuite elle lui a parlé.

Les voyageurs. On appelle les premiers explorateurs français qui sont partis à la découverte du Nouveau Monde «les voyageurs». Expliquez ce que vous savez au sujet de ces explorateurs—Cartier, Champlain, Joliet, Marquette et La Salle. Combinez les phrases données en utilisant l'expression entre parenthèses et en faisant tous les changements nécessaires. Utilisez une autre feuille de papier.

*D'abord, indiquez des rapports de **simultanéité**.*

1. Cartier est arrivé à Gaspé en 1534. Il a trouvé des Amérindiens qui y habitaient depuis longtemps. (en)
2. En 1541, lors de son troisième voyage au Nouveau Monde, Cartier s'est attiré la défaveur du roi François Ier. Cartier a désobéi aux ordres du nouveau gouverneur du «Canada». (en)
3. En 1615 Champlain a remonté l'Ottawa. Il a découvert le lac Huron. (en)
4. La Salle a été tué en 1684. Il explorait le delta du Mississippi. (en)

*Indiquez ensuite des rapports d'**antériorité**.*

5. Cartier a pris possession du nouveau pays au nom de la France. Puis il est rentré à Saint-Malo. (avant de)
6. Cartier a remonté le Saint-Laurent jusqu'à l'emplacement actuel de Montréal en 1535. Champlain a fondé la ville de Québec en 1608. (plus de 70 ans avant que)

FICHE GRAMMAIRE (Chapitre 4, suite)

7. La femme de Champlain a passé dix ans seule en France. Enfin, son mari l'a emmenée à Québec. (avant que)

8. Champlain a fait la paix avec les Iroquois. Puis il est mort. (avant de)

*Indiquez enfin des rapports de **postériorité**.*

9. Champlain a visité la Nouvelle-France pour la première fois en 1603. En 1608, il y est retourné pour fonder la ville de Québec. (cinq ans après)

10. Champlain s'est marié en 1610. L'année suivante, il est rentré en Nouvelle-France. (après)

11. Champlain a découvert le lac Ontario en 1615. Ensuite il a été blessé *(wounded)* par les Iroquois. (après)

12. Joliet et Marquette ont découvert le Mississippi en 1673. La Salle est descendu jusqu'au golfe du Mexique en 1682. (neuf ans après)

FICHE GRAMMAIRE (Chapitre 5)

Deux pronoms compléments d'objet direct et indirect

The answers to the exercises can be found at the end of the *Fiches Grammaire*.

Je les lui ai déjà donnés.
I already gave them to him.

Quand est-ce que tu vas me la montrer?
When are you going to show it (her) to me?

Elle nous en parle souvent.
She often talks to us about it.

When two object pronouns (one direct, one indirect) are used with the same verb, they follow a specific order:

me								
te		le		lui				
(se)	BEFORE	la	BEFORE	leur	BEFORE	y	BEFORE	en
nous		les						
vous								

This order works for all pronoun positions except with *affirmative commands*, where the pronoun follows and is attached to the verb. In this case, the pronouns follow a different order:

Direct object (le, la, les)	BEFORE	Indirect object (lui, leur, moi, toi, nous, vous)	BEFORE	y	BEFORE	en

Donne-le-moi!   **Mettez-les-y!**
Give it to me!   *Put them there!*

When used with *a negative command,* the pronouns follow the basic word order.

Ne me le donne pas!
Don't give it to me!

Oui ou non? Répondez aux questions en utilisant deux pronoms compléments d'objet. Utilisez une autre feuille de papier.

Modèle: Je peux te donner mon adresse? (oui, bien sûr)
              Oui, bien sûr, tu peux me la donner.

1. Vos amis vous prêtent souvent de l'argent? (oui, de temps en temps)
2. Ils vous prêtent souvent leur voiture? (non, ne... jamais)
3. Tu vas m'envoyer tes notes? (oui, demain)
4. Tu vas m'envoyer ton examen? (mais non)
5. Tu vois souvent tes cousins au bord de la mer? (oui, tous les étés)
6. Tu vois souvent ma sœur à l'opéra? (non, ne... jamais)
7. Est-ce que je peux te donner la clé? (mais oui)
8. Est-ce que je peux te donner des conseils? (non, absolument pas)
9. Quand est-ce que tu as rendu les clés à M. et à Mme Bertoli? (avant-hier)
10. Quand est-ce que tu as rendu la calculatrice à Jean-Jacques? (ne... pas encore)
11. Quand est-ce qu'elle a envoyé le cadeau à Anne-Marie? (mardi dernier)
12. Est-ce qu'elle va envoyer des cadeaux à ses amis canadiens? (je ne sais pas si)

FICHE GRAMMAIRE (Chapitre 5, suite)

Oui ou non (suite). Répondez aux questions en utilisant l'impératif (affirmatif ou négatif, selon l'indication) et deux pronoms compléments d'objet. Utilisez une autre feuille de papier.

Modèles: J'envoie les résultats à vos parents? (oui, tout de suite)
Oui, envoyez-les-leur tout de suite.

               Je te donne encore de la viande. (non merci, ne… plus)
Non merci, ne m'en donne plus.

13. Je laisse les clés sur la table? (oui, si tu veux)

14. Je donne la lampe à tes parents? (oui, si tu veux)

15. Nous envoyons des cartes postales aux professeurs? (oui, c'est une bonne idée)

16. Nous montrons la statue au directeur? (non, il ne s'intéresse pas à l'art)

17. Je te montre ma nouvelle voiture. (oui, bien sûr)

18. Je vous montre les cadeaux pour la famille. (non, nous ne voulons pas les voir)

FICHE GRAMMAIRE (Chapitre 5)

The answers to the exercises can be found at the end of the *Fiches Grammaire*.

Les pronoms accentués

The stress pronouns in French (**pronoms accentués**), also called disjunctive pronouns (**pronoms disjonctifs**) because they are *not* placed directly next to a conjugated verb, are the following:

moi	**nous**
toi	**vous**
lui	**eux**
elle	**elles**

They are used in the following situations:

1. To emphasize a subject pronoun (In English, this emphasis is often expressed by speaking more loudly.)

   Moi, je ne veux pas y aller!   *I don't want to go!*
   Eux, ils ne savent pas ce qu'ils font.   *They don't know what they're doing.*

2. To answer a question without using a verb or by using the expression **c'est**

   Qui veut le savoir?   *Who wants to know?*
   Moi. / C'est moi.   *I do. / I'm the one.*

3. To indicate or stress possession

   Ce chien n'est pas **à moi**, c'est son chien **à elle**.   *This dog is not **mine**, it's **hers**.*

4. With -**même** as the equivalent of -*self*

   Je le ferai **moi-même**.   *I'll do it **myself**.*
   Il l'a écrit **lui-même**.   *He wrote it **himself**.*

5. With a compound subject

   Lui et moi, nous comptons y aller ce soir.   ***He and I** are planning on going this evening.*

6. In a comparison

   Georges est beaucoup **plus fort que moi**.   *George is a lot **stronger than I am**.*
   Je suis **plus grande qu'elle**.   *I'm **taller than she is**.*

7. To refer to a person or persons after a preposition other than **à**

   Nous avons passé la nuit **chez eux**.   *We spent the night **at their place**.*
   Je ne veux pas travailler **pour elle**.   *I don't want to work **for her**.*
   Tu y vas **avec lui**?   *Are you going **with him**?*

NOTE: When referring to **à** + a person, normally an indirect object (**me, te, nous, vous, lui, leur**) is used. There are a few exceptions; one of the most frequently used is **penser à**.

Tu **penses à moi**?   *Are you **thinking about me**?*
Bien sûr, je **pense** toujours **à toi**.   *Of course, **I'm** always **thinking about you**.*

FICHE GRAMMAIRE (Chapitre 5, suite)

Les pronoms accentués D'abord, mettez l'accent sur le sujet en italique. Utilisez une autre feuille de papier.

> **Modèle:** Qu'est-ce que tu fais?
> *Qu'est-ce que tu fais, toi?*

1. *Je* n'ai pas l'intention de rester.
2. *Il* a deux frères et trois sœurs.
3. Qu'est-ce qu'*ils* cherchent?

Ensuite, combinez les deux phrases en utilisant des pronoms accentués.

> **Modèle:** Jeanne veut sortir ce soir. Je veux sortir ce soir aussi.
> *Elle et moi, nous voulons sortir ce soir.*

4. Je peux le faire. Tu peux le faire aussi.
5. Où est-ce qu'il va? Où est-ce qu'elle va?
6. Elle a assez de temps pour le finir. J'ai assez de temps pour le finir aussi.

Remplacez les mots en italique par un pronom accentué.

7. J'aime bien manger chez *mes grands-parents*.
8. Allons au cinéma avec *Julien et Anne-Marie*.
9. Quel est le nom du type assis devant *Hervé*?
10. Pourquoi est-ce que je pense toujours *à mes amies d'autrefois*.
11. Je ne me souviens pas de *mes grands-parents*.

Donnez l'équivalent français des phrases suivantes.

12. I'm going to read the book myself.
13. We're a lot smarter than they are.
14. He's the one who lives in Bordeaux.
15. It's not his boat, it's her boat (**bateau**, *m.*).

FICHE GRAMMAIRE (Chapitre 6)

Le futur antérieur

The answers to the exercises can be found at the end of the *Fiches Grammaire*.

The future perfect (**le futur antérieur**) is a compound tense that is formed by combining the future tense of the helping verb **avoir** or **être** with the past participle of the main verb. All of the rules for compound tenses that you've learned already also apply to the future perfect.

Est-ce que tu **auras fini** de nettoyer la maison quand ils arriveront?	*Will you have finished cleaning the house when they arrive?*
Quand vous **aurez terminé** cet exercice, vous ferez le suivant.	*When you've finished this exercise, you'll do the next one.*

LE FUTUR ANTERIEUR

faire	aller	se lever
j'aurai fait	je serai allé(e)	je me serai levé(e)
tu auras fait	tu seras allé(e)	tu te seras levé(e)
il/elle/on aura fait	il/elle/on sera allé(e)	il/elle/on se sera levé(e)
nous aurons fait	nous serons allé(e)s	nous nous serons levé(e)s
vous aurez fait	vous serez allé(e)(s)	vous vous serez levé(e)(s)
ils/elles auront fait	ils/elles seront allé(e)s	ils/elles se seront levé(e)s

When you're dealing with future events, you use the future perfect to show that one event *will have* occurred before another. This is the equivalent of the **plus-que-parfait** tense that precedes the **passé composé**. Study the following timeline to understand the relationships between events in the future with the parallel construction in the past.

plus-que-parfait	passé composé	présent	futur antérieur	futur

The expressions **aussitôt que, dès que, lorsque,** and **quand** are followed by the future perfect when they refer to an event that will have occurred before something else will occur. In that case, the **futur antérieur** is accompanied by the future tense.

Aussitôt que tu **auras fait** tes devoirs, tu **iras** chercher du pain.	*As soon as you've done your homework, you'll go get some bread.*
Tu me le **diras dès qu'**ils t'**auront téléphoné.**	*You'll tell me as soon as they've called you.*
Lorsque Marc **sera arrivé,** on **commencera** la fête.	*As soon as (When) Marc arrives, we'll start the party.*
Quand vous **aurez fini** les fenêtres, vous **pourrez** partir.	*When you've finished the windows, you can leave.*

Chaque chose en son temps. Complétez les phrases suivantes en utilisant le futur antérieur des verbes entre parenthèses. Utilisez une autre feuille de papier.

Modèle: (parler) Dès que je lui _____, je prendrai ma décision.
Dès que je lui *aurai parlé*, je prendrai ma décision.

1. (partir) Dès qu'elle _____, je vous avertirai.

2. (finir) Je suis sûr que vous _____ vos devoirs avant le dîner.

3. (apprendre) Ils _____ suffisamment de grammaire avant l'examen final.

4. (faire) Nous _____ les valises la veille *(the night before)*.

5. (prendre) Aussitôt que tu _____ de l'aspirine, tu te coucheras.

6. (faire) Elle _____ les réservations avant de partir.

7. (aller) Je ne _____ pas encore _____ au marché quand tu arriveras.

8. (se laver) Dès que tu _____ les mains, nous nous mettrons à table.

Futur ou futur antérieur? Utilisez le futur ou le futur antérieur pour refaire les phrases suivantes. Utilisez une autre feuille de papier.

Modèles: Il va faire ses valises et il va partir tout de suite.
Il fera ses valises et il partira tout de suite.

Nous parlons au prof. Ensuite nous allons à la bibliothèque. (dès que)
Dès que nous aurons parlé au prof, nous irons à la bibliothèque.

1. Elle va laver la voiture. Ensuite elle va faire un tour en ville. (quand)

2. Je vais acheter le gâteau, je vais aller chercher les enfants à l'école et on va aller directement à la fête.

3. Tu prends ta décision. Ensuite tu nous téléphones. (lorsque)

4. Vous pouvez aller à la plage. Mais avant ça, vous rangez votre chambre. (aussitôt que)

5. Le prof va corriger les devoirs et il va les rendre tout de suite.

6. Tu vas déménager. Tes parents vont te rendre visite. (quand)

Chapitre 1

L'inversion avec un nom

1. Votre famille habite-t-elle en France?
2. Vos grands-parents parlent-ils français?
3. Depuis combien de temps vos cousins sont-ils à Paris?
4. Pourquoi votre oncle et votre tante sont-ils restés au Sénégal?
5. A qui vos parents se sont-ils adressés en arrivant en France?
6. De quoi votre belle-sœur a-t-elle besoin?
7. Où votre mère fait-elle les courses?
8. Combien de fois par semaine vos parents sortent-ils dîner?

A traduire en anglais

1. She only has one brother and no sisters.
2. We only work in the morning (mornings).
3. We only have one bedroom at home (in our house).
4. What? You only saw one alligator in Florida?
5. They were only able to speak with (talk to) a secretary; the director was not there.

Ne... *que* = synonyme de *seulement*

1. Je n'ai que trois cours ce semestre.
2. Il ne faut que quatre personnes pour jouer au bridge.
3. Nous n'avons visité que trois pays en Afrique.
4. Comment? Tu ne prends qu'un repas par jour?
5. Elles n'ont acheté qu'une baguette.

L'expression négative *ne... aucun(e)*

1. Nous n'avons aucune raison pour (d')aller en Allemagne.
2. Aucun de mes amis ne travaille pendant l'année universitaire.
3. Je ne voudrais voir aucun de mes cousins.
4. Aucun étudiant n'a le droit d'insulter le professeur.
5. Je n'ai visité aucune cathédrale à Paris.

L'expression négative *ne... ni... ni*

1. Ni Denise ni Chloé ne sont étudiantes à la Sorbonne.
2. Je n'aime ni le thé ni le café.
3. Nous n'avons mis ni tomates ni oignons dans la salade.
4. Ni toi ni moi ne pouvons aller loin dans la vie.
5. Elle ne voudrait aller ni en Chine ni au Japon.

Chapitre 2

Le sens des adjectifs

1. C'est une maison très chère.
2. Mes chers enfants sont toujours prêts à m'aider.
3. J'ai ma propre chambre.
4. C'est un bâtiment ancien.
5. C'est une cuisine très propre.
6. Nous avons aidé ce pauvre chat.
7. C'est un grand homme.
8. Thomas est un ancien étudiant.
9. Les dernières nouvelles que nous avons eues de lui n'étaient pas bonnes.
10. Ce sont des gens très pauvres qui vivent dans la rue.

Ce n'est pas compliqué, ce que vous faites!

1. Elle ne comprend pas ce dont tu parles.
2. Vous avez vu ce qui est arrivé?
3. Nous ne savons pas ce qu'ils ont fait.
4. Je n'ai pas pu fnir mon travail, ce qui m'irrite.
5. Nous ne comprenons pas très bien ce qu'elles veulent.
6. Elle a entendu ce que vous avez dit.
7. Ils doivent finir ce qu'ils ont commencé.
8. Je sais ce dont tu as besoin.
9. Tu n'as pas aimé ce que j'ai préparé à manger?
10. Vous n'avez pas mangé ce qui est dans le frigo?

Ce ou il/elle?

1. C'est
2. Il est
3. Il est
4. C'est
5. Ce sont
6. Elle est / c'est
7. c'est
8. Il est
9. C'est
10. C'est
11. C'est
12. C'est
13. C'est
14. Elle est
15. C'est
16. Ils sont
17. C'est
18. Ce sont
19. Elles sont
20. C'est

Chapitre 3

Il faut faire l'accord?

1. allée
2. disputés
3. vue
4. envoyé
5. amusées
6. achetées
7. rencontrés
8. parlé
9. adressée
10. donné
11. achetée
12. téléphoné
13. trompé(e)s
14. cassée
15. écrits

Avec *avoir* ou avec *être?*

1. Un petit garçon est passé devant la fenêtre. *(passed)*
2. Quand est-ce qu'ils sont retournés en Chine? *(did . . . go back)*
3. J'ai descendu l'escalier en courant. *(went down)*
4. Comment est-ce que vous avez passé l'après-midi? *(did . . . spend)*
5. Qu'est-ce que le criminel a sorti de sa poche? *(did . . . take out)*
6. Ils sont montés en haut de la tour de Notre-Dame. *(went up)*
7. Nous sommes descendu(e)s dans un très bon hôtel à Lyon. *(stayed)*
8. Il a retourné le morceau de viande sur le gril. *(flipped)*
9. La vieille dame a monté l'escalier avec difficulté. *(went up)*
10. A quelle heure est-ce qu'elle est sortie? *(did . . . go out)*

Notre arrivée chez les Matheron

A. 1. Je viens de me couper le doigt en préparant le dîner.
2. Mon mari vient de renverser un vase sur la nouvelle nappe.
3. Mon fils vient d'attraper le chat par la queue.
4. Le bébé vient de casser sa poupée préférée.
5. Ma sœur vient de téléphoner pour dire que Maman est à l'hôpital.

B. 1. Elle venait de se couper le doigt en préparant le dîner.
2. Son mari venait de renverser un vase sur la nouvelle nappe.
3. Son fils venait d'attraper le chat par la queue.
4. Le bébé venait de casser sa poupée préférée.
5. Sa sœur venait de téléphoner pour dire que Maman était à l'hôpital.

Il y a combien de temps?

1. Il y a trois jours qu'il pleut. / Voilà trois jours qu'il pleut. / Ça fait trois jours qu'il pleut.
2. Il y a très longtemps que je connais les Mirabeau. / Voilà très longtemps que je connais les Mirabeau. / Ça fait très longtemps que je connais les Mirabeau.
3. Il y a quatre mois qu'ils sont à Madrid. / Voilà quatre mois qu'ils sont à Madrid. / Ça fait quatre mois qu'ils sont à Madrid.

Chapitre 4

Le participe présent

1. arrivant
2. faisant
3. attendant
4. nous dépêchant
5. allant
6. rougissant
7. lisant
8. me réveillant
9. partant
10. prenant

Et puis...

1. M. Delaudin a fait la vaisselle avant que sa femme rentre.
2. M. Delaudin fera la vaisselle avant que sa femme rentre.
3. Tous les matins Rosine fait sa toilette avant de s'habiller.
4. Le candidat socialiste a téléphoné à son rival avant qu'on annonce les résultats.
5. Jean-Pierre a fait ses valises avant de descendre dire au revoir à sa famille.
6. J'espère qu'ils arriveront avant que tu partes.

Et puis...

1. Tous les matins, Rosine s'habille après avoir fait sa toilette.
2. Jean-Pierre préparera quelque chose à manger après être rentré du travail.
3. D'habitude, je lis pendant une heure ou deux après m'être couché(e).
4. J'espère qu'elle arrivera après le départ de son ex-mari.
5. Je ne les ai pas vus après le dîner à la Tour d'Argent.
6. Elle a parlé au directeur après moi.

Les voyageurs

1. En arrivant à Gaspé en 1534, Cartier y a trouvé...
2. En désobéissant aux ordres du nouveau gouverneur du «Canada», Cartier s'est attiré...
3. En remontant l'Ottawa en 1615, Champlain a découvert...
4. La Salle a été tué en 1864 en explorant...
5. Cartier a pris possession du nouveau pays au nom de la France avant de rentrer...
6. Cartier a remonté le Saint-Laurent... plus de 70 ans avant que Champlain (qu'il) fonde la ville de Québec.
7. La femme de Champlain a passé 10 années seule en France avant que son mari l'emmène à Québec.
8. Champlain a fait la paix avec les Iroquois avant de mourir.
9. Cinq ans après avoir visité..., Champlain y est retourné...
10. Après s'être marié en 1610, Champlain est rentré...
11. Après avoir découvert..., Champlain a été blessé...
12. Neuf ans après la découverte du Mississippi par Joliet et Marquette, La Salle est descendu...

Chapitre 5

Oui ou non?

1. Oui, ils nous (m')en prêtent de temps en temps.
2. Non, ils ne nous (me) la prêtent jamais.
3. Oui, je vais te (vous) les envoyer demain.
4. Mais non, je ne peux pas te (vous) l'envoyer.
5. Oui, je les y vois tous les étés.
6. Non, je ne l'y vois jamais.
7. Mais oui, tu peux me la donner.
8. Non, tu ne peux absolument pas m'en donner.
9. Je les leur ai rendues avant-hier.
10. Je ne la lui ai pas encore rendue.
11. Elle le lui a envoyé mardi dernier.
12. Je ne sais pas si elle va leur en envoyer.
13. Oui, laisse-les-y, si tu veux.
14. Oui, donne-la-leur, si tu veux.
15. Oui, envoyez-leur-en, c'est une bonne idée.
16. Non, ne la lui montrez pas, il ne s'intéresse pas à l'art.
17. Oui, bien sûr, montre-la-moi.
18. Non, ne nous les montrez pas, nous ne voulons pas les voir.

Les pronoms accentués

1. Moi, je n'ai pas l'intention de rester.
2. Lui, il a deux frères et trois sœurs.
3. Qu'est-ce qu'ils cherchent, eux?
4. Toi et moi, nous pouvons le faire.
5. Où est-ce qu'ils vont, lui et elle?
6. Elle et moi, nous avons assez de temps pour le finir.
7. J'aime bien manger chez eux.
8. Allons au cinéma avec eux (avec lui et avec elle).
9. Quel est le nom du type assis devant lui?
10. Pourquoi est-ce que je pense toujours à elles?
11. Je ne me souviens pas d'eux.
12. Je vais lire le livre moi-même.
13. Nous sommes beaucoup plus intelligent(e)s qu'eux (elles).
14. C'est lui qui habite à Bordeaux.
15. Ce n'est pas son bateau à lui, c'est son bateau à elle.

Chapitre 6

Chaque chose en son temps

1. sera partie
2. aurez fini
3. auront appris
4. aurons fait
5. auras pris
6. aura fait
7. serai... allé(e)
8. te seras lavé

Futur ou futur antérieur?

1. Quand elle aura lavé la voiture, elle ira faire un tour en ville.
2. J'achèterai le gâteau, j'irai chercher les enfants à l'école et on ira directement à la fête.
3. Lorsque tu auras pris ta décision, tu nous téléphoneras.
4. Vous pourrez aller à la plage aussitôt que vous aurez rangé votre chambre.
5. Le prof corrigera les devoirs et (il) les rendra tout de suite.
6. Tu auras déménagé quand tes parents te rendront visite. (Quand tu auras déménagé, tes parents te rendront visite.)

Appendice B
Les temps littéraires

There are four literary verb tenses in French. Their use is usually limited to a written context; they are almost never heard in conversation.

It is unlikely that you will be called upon to produce these tenses, but you should be able to recognize them. They appear in classical and much of the contemporary literature that you will read, especially in the **je** and **il** forms. Passive recognition of these tenses is not difficult since the verb endings are usually easy to identify.

The **passé simple** and the **passé antérieur** belong to the indicative mood; the two other tenses, also presented below, are the imperfect subjunctive and the pluperfect subjunctive.

The *passé simple*

As its name indicates, this is a simple past tense, involving no auxiliary verb. It will be easier for you to recognize it if you become familiar with the endings of the three regular conjugations and certain irregular forms.

A. Regular Forms

To form the **passé simple** of regular **-er** verbs, take the stem of the infinitive and add the appropriate endings: **-ai, -as, -a, âmes, âtes, -èrent.**

parler	
je parlai	nous parlâmes
tu parlas	vous parlâtes
il/elle/on parla	ils/elles parlèrent

To form the **passé simple** of regular **-ir** and **-re** verbs, take the stem of the infinitive and add the appropriate endings: **-is, -is, -it, îmes, îtes, -irent.**

réfléchir	
je réfléchis	nous réfléchîmes
tu réfléchis	vous réfléchîtes
il/elle/on réfléchit	ils/elles réfléchirent

rendre	
je rendis	nous rendîmes
tu rendis	vous rendîtes
il/elle/on rendit	ils/elles rendirent

B. Irregular Forms

Most verbs that have an irregularly formed **passé simple** have an irregular stem to which you add one of the following groups of endings:

-is	-îmes		-us	-ûmes
-is	-îtes		-us	-ûtes
-it	-irent		-ut	-urent

Below is a partial list of the most common verbs in each category.

-is		-us	
faire	je fis	boire	je bus
mettre	je mis	croire	je crus
prendre	je pris	devoir	je dus
rire	je ris	plaire	je plus
voir	je vis	pleuvoir	il plut
écrire	j'écrivis	pouvoir	je pus
conduire	je conduisis	savoir	je sus
craindre	je craignis	falloir	il fallut
peindre	je peignis	valoir	je valus
vaincre	je vainquis	vouloir	je voulus
		vivre	je vécus
		connaître	je connus
		mourir	il mourut

Avoir and **être**, which are frequently seen in the **passé simple,** have completely irregular forms.

avoir	
j'**eus**	nous **eûmes**
tu **eus**	vous **eûtes**
il/elle/on **eut**	ils/elles **eurent**

être	
je **fus**	nous **fûmes**
tu **fus**	vous **fûtes**
il/elle/on **fut**	ils/elles **furent**

Two additional common verbs with irregular forms in the **passé simple** are **venir** and **tenir**.

venir	
je **vins**	nous **vînmes**
tu **vins**	vous **vîntes**
il/elle/on **vint**	ils/elles **vinrent**

tenir	
je **tins**	nous **tînmes**
tu **tins**	vous **tîntes**
il/elle/on **tint**	ils/elles **tinrent**

C. Use of the **passé simple**

The **passé simple** is often thought of as the literary equivalent of the **passé composé**. To an extent this is true. Both tenses are used to refer to specific past actions that are limited in time.

> Victor Hugo **est né** en 1802.   (passé composé)
> Victor Hugo **naquit** en 1802.   (passé simple)

The fundamental difference between these two tenses is that the **passé simple** can never be used in referring to a time frame that has not yet come to an end. There is no such limitation placed on the **passé composé**.

Look at this sentence: **J'ai écrit deux lettres aujourd'hui.** This thought can only be expressed by the **passé composé**, since **aujourd'hui** is a time frame that is not yet terminated. **Robert Burns a écrit des lettres célèbres à sa femme** could also be expressed in the **passé simple: Robert Burns écrivit des lettres célèbres à sa femme.** The time frame has come to an end.

Descriptions in the past that are normally expressed by the imperfect indicative are still expressed in the imperfect, even in a literary context.

The passé antérieur

A. Formation

The **passé antérieur** is a literary compound tense that is the **passé simple** of the auxiliary verb **avoir** or **être** and a past participle.

parler	j'**eus parlé**, etc.
sortir	je **fus sorti(e)**, etc.
se lever	je me **fus levé(e)**, etc.

B. Use of the **passé antérieur**

The **passé antérieur** is used to refer to a past action that occurred prior to another past action. It is most frequently found in a subordinate clause following a conjunction such as **quand, lorsque, après que, dès que, aussitôt que.** The conjunction indicates that the action in question immediately preceded another action in the past. The latter action will generally be expressed in the **passé simple** or the imperfect.

> Hier soir, après qu'il **eut fini** de manger, il **sortit**.
> Le soir, après qu'il **eut fini** de manger, il **sortait**.

The imperfect subjunctive

A. Formation

The imperfect subjunctive is most often encountered in the third-person singular. The imperfect subjunctive is formed by taking the **tu** form of the **passé simple**, doubling its final consonant, and adding the endings of the present subjunctive. The third-person singular (il/elle/on) does not follow the regular formation. To form it, drop the consonant, place a circumflex accent (ˆ) over the final vowel, and add a **t**.

aller (tu allas → allass-)	
que j'**allasse**	que nous **allassions**
que tu **allasses**	que vous **allassiez**
qu'il/elle/on **allât**	qu'ils/elles **allassent**

B. Use of the imperfect subjunctive

Like the other tenses of the subjunctive, the imperfect subjunctive is most often found in a subordinate clause governed by a verb in the main clause that requires the use of the subjunctive. The verb of the main clause is either in a past tense or in the conditional. In order for the imperfect subjunctive to be used in the subordinate clause, the action expressed in this clause must occur at the same time as the action of the main verb or later on.

> Je **voulais** qu'elle me **répondît**.
> Elle **voudrait** qu'on l'**écoutât**.

The pluperfect subjunctive

A. Formation

The pluperfect subjunctive is formed with the imperfect subjunctive of the auxiliary verb **avoir** or **être** and a past participle. Like the imperfect subjunctive, this tense is mostly used in the third-person singular.

> que j'**eusse parlé**, qu'il **eût parlé**, etc.
> que je **fusse sorti(e)**, qu'il **fût sorti**, etc.
> que je me **fusse lavé(e)**, qu'elle se **fût lavée**, etc.

B. Use of the pluperfect subjunctive

The pluperfect subjunctive, like the imperfect subjunctive, is usually found in a subordinate clause. It is used when the main verb is either in a past tense or in the conditional and the action expressed in the subordinate clause has occurred prior to the action of the main clause.

Il déplora qu'elle fût déjà **partie.**

In reading, you may occasionally encounter a verb form identical to the pluperfect subjunctive that does not follow the usage outlined above. In such cases, you will be dealing with an alternate literary form of the past conditional, and you should interpret it as such.

J'eusse voulu qu'elle m'**accompagnât.**
(J'aurais voulu qu'elle m'accompagne.)

In lighter prose and conversation, the imperfect subjunctive is replaced by the present subjunctive, and the pluperfect subjunctive is replaced by the past subjunctive.

Appendice C
Conjugaison des verbes

Les verbes réguliers

INFINITIF	PRÉSENT	IMPÉRATIF	PASSÉ COMPOSÉ	IMPARFAIT
parler *(to talk, speak)*	je **parle** tu **parles** il **parle** nous **parlons** vous **parlez** ils **parlent**	**parle** **parlons** **parlez**	j'**ai parlé** tu **as parlé** il **a parlé** nous **avons parlé** vous **avez parlé** ils **ont parlé**	je **parlais** tu **parlais** il **parlait** nous **parlions** vous **parliez** ils **parlaient**
finir *(to finish)*	je **finis** tu **finis** il **finit** nous **finissons** vous **finissez** ils **finissent**	**finis** **finissons** **finissez**	j'**ai fini** tu **as fini** il **a fini** nous **avons fini** vous **avez fini** ils **ont fini**	je **finissais** tu **finissais** il **finissait** nous **finissions** vous **finissiez** ils **finissaient**
rendre *(to give back)*	je **rends** tu **rends** il **rend** nous **rendons** vous **rendez** ils **rendent**	**rends** **rendons** **rendez**	j'**ai rendu** tu **as rendu** il **a rendu** nous **avons rendu** vous **avez rendu** ils **ont rendu**	je **rendais** tu **rendais** il **rendait** nous **rendions** vous **rendiez** ils **rendaient**
se laver *(to wash oneself)*	je **me lave** tu **te laves** il **se lave** nous **nous lavons** vous **vous lavez** ils **se lavent**	**lave-toi** **lavons-nous** **lavez-vous**	je **me suis lavé(e)** tu **t'es lavé(e)** il/elle **s'est lavé(e)** nous **nous sommes lavé(e)s** vous **vous êtes lavé(e)(s)** ils/elles **se sont lavé(e)s**	je **me lavais** tu **te lavais** il **se lavait** nous **nous lavions** vous **vous laviez** ils **se lavaient**

PASSÉ SIMPLE	FUTUR	CONDITIONNEL	SUBJONCTIF	PARTICIPE PRÉSENT
je parlai	je parlerai	je parlerais	que je parle	parlant
tu parlas	tu parleras	tu parlerais	que tu parles	
il parla	il parlera	il parlerait	qu'il parle	
nous parlâmes	nous parlerons	nous parlerions	que nous parlions	
vous parlâtes	vous parlerez	vous parleriez	que vous parliez	
ils parlèrent	ils parleront	ils parleraient	qu'ils parlent	
je finis	je finirai	je finirais	que je finisse	finissant
tu finis	tu finiras	tu finirais	que tu finisses	
il finit	il finira	il finirait	qu'il finisse	
nous finîmes	nous finirons	nous finirions	que nous finissions	
vous finîtes	vous finirez	vous finiriez	que vous finissiez	
ils finirent	ils finiront	ils finiraient	qu'ils finissent	
je rendis	je rendrai	je rendrais	que je rende	rendant
tu rendis	tu rendras	tu rendrais	que tu rendes	
il rendit	il rendra	il rendrait	qu'il rende	
nous rendîmes	nous rendrons	nous rendrions	que nous rendions	
vous rendîtes	vous rendrez	vous rendriez	que vous rendiez	
ils rendirent	ils rendront	ils rendraient	qu'ils rendent	
je me lavai	je me laverai	je me laverais	que je me lave	se lavant
tu te lavas	tu te laveras	tu te laverais	que tu te laves	
il se lava	il se lavera	il se laverait	qu'il se lave	
nous nous lavâmes	nous nous laverons	nous nous laverions	que nous nous lavions	
vous vous lavâtes	vous vous laverez	vous vous laveriez	que vous vous laviez	
ils se lavèrent	ils se laveront	ils se laveraient	qu'ils se lavent	

Les verbes en *-er* avec changement d'orthographe

INFINITIF	PRÉSENT	IMPÉRATIF	PASSÉ COMPOSÉ	IMPARFAIT
acheter *(to buy)*	j'**achète** tu **achètes** il **achète** nous **achetons** vous **achetez** ils **achètent**	**achète** **achetons** **achetez**	j'ai **acheté** tu as **acheté** il a **acheté** nous **avons acheté** vous **avez acheté** ils **ont acheté**	j'**achetais** tu **achetais** il **achetait** nous **achetions** vous **achetiez** ils **achetaient**
Verbs like **acheter**:	**amener** *(to bring [someone])*, **élever** *(to raise)*, **emmener** *(to take away [someone])*, **enlever** *(to take off, remove)*, **peser** *(to weigh)*			
appeler *(to call)*	j'**appelle** tu **appelles** il **appelle** nous **appelons** vous **appelez** ils **appellent**	**appelle** **appelons** **appelez**	j'ai **appelé** tu as **appelé** il a **appelé** nous **avons appelé** vous **avez appelé** ils **ont appelé**	j'**appelais** tu **appelais** il **appelait** nous **appelions** vous **appeliez** ils **appelaient**
Verbs like **appeler**:	**épeler** *(to spell)*, **jeter** *(to throw)*, **rappeler** *(to recall, call back)*, **rejeter** *(to reject)*			
préférer *(to prefer)*	je **préfère** tu **préfères** il **préfère** nous **préférons** vous **préférez** ils **préfèrent**	**préfère** **préférons** **préférez**	j'ai **préféré** tu as **préféré** il a **préféré** nous **avons préféré** vous **avez préféré** ils **ont préféré**	je **préférais** tu **préférais** il **préférait** nous **préférions** vous **préfériez** ils **préféraient**
Verbs like **préférer**:	**célébrer** *(to celebrate)*, **espérer** *(to hope)*, **inquiéter** *(to worry)*, **posséder** *(to own)*, **protéger** *(to protect)*, **répéter** *(to repeat)*, **sécher** *(to dry)*, **suggérer** *(to suggest)*			
manger *(to eat)*	je **mange** tu **manges** il **mange** nous **mangeons** vous **mangez** ils **mangent**	**mange** **mangeons** **mangez**	j'ai **mangé** tu as **mangé** il a **mangé** nous **avons mangé** vous **avez mangé** ils **ont mangé**	je **mangeais** tu **mangeais** il **mangeait** nous **mangions** vous **mangiez** ils **mangeaient**
Verbs like **manger**:	**arranger** *(to fix, arrange)*, **changer** *(to change)*, **corriger** *(to correct)*, **déménager** *(to move one's residence)*, **déranger** *(to disturb)*, **diriger** *(to manage, run)*, **nager** *(to swim)*, **négliger** *(to neglect)*, **obliger** *(to oblige)*, **partager** *(to share)*, **plonger** *(to dive)*, **protéger** *(to protect)*, **ranger** *(to put in order, put away)*, **songer à** *(to think of)*, **voyager** *(to travel)*			
commencer *(to start, begin)*	je **commence** tu **commences** il **commence** nous **commençons** vous **commencez** ils **commencent**	**commence** **commençons** **commencez**	j'ai **commencé** tu as **commencé** il a **commencé** nous **avons commencé** vous **avez commencé** ils **ont commencé**	je **commençais** tu **commençais** il **commençait** nous **commencions** vous **commenciez** ils **commençaient**
Verbs like **commencer**:	**annoncer** *(to announce)*, **avancer** *(to move forward)*, **effacer** *(to erase)*, **lancer** *(to throw, launch)*, **menacer** *(to threaten)*, **placer** *(to put, set, place)*, **remplacer** *(to replace)*, **renoncer** *(to give up, renounce)*			
payer *(to pay, pay for)*	je **paie** tu **paies** il **paie** nous **payons** vous **payez** ils **paient**	**paie** **payons** **payez**	j'ai **payé** tu as **payé** il a **payé** nous **avons payé** vous **avez payé** ils **ont payé**	je **payais** tu **payais** il **payait** nous **payions** vous **payiez** ils **payaient**
Verbs like **payer**:	**employer** *(to use, employ)*, **ennuyer** *(to bore, annoy)*, **envoyer** *(to send)* (except in future and conditional), **essayer** *(to try)*, **essuyer** *(to wipe)*, **nettoyer** *(to clean)*			

PASSÉ SIMPLE	FUTUR	CONDITIONNEL	SUBJONCTIF	PARTICIPE PRÉSENT
j'achetai	j'achèterai	j'achèterais	que j'achète	achetant
tu achetas	tu achèteras	tu achèterais	que tu achètes	
il acheta	il achètera	il achèterait	qu'il achète	
nous achetâmes	nous achèterons	nous achèterions	que nous achetions	
vous achetâtes	vous achèterez	vous achèteriez	que vous achetiez	
ils achetèrent	ils achèteront	ils achèteraient	qu'ils achètent	
j'appelai	j'appellerai	j'appellerais	que j'appelle	appelant
tu appelas	tu appelleras	tu appellerais	que tu appelles	
il appela	il appellera	il appellerait	qu'il appelle	
nous appelâmes	nous appellerons	nous appellerions	que nous appelions	
vous appelâtes	vous appellerez	vous appelleriez	que vous appeliez	
ils appelèrent	ils appelleront	ils appelleraient	qu'ils appellent	
je préférai	je préférerai	je préférerais	que je préfère	préférant
tu préféras	tu préféreras	tu préférerais	que tu préfères	
il préféra	il préférera	il préférerait	qu'il préfère	
nous préférâmes	nous préférerons	nous préférerions	que nous préférions	
vous préférâtes	vous préférerez	vous préféreriez	que vous préfériez	
ils préférèrent	ils préféreront	ils préféreraient	qu'ils préfèrent	
je mangeai	je mangerai	je mangerais	que je mange	mangeant
tu mangeas	tu mangeras	tu mangerais	que tu manges	
il mangea	il mangera	il mangerait	qu'il mange	
nous mangeâmes	nous mangerons	nous mangerions	que nous mangions	
vous mangeâtes	vous mangerez	vous mangeriez	que vous mangiez	
ils mangèrent	ils mangeront	ils mangeraient	qu'ils mangent	
je commençai	je commencerai	je commencerais	que je commence	commençant
tu commenças	tu commenceras	tu commencerais	que tu commences	
il commença	il commencera	il commencerait	qu'il commence	
nous commençâmes	nous commencerons	nous commencerions	que nous commencions	
vous commençâtes	vous commencerez	vous commenceriez	que vous commenciez	
ils commencèrent	ils commenceront	ils commenceraient	qu'ils commencent	
je payai	je paierai	je paierais	que je paie	payant
tu payas	tu paieras	tu paierais	que tu paies	
il paya	il paiera	il paierait	qu'il paie	
nous payâmes	nous paierons	nous paierions	que nous payions	
vous payâtes	vous paierez	vous paieriez	que vous payiez	
ils payèrent	ils paieront	ils paieraient	qu'ils paient	

Les verbes irréguliers

In the list below, the number at the right of each irregular verb corresponds to the number of the verb, or of a similarly conjugated verb, in the tables that follow. Verbs conjugated with **être** as an auxiliary verb in the compound tenses are marked with an asterisk (*). All other verbs are conjugated with **avoir.**

absoudre *(to forgive)* 1
accueillir *(to receive, welcome)* 15
acquérir *(to acquire, get)* 2
admettre *(to admit)* 26
***aller** *(to go)* 3
***s'en aller** *(to go away)* 3
apercevoir *(to catch a glimpse of)* 34
***apparaître** *(to appear)* 10
appartenir *(to belong)* 43
apprendre *(to learn)* 33
***s'asseoir** *(to sit down)* 4
atteindre *(to attain)* 13
avoir *(to have)* 5
battre *(to beat)* 6
***se battre** *(to fight)* 6
boire *(to drink)* 7
combattre *(to combat)* 6
comprendre *(to understand)* 33
conclure *(to conclude)* 8
conduire *(to drive; to conduct)* 9

connaître *(to know)* 10
conquérir *(to conquer)* 2
construire *(to construct)* 9
contenir *(to contain)* 43
convaincre *(to convince)* 41
convenir *(to agree)* 43
coudre *(to sew)* 11
courir *(to run)* 12
couvrir *(to cover)* 29
craindre *(to fear)* 13
croire *(to believe)* 14
cueillir *(to pick, gather)* 15
cuire *(to cook)* 9
décevoir *(to deceive)* 34
découvrir *(to discover)* 29
décrire *(to describe)* 19
déplaire *(to displease)* 30
détruire *(to destroy)* 9
***devenir** *(to become)* 43
devoir *(must, to have to; to owe)* 16

dire *(to say, tell)* 17
disparaître *(to disappear)* 10
dormir *(to sleep)* 18
écrire *(to write)* 19
élire *(to elect)* 25
***s'endormir** *(to fall asleep)* 18
envoyer *(to send)* 20
éteindre *(to turn off)* 13
être *(to be)* 21
faire *(to do, make)* 22
falloir *(to be necessary)* 23
fuir *(to flee)* 24
***s'inscrire** *(to join, sign up)* 19
interdire *(to forbid, prohibit)* 17
joindre *(to join)* 13
lire *(to read)* 25
maintenir *(to maintain)* 43
mentir *(to lie)* 38
mettre *(to put, place)* 26
***mourir** *(to die)* 27

INFINITIF	PRÉSENT	IMPÉRATIF	PASSÉ COMPOSÉ	IMPARFAIT
1. **absoudre** *(to forgive)*	j'**absous** tu **absous** il **absout** nous **absolvons** vous **absolvez** ils **absolvent**	**absous** **absolvons** **absolvez**	j'**ai absous** tu **as absous** il **a absous** nous **avons absous** vous **avez absous** ils **ont absous**	j'**absolvais** tu **absolvais** il **absolvait** nous **absolvions** vous **absolviez** ils **absolvaient**
2. **acquérir** *(to acquire, get)*	j'**acquiers** tu **acquiers** il **acquiert** nous **acquérons** vous **acquérez** ils **acquièrent**	**acquiers** **acquérons** **acquérez**	j'**ai acquis** tu **as acquis** il **a acquis** nous **avons acquis** vous **avez acquis** ils **ont acquis**	j'**acquérais** tu **acquérais** il **acquérait** nous **acquérions** vous **acquériez** ils **acquéraient**
3. **aller** *(to go)*	je **vais** tu **vas** il **va** nous **allons** vous **allez** ils **vont**	**va** **allons** **allez**	je **suis allé(e)** tu **es allé(e)** il/elle **est allé(e)** nous **sommes allé(e)s** vous **êtes allé(e)(s)** ils/elles **sont allé(e)s**	j'**allais** tu **allais** il **allait** nous **allions** vous **alliez** ils **allaient**
4. **s'asseoir** *(to sit down)*	je **m'assieds** tu **t'assieds** il **s'assied** nous **nous asseyons** vous **vous asseyez** ils **s'asseyent**	**assieds-toi** **asseyons-nous** **asseyez-vous**	je **me suis assis(e)** tu **t'es assis(e)** il/elle **s'est assis(e)** nous **nous sommes assis(es)** vous **vous êtes assis(e)(s)** ils/elles **se sont assis(es)**	je **m'asseyais** tu **t'asseyais** il **s'asseyait** nous **nous asseyions** vous **vous asseyiez** ils **s'asseyaient**

*naître *(to be born)* 28
obtenir *(to obtain, get)* 43
offrir *(to offer)* 29
ouvrir *(to open)* 29
paraître *(to appear)* 10
parcourir *(to travel over)* 12
*partir *(to leave)* 38
*parvenir *(to arrive; to succeed)* 43
peindre *(to paint)* 13
permettre *(to permit)* 26
*se plaindre *(to complain)* 13
plaire *(to please)* 30
pleuvoir *(to rain)* 31
poursuivre *(to pursue)* 39
pouvoir *(can, to be able)* 32
prédire *(to predict)* 17
prendre *(to take)* 33
prévoir *(to foresee)* 45
produire *(to produce)* 9
promettre *(to promise)* 26

recevoir *(to receive, get)* 34
reconnaître *(to recognize)* 10
reconstruire *(to reconstruct)* 9
recouvrir *(to recover)* 29
*redevenir *(to become again)* 43
réduire *(to reduce)* 9
remettre *(to postpone)* 26
reprendre *(to take back)* 33
résoudre *(to resolve, solve)* 35
retenir *(to reserve)* 43
*revenir *(to come back)* 43
revoir *(to see again)* 45
rire *(to laugh)* 36
rompre *(to break)* 6
savoir *(to know)* 37
sentir *(to smell)* 38
*se sentir *(to feel)* 38
servir *(to serve)* 38
*se servir de *(to use)* 38
*sortir *(to go out)* 38

souffrir *(to suffer)* 29
soumettre *(to submit)* 26
sourire *(to smile)* 36
soutenir *(to support)* 43
*se souvenir *(to remember)* 43
suivre *(to follow)* 39
surprendre *(to surprise)* 33
survivre *(to survive)* 44
*se taire *(to be quiet)* 40
tenir *(to hold)* 43
traduire *(to translate)* 9
transmettre *(to transmit)* 26
vaincre *(to conquer)* 41
valoir *(to be worth; to deserve, merit)* 42
*venir *(to come)* 43
vivre *(to live)* 44
voir *(to see)* 45
vouloir *(to wish, want)* 46

PASSÉ SIMPLE	FUTUR	CONDITIONNEL	SUBJONCTIF	PARTICIPE PRÉSENT
n'existe pas	j'absoudrai	j'absoudrais	que j'absolve	absolvant
	tu absoudras	tu absoudrais	que tu absolves	
	il absoudra	il absoudrait	qu'il absolve	
	nous absoudrons	nous absoudrions	que nous absolvions	
	vous absoudrez	vous absoudriez	que vous absolviez	
	ils absoudront	ils absoudraient	qu'ils absolvent	
j'acquis	j'acquerrai	j'acquerrais	que j'acquière	acquérant
tu acquis	tu acquerras	tu acquerrais	que tu acquières	
il acquit	il acquerra	il acquerrait	qu'il acquière	
nous acquîmes	nous acquerrons	nous acquerrions	que nous acquérions	
vous acquîtes	vous acquerrez	vous acquerriez	que vous acquériez	
ils acquirent	ils acquerront	ils acquerraient	qu'ils acquièrent	
j'allai	j'irai	j'irais	que j'aille	allant
tu allas	tu iras	tu irais	que tu ailles	
il alla	il ira	il irait	qu'il aille	
nous allâmes	nous irons	nous irions	que nous allions	
vous allâtes	vous irez	vous iriez	que vous alliez	
ils allèrent	ils iront	ils iraient	qu'ils aillent	
je m'assis	je m'assiérai	je m'assiérais	que je m'asseye	s'asseyant
tu t'assis	tu t'assiéras	tu t'assiérais	que tu t'asseyes	
il s'assit	il s'assiéra	il s'assiérait	qu'il s'asseye	
nous nous assîmes	nous nous assiérons	nous nous assiérions	que nous nous asseyions	
vous vous assîtes	vous vous assiérez	vous vous assiériez	que vous vous asseyiez	
ils s'assirent	ils s'assiéront	ils s'assiéraient	qu'ils s'asseyent	

INFINITIF	PRÉSENT	IMPÉRATIF	PASSÉ COMPOSÉ	IMPARFAIT
5. avoir *(to have)*	j'ai tu as il a nous avons vous avez ils ont	aie ayons ayez	j'ai eu tu as eu il a eu nous avons eu vous avez eu ils ont eu	j'avais tu avais il avait nous avions vous aviez ils avaient
6. battre *(to beat)*	je bats tu bats il bat nous battons vous battez ils battent	bats battons battez	j'ai battu tu as battu il a battu nous avons battu vous avez battu ils ont battu	je battais tu battais il battait nous battions vous battiez ils battaient
7. boire *(to drink)*	je bois tu bois il boit nous buvons vous buvez ils boivent	bois buvons buvez	j'ai bu tu as bu il a bu nous avons bu vous avez bu ils ont bu	je buvais tu buvais il buvait nous buvions vous buviez ils buvaient
8. conclure *(to conclude)*	je conclus tu conclus il conclut nous concluons vous concluez ils concluent	conclus concluons concluez	j'ai conclu tu as conclu il a conclu nous avons conclu vous avez conclu ils ont conclu	je concluais tu concluais il concluait nous concluions vous concluiez ils concluaient
9. conduire *(to drive;* *to conduct)*	je conduis tu conduis il conduit nous conduisons vous conduisez ils conduisent	conduis conduisons conduisez	j'ai conduit tu as conduit il a conduit nous avons conduit vous avez conduit ils ont conduit	je conduisais tu conduisais il conduisait nous conduisions vous conduisiez ils conduisaient
10. connaître *(to know)*	je connais tu connais il connaît nous connaissons vous connaissez ils connaissent	connais connaissons connaissez	j'ai connu tu as connu il a connu nous avons connu vous avez connu ils ont connu	je connaissais tu connaissais il connaissait nous connaissions vous connaissiez ils connaissaient
11. coudre *(to sew)*	je couds tu couds il coud nous cousons vous cousez ils cousent	couds cousons cousez	j'ai cousu tu as cousu il a cousu nous avons cousu vous avez cousu ils ont cousu	je cousais tu cousais il cousait nous cousions vous cousiez ils cousaient
12. courir *(to run)*	je cours tu cours il court nous courons vous courez ils courent	cours courons courez	j'ai couru tu as couru il a couru nous avons couru vous avez couru ils ont couru	je courais tu courais il courait nous courions vous couriez ils couraient
13. craindre *(to fear)*	je crains tu crains il craint nous craignons vous craignez ils craignent	crains craignons craignez	j'ai craint tu as craint il a craint nous avons craint vous avez craint ils ont craint	je craignais tu craignais il craignait nous craignions vous craigniez ils craignaient

PASSÉ SIMPLE	FUTUR	CONDITIONNEL	SUBJONCTIF	PARTICIPE PRÉSENT
j'eus	j'aurai	j'aurais	que j'aie	ayant
tu eus	tu auras	tu aurais	que tu aies	
il eut	il aura	il aurait	qu'il ait	
nous eûmes	nous aurons	nous aurions	que nous ayons	
vous eûtes	vous aurez	vous auriez	que vous ayez	
ils eurent	ils auront	ils auraient	qu'ils aient	
je battis	je battrai	je battrais	que je batte	battant
tu battis	tu battras	tu battrais	que tu battes	
il battit	il battra	il battrait	qu'il batte	
nous battîmes	nous battrons	nous battrions	que nous battions	
vous battîtes	vous battrez	vous battriez	que vous battiez	
ils battirent	ils battront	ils battraient	qu'ils battent	
je bus	je boirai	je boirais	que je boive	buvant
tu bus	tu boiras	tu boirais	que tu boives	
il but	il boira	il boirait	qu'il boive	
nous bûmes	nous boirons	nous boirions	que nous buvions	
vous bûtes	vous boirez	vous boiriez	que vous buviez	
ils burent	ils boiront	ils boiraient	qu'ils boivent	
je conclus	je conclurai	je conclurais	que je conclue	concluant
tu conclus	tu concluras	tu conclurais	que tu conclues	
il conclut	il conclura	il conclurait	qu'il conclue	
nous conclûmes	nous conclurons	nous conclurions	que nous concluions	
vous conclûtes	vous conclurez	vous concluriez	que vous concluiez	
ils conclurent	ils concluront	ils concluraient	qu'ils concluent	
je conduisis	je conduirai	je conduirais	que je conduise	conduisant
tu conduisis	tu conduiras	tu conduirais	que tu conduises	
il conduisit	il conduira	il conduirait	qu'il conduise	
nous conduisîmes	nous conduirons	nous conduirions	que nous conduisions	
vous conduisîtes	vous conduirez	vous conduiriez	que vous conduisiez	
ils conduisirent	ils conduiront	ils conduiraient	qu'ils conduisent	
je connus	je connaîtrai	je connaîtrais	que je connaisse	connaissant
tu connus	tu connaîtras	tu connaîtrais	que tu connaisses	
il connut	il connaîtra	il connaîtrait	qu'il connaisse	
nous connûmes	nous connaîtrons	nous connaîtrions	que nous connaissions	
vous connûtes	vous connaîtrez	vous connaîtriez	que vous connaissiez	
ils connurent	ils connaîtront	ils connaîtraient	qu'ils connaissent	
je cousis	je coudrai	je coudrais	que je couse	cousant
tu cousis	tu coudras	tu coudrais	que tu couses	
il cousit	il coudra	il coudrait	qu'il couse	
nous cousîmes	nous coudrons	nous coudrions	que nous cousions	
vous cousîtes	vous coudrez	vous coudriez	que vous cousiez	
ils cousirent	ils coudront	ils coudraient	qu'ils cousent	
je courus	je courrai	je courrais	que je coure	courant
tu courus	tu courras	tu courrais	que tu coures	
il courut	il courra	il courrait	qu'il coure	
nous courûmes	nous courrons	nous courrions	que nous courions	
vous courûtes	vous courrez	vous courriez	que vous couriez	
ils coururent	ils courront	ils courraient	qu'ils courent	
je craignis	je craindrai	je craindrais	que je craigne	craignant
tu craignis	tu craindras	tu craindrais	que tu craignes	
il craignit	il craindra	il craindrait	qu'il craigne	
nous craignîmes	nous craindrons	nous craindrions	que nous craignions	
vous craignîtes	vous craindrez	vous craindriez	que vous craigniez	
ils craignirent	ils craindront	ils craindraient	qu'ils craignent	

INFINITIF	PRÉSENT	IMPÉRATIF	PASSÉ COMPOSÉ	IMPARFAIT
14. **croire** (*to believe*)	je **crois** tu **crois** il **croit** nous **croyons** vous **croyez** ils **croient**	**crois** **croyons** **croyez**	j'ai **cru** tu **as cru** il **a cru** nous **avons cru** vous **avez cru** ils **ont cru**	je **croyais** tu **croyais** il **croyait** nous **croyions** vous **croyiez** ils **croyaient**
15. **cueillir** (*to pick, gather*)	je **cueille** tu **cueilles** il **cueille** nous **cueillons** vous **cueillez** ils **cueillent**	**cueille** **cueillons** **cueillez**	j'ai **cueilli** tu **as cueilli** il **a cueilli** nous **avons cueilli** vous **avez cueilli** ils **ont cueilli**	je **cueillais** tu **cueillais** il **cueillait** nous **cueillions** vous **cueilliez** ils **cueillaient**
16. **devoir** (*must, to have to; to owe*)	je **dois** tu **dois** il **doit** nous **devons** vous **devez** ils **doivent**	**dois** **devons** **devez**	j'ai **dû** tu **as dû** il **a dû** nous **avons dû** vous **avez dû** ils **ont dû**	je **devais** tu **devais** il **devait** nous **devions** vous **deviez** ils **devaient**
17. **dire** (*to say, tell*)	je **dis** tu **dis** il **dit** nous **disons** vous **dites** ils **disent**	**dis** **disons** **dites**	j'ai **dit** tu **as dit** il **a dit** nous **avons dit** vous **avez dit** ils **ont dit**	je **disais** tu **disais** il **disait** nous **disions** vous **disiez** ils **disaient**
18. **dormir** (*to sleep*)	je **dors** tu **dors** il **dort** nous **dormons** vous **dormez** ils **dorment**	**dors** **dormons** **dormez**	j'ai **dormi** tu **as dormi** il **a dormi** nous **avons dormi** vous **avez dormi** ils **ont dormi**	je **dormais** tu **dormais** il **dormait** nous **dormions** vous **dormiez** ils **dormaient**
19. **écrire** (*to write*)	j'**écris** tu **écris** il **écrit** nous **écrivons** vous **écrivez** ils **écrivent**	**écris** **écrivons** **écrivez**	j'ai **écrit** tu **as écrit** il **a écrit** nous **avons écrit** vous **avez écrit** ils **ont écrit**	j'**écrivais** tu **écrivais** il **écrivait** nous **écrivions** vous **écriviez** ils **écrivaient**
20. **envoyer** (*to send*)	j'**envoie** tu **envoies** il **envoie** nous **envoyons** vous **envoyez** ils **envoient**	**envoie** **envoyons** **envoyez**	j'ai **envoyé** tu **as envoyé** il **a envoyé** nous **avons envoyé** vous **avez envoyé** ils **ont envoyé**	j'**envoyais** tu **envoyais** il **envoyait** nous **envoyions** vous **envoyiez** ils **envoyaient**
21. **être** (*to be*)	je **suis** tu **es** il **est** nous **sommes** vous **êtes** ils **sont**	**sois** **soyons** **soyez**	j'ai **été** tu **as été** il **a été** nous **avons été** vous **avez été** ils **ont été**	j'**étais** tu **étais** il **était** nous **étions** vous **étiez** ils **étaient**
22. **faire** (*to do, make*)	je **fais** tu **fais** il **fait** nous **faisons** vous **faites** ils **font**	**fais** **faisons** **faites**	j'ai **fait** tu **as fait** il **a fait** nous **avons fait** vous **avez fait** ils **ont fait**	je **faisais** tu **faisais** il **faisait** nous **faisions** vous **faisiez** ils **faisaient**
23. **falloir** (*to be necessary*)	il **faut**	*n'existe pas*	il **a fallu**	il **fallait**

PASSÉ SIMPLE	FUTUR	CONDITIONNEL	SUBJONCTIF	PARTICIPE PRÉSENT
je crus	je croirai	je croirais	que je croie	croyant
tu crus	tu croiras	tu croirais	que tu croies	
il crut	il croira	il croirait	qu'il croie	
nous crûmes	nous croirons	nous croirions	que nous croyions	
vous crûtes	vous croirez	vous croiriez	que vous croyiez	
ils crurent	ils croiront	ils croiraient	qu'ils croient	
je cueillis	je cueillerai	je cueillerais	que je cueille	cueillant
tu cueillis	tu cueilleras	tu cueillerais	que tu cueilles	
il cueillit	il cueillera	il cueillerait	qu'il cueille	
nous cueillîmes	nous cueillerons	nous cueillerions	que nous cueillions	
vous cueillîtes	vous cueillerez	vous cueilleriez	que vous cueilliez	
ils cueillirent	ils cueilleront	ils cueilleraient	qu'ils cueillent	
je dus	je devrai	je devrais	que je doive	devant
tu dus	tu devras	tu devrais	que tu doives	
il dut	il devra	il devrait	qu'il doive	
nous dûmes	nous devrons	nous devrions	que nous devions	
vous dûtes	vous devrez	vous devriez	que vous deviez	
ils durent	ils devront	ils devraient	qu'ils doivent	
je dis	je dirai	je dirais	que je dise	disant
tu dis	tu diras	tu dirais	que tu dises	
il dit	il dira	il dirait	qu'il dise	
nous dîmes	nous dirons	nous dirions	que nous disions	
vous dîtes	vous direz	vous diriez	que vous disiez	
ils dirent	ils diront	ils diraient	qu'ils disent	
je dormis	je dormirai	je dormirais	que je dorme	dormant
tu dormis	tu dormiras	tu dormirais	que tu dormes	
il dormit	il dormira	il dormirait	qu'il dorme	
nous dormîmes	nous dormirons	nous dormirions	que nous dormions	
vous dormîtes	vous dormirez	vous dormiriez	que vous dormiez	
ils dormirent	ils dormiront	ils dormiraient	qu'ils dorment	
j'écrivis	j'écrirai	j'écrirais	que j'écrive	écrivant
tu écrivis	tu écriras	tu écrirais	que tu écrives	
il écrivit	il écrira	il écrirait	qu'il écrive	
nous écrivîmes	nous écrirons	nous écririons	que nous écrivions	
vous écrivîtes	vous écrirez	vous écririez	que vous écriviez	
ils écrivirent	ils écriront	ils écriraient	qu'ils écrivent	
j'envoyai	j'enverrai	j'enverrais	que j'envoie	envoyant
tu envoyas	tu enverras	tu enverrais	que tu envoies	
il envoya	il enverra	il enverrait	qu'il envoie	
nous envoyâmes	nous enverrons	nous enverrions	que nous envoyions	
vous envoyâtes	vous enverrez	vous enverriez	que vous envoyiez	
ils envoyèrent	ils enverront	ils enverraient	qu'ils envoient	
je fus	je serai	je serais	que je sois	étant
tu fus	tu seras	tu serais	que tu sois	
il fut	il sera	il serait	qu'il soit	
nous fûmes	nous serons	nous serions	que nous soyons	
vous fûtes	vous serez	vous seriez	que vous soyez	
ils furent	ils seront	ils seraient	qu'ils soient	
je fis	je ferai	je ferais	que je fasse	faisant
tu fis	tu feras	tu ferais	que tu fasses	
il fit	il fera	il ferait	qu'il fasse	
nous fîmes	nous ferons	nous ferions	que nous fassions	
vous fîtes	vous ferez	vous feriez	que vous fassiez	
ils firent	ils feront	ils feraient	qu'ils fassent	
il fallut	il faudra	il faudrait	qu'il faille	*n'existe pas*

INFINITIF	PRÉSENT	IMPÉRATIF	PASSÉ COMPOSÉ	IMPARFAIT
24. **fuir** *(to flee)*	je **fuis** tu **fuis** il **fuit** nous **fuyons** vous **fuyez** ils **fuient**	**fuis** **fuyons** **fuyez**	j'ai **fui** tu as **fui** il a **fui** nous avons **fui** vous avez **fui** ils ont **fui**	je **fuyais** tu **fuyais** il **fuyait** nous **fuyions** vous **fuyiez** ils **fuyaient**
25. **lire** *(to read)*	je **lis** tu **lis** il **lit** nous **lisons** vous **lisez** ils **lisent**	**lis** **lisons** **lisez**	j'ai **lu** tu as **lu** il a **lu** nous avons **lu** vous avez **lu** ils ont **lu**	je **lisais** tu **lisais** il **lisait** nous **lisions** vous **lisiez** ils **lisaient**
26. **mettre** *(to put, place)*	je **mets** tu **mets** il **met** nous **mettons** vous **mettez** ils **mettent**	**mets** **mettons** **mettez**	j'ai **mis** tu as **mis** il a **mis** nous avons **mis** vous avez **mis** ils ont **mis**	je **mettais** tu **mettais** il **mettait** nous **mettions** vous **mettiez** ils **mettaient**
27. **mourir** *(to die)*	je **meurs** tu **meurs** il **meurt** nous **mourons** vous **mourez** ils **meurent**	**meurs** **mourons** **mourez**	je suis **mort(e)** tu es **mort(e)** il/elle est **mort(e)** nous sommes **mort(e)s** vous êtes **mort(e)(s)** ils/elles sont **mort(e)s**	je **mourais** tu **mourais** il **mourait** nous **mourions** vous **mouriez** ils **mouraient**
28. **naître** *(to be born)*	je **nais** tu **nais** il **naît** nous **naissons** vous **naissez** ils **naissent**	**nais** **naissons** **naissez**	je suis **né(e)** tu es **né(e)** il/elle est **né(e)** nous sommes **né(e)s** vous êtes **né(e)(s)** ils/elles sont **né(e)s**	je **naissais** tu **naissais** il **naissait** nous **naissions** vous **naissiez** ils **naissaient**
29. **ouvrir** *(to open)*	j'**ouvre** tu **ouvres** il **ouvre** nous **ouvrons** vous **ouvrez** ils **ouvrent**	**ouvre** **ouvrons** **ouvrez**	j'ai **ouvert** tu as **ouvert** il a **ouvert** nous avons **ouvert** vous avez **ouvert** ils ont **ouvert**	j'**ouvrais** tu **ouvrais** il **ouvrait** nous **ouvrions** vous **ouvriez** ils **ouvraient**
30. **plaire** *(to please)*	je **plais** tu **plais** il **plaît** nous **plaisons** vous **plaisez** ils **plaisent**	**plais** **plaisons** **plaisez**	j'ai **plu** tu as **plu** il a **plu** nous avons **plu** vous avez **plu** ils ont **plu**	je **plaisais** tu **plaisais** il **plaisait** nous **plaisions** vous **plaisiez** ils **plaisaient**
31. **pleuvoir** *(to rain)*	il **pleut**	*n'existe pas*	il a **plu**	il **pleuvait**
32. **pouvoir** *(can, to be able)*	je **peux** tu **peux** il **peut** nous **pouvons** vous **pouvez** ils **peuvent**	*n'existe pas*	j'ai **pu** tu as **pu** il a **pu** nous avons **pu** vous avez **pu** ils ont **pu**	je **pouvais** tu **pouvais** il **pouvait** nous **pouvions** vous **pouviez** ils **pouvaient**
33. **prendre** *(to take)*	je **prends** tu **prends** il **prend** nous **prenons** vous **prenez** ils **prennent**	**prends** **prenons** **prenez**	j'ai **pris** tu as **pris** il a **pris** nous avons **pris** vous avez **pris** ils ont **pris**	je **prenais** tu **prenais** il **prenait** nous **prenions** vous **preniez** ils **prenaient**

PASSÉ SIMPLE	FUTUR	CONDITIONNEL	SUBJONCTIF	PARTICIPE PRÉSENT
je **fuis**	je **fuirai**	je **fuirais**	que je **fuie**	**fuyant**
tu **fuis**	tu **fuiras**	tu **fuirais**	que tu **fuies**	
il **fuit**	il **fuira**	il **fuirait**	qu'il **fuie**	
nous **fuîmes**	nous **fuirons**	nous **fuirions**	que nous **fuyions**	
vous **fuîtes**	vous **fuirez**	vous **fuiriez**	que vous **fuyiez**	
ils **fuirent**	ils **fuiront**	ils **fuiraient**	qu'ils **fuient**	
je **lus**	je **lirai**	je **lirais**	que je **lise**	**lisant**
tu **lus**	tu **liras**	tu **lirais**	que tu **lises**	
il **lut**	il **lira**	il **lirait**	qu'il **lise**	
nous **lûmes**	nous **lirons**	nous **lirions**	que nous **lisions**	
vous **lûtes**	vous **lirez**	vous **liriez**	que vous **lisiez**	
ils **lurent**	ils **liront**	ils **liraient**	qu'ils **lisent**	
je **mis**	je **mettrai**	je **mettrais**	que je **mette**	**mettant**
tu **mis**	tu **mettras**	tu **mettrais**	que tu **mettes**	
il **mit**	il **mettra**	il **mettrait**	qu'il **mette**	
nous **mîmes**	nous **mettrons**	nous **mettrions**	que nous **mettions**	
vous **mîtes**	vous **mettrez**	vous **mettriez**	que vous **mettiez**	
ils **mirent**	ils **mettront**	ils **mettraient**	qu'ils **mettent**	
je **mourus**	je **mourrai**	je **mourrais**	que je **meure**	**mourant**
tu **mourus**	tu **mourras**	tu **mourrais**	que tu **meures**	
il **mourut**	il **mourra**	il **mourrait**	qu'il **meure**	
nous **mourûmes**	nous **mourrons**	nous **mourrions**	que nous **mourions**	
vous **mourûtes**	vous **mourrez**	vous **mourriez**	que vous **mouriez**	
ils **moururent**	ils **mourront**	ils **mourraient**	qu'ils **meurent**	
je **naquis**	je **naîtrai**	je **naîtrais**	que je **naisse**	**naissant**
tu **naquis**	tu **naîtras**	tu **naîtrais**	que tu **naisses**	
il **naquit**	il **naîtra**	il **naîtrait**	qu'il **naisse**	
nous **naquîmes**	nous **naîtrons**	nous **naîtrions**	que nous **naissions**	
vous **naquîtes**	vous **naîtrez**	vous **naîtriez**	que vous **naissiez**	
ils **naquirent**	ils **naîtront**	ils **naîtraient**	qu'ils **naissent**	
j'**ouvris**	j'**ouvrirai**	j'**ouvrirais**	que j'**ouvre**	**ouvrant**
tu **ouvris**	tu **ouvriras**	tu **ouvrirais**	que tu **ouvres**	
il **ouvrit**	il **ouvrira**	il **ouvrirait**	qu'il **ouvre**	
nous **ouvrîmes**	nous **ouvrirons**	nous **ouvririons**	que nous **ouvrions**	
vous **ouvrîtes**	vous **ouvrirez**	vous **ouvririez**	que vous **ouvriez**	
ils **ouvrirent**	ils **ouvriront**	ils **ouvriraient**	qu'ils **ouvrent**	
je **plus**	je **plairai**	je **plairais**	que je **plaise**	**plaisant**
tu **plus**	tu **plairas**	tu **plairais**	que tu **plaises**	
il **plut**	il **plaira**	il **plairait**	qu'il **plaise**	
nous **plûmes**	nous **plairons**	nous **plairions**	que nous **plaisions**	
vous **plûtes**	vous **plairez**	vous **plairiez**	que vous **plaisiez**	
ils **plurent**	ils **plairont**	ils **plairaient**	qu'ils **plaisent**	
il **plut**	il **pleuvra**	il **pleuvrait**	qu'il **pleuve**	**pleuvant**
je **pus**	je **pourrai**	je **pourrais**	que je **puisse**	**pouvant**
tu **pus**	tu **pourras**	tu **pourrais**	que tu **puisses**	
il **put**	il **pourra**	il **pourrait**	qu'il **puisse**	
nous **pûmes**	nous **pourrons**	nous **pourrions**	que nous **puissions**	
vous **pûtes**	vous **pourrez**	vous **pourriez**	que vous **puissiez**	
ils **purent**	ils **pourront**	ils **pourraient**	qu'ils **puissent**	
je **pris**	je **prendrai**	je **prendrais**	que je **prenne**	**prenant**
tu **pris**	tu **prendras**	tu **prendrais**	que tu **prennes**	
il **prit**	il **prendra**	il **prendrait**	qu'il **prenne**	
nous **prîmes**	nous **prendrons**	nous **prendrions**	que nous **prenions**	
vous **prîtes**	vous **prendrez**	vous **prendriez**	que vous **preniez**	
ils **prirent**	ils **prendront**	ils **prendraient**	qu'ils **prennent**	

INFINITIF	PRÉSENT	IMPÉRATIF	PASSÉ COMPOSÉ	IMPARFAIT
34. recevoir (to receive, get)	je reçois tu reçois il reçoit nous recevons vous recevez ils reçoivent	reçois recevons recevez	j'ai reçu tu as reçu il a reçu nous avons reçu vous avez reçu ils ont reçu	je recevais tu recevais il recevait nous recevions vous receviez ils recevaient
35. résoudre (to resolve, solve)	je résous tu résous il résout nous résolvons vous résolvez ils résolvent	résous résolvons résolvez	j'ai résolu tu as résolu il a résolu nous avons résolu vous avez résolu ils ont résolu	je résolvais tu résolvais il résolvait nous résolvions vous résolviez ils résolvaient
36. rire (to laugh)	je ris tu ris il rit nous rions vous riez ils rient	ris rions riez	j'ai ri tu as ri il a ri nous avons ri vous avez ri ils ont ri	je riais tu riais il riait nous riions vous riiez ils riaient
37. savoir (to know)	je sais tu sais il sait nous savons vous savez ils savent	sache sachons sachez	j'ai su tu as su il a su nous avons su vous avez su ils ont su	je savais tu savais il savait nous savions vous saviez ils savaient
38. sortir (to go out)	je sors tu sors il sort nous sortons vous sortez ils sortent	sors sortons sortez	je suis sorti(e) tu es sorti(e) il/elle est sorti(e) nous sommes sorti(e)s vous êtes sorti(e)(s) ils/elles sont sorti(e)s	je sortais tu sortais il sortait nous sortions vous sortiez ils sortaient
39. suivre (to follow)	je suis tu suis il suit nous suivons vous suivez ils suivent	suis suivons suivez	j'ai suivi tu as suivi il a suivi nous avons suivi vous avez suivi ils ont suivi	je suivais tu suivais il suivait nous suivions vous suiviez ils suivaient
40. se taire (to be quiet)	je me tais tu te tais il se tait nous nous taisons vous vous taisez ils se taisent	tais-toi taisons-nous taisez-vous	je me suis tu(e) tu t'es tu(e) il/elle s'est tu(e) nous nous sommes tu(e)s vous vous êtes tu(e)(s) ils/elles se sont tu(e)s	je me taisais tu tu taisais il se taisait nous nous taisions vous vous taisiez ils se taisaient
41. vaincre (to conquer)	je vaincs tu vaincs il vainc nous vainquons vous vainquez ils vainquent	vaincs vainquons vainquez	j'ai vaincu tu as vaincu il a vaincu nous avons vaincu vous avez vaincu ils ont vaincu	je vainquais tu vainquais il vainquait nous vainquions vous vainquiez ils vainquaient
42. valoir (to be worth; to deserve, merit)	je vaux tu vaux il vaut nous valons vous valez ils valent	vaux valons valez	j'ai valu tu as valu il a valu nous avons valu vous avez valu ils ont valu	je valais tu valais il valait nous valions vous valiez ils valaient

PASSÉ SIMPLE	FUTUR	CONDITIONNEL	SUBJONCTIF	PARTICIPE PRÉSENT
je reçus tu reçus il reçut nous reçûmes vous reçûtes ils reçurent	je recevrai tu recevras il recevra nous recevrons vous recevrez ils recevront	je recevrais tu recevrais il recevrait nous recevrions vous recevriez ils recevraient	que je reçoive que tu reçoives qu'il reçoive que nous recevions que vous receviez qu'ils reçoivent	recevant
je résolus tu résolus il résolut nous résolûmes vous résolûtes ils résolurent	je résoudrai tu résoudras il résoudra nous résoudrons vous résoudrez ils résoudront	je résoudrais tu résoudrais il résoudrait nous résoudrions vous résoudriez ils résoudraient	que je résolve que tu résolves qu'il résolve que nous résolvions que vous résolviez qu'ils résolvent	résolvant
je ris tu ris il rit nous rîmes vous rîtes ils rirent	je rirai tu riras il rira nous rirons vous rirez ils riront	je rirais tu rirais il rirait nous ririons vous ririez ils riraient	que je rie que tu ries qu'il rie que nous riions que vous riiez qu'ils rient	riant
je sus tu sus il sut nous sûmes vous sûtes ils surent	je saurai tu sauras il saura nous saurons vous saurez ils sauront	je saurais tu saurais il saurait nous saurions vous sauriez ils sauraient	que je sache que tu saches qu'il sache que nous sachions que vous sachiez qu'ils sachent	sachant
je sortis tu sortis il sortit nous sortîmes vous sortîtes ils sortirent	je sortirai tu sortiras il sortira nous sortirons vous sortirez ils sortiront	je sortirais tu sortirais il sortirait nous sortirions vous sortiriez ils sortiraient	que je sorte que tu sortes qu'il sorte que nous sortions que vous sortiez qu'ils sortent	sortant
je suivis tu suivis il suivit nous suivîmes vous suivîtes ils suivirent	je suivrai tu suivras il suivra nous suivrons vous suivrez ils suivront	je suivrais tu suivrais il suivrait nous suivrions vous suivriez ils suivraient	que je suive que tu suives qu'il suive que nous suivions que vous suiviez qu'ils suivent	suivant
je me tus tu te tus il se tut nous nous tûmes vous vous tûtes ils se turent	je me tairai tu te tairas il se taira nous nous tairons vous vous tairez ils se tairont	je me tairais tu te tairais il se tairait nous nous tairions vous vous tairiez ils se tairaient	que je me taise que tu te taises qu'il se taise que nous nous taisions que vous vous taisiez qu'ils se taisent	se taisant
je vainquis tu vainquis il vainquit nous vainquîmes vous vainquîtes ils vainquirent	je vaincrai tu vaincras il vaincra nous vaincrons vous vaincrez ils vaincront	je vaincrais tu vaincrais il vaincrait nous vaincrions vous vaincriez ils vaincraient	que je vainque que tu vainques qu'il vainque que nous vainquions que vous vainquiez qu'ils vainquent	vainquant
je valus tu valus il valut nous valûmes vous valûtes ils valurent	je vaudrai tu vaudras il vaudra nous vaudrons vous vaudrez ils vaudront	je vaudrais tu vaudrais il vaudrait nous vaudrions vous vaudriez ils vaudraient	que je vaille que tu vailles qu'il vaille que nous valions que vous valiez qu'ils vaillent	valant

INFINITIF	PRÉSENT	IMPÉRATIF	PASSÉ COMPOSÉ	IMPARFAIT
43. **venir** *(to come)*	je **viens** tu **viens** il **vient** nous **venons** vous **venez** ils **viennent**	**viens** **venons** **venez**	je **suis venu(e)** tu **es venu(e)** il/elle **est venu(e)** nous **sommes venu(e)s** vous **êtes venu(e)(s)** ils/elles **sont venu(e)s**	je **venais** tu **venais** il **venait** nous **venions** vous **veniez** ils **venaient**
44. **vivre** *(to live)*	je **vis** tu **vis** il **vit** nous **vivons** vous **vivez** ils **vivent**	**vis** **vivons** **vivez**	j'**ai vécu** tu **as vécu** il **a vécu** nous **avons vécu** vous **avez vécu** ils **ont vécu**	je **vivais** tu **vivais** il **vivait** nous **vivions** vous **viviez** ils **vivaient**
45. **voir** *(to see)*	je **vois** tu **vois** il **voit** nous **voyons** vous **voyez** ils **voient**	**vois** **voyons** **voyez**	j'**ai vu** tu **as vu** il **a vu** nous **avons vu** vous **avez vu** ils **ont vu**	je **voyais** tu **voyais** il **voyait** nous **voyions** vous **voyiez** ils **voyaient**
46. **vouloir** *(to wish, want)*	je **veux** tu **veux** il **veut** nous **voulons** vous **voulez** ils **veulent**	**veuille** **veuillons** **veuillez**	j'**ai voulu** tu **as voulu** il **a voulu** nous **avons voulu** vous **avez voulu** ils **ont voulu**	je **voulais** tu **voulais** il **voulait** nous **voulions** vous **vouliez** ils **voulaient**

PASSÉ SIMPLE	FUTUR	CONDITIONNEL	SUBJONCTIF	PARTICIPE PRÉSENT
je **vins**	je **viendrai**	je **viendrais**	que je **vienne**	venant
tu **vins**	tu **viendras**	tu **viendrais**	que tu **viennes**	
il **vint**	il **viendra**	il **viendrait**	qu'il **vienne**	
nous **vînmes**	nous **viendrons**	nous **viendrions**	que nous **venions**	
vous **vîntes**	vous **viendrez**	vous **viendriez**	que vous **veniez**	
ils **vinrent**	ils **viendront**	ils **viendraient**	qu'ils **viennent**	
je **vécus**	je **vivrai**	je **vivrais**	que je **vive**	vivant
tu **vécus**	tu **vivras**	tu **vivrais**	que tu **vives**	
il **vécut**	il **vivra**	il **vivrait**	qu'il **vive**	
nous **vécûmes**	nous **vivrons**	nous **vivrions**	que nous **vivions**	
vous **vécûtes**	vous **vivrez**	vous **vivriez**	que vous **viviez**	
ils **vécurent**	ils **vivront**	ils **vivraient**	qu'ils **vivent**	
je **vis**	je **verrai**	je **verrais**	que je **voie**	voyant
tu **vis**	tu **verras**	tu **verrais**	que tu **voies**	
il **vit**	il **verra**	il **verrait**	qu'il **voie**	
nous **vîmes**	nous **verrons**	nous **verrions**	que nous **voyions**	
vous **vîtes**	vous **verrez**	vous **verriez**	que vous **voyiez**	
ils **virent**	ils **verront**	ils **verraient**	qu'ils **voient**	
je **voulus**	je **voudrai**	je **voudrais**	que je **veuille**	voulant
tu **voulus**	tu **voudras**	tu **voudrais**	que tu **veuilles**	
il **voulut**	il **voudra**	il **voudrait**	qu'il **veuille**	
nous **voulûmes**	nous **voudrons**	nous **voudrions**	que nous **voulions**	
vous **voulûtes**	vous **voudrez**	vous **voudriez**	que vous **vouliez**	
ils **voulurent**	ils **voudront**	ils **voudraient**	qu'ils **veuillent**	

Lexique

A

à at, in, on, to
à bientôt see you soon
à bord de aboard
à cause de because of
à côté near; l'un — de l'autre side by side
à égalité equally
à la traîne to lag behind
à l'égard de towards, concerning
à long terme in the long run
à mesure que as
à moins que unless
à part ça besides that
à partir de (du) from . . . on
à propos de concerning, about
à quelle heure (at) what time
à tort wrongly
à tout à l'heure see you soon
à toute allure quickly
abandonner to give up
abattre to gun down
abattu(e) shot down
abîmer to damage, harm
aboiement m barking
abonnement m subscription
abords m pl outskirts, surroundings; d'abord first
aboutir to result in
abri m shelter; — de fortune makeshift shelter; à l'— sheltered; sans-abri m pl homeless
abricot m apricot
abriter to shelter
absolument absolutely
accélérer: s'— to speed up
accentuer to stress; pronoms m pl accentués stress pronouns
accès: avoir — à to have access to
accidenté(e) an injured person
acclamé(e) praised, acclaimed
accommodant(e) easygoing
accord m agreement; d'— okay, all right; être d'— to agree
accorder to grant
accoucher to give birth
accouder: s'— to lean
accroc m complication
accrocher to hang; s'— à to hold on to
accroissant(e) increasing
accroissement m increase, soaring
accroître (pp accru) to increase
accroupir: s'— to crouch down
accueillant(e) welcoming
accueillir to welcome, receive

acharnement m thérapeutique prolongation of life by medical means
achat m purchase; faire des —s en ligne to shop online; pouvoir d'— purchasing power
acheminer to transport
acheter to buy
achever to complete, finish
acier m steel
acquérir (pp acquis) to acquire
acte m act
acteur (actrice) actor
action f action; — en faveur des minorités affirmative action
actualités f pl news, current events
actuel(le) current
actuellement actually, currently
adepte m f follower
adhérent(e) member of a group
adhérer to adhere, agree with
adieu m good-bye, farewell
ADN m DNA
adolescent(e) teenager
adonner: s'— à to devote oneself to
adoucir to sweeten, soften
adresser: s'— à to talk to
affaiblir to weaken
affaires f pl business; homme (femme) d'— businessman(woman)
affamer: être affamé(e) to starve
affecter to assign
afficher to post, advertise
affinage m maturing
affirmer to assert
affligeant(e) distressing, painful
affolant(e) alarming
affranchir: s'— to free oneself
affreux(se) terrible, hideous
afin: — de in order to; — que so that
agacer (fam) to annoy; ça m'agace it irritates me
âge m age; du troisième — senior citizens
agent m agent; — de change stockbroker; — de conduite train conductor; — de voyage travel agent; — immobilier real estate agent
agglomération f urban area
aggraver to make worse; s'— to get worse
agir to act; s'— de to be about
agité(e) stormy
agiter to shake
agneau m lamb; — en croûte lamb in a pastry casing
agrandir to enlarge, make bigger
agréable pleasant

agresser to assault, mug
agression assault, mugging
agricole agricultural
agriculteur(trice) agricultural worker
agronomie f study of agriculture
agrumes m pl citrus fruits
aguets: être aux — to be on the watch
aider to help
aigu(ë) acute
aiguille f needle
ail m garlic
aile f wing
ailleurs elsewhere; d'— besides; par — moreover
aimable lovely, friendly
aimer (bien) to love, to like
aîné(e) oldest, eldest
ainsi in this manner, thus; c'est — que that's the way
air m air; — conditionné air-conditioning; au grand — outdoors; avoir l'— to look like
aire f area
aisé(e) financially well-off
ajouter to add
ajuster to adjust
aléatoire risky
alentours: aux — de around, about
alerte agile, nimble
alerte f scare
algue f seaweed
alicament m food + medication
aliment m food
alimentation f food, feeding
alléché(e) attracted
allégé(e) light, low calorie
allégement m lightening
Allemagne f Germany
aller to go, walk
allocation f allowance, compensation; —s chômages unempoyment benefits; — familiale family allowance
allonger: s'— to lie down
allophone m who doesn't speak the language of the community
allouer to grant, allocate
allumer to light; — (la télé, le chauffage) to turn on
alors then, so
amasser to raise, collect
ambiance f atmosphere, environment
âme f soul
amélioration f improvement
améliorer to improve
aménagé(e) set up

aménageable ready to be finished

aménagement *m* planning, management

amener to bring, take along; — à (au) to take out

amer(ère) bitter

ami(e) friend

amicale: Amicale *f* des locataires Renter's (Building) Association

amicalement friendly, with friendship

amitié *f* friendship

amorce *f* beginning

amphithéâtre *m* large lecture hall

ampleur *f* importance

amusant(e) amusing, funny

amuse-gueule *m (fam)* snack

amuser: s'— to have fun/a good time, to enjoy oneself

an *m* year; Nouvel — New Year

analphabète illiterate

ananas *m* pineapple

anarchique anarchic; random

ancien(ne) old, ancient; former

ancrage: point d'— anchor, foundation

ancre *f* anchor; jeter l'— to anchor

anecdote *f* plot, story

anglais(e) English

angoissant(e) agonizing

angoisse *f* anguish

animateur(trice) facilitator, counselor

année *f* year; —s trente thirties

anniversaire *m* birthday; anniversary

anodin(e) harmless, inoffensive

Antarctique *m* Antarctic

août *m* August

apanage *m* privilege

apercevoir (*pp* aperçu) to notice, see; s'— to become aware

apéro *m (fam)* for apéritif

aplatir to flatten

apparaître to appear

appareil *m* machine; — ménager appliance

apparition *f* appearance

appartement *m* apartment

appartenance belonging to

appartenir (*pp* appartenu) to belong

appât *m* bait

appeler to call, phone; s'— to be named

appétissant(e) tasty

apport *m* contribution

apporter to bring

apprécier to appreciate

apprendre (*pp* appris) to learn, teach

apprenti(e) apprentice

apprentissage *m* learning

apprêter: s'— to get ready

approbation *f* approval

approcher: s' — (de) to come close (to)

approfondi(e) thorough

appuyer to lean; — sur to push (the button)

après after; d'— according to; —-midi *m* afternoon

aptitude *f* ability

aquaculture *f* cultivation of fish

aquilin curved (nose)

arachide *f* peanut

araignée *f* spider

arbre *m* tree; — fruitier fruit tree

arc-en-ciel *m* rainbow

archéologie *f* archeology

archéologue *m f* archeologist

argent *m* money; silver

argenterie *f* silverware

argile *f* clay

arme *f* weapon

armée *f* army; Armée du Salut Salvation Army

armer: s'— to arm oneself

armoire *f* free-standing closet; cabinet; — de toilette medicine cabinet

aromatisé(e) seasoned, flavored

arracher to pull up, uproot

arrêt *m* stop; — de bus bus stop; en — stopped; sans — increasingly

arrêté *m* ministériel ministerial decree

arrêter to stop; to arrest, to bust

arrière back; —-plan *m* background; en — to the past; —-grands-parents *m pl* great-grandparents

arrivée *f* arrival

arriver to arrive; — à to succeed; y — to manage it

arrondissement *m* neighborhood, administrative division

arrosé(e) watered down (as in drinking)

arroser to water; to wash down

arrosoir *m* watering can

artichaut *m* artichoke

artisanal(e) artisan, craft

artisanat *m* (arts) craft industry

ascenseur *m* elevator

asphyxier: s'— to suffocate

aspirateur *m* vacuum cleaner

assainissement *m* stabilization

assaisonnement *m* seasoning

assemblage *m* assembling

asseoir to sit down (somebody); s'— to sit down (at the table)

asservi(e) enslaved

assez (de) enough

assiduité *f* attendance

assiette *f* plate; — creuse en terre cuite shallow clay plates; — en carton paper plate

assistance *f* help; — sociale welfare

assister to help; — à to attend, witness

association *f* organization; — écologiste environmental organization

assortir to match (up)

assouplir to soften

assourdir to lower, deafen

assouvir to satisfy

assurance *f* insurance; — santé health insurance

assuré(e) certain, assured

atelier *m* workshop

atout *m* asset

attardé(e) behind the times

attarder to make late/behind the time; s'— to linger; stay late

atteindre (*pp* atteint) to reach

attelage *m* team harnessed together

attenant(e) adjoining

attendre (*pp* attendu) to wait (for); — avec impatience to anticipate eagerly, to look forward to; s'— à to expect

attention *f* attention; care; faire — to be careful

attentionné(e) attentive

atterrir to land

attirer to attract

attiser to stir; — le feu to stir the fire

attitude *f* behavior

attraper to catch

attribuer (à) to attribute (to)

au-delà de beyond

au-dessus de beyond

au fur et à mesure as, gradually

au revoir *m* good-bye

aubaine *f* godsend

aube *f* dawn

auberge *f* hostel, inn

aubergine *f* eggplant

aubergiste *m f* innkeeper

aucun(e) no, none; no one; aucune idée no idea

audacieux(se) daring

auditeur(trice) listener

augmentation *f* surge, increase

augmenter to increase

aujourd'hui today

auparavant earlier, before

auprès de close to, next to

auquel (à laquelle) to which

aussi too, also; — ... que as . . . as

aussitôt: — que as soon as; — dit — fait no sooner said than done

autant as much; d'— plus que especially

autel *m* altar

auteur *m* perpetrator, author

automatiser to automate

automne *m* autumn, fall

autonettoyant(e) self-cleaning

autonome independent

autoritaire authoritarian

autoroute *f freeway*

autour around; — de nous around us

autre other

autrefois in the old days, before

autrement otherwise

Autriche *f* Austria

autrui *m* other people, peer; pression *f* d'— peer pressure

avaler to swallow up

avance *f* advance

avant before

avantage *m* advantage

avare *m f* miser

avec with

avènement *m* coming (advent) [event]

avenir *m* future; — proche near future

avérer to recognize; to know
avertir to warn, inform
aveu *m* confession
aveugle blind
avion *m* airplane
avis *m* opinion; **à (ton/votre) —** in your opinion
aviser to notice
avocat(e) lawyer
avoir (*pp* **eu**) to have; **— besoin (de)** to need; **— faim** to be hungry; **— l'air de** to look like; **— lieu** to happen; **— soif** to be thirsty; **n'— que** to only have; **qu'est-ce que tu as (vous avez)** what's the matter
avoisinant(e) nearby
avoisiner to come close to
avortement *m* abortion; **droit** *m* **à l'—** abortion right
avouer to admit, confess
avril *m* April
ayatolla *m* Islamic religious leader

B

bagarre *f* brawl, fight
bac *m* barrel
baccalauréat (bac) *m* competitive exams, with diploma, at the end of secondary school
bagage *m* luggage; **— à main** hand luggage; **fouiller les —s à main** to search hand luggage
bagnole *f (fam)* car
baie *f* bay
baigner: se — to swim; to bathe
baignoire *f* bathtub
bâiller to yawn
bain *m* bath
baiser *m* kiss
baisse *f* drop
baisser to lower
balade *f* stroll, tour
balader: se — to go for a stroll
balance *f* scale
balayer to sweep
banalisé(e) trivialized
banane *f* banana
bananeraie *f* banana plantation
banc *m* bench
bande *f* group; **en —** in a group; **— dessinée** cartoon
bandeau *m* headband
banlieue *f* suburbs, outskirts
banlieusard(e) suburbanite
banque *f* bank; **—s alimentaires** food shelves
banquier(ère) banker
baptême *m* baptism
baraque *f* hut
baron *m* nobleman
barrage *m* dam
barre *f* lock

barrière *f* border; rail
bas *m* stocking
bas(se) low
basse-cour *f* farm yard
bassin *m* pond
bastonnade *f* beating
bateau *m* boat
bâtiment *m* building
bâtir to build
battre (*pp* **battu**) to beat; **se —** to fight
battu(e) battered
bavard(e) talkative, *(fam)* chatterbox
baver to drool
beau (belle) beautiful; **il fait —** it's beautiful weather
beau-frère *m* brother-in-law
beau-père *m* stepfather, father-in-law
beaucoup (de) a lot (of)
beauté *f* beauty
beaux-arts *m pl* fine arts
beaux-parents *m pl* in-laws
beignet *m* doughnut, fritter
belle-mère *f* stepmother, mother-in-law
belle-sœur *f* sister-in-law
bénéfice *m* benefit
bénévole *m f* volunteer
bénévolement voluntarily
berceau *m* baby crib
bercer to rock
besogne *f* task
besoin *m* need; **avoir — de** to need; **vivre dans le —** to live in poverty, be in need
bétail *m* livestock
bête *f* beast
bêtise *f* stupid thing; stupidity
béton *m* concrete, cement
betteraves *f pl* beets
beurre *m* butter; **faux-—** butter substitute; **petit-—** butter cookie
bibliothécaire *m f* librarian
bibliothèque *f* library; bookcase
bidonville *m* slum
bien well, good; **— entendu** of course
bienfait *m* godsend, kindness
biens *m pl* property, goods
bienséant(e) proper
bientôt soon; **à —** see you soon
bienveillance *f* kindness
bienvenu(e) welcome
bijou *m* (*pl* **bijoux**) jewel
bilan *m* list
bilingue bilingual
billet *m* ticket; **— doux** love note
bio organic
biocarburant *m* biofuel
biotechnologie *f* biotechnology
bistrot *m* restaurant-bar
blague *f* joke
blanc(he) white
blason *m* coat of arms
blé *m* wheat
blesser to wound, injure

bleu very rare (beefsteak)
bloc: — *m* **de l'Est** Eastern Block; **— opératoire** operating room
bloguer to write in a blog
blottir: se — to huddle
bobine *f* spool
bocal *m* container, can
bœuf *m* beef; ox
boire (*pp* **bu**) to drink; **— un pot** to go out for a drink
bois *m* wood; **charbon** *m* **de —** charcoal
boisson *f* beverage, drink
boîte *f* box; *(fam)* office, shop; **— de conserve** can (food); **— (de nuit)** nightclub; **en —** canned
boîter to limp
bon *m* coupon
bon(ne) good, nice; **bon gré mal gré** whether they liked it or not
bonbons *m pl* candy
bond *m* leap, jump
bondé(e) crowded
bonheur *m* happiness
bonne *f* housekeeper, maid
bonsoir *m* good evening
bord *m* edge; **à — de** aboard; **au — de** on the banks of; **— de la mer** seaside; **de tous les —s** from all walks of life
bordelais(e) from Bordeaux
borné(e) narrow-minded, limited
bosquet *m* grove
bossu(e) hunchbacked
botte *f* boot
boudin *m* blood sausage
bouche *f* mouth; **— d'aération** steam/air vent
boucher(ère) butcher
boucherie *f* butcher shop; **— au détail** non-prepackaged meat
boue *f* mud
bouffe *f (slang)* food
bouffon(ne) clowning
bouger to move
bouillie: en — mashed
boulanger(ère) baker
boulangerie *f* bakery; **—-pâtisserie** bakery and pastry shop
bouleversement *m* disruption
bouleverser to turn upside down
boulot *m (fam)* job, work
bouquin *m (fam)* book
bouquiner *(fam)* to browse for books; to read
bourg *m* village
bourgeois(e[s]) middle-class people
bourse *f* **d'études** scholarship
boursier(ière) related to the Stock Exchange
boussole *f* compass
bout *m* end; **au — de son rouleau** at the end of one's rope
bouteille *f* bottle
bouton *m* button
braillard(e) people howling

branchement *m* connection

brancher to plug in, connect

braquer to aim

brassage *m* mixing

brave courageous

brebis *f* sheep

Bretagne *f* Brittany

bref(ève) short, concise; bref in short

brevet *m* certificate, diploma; patent

bricoler (faire du bricolage) to putter, do home repairs, do handiwork

brièvement briefly

brique *f* alimentaire food packaging

briser: se — to break

brocolis *m* broccoli

broncher to react

bronzé(e) tanned

brosse *f* brush; en — crewcut (hair)

brosser to brush

brouhaha *m* hubbub

brouillard *m* fog

brouillon *m* first draft

brousse *f* bush

broyer to grind

bruit *m* noise

brûler to burn

brun(e) brown; dark

brut(e) abrupt, rough

BTS (brevet de technicien supérieur) *m* French technical certificate

bruyant(e) noisy

bûche *f* log

bureau *m* office; desk; chaise *f* de — typing chair; employé(e) de — office clerk

but *m* goal, aim

butin *m* loot

C

ça/cela that

c'est/ce sont it is; c'est vrai that's true; c'est impossible that's impossible

cabine *f* de douche shower stall

cabinet *m* d'affaires business agency

câbleur *m* worker who lays wires

cacahuète *f* peanut

cacher to hide, put out; — à la vue to put out of sight; se — to hide

cadeau *m* gift, present

cadre *m* executive; — supérieur high-level executive

cafard *m* cockroach

cahier *m* notebook

caille *f* quail

caillé(e) curds

cailler: faire — to curdle

caissier(ère) cashier, teller

calcul *m* calculation, arithmetic

calendrier *m* agenda; calendar

calme quiet

camarade *m f* friend; — de chambre roommate

caméscope *m* camcorder

camion *m* truck; — de recyclage recycling truck

campagne *f* suburb; countryside; campaign

campement *m* campgrounds, encampments

camping car *m* motor home

canapé *m* sofa

canard *m* duck

candidature *f* application (for a job)

caneton *m* duckling

caniculaire scorching

canne *f* stick; — à sucre sugar cane; — à pêche fishing pole

canoë *m* canoe; faire du —-kayak to go canoeing, go kayaking

canot *m* boat

cantine *f* cafeteria

canular *m* hoax, false alarm

caoutchouc *m* rubber

capteur *m* sensor

car because

car *m* bus (with routes outside the city); — de ramassage school bus

carafe *f* pitcher

caravane *f* trailer

carburant *m* fuel; — fossile fossil fuel

cardiologue *m f* cardiologist

Carême *m* Lent

carnet *m* booklet; — de circulation permit to move around

carotte *f* carrot

carré *m* square; patch

carreau *m* tile; à —x checked

carrefour *m* crossroads, intersection

carrément straight out

carriole *f* horsedrawn carriage on runners

carrure de camionneur *f* build of a truck driver

carte *f* card; jouer aux —s to play cards

cas *m* case; dans ce — in this case; en — *m* quick meal, snack; en — de in case of; le — échéant if need be, if the need arises

casanier(ère) homebody

case *f* box, compartment

casse-croûte *m* snack

casser to break; — le moule to break the mold

cathédrale *f* cathedral

cauchemar *m* nightmare; vivre un — to live through a nightmare

cauchemardesque nightmarish

cause *f* reason; à — (de) because (of)

causer to chat, talk

cave *f* (wine) cellar; basement; — à disques discotheque

ce, cet(te) this; ce que what; ce dont about which

céder to give in; to cave in

ceinture *f* belt

cela that; — dit that having been said

célèbre famous

célibataire unmarried

cellule *f* unit; prison cell; — familiale family unit; — souche stem cell

celui (celle) that; —-ci the latter

cendre(s) *f (pl)* ash(es)

Cendrillon Cinderella

centaine *f* hundred

centrale *f* power plant; — de tri recycling station; — nucléaire nuclear plant

centre *m* center; — d'accueil shelter; — commercial shopping center; — culturel cultural center; — ville *m* downtown

cependant therefore, however

cerise *f* cherry

certain(e)s some

cerveau *m* brain

cervelle *f* brain(s)

chacun(e) each, every (one)

chagrin *m* distress, —s sorrows

Chah (Shah) autocratic hereditary ruler

chahut *m (fam)* noise

chaîne *f* channel (TV); — du câble cable channel

chaise *f* chair; — de bureau typing chair

chambre *f* room; — de bonne small room (literally, maid's room)

champ *m* field

champignon *m* mushroom

chance *f* luck

changer to exchange; to change

chanson *f* song; — et variété referring to popular music

chant *m* song; singing

chanter to sing

chanteur(se) singer

chantier *m* construction site

chapeau *m* hat; — melon bowler hat

chapelet *m* rosary beads

chaque each

char *m* float

charbon *m* de bois charcoal

charcuterie *f* butcher's shop; cold cuts

charge *f* burden; freight

chargé(e) busy, full; — de in charge of

charger to load; se — de to take care of

charges *f pl* utilities; — comprises utilities included

chargeur *m* shipper

charmant(e) nice

chasse *f* hunting; aller à la — to go hunting

chasseur *m* hunter

chat(te) *m f* cat

châtaigne *f* chestnut

châtain chestnut

château *m* castle

chaud(e) hot, warm; avoir — to be warm/hot; il fait — it's hot/warm

chauffage *m* heating

chauffer: se — to get warm

chauffeur *m* driver

chaume *m* thatch

chausser to put on

chaussette *f* sock
chaussure *f* shoe
chauve-souris *f* bat
chaux *f* lime
chavirer to capsize
chef d'atelier *m* foreman
chef d'entreprise *m* business owner, company head
chef-d'œuvre *m* masterpiece
chemin *m* way, road; — faisant en route; — de fer railroad
cheminée *f* chimney, fireplace
cheminement *m* advance
cher(ère) expensive; dear, well-loved
chercher à to look for
chercheur *m* researcher; —-enseignant teacher-researcher
cheval *m* (*pl* chevaux) horse; faire du — to go horseback riding; queue *f* de — pony tail
cheveux *m pl* hair
cheville *f* ankle
chèvre *f* goat
chevreuil *m* deer
chez at; — moi at my place; — soi one's home
chic fashionable; dernier — last fad
chien(ne) dog; —s de traîneau sled dogs
chiffon *m* rag
chiffre *m* number
chineurs *m pl* people who like to visit flea markets
chiroptères *m pl* the family of bats
chirurgical(e) surgical
choc *m* shock
chœur *m* backup singer
choisir to choose, select
choix *m (pl)* choice(s)
chômage *m* unemployment; allocations *f* — unemployment benefits; être au — to be unemployed; taux de — unemployment rate
chômeur(se) unemployed person
chose *f* thing; quelque — something
chou *m* (*pl* choux) cabbage
chou-fleur *m* cauliflower
choyé(e) coddled
chuchoter to whisper; — des paroles to whisper words
chute *f* fall; — de cheval fallen off a horse
chuter to fall
ciblé(e) targeted
ci-dessous following, below
ci-dessus above(-mentioned)
ciel *m* sky
cime *f* top
cimenté(e) covered in asphalt
cimetière *m* cemetery
ciné *m* cinema
cinéaste *m f* film producer, film-maker
cinéphile movie bug
circulation *f* traffic
circuler to get around
cirque *m* circus

citadin(e) city-dweller
cité *f* housing project
citer to mention
citoyen(ne) citizen
citron *m* lemon
citronnelle *f* citronella (lemon bush)
citrouille *f* pumpkin
clandestin(e) underground
clapier *m* rabbit hutch
claquer: faire — to slam
classe *f* grade; salle *f* de — classroom; — supérieure upper class
classement *m* rank(ing)
classer to classify
clavier *m* keyboard
clé *f* key
client(e) customer
clientèle *f* customers, clientele
clignotant(e) blinking
climatisation *f* air-conditioning
climatisé(e) air-conditioned
climatiseur *m* air conditioner
clipser to clip on
clochard(e) tramp, hobo, vagrant
cloche *f* bell
clonage *m* cloning
clone *m* clone
cloner to clone
clou *m* nail
co-propriétaire *m f* co-owner
cocher to check (off)
cochon *m* pig; — d'Inde guinea pig
cocon *m* cocoon
cocotte *f* casserole
cœur *m* heart; avoir du — to be kind-hearted; mal au — queasy
coiffeur(se) barber, hairdresser
coin *m* corner
coincer to corner
colère *f* anger
collé(e) stuck
collecte *f* fundraising drive
collectionner to collect
collège *m* junior high school
collègue *m f* colleague
coller to stick, to attach
colline *f* hill
colloque *m* discussion
colon *m* settler; colonist
colonisé(e) colonized
colonne *f* column
combat *m* fight, battle; — de coq cock fight
combustible *m* fuel
combien how much; — de how many; — de temps how long
combinaison *f* pressurisée pressurized suit
combler to satisfy
comédie *f* comedy
comédien(ne) stage actor (actress)
commande *f* order; —s controls; — d'ouvrages book order
comme as, like; — toujours as always

commencer to begin, start
comment how
commerçant(e) merchant, shopkeeper
commerce *m* business, trade; petit — small store
commissariat *m* police station
commode *f* dresser
commune *f* municipality
compagnie *f* house, company; companionship
compagnon *m* friend, fellow
Compère Lapin Brother Rabbit
compétence *f* authority, ability
complaisance *f* self-satisfaction
complexe *m* residential subdivision
complice *m* partner in crime
comportement *m* behavior, conduct
comporter: se — to behave
composé(e) mixed
compote *f* fruit sauce
comprendre (*pp* compris) to understand; to include; faire — to make understand; y compris including
comptabilisation *f* posting (accounting)
comptabilité *f* accounting
comptable *m f* accountant
compte *m* account; à bon — with accomplishment; entrer en ligne de — to enter into consideration; — rendu *m* summary, report; tenir — de to take into account
compter to count; to expect; — sur to rely on
concasser to crush, grind
concessionnaire *m f* car dealer
concevoir (*pp* conçu) to conceive, imagine
conclure to conclude, end
concombre *m* cucumber
concordant(e) in agreement
concours *m (pl)* contest(s), competitive exam(s)
concurrence *f* competition
concurrent(e) competitor
condescendant(e) condescending
conducteur (conductrice) driver
conduire (*pp* conduit) to drive; lead; se — to behave
conduite *f* conduct; — de vie lifestyle
conférence *f* lecture
confier to share, tell about
confiserie(s) *f (pl)* sweets, candies
confondre to confuse, mix up
confrère *m f* colleague (for doctors and lawyers only)
confus(e) confused; sorry; embarrassed
congé *m* leave (of absence); — payé paid leave (of absence)
congélateur *m* freezer
congelé(e) frozen
connaissance *f* knowledge; —s acquaintances
connu(e) known
consacrer to devote
conseil *m* advice

conseiller to advise; **—(ère)** advisor

conserve(s) *f (pl)* canned food; **en conserve** canned

console de jeu *f* handheld game

consommation *f* consumption

consommer to consume (to buy and use)

constater to notice

construire *(pp* **construit)** to build

contact: avoir le — facile to be easy to get to know

conte *m* tale; **— de fée** fairy tale

contenir *(pp* **contenu)** to contain, include

contenu *m* contents

content(e) happy

contenter to please; **se — de** to make do with

conteneur *m* container

conteur *m* storyteller

contestation *f* dispute, protest

contraindre *(pp* **contraint)** to force

contrainte *f* constraint, restriction

contraire opposite; **au —** on the contrary

contre against; **par —** on the other hand

contrefaçon *f* forgery

contremaître *m* foreman

contrepartie: en — in exchange

contrôler to control, check

contrôleur *m* ticket inspector

convaincre *(pp* **convaincu)** to convince

convenable appropriate

convenir *(pp* **convenu)** to agree, to suit

convive *m f* guest

convivialité *f* social interaction

copain (copine) boyfriend (girlfriend), pal

copeau *m* wood shaving

copieux(se) hearty, rich

coq *m* rooster

coquillage *m* shellfish

corbeau *m* crow, raven

corbeille: — *f* à linge laundry basket

corniche *f* coast road

corps *m* body

corvée *f* chore

costaud big (person)

cote: avoir la — to be very popular

côte *f* coast

côté *m* side; **à —** beside, next to; **— montagne** on the mountain side

côtier(ière) coastal

côtoyer to frequent, be around

cou *m* neck

couche *f* diaper; layer; **— d'ozone** ozone layer; **—s de la société** levels of society

coucher: se — to go to bed

couche-tôt *m f* person who goes to bed early

coude *m* elbow; **— à —** close together

coudre to sew

couffin *m* baby basket

couler to run (water)

couleur *f* color; **— de la peau** skin color

couloir *m* hallway, passage

coup *m* hit; **— de bâton** blow with a stick; **— de feu** shot; **— de soleil** sunburn; **— de téléphone** (phone) call; **du — as** a result; **tout à —** all of a sudden; **tout d'un —** suddenly

coupable *m f* guilty person

couper to cut

coupeur(se) cutter; **— de route** bandit

cour *f* courtyard; **(school)yard**

couramment fluently

courant(e) commune; every-day; common; **c'est très courant** it's very common; **se tenir au courant** to keep up with what is happening

courgette *f* zucchini

courir *(pp* **couru)** to run

courriel *m* email (Quebec)

courrier *m* mail; **— du cœur** advice column; **— électronique** e-mail

cours *m (pl)* class(es); **au — de** during

course *f* running; race; **au pas de —** on the run; **— à pied** running; **—s *f pl*** errands; **faire les —s** to go shopping

court(e) short; **(à) court/long terme** short/long term, in the short/long run

court-bouillon *m* water with spices

courtier(ière) stockbroker

couscous *m* dish made with semolina, meat, and vegetables

coussin *m* cushion

cousu(e) sewn

coût *m* price, cost; **— de la vie** cost of life; **moindre —** lower cost

couteau *m* knife

coûter to cost

coutume *f* habit

couture: haute — *f* high fashion

couturier(ère) fashion designer

couvert *m* serving; **—(e)** covered

couverture *f* blanket

couvre-lit *m* bedspread

crabe *m* crab

cracher to spit

craindre *(pp* **craint)** to fear, be scared of

crainte *f* fear

craquer *(fam)* to go wild, freak out

crasseux(se) grimy, grubby

crèche *f* day care center

créer to create

crème *f* cream

crémeux(se) creamy

crêpe *f* pancake

crépitement *m* crackling, rattling

crépu(e) frizzy

crépuscule *m* twilight

creuser to hollow out; to dig

creuset *m* center

creux *m* hollow

crever *(fam)* to be dying; **— de faim** to be dying of hunger

crevettes *f pl* shrimp

cri *m* scream

crier to shout

crime *m* crime

criminalité *f* crime

criminel(le) felon

crise *f* crisis; attack; **— cardiaque** heart attack

croire *(pp* **cru)** to believe

croiser: se — to pass each other

croissance *f* growth

croissant(e) increasing

croître to grow

croquer to bite into; **— la vie à pleines dents** to approach life with gusto

croquis *m* draft, sketch

crotte *f* dropping (excrement)

croûte *f* rind

croyance *f* belief

croyant(e) believer

crustacés *m pl* shellfish

cueillette: — *f* de fruits fruit picking

cueillir to pick/gather (flowers)

cuiller/cuillère *f* spoon

cuire *(pp* **cuit)** to cook

cuisine *f* kitchen; cuisine; **— bio** organic food; **faire la —** to cook

cuisiner to cook

cuisinier(ère) cook

cuisinière *f* stove

cuisson *f* cooking; **à quel degré de cuisson** how well cooked

cuit(e) cooked

cultivé(e) cultured

culture *f* crop

cuivre *m* copper, brass

cuivré(e) copper-colored

cul-de-sac *m* dead-end (street)

culot: avoir du — to have a lot of nerve

culotte *f* short pants

culpabilité *f* guilt

culture *f* cultivation

curé *m* priest

cuve *f* tank, vat

cyberespace *m* cyberspace

cyclable: piste — bicycle trail

D

d'abord first (of all), at first

dactylo *f* typist

dames *f pl* ladies; checkers; **jeu** *m* **de —** checkers game

damier *m* checkerboard

dans in

danse *f* dance

danseur(se) dancer

dater de to date from

d'autrui from others

davantage more

débarbouiller: se — to wash up, to take a sponge bath

débarquement *m* landing

débarquer to unload, to land

débarrasser to clear; **se — de** to get rid of

débat *m* debate

débile mentally deficient

déborder to overflow
débouché *m* outlet
déboussolé(e) disoriented
debout standing
débraillé(e) (people) dressed sloppily
débrancher to unplug
débrouillard(e) smart, resourceful person
débrouiller: se — to manage
début *m* beginning; **au —** at the beginning
décalage *m* staggering
décennie *f* decade
décevoir (*pp* **déçu**) to disappoint
déchaîné(e) unleashed
décharge *f* dump; **—s** *f pl* discharges; **— sauvage** improvised dump
déchéance *f* downward mobility
déchets *m pl* garbage, waste, trash; **— chimiques** chemical waste; **— nocifs** harmful waste; **— radioactifs** radioactive waste; **— toxiques** toxic waste
déchirer: se — to be tearing
déclencher to set in motion, start; **— une bagarre** to start a fight
décolérer to cool down (anger)
décoller to take off
décolleté(e) with low-cut neckline
décombres *m pl* rubble
déconnecter to disconnect
déconseiller to advise against
décontracté(e) relaxed
décor *m* setting
découper to cut (up)
décourager to deter
découverte *f* discovery
découvrir to discover
décrire (*pp* **décrit**) to describe
décrocher to get; to pick up (telephone)
décroissant(e) decreasing
déculpabiliser to make feel less guilty
dédaigner to be averse to
dedans inside
défaut *m* flaw; defect
défavorisé(e) underprivileged, impoverished
défendre (*pp* **défendu**) to forbid; **— ses biens contre** to protect one's property from
défenseur *m* **de l'environnement** environmentalist
défi *m* challenge
défilé *m* parade
dégager to free, clear
dégourdir: se — les jambes to stretch one's legs
dégoût *m* dislike
dégraissage *m* cleaning out
déguster to taste, savor
dehors outside; **en — de** outside of, beyond
déjà already
déjeuner *m* lunch; **petit —** breakfast
délabré(e) run-down
délaisser to abandon
délice *m* delight

délicieux(se) delicious
délinquance *f* delinquency; **— juvénile** juvenile crime
délinquant(e) law breaker, offender, delinquent
demain tomorrow; **après- —** the day after tomorrow
demander to ask
démarrer to start; **faire —** to get started
déménager to move (change lodging)
demeure *f* residence, home
demeurer to remain, stay
demi(e) half; **demi-frère** *m* half-brother; stepbrother; **demi-sœur** *f* half-sister; stepsister
démissionner to resign
démolition *f* crushing, pulling down
dénoter to show
denrée *f* **(alimentaire)** foodstuff
dent *f* tooth; **brosse** *f* **à —s** toothbrush
dentifrice *m* toothpaste
dénuement *m* destitution
dépanner to help out
dépanneur *m* towtruck
départ *m* departure
dépasser to go beyond
dépaysé(e) uprooted; disoriented
dépêcher: se — to hurry
dépendre to depend; **ça dépend** that depends
dépense *f* expenditure, spending
dépenser to spend (money)
déplacement *m* movement; **en —** traveling
déplacer to move; **se —** to be displaced
déplier to unfold
déposer to put, lay down
dépourvu(e) lacking, without
déprimant(e) depressing
déprime *f* depression
déprimer to get depressed
depuis since, for; **— combien de temps** since when, how long; **— quand** since when; **— que** since
déranger to disrupt, upset, trouble, bother
déraper to slip
dernier(ère) last (before this one); last (in a series); **dernier cri** state-of-the-art
dérober: se — to run away
dérouler: se — to happen, unfold
derrière behind
dés *m pl* dice
désaccord *m* disagreement
désaffection *f* loss of interest
désagréger: se — to break up
désapprobateur(trice) disapproving
désarroi *m* confusion
descendre (*pp* **descendu**) to get off; to go down; **— (dans)** to stay (in); **— de** to get out of
désertique desert (*adjective*)
désespéré(e) discouraged
désigner to name, point out
désolé(e) sorry, distress
désormais from now on

desservi(e) served
dessin *m* drawing, sketch; **— animé** cartoon
dessous under, below; **en — de** below
dessus above, on top; **au- — (de)** on top (of); **ci- —** above (mentioned)
destin *m* fate
destination: à — de going to
détaillant(e) retailer
détendre (*pp* **détendu**): **se —** to relax
détenir to hold
détente *f* relaxation
détenu(e) detainee, prisoner
détonner to explode
détourné(e) hijacked; **avion** *m* **— détourné** hijacked plane
DEUG *m* **(diplôme d'études universitaires générales)** degree received after two years of college
deuxième second
devant in front of
développement *m* developing; **pays en voie de —** developing countries
développer to develop
déverser to pour out
deviner to guess
devinette *f* riddle
devoir (*pp* **dû**) to intend to; **se — de** to have the obligation to devote oneself
devoir *m* duty; **—(s)** homework
dévoué(e) devoted
diable *m* devil
diablotin *m* little devil
Dieu *m* God
difficile difficult
diffuser to broadcast
dimanche *m* Sunday
diminuer to reduce, decrease
dinde *f* turkey
dindon *m* turkey
dîner *m* dinner
diplôme *m* degree, diploma
dire (*pp* **dit**) to say, tell; **à vrai —** to tell the truth, in other words; **c'est-à-— ** that is to say; **entendre — que** to hear that; **il va sans —** it goes without saying; **on dit que** it's said that
diriger: se — (vers) to head (for)
discipline *f* field (of study)
disco: aller en — to go to a nightclub
discrimination: discrimination *f* **à l'envers** reverse discrimination; **être l'objet de —** to be discriminated against
dissoudre (*pp* **dissous**) to dissolve
disparaître (*pp* **disparu**) to disappear
disparition *f* extinction
disponibilité *f* availability
disponible available; usable
disposer to set; fit; **— de** to have at one's disposal
disputer: se — to fight
distrayant(e) entertaining
distribuer to distribute
dit(e) called

divers(es) various, miscellaneous
divertir to entertain; to distract
dizaine *f* ten
documentaire *m* documentary
doigt *m* finger
domaine *m* field
dominical(e) (of) Sunday
donner to give; **étant donné** given; **— sur** to look out on, overlook
don *m* gift; **promesse** *f* **de —** pledge
donc then, therefore
donnée(s) *f (pl)* data, information
dont of whom, which, with which
doré(e) golden
d'ores et déjà already
dortoir *m* dormitory; **cité** *f* **—** bedroom community
dos *m* back; **en avoir plein le —** *(fam)* to have enough
dossier *m* back (of a seat)
doté(e) equipped
doucement slowly, softly
douceur *f* sweet
douche *f* shower; **cabine** *f* **de —** shower stall
doué(e) talented; **sur——** gifted
douloureux(se) painful
douteux(se) iffy
doux(ce) sweet; **en douce** subtlely, quietly
douzaine *f* dozen; **demi-—** half a dozen
doyen(ne) dean; oldest resident
dramaturge *m* playwright
drame *m* drama; **— psychologique** psychological drama
drap *m* sheet
drapeau *m* flag
dresser to stand up; **être dressé(e)** to be well-trained
drogue(s) *f (pl)* drugs
droguer: se — to take drugs
droit *m* law, right; **—s d'inscription** tuition; **avoir — à** to be entitled/eligible to; **égalité** *f* **des —s** equal rights; **revendiquer ses —s** to demand one's rights
droit(e) straight; **à droite** to the right
drôle funny
dû (due) à due to
duquel/de laquelle of which/whom
dur(e) hard, difficult; **tête** *f* **dure** hard head; **vie** *f* **dure** hard life
durée *f* length, duration, period of time; **longue —** extended
durer to last
duvet *m* down (feathers)

E

eau *f* water; **—x-fortes** engravings; **salle** *f* **d'—** shower room, bathroom
éblouissant(e) dazzling
éblouissement *m* bedazzlement
éboueur *m* garbage collector

écart *m* distance, gap, extreme; **à l'—** off to the side
échappement *m* exhaust; **tuyau** *f* **d'—** exhaust pipe
échec *m* failure; **—s** *m pl* chess
échelle *f* scale; ladder; **à grande —** on a large scale; **à l'— mondiale** on a global scale; **à toute —** at every level
échouer to fail
éclairer to light on
éclat *m* bit, fragment
éclatant(e) glaring
éclatement *m* break-up
écloserie *f* hatchery [of shrimp]
écœurer to make one fell sick
école *f* school; **— primaire** primary school
écolo *m f (fam)* for **écologiste**
écologiste: association *f* **—** environmental organization
économies *f pl* savings
économiser to save
écorcher to skin
écouler to move (sell)
écouter to listen
écran *m* screen; **crever l'—** to break into film
écraser to crash
écrire *(pp* **écrit)** to write
écriture *f* writing
écrivain *m* writer; **une femme —** *f* writer
écrouler: s'— to collapse
éculé(e) worn
écureuil *m* squirrel
édition: — *f* électronique online newspaper
éducateur(trice) educator; **— de rue** social worker
éducation *f* upbringing; **sur-—** overeducating
édulcorant *m* **de synthèse** artificial sweetener
effectivement in fact
effectuer: s'— to happen
effet *m* effect; **— spéciaux** special effects; **— de serre** greenhouse effect
efficace efficient, effective, in working order
efficacement efficiently
effigie *f* model, representation
effilocher: s'— to fray, break apart
effluent *m* contaminated waste
effondrement *m* collapse
effondrer: s'— to collapse
efforcer: s'— to make an effort
effrayant(e) frightening, traumatic, horrible
effrayer: s'— to be frightened
effriter to crumble (away)
égal(e) same, equal; **ça me serait égal** it shouldn't matter to me
également equally, evenly
égalité *f* equality; **— des droits** *m pl* equal rights
égard: à l'— de towards, concerning; **sans —** without regard

égaré(e) lost
égarer: s'— to get lost
égide *f* protection
église *f* church
égoïsme *m* selfishness
égorger to slit
égouts *m pl* sewers
égoutter to drip, strain, sieve
élaborer to work out carefully
élargir to widen
électroménager: petit — *m* small appliances
élevé: bien (mal) — well (badly) raised
élever to raise
éloignement *m* distance
élu(e) elected, chosen
émaner to come from
emballage *m* wrapping
emballeur *m* packer
embaucher to hire
embêter to bother, bug someone
emboîter le pas to follow
embouteillage *m* traffic jam
embrasser *to kiss*
embrasure *f* doorway
embrouillé(e) confused
émerveillé(e) amazed
émeute *f* riot; **— raciale** race riot
émission *f* program (TV, radio); **— radiophonique** radio program
emmener to take
émouvant(e) moving
emparer: s'— to seize
empêche: n'— que all the same, unless
empêchement *m* obstacle
empêcher (de) to prevent (from); **n'empêche que** all the same, unless
empirer to get worse
emplacement *m* place, site
emploi *m* work, job; **— du temps** schedule
employé(e) worker; **— de bureau** office worker, clerical personnel; **— de maison** housekeeper
emporter to take; **se laisser —** to be carried away
empreinte *f* imprint; fingerprint; **prise** *f* **d'—s** fingerprinting
emprunt *m* loan
emprunter to borrow
ému(e) nervous, excited
en in; **— plus** extra, surplus; moreover; **— bas** down below
enceinte *f* fence; **— d'un poste source électrique** fence of a power station
enchaîner to link
encordé(e) tied together
encore again; **pas —** not yet
encre *f* ink
endettement *m* debt
endormir to put to sleep; **s'—** to fall asleep
endroit *m* spot, place
endurci(e) hardened

énergie *f* energy; — **solaire** solar energy
énerver: s'— to get angry, be upset
enfermer: s'— to close oneself up
énergique energetic
enfance *f* childhood
enfant *m f* child
enfer *m* hell
enfermement *m* locking
enfin at last, finally
enflammé(e) brilliant, shining
enfuir: s'— to flee, run away
engager to hire
engendrer to generate, create
engin *m* aircraft; machine
engloutir to swallow
engouement *m* craze, fancy
engrais *m* fertilizer
engraissant fattening
enivrer: s'— to get drunk
enjamber to span
enjeu *m* stake
enlever de to get out of
enneigement *m* snow cover
ennui *m* boredom
ennuyeux(se) boring
enquête *f* inquiry, investigation
enrager: faire — to infuriate
enregistrer to record
enrichir to enrich
enrobé(e) coated
enrôler: s'— to join
enseignant(e) instructor, teacher
enseignement *m* teaching; — **supérieur** higher education
ensembles: grands —s *m pl* large apartment buildings (projects)
ensoleillé(e) sunny, light
ensuite then, next
entamer to begin
entasser to pile up, hoard
entendre (*pp* **entendu**) to hear; — **dire que** to hear that; **s' — bien (mal) avec** to get along well (not well) with
enterrer to bury
entier(ère) whole
entorse *f* stretching (of the law)
entourage *m* (family) circle
entourer to surround
entraînement *m* training, practice
entraîner to bring (with it); — **(dans)** to drag (into); **s'—** to work out
entre between
entrebâillé(e) ajar, half-open
entrechoquer: s'— to clash
entrée *f* entrance; entrée, first course
entreprise *f* company, business
entre-temps meanwhile
entretenir (*pp* **entretenu**) to keep up, to maintain; **facile à —** easy to maintain
entretien *m* interview, discussion; maintenance
entrevoir to glimpse
envahir to invade

envahissant(e) intrusive
envergure *f* scale, level
envers: à l'— reverse
envie: avoir — (de) to feel like
environ about; **aux —s** in the vicinity
environnement *m* environment; — **planétaire** global environment
envoler: s'— to fly off
envoyer to send
épais(se) thick
épanouir: s'— to bloom, blossom
épanouissement *m* blooming; expansion
épargner to save (money, time); to spare
éparpiller to scatter
épatant(e) amazing
épater to show off
épaule *f* shoulder
épave *f* wreck; **—s imbibées** drunken wrecks
épée *f* sword
épeler to spell
épicé(e) spiced
épinards *m pl* spinach
époque *f* period, time; — **charnière** pivotal period; — **des croisés** the time of the Crusades; — **islamique** Islamic period; — **romaine** Roman period
épouvantable terrible
éprouver to feel
époux(se) husband (wife)
éprendre (*pp* **épris**): **s'— de** to fall in love with
épuisé(e) exhausted, worn out
épuisement *m* exhaustion, depletion, using up
épuiser to wear out
épurer to purify
équilibré(e) balanced
équipage *m* crew
équipe *f* team
équitation *f* horseback riding
ère *f* era
errer to wander aimlessly
escale *f* stop
escalier(s) *m (pl)* stair(s); **cage** *f* **d'—** stairways
escamoter to skip
escargot *m* snail
escarpé(e) steep
esclave *m f* slave
Espagne *f* Spain
espagnol(e) Spanish
espèce *f* sort, type; species; — **en voie de disparition** endangered species
espérance *f* **de vie** life expectancy
espérer to hope
esprit *m* spirit; mind; **avoir de l'—** to be witty, intelligent; **avoir un — ouvert** to be open-minded; **étroit d'—** narrow-minded; **mots** *m pl* **d'—** witty remarks
essai *m* test; essay; **d'—** experimental; — **nucléaire** nuclear test; **par —s et par erreurs** by trial and error

essayer to try
essence *f* gas; **avoir une panne d'—** to be out of gas
essor *m* expansion; rise; **en plein —** in full expansion
essuyer to dry, wipe; **s'—** to dry oneself off
est *m* East
esthéticien(ne) beautician
établi *m* workbench
étage *m* floor
étagère *f* shelf
étaignant extinguishing
étalement *m* display(ing), spreading
étaler to spread
étang *m* pond
étape *f* stage
état *m* government, State; — **de santé** state of health; — **d'esprit** state of mind; — **d'urgence** state of emergency
étatique state run
Etats-Unis *m pl* United States
été *m* summer
éteindre (*pp* **éteint**): — **(le gaz, la télé, le chauffage)** to turn off; **s'—** to become dark; to die
étendre (*pp* **étendu**) to hang out; — **le linge** to hang out the laundry
ethnie *f* ethnicity; ethnic group
étincelant(e) sparkling
étincelle *f* spark
étirer to stretch
étoile *f* star
étonnant(e) surprising
étourdiment *m* carelessly
étrangement oddly, strangely
étranger(ère) foreign, stranger
étrangler: s'— to choke
être (*pp* **été**) to be; — **à l'heure** to be on time; — **en panne** to be out of order; — **en train de faire** to be (in the process of) doing; — *m* being (person)
étroit(e) narrow
étude(s) *f (pl)* study(ies); **étude du milieu** environmental studies; **—s générales** general education; **hautes —s** higher education
étudiant(e) student
évader: s'— to escape
évanouir: s'— to faint; to fade away
évantail *m* spectrum
éveiller to awake
événement *m* event
évertuer: s'— to struggle
évidemment evidently
évier *m* sink
éviter to avoid
examen *m* test, exam; — **de rattrapage** make-up exam
exclue(e) excluded, outcast
exécuter to carry out, execute
exigeant(e) fussy, demanding
exiger to require
exotique exotic

expérience *f* experiment
expliquer to explain
exploitation *f* project
exploser to explode
exposer to exhibit, show
exposition *f* exhibit
exprimer to express
expulser: se faire — de to be displaced from
extraordinaire extraordinary
extraterrestres *m pl* aliens from space

F

fabricant(e) manufacturer
fabrication *f* manufacturing
fac *f* short for **faculté**
face à facing; **en face de** in front of
facétieux(se) mischievous
fâché(e) angry
fâcheux(se) unfortunate
facile easy; **c'est —** it's easy
façon *f* way, manner; **d'une — ou d'une autre** one way or the other; **de — que** so that
facteur (factrice) mail carrier
faction *f* station
facture *f* bill, invoice
facturier(ère) billing clerk
fade bland
faiblard(e) weak
faible weak, low; **— revenu** *m* low income
faible *m* weakness
faiblement weakly
faiblesse *f* weakness
faillite *f* bankruptcy; **être en —** to be bankrupt
faim *f* hunger; **avoir —** to be hungry; **manger à sa —** to eat one's fill; **mourir de —** to starve to death
faire (*pp* fait) to do, to make; **— attention** to be careful; **— bien de** would do well; **— connaissance** to meet; **— de son mieux** to do one's best; **— des études à l'étranger** to study abroad; **— face à** to handle; **— la grasse matinée** to stay late in bed; **— la tête** to sulk; **— le malin** to show off; **— pipi** to pee (*used with children*); **— sienne** to take as its own; **— une folie** to be extravagant; **s'y —** to get used to it; **— une partie de** to play a game of; **fait avec du (de)** made of; **il fait (beau, mauvais...)** it's nice, bad (weather); **se — avoir** to let oneself be had
fait: de par le — by the fact, because
falaise *f* cliff
falloir (*pp* fallu) to be necessary; have to; **il faut** it's necessary; **il me faut** I need
falsifier to forge; **document** *m* **falsifié** forgery
fameux(se) infamous; famous; good
familial(e) family

famille *f* family; **— éclatée** broken home; **— monoparentale** single-parent family; **— nombreuse** big family; **— nucléaire** nuclear family; **— recomposée** blended family; **— unie** close-knit family
famine *f* famine, hunger
fana(tique) de crazy about
faner: se — to be fading
fanfare *f* brass band
fantôme *m* ghost
farce *f* joke
farci(e) stuffed
fatigué(e) tired
faune *f* fauna
fauteuil *m* armchair
faux (fausse) false
faveur *f* favor; **en — de** in favor of
fécond(e) fruitful, fertile
féculent *m* starchy food
fée *f* fairy; **gentille —** good fairy
féérie *f* enchantment
femme *f* woman; wife; **— au foyer** housewife; **— de ménage** housemaid; **— politique** (female) politician
fenêtre *f* window
fer *m* iron; **main de —** iron hand; **— à repasser** iron
ferme *f* farm house
fermer to close
fermeté *f* firmness, confidence
fermeture *f* closing; **— à glissière** zipper
fermier(ère) farmer
ferrailleur *m* scrap metal collector / dealers
ferroviaire related to railroad
fête *f* feast, holiday; **— foraine** county fair
fêter to celebrate
feu *m* fire; **—x d'artifice** fireworks; **— rouge/vert** red/green light; **être en —** to be on fire
feuille *f* leaf; sheet; **— de papier** sheet of paper
feuilleton *m* soap opera
feutre *m* felt-tip pen
février *m* February
ficeler to tie up
fiche *f* card
fichier *m* filing cabinet
fichu(e) (*fam*) gone; **c'est —** it's over; **mal —** (*fam*) terrible
fidèle faithful
fidélité *f* faithfulness
fier: se — à to trust, rely on
fier(ère) proud
fierté *f* pride
figurant(e) walker; extra (movie)
fil *m* wire; thread
file *f* line, queue
filer to go off
filet *m* net; string bag
filiale *f* subsidiary
filière: — *f* de formation major (studies)
fille *f* girl; daughter

film *m* movie; **— comique** comedy; **— doublé** dubbed; **— en version originale (v.o.)** with subtitles; **— d'amour** love story; **— d'animation** animated film; **— d'auteur** director-centered film; **— d'épouvante / d'horreur** horror film; **— d'espionnage** spy movie; **— de guerre** war movie; **— de science-fiction** science fiction movie; **— fantastique** fantasy movie; **— noir** detective, crime, or gangster film with "dark" outlook; **— policier** detective film
fils *m* son
filtrer to filter; to screen; **— les appels** *m pl* to screen the calls
fin *f* end; conclusion
fin(e) thin
finalement finally
finalité *f* aim
financement *m* financing
finir to end, finish; **— par** to end up with
fissure *f* tear; **— de la couche d'ozone** tear in the ozone layer
fixe permanent
fixer to set
flacon *m* small bottle, flask
flagrant: pris(e) en — délit be caught in the act
flambée *f* quick blaze
flâner to go for a stroll
flaque *f* puddle
flatteur(se) flattering
fléau *m* plague, epidemic
flèche *f* arrow; steeple; spire
fleur *f* flower; **— de lys** the former royal arms of France
fleuve *m* river
flic *m* (*slang*) cop
floraison *f* flowering
flore *f* flora
florissant(e) flourishing
foi *f* faith
foie *m* liver
foin *m* hay
fois *f* time; **à la —** at the same time; **une — (par jour)** once (a day)
folie *f* craziness
foncer to plunge ahead
fonceur(se) go getter
fonctionnaire *m f* civil servant
fonctionner to function, work
fond *m* bottom; **au — de** at the back (bottom) of; **fonds** *m pl* fund(s); **détournement de —** embezzlement, misappropriation of funds
fonder to set up, found
fonderie *f* foundery, smelting works
fondre (*pp* fondu) to melt
fondrière *f* hole
fondu(e) melted
football *m* soccer
forain(e) fair, of a fairground
force *f* strength
forcément by necessity

forcené(e) maniac
forêt f forest
forger to coin, create
formation f training
forme f shape; être en — to be in shape; sous — in form of, as
fort loudly; —(e) strong
fortement strongly
fossé m rift; — entre les générations generation gap
fouiller to search, rummage; — dans to go through; — les bagages m pl à main to search hand luggage
fou (folle) mad, crazy; — à lier raving mad
foule f crowd
four m oven; — à micro-ondes microwave oven; — grille-pain toaster oven
fourchette f fork
fourneau m stove
fournir to supply, provide
fournisseur m supplier; — d'accès cable provider
fourré m thicket
fourrure f fur
foutre (pp foutu): — tout par terre (fam) to destroy all the plans
foyer m entrance way; home; shelter; household; femmes f au — housewives
fraîcheur f freshness
frais (fraîche) fresh
frais m pl expense, cost; — de scolarité tuition; à de moindres — at a lower cost; — médicaux medical fees
fraise f strawberry
fraiseur m worker who mills wood
framboise f raspberry
franchir to cross over; to go through
frapper to hit, strike
frappé(e) cooled
freiner to curb
freins m pl brakes; le bruit des —s the sound of brakes
fréquentation f popularity
fréquenter to come regularly to, frequent
frère m brother; demi-— half-brother; stepbrother
friand(e) fond of
fric m (slang) money
frigidaire m (frigo [fam]) refrigerator
frisé(e) curly
frites f pl (French) fries
frivole shallow
froid(e) cold; il fait froid it's cold
fromage m cheese
front m forehead
fructueux(se) lucrative
fruit m fruit
fuir to avoid; to run away
fuite f escape
fumée f smoke; nuage m de — cloud of smoke
fumer to smoke

funèbre funereal
fusil m rifle
fût m container

G

gadget m (fam) thingamajig
gadjos m Romani word for sédentaire
gage m guarantee
gager to wager
gagner to win; to earn (money); — du temps to save time
gambas f large shrimp
gant m glove
garagiste-mécanicien(ne) mechanic
garantie f guarantee
garçon m boy
garde: —-chasse m gamekeeper; être de — to be on call; être en — à vue to be in police custody; prendre — to be careful
garder to keep, guard
gardien(ne) super(visor) of a building; keeper
gare f station; — routière bus station
garer to park; to put to bed (fig)
gars m (fam) guy
gasoil m diesel oil
gaspillage m waste
gaspiller to waste
gâteau m cake
gâter to spoil
gâterie f treat
gauche left; à — to the left
gauchement awkwardly
gaver: se — to stuff oneself
gazon m lawn
géant(e) giant
geler to freeze
Gémeau Gemini
gendarmerie f police station
gène m gene
gêne: sans — without consideration
gêner to bother, embarrass
génétique genetic
gens m f pl people; — du voyage people who travel in campers
gentil(le) good, nice; je les trouve très gentils I think they're very nice
gentillesse f kindness
gérant(e) manager
gérer to manage, administer
géreur m manager
gésier m gizzard
gestion f management
gestionnaire administrative
gestuelle f gestures
gibier m game (meat)
gifler to slap (on the face); — à toute volée to slap as hard as one can
gingembre m ginger
gilet m vest
girofle: clou de — m clove

girolle f Chanterelle mushroom
glace f ice cream
glacier m glacier
glisser: se — dans la peau to slip into the skin
glouton(ne) gluttonous (who eats excessively)
golfe m gulf
gonfler to inflate
gosse m f (slang) child
gourmand(e) someone who likes to eat a lot
goût m taste; arrière-— after-taste; —s alimentaires tastes in food; sans — tasteless
goûter to taste; goûter m afternoon snack
goutte f drop
goutter to drip
gouvernemental(e) government-sponsored
GPS (géopositionnement par satellite) m GPS
grâce à thanks to
grain(s) m (pl) bead(s)
graisse f fat
grand(e) big, tall, large; great; grande surface f hypermarket; grand standing luxurious
grand-mère f grandmother
grandir to grow (up)
grand-père m grandfather
gras(se) fat; corps gras pl fats
gratiné(e) baked with bread crumbs
gratiner to sprinkle with bread crumbs and bake
gratte-ciel m skyscraper
gratuit(e) free; crime m gratuit gratuitous crime; destruction f gratuite wanton, gratuitous destruction
gravé(e) imprinted
gré: à notre — to our liking
greffe m clerk's office (justice)
greffer: se — to crop up (in connection with each other)
grève f strike
grignotage m nibbling, snacking
grignoter to nibble, snack
grille f gate, railings
grille-pain m toaster; four — toaster-oven
grimace: faire la — to make a face
grimper to climb up
grincer to grate; to creak
grincheux(se) grumpy
gris(e) gray
grisaille f grayness
gros(se) thick
grossir to fatten, get fat
grossiste m f wholesaler
grotte f grotto, cave
guère: ne — hardly (any), scarcely (any)
guérir to cure
guérison f healing, recovery
guerre f war; après-— m post-war years
guetter to be watching

gui *m* mistletoe
guillemet: entre —s in quotes
guise: en — de (used) as; by the way of
gustatif(ve) involving taste (of food)

H

habillé(e) dressed (up)
habiller: s'— to get dressed
habitant(e) inhabitant
habitat: — *m* collectif apartment complex
habiter to live
habitude *f* habit; **d'—** in general, usually
habituer: s'— à to get used to
haine *f* hatred
harcèlement *m* harassment
haricot *m* (string) bean; **—s verts** green beans
hasard *m* chance; **au —** by chance; **par —** by accident, without thinking
hâte *f* haste
hausse *f* rise; **en —** on the rise; **— du niveau de vie** rise of standard of living
haut(e) high, elevated, tall; **en haut** up; **des hauts et des bas** ups and downs
hauteur *f* height
hebdomadaire *m* weekly newspaper (magazine)
héberger to house
herbe *f* grass; herb; **—s des champs** field herbs
héritage *m* heritage
hériter to inherit
héritier(ère) heir
heure *f* hour, time; **à l'— actuelle** at this point [in time]; **à quelle —** (at) what time; **aux — d'affluence** during rush hour; **être à l'—** to be on time; **—s supplémentaires** overtime; **quelle — est-il?** what is the time?
heureusement fortunately
heureux(se) happy
heurtant(e) shocking
heurter to hit; **se —** to bump, collide
hier yesterday; **avant-—** the day before yesterday
hisser to raise
histoire *f* story; history
hiver *m* winter
HLM *f* (**habitation à loyer modéré**) low-income housing
homard *m* lobster
hommage: rendre — à to pay homage/ tribute to
homme *m* man; human being; **— politique** politician; **honnête —** gentleman
homophobie *f* homophobia
honteux(se) ashamed
honnête honest
horaire *m* time schedule; **— des trains** train schedule; **contraintes** *f pl* **d'—s** time constraints
hors (de) outside, apart from
hors-d'œuvre *m* appetizer

hospitalier(ère) hospitable
hôte *m f* host
houlette: sous la houlette de under the leadership of
houleux(se) turbulent, stormy
huile *f* oil; **— d'arachide** peanut oil; **— de vidange** oil from oil changes
huilerie *f* mill that produces oil
humeur *f* mood; **mauvaise (bonne) —** bad (good) mood
humour *m* humor; **avoir (un sens) de l'—** to have a sense of humor
hurler to scream

I

ici here
idée *f* idea; **— principale** main idea
ignames *f pl* yams
ignorer to be unaware of
il y a there is/are; **il y a... que** it's been . . . since
île *f* island; **Ile de Beauté** Island of Beauty, nickname of Corsica
illettré(e) illiterate
illicite unlawful
illisible unreadable
îlot *m* small island
imaginer to imagine
immeuble *m* apartment building
immonde base, vile
impact *m* **sur l'environnement** impact on the environment
impasse *f* dead-end street
impassiblement impassively
impatience: avec — eagerly
impatienter: s'— to get impatient
impliqué(e) (dans) involved (in)
impotent(e) crippled
imprévisible unpredictable
imprévu *m* unexpected
imprévu(e) unexpected, unpredictable
imprimante *f* printer
inadapté(e) unsuitable, wrong
inanition: mourir d'— to starve to death
inattendu(e) unexpected
incendie *m* fire (major)
incendié(e) set on fire, burnt
inconnu(e) unknown
inconstant(e) fickle
inconvénient *m* disadvantage
incroyable unbelievable
inculpé(e): être — pour to be charged with
indemnité *f* benefit; **—s de chômage** unemployment benefits
indéniable undeniable
indice *m* clue
indigence *f* extreme poverty
indigent(e) poor, destitute, indigent
industrie *f* industry
industriel(le) industrial
inédit(e) hitherto unheard of
inégalité *f* inequality

inéluctable inescapable
inépuisable inexhaustive
inespéré(e) unexpected
inexprimable inexpressible
infirme invalid
infirmier(ère) nurse
infopollution *f* infopollution
infliger to inflict
informaticien(ne) computer expert
informations *f pl* news
informatique *f* data processing, computer science
informer: s'— to get informed
injurier to insult
inlassablement tirelessly
inondation *f* flood
innovateur(trice) innovative
innovation *f* innovation
inquiétant(e) worrysome
inquiétude *f* worry, concern
insalubre unhealthy
inscrire (*pp* **incrit**): **s'—** to sign up, enroll
insertion: — *f* sociale social integration
instituteur(trice) elementary school teacher
insoutenable unbearable
inspecter to screen; **— les passagers** *m pl* to screen the passengers
instable *m* drifter
installer: s'— to move in
instant *m* moment; **dès l'—** starting with the moment
insultant(e) abusive
insupportable unbearable
intégrant(e) integral
intégrer to integrate, combine
intempéries *f pl* bad weather
intention: avoir l'— de to intend to
interdire (*pp* **interdit**) to forbid; **être interdit(e)** to make illegal
intériner to internalize
interloqué(e) taken aback
internaute *m f* Internet user
interpeller: s'— to shout at each other
interphone *m* intercom
interrogation *f* quiz; inquiry
intervenir (*pp* **intervenu**) to occur
intime private
intraveineux(se): voie *f* **intraveineuse** intravenous feeding
intrigue *f* plot (movie)
introuvable impossible to find
inutile useless
investir to invest
invité(e) guest
ionosphère *f* upper atmosphere of the earth
irréfléchi(e) impulsive; unpremeditated
irriguer to irrigate
isolement *m* isolation
issue *f* solution, exit
itinérants *m* itinerants, wanderers, travelers

ivre drunk
ivresse *f* drunkenness
ivrogne drunken

J

jadis formerly, in times past
jaillissement *m* outpouring
jamais never; **ne... —** never; not ever
jambe *f* leg
janvier *m* January
jardin *m* garden; **— public** public garden, park
jardinage *m* gardening
jardiner to garden
jaune yellow
jeter to throw; **se —** to throw oneself
jeu *m* game, play; gameshow (TV); **— de société** board or parlor game; **salle de — game room, recreation room
jeudi *m* Thursday
jeune young; **les —s** *m pl* young people
jeûner to fast
jeunesse *f* youth
joie *f* joy; **ne pas se sentir de —** to be overjoyed
joindre (*pp* **joint**) to reach (by telephone)
joli(e) pretty
joue *f* cheek; **pincement** *m* **de —s** pinching of cheeks
jouer to perform; to play; **— à** to play (sport); **— de** to play (instrument); **— la comédie** to act (in a film, on stage); **— un tour (à)** to play a trick (on)
jouir (**de**) to enjoy
jouissance *f* pleasure, delight
jour *m* day; **de nos —s** nowadays; **—s ouvrables** working days; **—s fériés** holidays (non-working days); **un de ces —s** one of these days; **tous les —s** everyday
journal *m* newspaper
journée *f* day
juillet *m* July
juin *m* June
jumeaux (jumelles) *m pl (f pl)* twins
jurer to swear
juron *m* swear word
jusqu'à (au) till, until; **— présent** until now
justement precisely, exactly

K

kaolin *m* clay
kiosque *m* street stand
klaxon *m* horn (of a car)
klaxonner to blow the horn

L

là there; **—-bas** over there
lac *m* lake
lacet *m* shoelace
lâcher to let go; **se —** to let each other go

lacté(e) made from milk
laid(e) ugly
laideur *f* ugliness
laine *f* wool
laisser to leave; **— tomber** to forget about; to quit; to leave (someone)
lait *m* milk; **— caillé** milk with curds
laitière *f* dairy woman
laitue *f* lettuce
lampion *m* Chinese lantern
lancer to launch, throw, start
lanceur *m* spatial rocket launcher
lancinant(e) obsessive
langoustines *f pl* prawns
langue *f* tongue; language; **— en partage** shared language
lapin(e) rabbit; **cage** *f* **à lapin** rabbit cage
larme *f* tear; **avoir les —s aux yeux** to be on the verge of crying
las(se) tired
lavabo *m* sink
lavage *m* laundry
lave-vaisselle *m* dishwasher
laver to wash; **se —** to get washed
laveur(se) washer; **— de carreaux** window washer
lecteur(trice) reader
lecture *f* reading
léger(ère) light; **quelque chose de —** something light
légume *m* vegetable
lendemain *m* the following day; **sur—** *m* two days after
lentement slowly
lentilles *f* lentils; contacts (eye)
lequel (laquelle) which; **dans —** in which
lessive *f* washing, laundry
lever to raise; **se —** to get up; **— m du jour** dawn; **— du soleil** sunrise
lèvre *f* lip
liane *f* tropical creeper (vine)
Liban *m* Lebanon
libanais(e) Lebanese
librairie *f* bookstore
libre free; available; **—-service** *m* self-service
licence *f* degree received after three years of college
licenciement *m* layoff, dismissal
lien *m* link, tie
lier to link together; **— à** to tie to
lièvre *m* hare
lieu *m* place; **au — de** instead of; **avoir —** to take place
linge *m* laundry; **sèche—** *m* (laundry) dryer
lire (*pp* **lu**) to read
lit *m* bed; **— pliant** folding bed; **—s superposés** bunkbeds
littérature *f* literature
littoral *m* coastal regions
livraison *f* delivery
livre *m* book

livrer to give; **se — à** to indulge in
livreur *m* delivery person
locataire *m f* renter, tenant
location *f* rental; **magasin** *m* **de —** rental store
logement *m* housing; **— social** low-income housing; **—s collectifs** projects
loger to live
logiciel *m* software
logis *m* dwelling; **sans-—** homeless
loi *f* law
loin (**de**) far (from); **de —** by far; far away; **pas —** not far (from)
lointain(e) far away
loisir *m* leisure; **heure** *f* **/ temps** *m* **de —** leisure time
long(ue) long; **longuement** at length; **mi-— medium length
longtemps (for) a long time
lopin *m* plot (of land)
loqueteux(se) person dressed in rags
lorsque when
lotissement *m* housing development, subdivision
louange *f* praise
loubard *m* hooligan
louer to rent
lourd(e) heavy
loyer *m* rent
lucratif(ve) profitable; **sans but —** non-profit
lueur *f* glimmer
luge *f* sled
lugubre dismal, bleak
lumière *f* light; **— du jour** light of day
lundi *m* Monday
lune *f* moon
lunettes *f pl* glasses; **— de soleil** sunglasses; **porter des —** to wear glasses
lustre *m* chandelier; light
lustrer to polish
lutter to battle, fight
luxe *m* luxury; **produits de —** luxury items
luxueux(se) luxurious, fancy, high-end
lycée *m* high school

M

macéré(e) soaked in liqueur
machin *m* thing, object
machine *f* machine; **— à écrire** typewriter; **— à laver** washing machine
magasin *m* store
magasinier *m* warehouse worker
magnifique magnificent
maigre very thin
maigrir to lose weight
maillon *m* link
main *f* hand; **à — armée** with a deadly weapon; **— de fer** iron hand; **serrer la —** to shake hands
main-d'œuvre *f* workforce
maintenant now

maintenir (*pp* **maintenu**) to maintain; — **en état** (**le tracteur**) to keep (the tractor) running

maintien *m* maintenance

maire *m* mayor

mairie *f* town hall

mais but; — **non** of course not; — **si** certainly

maïs *m* corn

maison *f* house; company; — **basse** single-story house; — **d'habitation** main house; —**mère** company headquarters

maître (**maîtresse**) teacher, professor; — **assistant** assistant professor

maîtrise *f* control

majuscule capitalized, upper case

mal bad; **avoir** — to hurt; **mal** *m* difficulty; **avoir du** — (**à comprendre**) to have trouble, difficulty (understanding)

malade sick

maladroit(e) awkward

malaise *m* feeling of sickness or faintness, discomfort

malgré in spite of; — **soi** against one's will; — **tout** nevertheless

malheur *m* misfortune

malheureusement unfortunately

malin (**maligne**) clever

malnutrition *f* malnutrition

maltraiter to handle roughly

mammifère *m* mammal

manche *f* sleeve

mandat *m* money order

manger to eat

mangouste *f* mangoose

mangrove *f* stand of mangrove tree that grow on the edges of swamps

manie *f* obsession, habit

manifeste obvious, evident

manifestation *f* demonstration

manière *f* way

manioc *m* cassava

mannequin *m* model

manœuvres *m pl* workers

manquement *m* failure

manquer to miss (something); — **à quelqu'un** to be missed by somebody; — **de** to lack

manteau *m* coat

maquiller: se — to put on make-up

marais *m* swamp

marchand(e) shopkeeper, tradesman(woman)

marche *f* walk, hike; — **à pied** on foot; **mettre en** — to get running/working

marché *m* market; **bon** — cheap; — **du travail** labor market

marcher to walk; to work; **faire** — to get running/working

mardi *m* Tuesday

marécage *m* swamp

marée *f* tide

marge *f* margin; **en** — **de** on the edge of; **vivre en** — (**de**) to live on the margin (of)

marginal(e) (*pl* **marginaux** [**marginales**]) outcast, marginalized

mari *m* husband

mariage *m* wedding

marin *m* sailor

marin(e) sea

marmite *f* kettle

Maroc *m* Morocco

marocain(e) Moroccan

marque *f* brand

marquer to show, indicate

marraine *f* godmother

marre: en avoir — **de** to be sick of

marron brown, chestnut color

mars *m* March

mascotte *f* mascot

matelas *m* mattress

matériau *m* building material

matériel *m* hardware

maternelle *f* nursery school

matière *f* subject; — **libre** elective

matin *m* morning

matinée *f* morning; **faire la grasse** — to stay late in bed

maugréer to grumble

maussade sullen

mauvais(e) bad

méchant(e) bad, naughty

mécontent(e) dissatisfied

médicament *m* medicine

méfait *m* misdeed

méfiance *f* mistrust

méfiant(e) distrustful

méfier: se — to distrust, mistrust

meilleur(e) que better than

mél *m* email; **consulter ses** —**s** to check one's emails

mélange *m* mixing, mixture

membre: être — **de** to belong to

même same; **au** — **titre** in the same way

menacer (**de**) to threaten; **être menacé(e)** (**de**) to be threatened with

ménage *m* household; cleaning; combination; — **à trois** love triangle

ménagère *f* housewife

mendiant(e) beggar

mendicité *f* begging

mendier to beg, to ask for handouts

mener to conduct, lead; — **une vie** (**de**) to lead an existence

mensonge *m* lie

menteur(se) liar

mentir to lie

menton *m* chin

menuisier *m* carpenter

mépris *m* disdain

mépriser to despise, scorn

mer *f* sea; **bord** *m* **de la** — seaside; **pleine** — open sea; **poisson** *m* **de** — saltwater fish; **prendre la** — setting sail; **produit** *m* **de** — seafood

mercredi *m* Wednesday; — **des Cendres** Ash Wednesday

mère *f* mother

mésophile mesophyte (plant needing a moderate amount of water)

mesure *f* measure; **à** — **que** as

mesurer to measure, to be . . . tall (height)

météo *f* weather; weather forecast

métier *m* job, profession

mètre *m* meter; — **carré** square meter

métro *m* subway

met(s) *m* (*pl*) dish(es)

metteur en scène *m* director (of a play)

mettre (*pp* **mis**) to put; — **à la rue** to dump onto the street; — **en fuite** to chase away; — **l'accent** (**sur**) to stress, point out; — **la table** to set the table; **se** — **à** to begin to; **se** — **en condition** to get work as a servant; **s'y** — to put one's mind to it

meuble *m* (piece of) furniture; — **informatique** computer table

meublé(e) furnished; **hôtels** *m* —**s** furnished hotel rooms

meurtre *m* (second degree) murder

miam-miam (*fam*) yum-yum

miel *m* honey

mielleux(se) sickly sweet

miette *f* crumb (of bread)

mieux better; **aimer** — to prefer, like better; — **que** better than; **faire de son** — to do one's best

mijoter to simmer

mil *m* millet

milieu *m* place; (social) class; environment; middle; **au** — **de** in the middle of

millier *m* thousand

mince thin

mineur(e) underage

minuit *m* midnight

ministère *m* ministry

miroir *m* mirror

mise en scène *f* staging

misère *f* poverty, wretchedness; — **noire** dire straits; **salaire** *m* **de** — bare subsistance wages

mistral *m* a dry, cold northerly wind that blows across the coast of southern France

mode *m* method; *f* style, fashion; — *m* **de vie** lifestyle

moelle *f* marrow

mœurs *f* (*pl*) custom(s)

moi-même myself

moineau *m* sparrow

moins less; **de** — **en** — less and less; **du** — at least; —**... que** less . . . than

mois *m* month

moisissure *f* mold

moisson *f* harvest

moitié *f* half

mollesse *f* softness

monde *m* people; world; **le** — **entier** the whole world; **le** — **virtuel** virtual world; **tout le** — everybody

monopole *m* **d'Etat** government monopoly

montage *m* editing (movie)

montagne *f* mountain

monter to get (into); to climb, to go up; to start; **— à cheval** to go horseback riding; **— une pièce** to put on a play

monteur *m* assembler; editor (movie)

montre *f* watch

moquer: se — de to make fun of

morale *f* ethics

morceau *m* piece; bite; **manger un sur le pouce** to have a bite

mordant(e) biting

mordre (*pp* **mordu**) to bite

mort *f* death

mosquée *f* mosque

mot *m* word; **—s croisés** crossword puzzles; **—s d'esprit** witty remarks

moteur: — *m* de recherche search engine

mou (molle) soft

mourir (*pp* **mort**) to die; **— de soif** to be dying of thirst

moustiquaire *f* mosquito netting

moutarde *f* mustard

mouton *m* lamb; sheep

moyen *m* means (transportation); financial capability; way; **avoir les —s (financiers)** to be able to afford to; **faute de —s** due to a lack of money; **s'il y a —** if there is a way

moyen(ne) middle, average; **classe *f* moyenne** middle class; **en moyenne** on the average; **niveau *m* moyen** average

moyenâgeux(se) of the Middle Ages

muet(te) silent; mute

muflerie *f* boorishness

muguet *m* lily-of-the-valley

multilinguisme *m* multilingual

muni(e) de armed with

mur *m* wall; **— antibruit** soundproof wall

musculation: faire de la — to lift weights

musée *m* museum

mutation *f* change

mutuel(le) cooperative

mythe *m* myth

N

nager to swim

naguère not long ago

naissance *f* birth

naître (*pp* **né**) to be born

nappage *m* coating

nappe *f* surface; tablecloth; **— phréatique** ground water

natal(e) native

natalité: taux *m* de — birthrate

natation *f* swimming; **faire de la —** to swim

navette *f* **intergalactique** intergalactic space shuttle

naviguer to surf (the Internet)

navré(e): être — to be sorry

ne… que only

néanmoins nevertheless

nécessaire: strict — *m* bare necessities of life

néfaste harmful

neige *f* snow; **pont *m* de —** ice bridge

nerf *m* nerve; **taper sur les —s** (*fam*) to get on one's nerves

net(te) clean

nettement clearly

nettoyage *m* clean-up

neuf(ve) (brand) new

neuvième ninth

neveu *m* nephew

nez *m* nose

nickel spotless

nièce *f* niece

niais(e) simple (silly)

nier to deny; **— toute responsabilité *f* dans** to deny any responsibility for

niveau *m* level; **— de vie** standard of living; **— moyen** average; **— relationnel** level of relationship

noce *f* wedding party

nocturne night; **vie *f* —** night life

Noël *m* Christmas

noir(e) black; **voir tout en noir** to have a bleak outlook

noircir: se — to become black (dirty)

noix *f* (*pl*) nut(s); **— de coco** coconut

nom *m* name; **au — de** in the name of

nomade nomadic

nomadisme *m* moving about

nombreux(euse) numerous

nommer to name, characterize as

non compris not included

nord *m* North

normalement normally, in general

notamment especially, in particular

note *f* grade; note

nouilles *f pl* noodles

nourri(e) fed; **mal —** undernourished, malnourished

nourrir to feed

nourriture *f* food

nouveau/nouvel (nouvelle) new; **de nouveau** again; **nouveau-né** *m* newborn

nouvelles *f pl* news

noyer to drown

nu(e) naked

nuage *m* cloud; **— de fumée** cloud of smoke

nuire (à) to be detrimental, harm

nuisance *f* environmental pollution

nuit *f* night; **boîte *f* de —** nightclub; **en pleine —** in the middle of the night

nul(le) no; zero

nullement the slightest

numérique digital

numérisation *f* digitizing

numéro *m* number; **— d'écrou** prisoner number

O

objet *m* thing; **être l'— de discrimination** to be discriminated against; **—s trouvés** lost and found

obligatoire required

obsédé(e) obsessed

obséder to obsess

occasion *f* chance, opportunity

occasionnel(le) on special occasions

occulter to eclipse

œil *m* (*pl* **yeux**) eye

œuvre *f* work; **— d'art** work of art; **chef-d'—** *m* masterpiece; **être l'— de** to be the work of; **main-d'—** *f* workforce

œuvrer to work

oie *f* goose

oignon *m* onion

oiseau *m* bird; **— migrateur** migrating bird

oisiveté *f* idleness

offre *f* offer; **— existante** current supply

offrir (*pp* **offert**) to offer

ombre *f* shadow

oncle *m* uncle

onde *f* waters, seas

ondulé(e) wavy

onirique dreamlike

ONU (Organisation des Nations Unies) *f* United Nations

opprimé(e) oppressed

optique *f* point of view

or *m* gold

orage *m* thunderstorm

orange *f* orange

ordinateur *m* computer

ordures *f pl* **(ménagères)** (household) garbage, trash

oreiller *m* pillow; **taie *f* d'—** pillowcase

orienter to point in the right direction

original(e) eccentric (person)

orphelin(e) orphan

os *m* bone

oser to dare

ostéopathe *m f* bone specialist

ôter to take away

ou or; **— bien** or else

où where, when; **d'—** from where

oublier to forget

ouest *m* West

oui yes

ours *m* bear

outil *m* tool

outillage *m* set of tools

outre: en — moreover, furthermore

outré(e) outraged

outre-mer overseas

ouvert(e) open

ouverture *f* opening; openness

ouvrier(ère) blue-collar worker

ouvrir (*pp* **ouvert**) to open

PDG *m* (**président-directeur général**) CEO (Chief Executive Officer)

pacifisme *m* pacifism, the idea of living in peace

pagne *m* loincloth

paillasse *f (fam)* mattress

paillote *f* straw hut

pain *m* bread; **— de mie** sliced white bread in a loaf

paisible peaceful

paix *f* peace

palace *m* luxury hotel

pâle pale

palier *m* hallway

palourdes *f pl* clams

pamplemousse *m* grapefruit

pan *m* patch

panier *m* basket

panne *f* breakdown (car); failure; **— d'essence** to be out of gas; **en —** broken down; **tomber en —** to have a break down

panneau *m* sign; board; **— d'affichage** billboard

pansement *m* dressing (surgical)

pantalon *m* trousers, pants

paperasserie *f* paperwork

par by; **— ailleurs** moreover; **— contre** on the other hand; **— rapport à** in relation to

parages: dans les — in these parts, in the area

paramètres *m pl* **cardiaques** heart functions

parapluie *m* umbrella

parc *m* park; **— de loisir** theme park

parce que because

parcimonieux(se) stingy

parcourir (*pp* **parcouru**) to cover

parcours *m* run; trip

pare-choc *m* bumper (of car); **—s** fenders (protection)

pare-brise *m* windshield

pareil(le) the same, similar

parents *m pl* parents; family; relatives; **arrière-grands-parents** great-grandparents; **beaux- —** mother- and father-in-law; **grands-parents** grandparents

paresser to laze

paresseux(se) lazy

parfaire (*pp* **parfait**) to make perfect

parfois sometimes

pari *m* bet

parler to talk, to speak; **se —** to speak (talk) to each other

parmi among, between

paroisse *f* parish

parole *f* word; **—s** *f pl* speech

parrain *m* godfather

parrainage *m* sponsorship

partager to share

partenaire *m f* partner

participer à to be party to

particulier *m* private individual

particulièrement particularly

partie *f* part; party; game; **faire —** de to be a part of

partir to go, to leave; **à — de/du** from

partout everywhere

pas *m* step; **— à —** step-by-step; **prendre le — sur** to supplant

passager(ère) passenger; **inspecter les passagers** to screen the passengers

passant(e) bystander; **— innocent(e)** innocent bystander

passer to pass; to spend; **se — de** to do without

passerelle *f* footbridge

pâte *f* pastry; cheese; **—s** *f pl* pasta

patience: jeu *m* **de —** solitaire

patin (à glace) *m* ice skating

patinage *m* ice skating

patiner to skate

patinoire *f* ice skating rink

patois *m* dialect

patrie *f* country, homeland

patron(ne) boss, owner; patron saint

pauvre poor (not rich); poor (unfortunate)

pauvreté *f* poverty; **— chronique** entrenched poverty

pavillon *m* house in the suburbs

payant(e) with a charge

paye *f* salary

payer to pay

pays *m* country

paysage *m* landscape, scenery

paysan(ne) peasant

Pays-Bas *m pl* Netherlands

péage *m* tollbooth

peau *f* skin; **bien dans sa —** good about oneself; **couleur de la —** skin color; **l'avoir dans la —** to have gotten under one's skin

pêche *f* fishing; peach; **aller à la —** to go fishing; **canne** *f* **à —** fishing pole

péché *m* sin

pêcheur *m* fisherman

peindre (*pp* **peint**) to paint; draw

peine *f* sorrow, problem; **avoir de la —** to be difficult for someone

peiner to distress

peinture *f* drawing, painting; **exposition de —s** art exhibit

pelouse *f* lawn

pencher: se — to lean

pendant during; **— que** while

pendouiller to hang in a ridiculous manner

pendre (*pp* **pendu**) to hang

pénible hard, painful, difficult; **être —** to be a pain (a bother)

péniblement with difficulty

penser to think

pension *f* retirement benefit

pente *f* slope

percée *f* breakthrough

perdre (*pp* **perdu**) to lose; **se —** to get lost

père *m* father

périphérique *m* the Paris beltway; outside of France

périurbaine *f* urban periphery

permettre (*pp* **permis**) to allow, permit

persil *m* parsley

persillé(e) sprinkled with parsley; marbled, veined

personnage *m* (**principal**) (main) character

perte *f* loss

pervers(e) unfortunate

peser to weigh

pétillant(e) bubbly

petit(e) small, little

petit déjeuner *m* breakfast

petit-beurre *m* butter cookie

petit-enfant *m* grandchild

petit-fils *m* grandson

petite-fille *f* granddaughter

peu: un — (**de**) a little (of, about); **encore un —** a little more

peuple *m* people (ordinary)

peur *f* fear; **avoir —** to be afraid; **de — que** for fear that

peut-être maybe

phare *m* headlight

pharmacie *f* pharmacy

phénomène *m* phenomenon

philosophie *f* philosophy

phobie *f* phobia

photographie *f* photography

phrase *f* sentence

physiothérapeute *m f* physical therapist

piaillement *m* squawking

pic *m* **à glace** ice pick

pièce *f* room; **— de théâtre** play

pied *m* foot; **aller à —** to go on foot; **casser les —s** *(fam)* to get on one's nerves; **—s de cochon** pig's feet

pied-noir *m f* French person born in Algeria

piédestal *m* pedestal

piège *m* trap

pierre *f* stone

piéton(ne) pedestrian

piétonnier(ère) pedestrian

pigeonneau *m* squab, young pigeon

pile *f* battery; *(adv)* right, exact, on the dot

pillage *m* looting

piller to plunder

pilotage *m* flying; **faire un stage de —** to take flying lessons

piment *m* (red) pepper

pimenté(e) highly spiced

pinceau *m* brush

piqué(e) dotted

piqûre *f* shot; sting

pire (**pis**) worse; **le —** the worst

pis encore worse

piscine *f* swimming pool

piste *f* lead; trail; runway (airport); — **cyclable** bicycle trail; — **de ski** ski slope; **suivre une** — to follow a lead; **tenir une** — to have a lead

pittoresque picturesque

placard *m* closet

place *f* space

plafond *m* ceiling

plage *f* beach

plagiste *m* beachboy

plaie *f* wound, scourge

plaindre (*pp* **plaint**): **se** — to complain

plaire (*pp* **plu**) to like, please

plan *m* level; map

planche *f* board; — **à repasser** ironing board; **faire de la** — **à voile** to go windsurfing

planète *f* planet; **réchauffement de la** — global warming

plat *m* dish; —**s préparés** precooked meals

plateau *m* tray

platine laser *f* CD player

plein(e) full

pleurer to cry

pleuvoir (*pp* **plu**) to rain

pliant(e) folding; **lit** *m* — folding bed

plomb *m* lead

plongeur(se) dishwasher

pluie *f* rain; — **acide** acid rain

plumage *m* feathers

plupart: la — most

plus more; no longer; —**... que** more . . . than; — **rien** nothing (more); — **tard** later

plutôt rather

pluvieux(se) rainy (weather)

pneu *m* tire; — **crevé** flat tire

poche *f* pocket

poésie *f* poetry

poète *m f* poet

poids *m* weight

poignée *f* handle

poignet *m* wrist

point *m* spot; period; **à** — medium well (beefsteak); **être sur le** — **de** to reach the point to, be about to

pointu(e) pointed

poire *f* pear

pois *m* (*pl*) pea(s); **petits** — green peas

poisson *m* fish; — **de mer** saltwater fish; — **d'eau douce / de rivière** freshwater fish

poivre *m* pepper

poivron *m* pepper; — **vert** green pepper

poli(e) polite

policier(ère) police officer; **policier** *m* detective novel

polir to polish

polluant *m* pollutant

polluant(e) polluting

polluer to pollute

pollueur(se) polluter

pommadé(e) wearing a pomade

pomme *f* apple; — **de terre** potato

pompeux(se) pompous

pompier *m* firefighter

pondre to lay eggs

pont *m* bridge

populaire lower class

porc *m* pork

porcelaine *f* china

porc-épic *m* porcupine

portable *m* cell phone

portatif(ve) portable

porte *f* door; **mis(e) à la** — thrown out, fired

porte-monnaie *m* wallet

porte-parole *m* spokesperson

portefeuille *m* wallet

porter to carry

poser to put (down); — **un problème** to be a problem; — **des questions** *f* to ask questions; **posé(e)** serious

poste *m* position, job

postier(ère) postal worker

pot: boire un — *(fam)* to go out for a drink

potage *m* soup

potager *m* kitchen garden

pote *m* *(fam)* pal

poteau *m* post; — **indicateur** sign-post

poubelle *f* garbage can; **sac à** — trash bag

pouce thumb; **manger (un morceau) sur le** — to have a bite

poudre *f* powder, dust

poule *f* hen

poulet *m* chicken

pour to, for; — **que** so that

pourboire *m* tip

pourquoi why; — **(ne) pas** why not

pourrir to get rotten, get spoiled

poursuite *f* pursuit

poursuivre to chase

pourtant nevertheless

poussière *f* dust

pouvoir (*pp* **pu**) can, be able to; *n m* power, capacity; — **d'achat** purchasing power

pratique practical, useful

précaire limited

précipiter to push in

préciser to specify

prédécoupé(e) precut

préjugé *m* prejudice; **avoir des** —**s contre** to be prejudiced against

prélèvement *m* taking, removal

premier(ère) first

prendre (*pp* **pris**) to take, to have; to pick up; — **conscience** to realize, to become aware; — **du poids** to put on weight; — **garde** to be careful; — **la direction de** to take charge of; — **la route** to take the road; — **le large** to take off; — **le pas sur** to supplant; — **pour victime** to victimize; — **quelqu'un en otage** to take someone hostage; — **soin de** to take care of; **s'y** — to go about it

préoccuper to worry; **se** — to be concerned

préparer: se — **(pour/à)** to get ready (to)

près (de) near; **à peu** — almost

prescrire to prescribe; to require

présentateur(trice) host(ess)

présenter to introduce; to present

presqu'île *f* peninsula

presque almost

presse: — *f* **écrite** print media

pressé(e) be in a hurry

pressentir to sense

pression *f* pressure; — **d'autrui** peer pressure

présure *f* rennet

prêt *m* loan

prêt(e) ready

prêtre *m* priest

preuve *f* evidence, proof

prévenir (*pp* **prévenu**) to give notice, inform; **sans** — without notice

prévision *f* prediction

prévoir (*pp* **prévu**) to foresee, anticipate

prière *f* prayer

prime *f* subsidy

princier(ère) royal

principe *m* principle; **en** — in theory

printemps *m* spring

prioritaire having priority

prisé(e) highly valued

prise *f* **de conscience** awareness

prisonnier(ière) captive, prisoner; — **du ghetto** condemned to the slums

privation *f* deprivation, loss; want

privé(e) private

priver: se — to deprive oneself

prix *m* price; — **de vente** sale price

prochain(e) next (after this one); next (in a series)

proche close, near, closely connected; **avenir** — near future

progrès *m* progress

promesse *f* promise; — **de don** pledge

producteur(trice) producer

produit *m* product; —**s bios** organic foods; — **de luxe** luxury item; — **frais** fresh produce; — **laitier** dairy; —**s allégés (basses calories)** light (low calorie); —**s nettoyants** cleaning products

profession *f* occupation; —**s libérales** professionnals

profit *m* benefit; **au** — **de** to the advantage

profiter (de) to take advantage (of)

proie *f* prey

project *m* project

promener: se — to take a walk

promettre (*pp* **promis**) to promise

promouvoir (*pp* **promu**) to upgrade; to promote

propager: se — to spread

propos *m* (*pl*) term(s), word(s), idea(s); **à** — in fact; **à** — **de** about, concerning

propre clean; own

proprement dit(e) per se, proper
propriétaire *m f* owner
prospérer to prosper
protéger to protect
prouesse *f* feat
provenance: en — de coming from
provenir (de) to come (from)
provisoirement temporarily
proximité: à — de near
prudent(e) careful
prune *f* plum
pruneau *m* prune
public *m* audience
puce *f* électronique microchip
puiser to draw up
puisque since
puissance *f* power
puissant(e) powerful
punition *f* punishment

Q

quadrilingue quadrilingual
quai *m* platform
qualité *f* quality; — de vie quality of life;
vie *f* de — quality life
quand when
quant à moi as far as I'm concerned
quartier *m* neighborhood, district; —
chaud rough (troubled) neighborhood;
— défavorisé impoverished neighborhood; — sensible sensitive (unstable)
area
quasiment almost
quatuor *m* quartet
que (qu') what, whom, that; ce que what
quel(le) which, what; — que soit whatever
quelconque any
quelqu'un someone, somebody
quelquefois sometimes
quelque(s) some; manger un petit quelque
chose to eat a little something; quelque
chose something; quelque chose de
léger something light; quelque chose
de rapide something fast; quelque part
somewhere
querelle *f* quarrel
querelleur(se) quarrelsome
queue *f* tail; — de cheval ponytail; faire
la — to stand in line
qui who, that
quiconque anyone who
quitte: en être — to be left
quitter to leave
quoi what
quotidien *m* daily living; daily newspaper
quotidien(ne) daily

R

raccourci *m* short-cut
raccourcir to shorten
racine *f* root

raclette *f* melted cheese served with boiled
potatoes, pickles, and cold cuts
raconter to tell
radin *(fam)* stingy
radiologie *f* x-ray
radis *m* radish
raffiné(e) refined
raffoler to be crazy about
rafraîchir to renew
râgout *m* stew
raid *m* long-distance trip
raide straight (hair)
rail *m* track (from railroad)
raisin *m* grapes
raison *f* reason; à — de at a rate of; avoir
— to be right
rajeunir to make younger
ralentir to slow down
ramasser to gather, pick up
ramener: se — à to come down to
randonnée *f* hiking
rang *m* rank; row
rangée *f* row
ranger to pick up; — la vaisselle to put
dishes away
rapatrier to return back to France
raphia *m* palm frond
rapidement rapidly
rappel *m* review; calling to arms
rappeler to remind, call back
rapport *m* relationship; par — à in relation to
rapprocher: se — de to get closer to
rarement rarely
raser to raze, to tear down; se — to shave
rassasier to satisfy the appetite (of)
rassemblement *m* assembly, gathering
rassembler: se — to gather
rassurer to reassure
rater to fail, go wrong
ravi(e) delighted
ravoir to get back
rayon *m* ray; — de soleil ray of sunlight
rayonnant(e) shining
réagir to react
réalisateur(trice) movie director
réaliser: se — to happen
réalité *f* reality; — virtuelle virtual reality
rébarbatif(ve) disagreeable
rebut *m* scrap
récemment recently
recensement *m* survey
recette *f* recipe
recevoir (*pp* reçu) to receive; to host
réchauffement *m* warming; — de
l'atmosphère global warming
réchauffer to heat up
réchaud *m* hot plate
recherche *f* research; — appliquée applied
research
rechercher to look/search for
récit *m* story, short novel
réclamer to require

récolte *f* harvest
récompense *f* reward
reconnaissance *f* recognition; gratitude
reconnaître to recognize, accept
reconquête *f* recovery
reconvertir: se — to convert (oneself)
récréation *f* (lunch) break
recueil *m* book, collection
recul *m* reduction
reculer to go backward; to put off; to
retreat
recyclage *m* recycling
rédacteur(trice) editor
redoutable formidable, frightening
redresser: se — to sit up
réduire (*pp* réduit) to reduce
refait(e) redone, renovated
réfléchi(e) reflexive
réfléchir to think, reflect
réfugier: se — to take refuge
régaler: se — to treat oneself
regarder to watch, look at
régi(e) governed
régime *m* diet
région *f* region, area
régir to govern
réglementation *f* regulations, rules
régler to take care of
regretter to miss
regroupement *m* grouping
régulièrement regularly
reine *f* queen
rejeter to throw back, reject, drive back
rejoindre (*pp* rejoint) to join
relâché(e) released
relayer: se — to take turns
relève: prendre la — to take over the
shift
relever to pick out, raise
reloger to relocate
remettre (*pp* remis) to hand over to
remonter à to go back to
remord *m* remorse
remplacer to replace
remplir to fill (out)
remporter to win
remuant(e) fidgety
remue-méninges *m* brainstorming
renard *m* fox
rencontrer to meet
rendre (*pp* rendu) to give back, return; to
yield; — visite à to visit; — hommage
to pay homage/tribute; se — to go; se
— compte to realize
renforcer to tighten; — la sécurité to
tighten security
renfort *m* reinforcements, supplies
renommé(e) famous, renowned
renouvelable renewable
rénover to remodel
renseignement *m* information
renseigner: se — to get information
rentabilité *f* profitability

rentable profitable
rentrée *f* beginning of the school year
rentrer to get home; to put back
renvoyer to send (back), dismiss, kick out
répandre (*pp* répandu) to spread wide; se
— to spread
répartition *f* division
repas *m* (*pl*) meal; — **principal** main
meal
repassage *m* ironing
repasser to iron; **fer** *m* **à** — iron
repêchage *m* re-test
repère *m* (point of) reference
repéré(e) located
répéter to repeat; — **une pièce** to rehearse
a play
répétition *f* repetition; rehearsal
repeuplement *m* restocking
réplique *f* response, reply
répondeur *m* **automatique** telephone
answering machine
répondre (*pp* répondu) to answer
repos *m* rest
reposer: se — to relax, to rest
reprendre (*pp* repris): — **le dessus** to take
over; **se** — to grab on to each other
repris taken back; adopted
rescousse *f* aid
réseau *m* circle, network, source; —
d'amis circle of friends
résidence: — *f* **universitaire** (college) dor-
mitories; — **secondaire** second home
respirable breathable; clean
responsabilité *f* responsibility; **nier toute**
— **dans** to deny any responsibility for;
rejeter la — **de l'attentat sur** to blame
the attack on
réseau *m* network; — **terroriste** terrorist
network
ressentir to feel
ressource *f* resource; **être sans** —s to be
destitute
restauration *f* **collective** cafeteria (dining
area) in a workplace
rester to stay, remain
resto *m* (*fam*) restaurant; **Restos du Cœur**
food kitchens
résumé *m* summary
retenir: se — to control oneself
retenu(e) kept
retour *m* return; — **en arrière** return to
the past
retourner to go back; to give back; (**se**) —
to turn around/back
retraite *f* retirement; **prendre sa** — to
retire
retraité(e) retired
retroussé(e) turned up
retrouver: se — to meet (each other); **se**
— (**dans**) to wind up (on)
réunir to combine; — **des fonds** to raise
money; **se** — to meet
réussir to succeed; — **à** (**un examen**) to
pass; — **à passer** to make it through

réussite *f* success
revanche *f* revenge; **en** — on the other
hand
rêve *m* dream
réveiller: se — to wake up
révélateur(trice) revealing
révéler to reveal
revendiquer to demand, lay claim to; —
ses droits to demand one's rights
revenir (*pp* revenu) **à** to result in
revenu *m* income; **faible** — low income
rêver to dream
revers *m* backhand (tennis); — **à deux
mains** two-handed backhand
reverser to give, transfer
rêveur(se) dreamer
réviser to service; to revise
révision *f* review
revue *f* magazine
rez-de-chaussée *m* ground floor
rideau *m* curtain
rien nothing; **pour** — **au monde** for anything in the world
rigoler (*fam*) to laugh, have a good laugh
rigolo(te) (*fam*) funny
rire *m* laughter; **fou** — uncontrollable
laughter
ris de veau *m pl* calf sweetbreads
rite *m* ritual
rivage *m* river bank, shore
rive *f* bank (of a river)
riz *m* rice
rizière *f* rice paddy
RMI *m* (revenu minimum d'insertion)
minimum income given by the French
government to unemployed people
robe *f* dress
robinet *m* faucet
robot cuisine *m* food processor
robotique *f* robotics
rocher *m* rock
rôder to prowl, wander
rognon *m* kidney
rôle *m* role, function; **à tour de** — taking
turns
roman *m* novel
romanche *m* language spoken in Eastern
Switzerland, one of the four Swiss
national languages
romancier(ière) novelist
rotant belching
rôtie *f* toast (*French Canadian*)
roue *f* wheel; — **de la fortune** wheel of
fortune
rouge red
rougir to blush
rouler to drive
route *f* way, road; **de** — by car
routier(ière) related to roads; **routier** *m*
long-distance truck driver
roux(sse) redhead
rue *f* street
ruelle *f* alley
ruine *f* ruin

S

sable *m* sand
sac *m* bag; — **à linge** laundry bag; — **à
main** purse, handbag; — **à poubelle**
trash bag; — **de couchage** sleeping bag
sachet *m* packet
sage well behaved; **-femme** *f* midwife
saignant(e) rare (beefsteak)
saillant(e) salient, outstanding
sain(e) healthy
saison *f* season
saisonnier(ère) seasonal
salade *f* salad; lettuce
sale dirty
salé(e) with salt, savory
saleté *f* dirt, filth; **vivre dans la** — to live
in squalor, filth
salir to dirty
salle *f* room, hall; — **à manger** dining
room; — **d'eau** bathroom; — **de bains**
bathroom; — **de jeu** game room,
recreation room; — **de séjour** living
room; — **de spectacle** cultural events
center; — **de théâtre** theater
saluer to greet
samedi *m* Saturday
sang *m* blood; — **-froid** *m* composure;
prise *f* **de** — blood sample; — **artificiel**
synthetic blood
sanguin(e) of blood
sans without; — **égard** without regard; —
entrave without any hindrance
sans-abri *m pl* homeless
sans-fil *m* wireless
santé *f* health; **état** *m* **de** — state of health
saoûler: se — to get drunk
sapeur-pompier *m* firefighter
satellite *m* **de communication** communication satellite
sauf except
saumon *m* salmon
sauter to jump; **faire** — to brown
sauvage wild; **décharge** *f* — improvised
dump; **nature** *f* — wilderness; **riz** —
wild rice; **stationnement** *m* — random
parking
sauvegarde *f* protection, preservation
sauvegarder to protect
sauver: se — to get away
sauvetage *m* rescue; **opération** *f* **de** — rescue operation
sauveteur(euse) rescuer
savant(e) scientist
saveur *f* taste, flavor
savoir (*pp* su) to know
savoir-faire *m* know how
savoir-vivre *m* etiquette, way of living
savon *m* soap
savonnette *f* cake of soap
savoureux(se) tasty
scellé(e) sealed
scénariste *m f* screenwriter
scolarisé(e) educated

sculpteur(se) sculptor
SDF (sans domicile fixe) with no permanent home
séance f showing (movie); session
sec (sèche) dry
séché(e) dried
sèche-cheveux m hair dryer
sèche-linge m clothes dryer
sécher to dry; — un cours (fam) to cut a class
sécheresse f drought
séchoir m dryer
secours m help
secousse f shaking
sécurité f safety; être soucieux(se) de — to be security conscious; renforcer la — to tighten security
secrétaire m f secretary; — de direction administrative assistant
secteur m market section
sédentaire m f person living in permanent housing
séduire (pp séduit) to seduce, charm, captivate
ségrégation f segregation; — dans le logement housing discrimination
Seigneur m Lord
sein m breast
séjour m stay
sel m salt
semaine f week
sembler to seem
semis m seedbed
sens m direction; meaning; — unique one way
sensibilité f sensitivity
sensible noticeable; sensitive
sentiment m feeling
sentinelle f guard
sentir to smell; se — to feel
série f sitcom (TV)
serpent m snake
serré(e) tightened, crowded, pressed
serrer to tighten; — la main to shake hands
serrure f keyhole
serviette f (de toilette) (bath) towel
services: — m pl adaptés asssisted living; — sociaux social services
servir: se — de to use
seuil m doorway; — de la pauvreté poverty level
seul(e) lonely; alone
seulement only
sida m AIDS
siècle m century
sieste f nap; faire la — to take a nap
sifflement m whistle (sound)
sifflet m whistle (object)
signaler (un crime) to report (a crime)
signe m sign
simplement simply; tout — simply
singe m monkey
sinistre sinister, ominous

sirène f siren
siroter to sip
situation f location; avoir une bonne — to have a good job
situé(e) located; bien — well located
ski m ski; — de piste (alpin) downhill skiing; — de fond cross-country skiing; — nautique waterski
SMIC m (salaire minimum interprofessionnel de croissance) minimum wage
smoking m tuxedo
société f company, business
sœur f sister; demi-— half-sister; stepsister
soie f silk
soigné(e) well-groomed
soigneusement carefully
soi-même oneself
soir m evening
soit... soit either . . . or
sol m ground
solaire solar
sole f sole
soleil m sun; rayon m de — ray of sunlight
solitaire m f loner
sombre dark
sommeil m sleep; avoir — to be tired
somnoler to doze
son m sound; —-et-lumière m sound and light show
sonner to ring
sonorisation f soundproofing
sorcier(ère) wizard, magician, witch
sordide squalid
sort m plight; spell
sortie f opening (of a film); exit
sortir to go out, to come out; to take out; — dîner to go out to eat
sou m penny; sans le — penniless
souci m concern, problem; ne pas prendre le — de to not bother to
soucieux(se) conscious; — de sécurité security conscious
souffler to breathe
souffrir to suffer
soufre m sulfur
souhaiter to wish, desire
soulager to relieve
soulever to lift, raise
souligner to underline; to stress
soupçon m suspicion
soupe: — f populaire soup kitchen, soup line, bread line
souple graceful; pliable
source f spring (water); source
sourd(e) deaf
souriant(e) cheerful
sourire m smile; sourire to smile
souris f mouse
sous under; —-vide vacuum packed; —-culture f subculture
sous-alimentation f malnutrition

sous-alimenté(e) malnourished, undernourished
sous-marin m submarine
sous-sol m basement
souterrain(e) subterranean, underground
soutien m support
souvenir (pp souvenu): se — to remember
souvent often, a lot
spacieux(se) large, roomy
speaker(ine) announcer
spécialisation f (academic) major
spécialité f culinaire food specialty
spectacle m show
spot m publicitaire commercial
stade m stadium
stage m internship
station f station; — balnéaire seaside resort; — d'essence gas station; — de radio radio station; — de ski ski resort
stationnement m parking; — sauvage random parking
studio m efficiency apartment
STT (sciences et technologies tertiaires) f pl science and technology in service industry
subir to undergo, experience; faire — to impose
subtile subtle
subvention f financial support (grants, subsidies)
succulent(e) delicious
succursale f branch office, branch
sucre m sugar
sucré(e) sweet, sugary
sud m South
sueur f sweat; à la — de son front sweat of one's brow
suffir to be enough; ça suffit it's enough
suffisant(e) sufficient
suite à due to, because of
suivant(e) next
suivre (pp suivi) to follow; to take (classes); to stalk
sujet m subject; au — de about, concerning
superflu(e) superfluous
supermarché m supermarket
suppléer to make up for
supplémentaire: faire des heures —s to work overtime
supprimer to suppress, take away
sûr(e) safe, secure; sure
surboum f party
surdité f deafness
surface: grande — f hypermarket
surfer to surf; — sur Internet m to surf the Internet
surgelé(e) frozen; produits —s frozen food
surgir to arise; — de to rise from
surlendemain m two days later
surmené(e) to be exhausted
surpeuplé(e) overcrowded, overpopulated
surpeuplement m overcrowding, overpopulation

surpopulation *f* overpopulation
surtout above all, especially
surveillant(e) guard
surveiller to supervise; watch
survenue *f* occurrence
survie *f* survival
survivre (*pp* **survécu**) to survive
susceptible (**de**) capable (of)
système *m* system

T

tabasser *(fam)* to beat up
table *f* table; — **basse** coffee table; — **de nuit** (**de chevet**) bedside table, nightstand; — **roulante** serving table; **mettre la** — to set the table
tablée *f* gathering at a table (for a big meal)
tableau *m* blackboard; chart; painting
tablette *f* shelf
tablier *m* **routier** roadway
tabouret *m* stool
tache *f* spot; stain; —**s de rousseur** freckles
tâche *f* chore; task; —**s ménagères** household chores
taille *f* height, size
tailler to cut
tailleur *m* tailor
taire (*pp* **tû**): **se** — to remain/to be quiet
tam-tam *m* drum
tandis (**que**) while
tant so much; **en** — **que** as; — **de** so many; — **mieux** so much the better
tante *f* aunt
tape *f* pat
taper à la machine to type (on a typewriter)
tapis *m* rug; carpet
tarif *m* fare
tard late; **plus** — later
tarte *f* pie; — **Tatin** caramelized apple pie
tartine *f* slice of bread with butter and/or jam
tasse *f* cup
tâter to try
tâtonner: en tâtonnant tentatively
taudis *m* slum; **quartier** *m* **de** — slum area
taurine of a bull
taux *m* (*pl*) rate(s); — **de chômage** unemployment rate; — **de criminalité** crime rate
taxer to tax; to strain
tchatter to chat (on the Internet)
technologie *f* technology
teint(e) colored, tinted
teinturerie *f* dry cleaner's
tel(le) like, such as
télécharger to download
télécommande *f* remote control
télécommandé(e) remote-controlled
télécopieur *m* fax machine

téléguidé(e) remote-controlled
téléphone-écran *m* telephone with screen
téléphoner: se — to call each other
téléspectateur(trice) TV viewer
télévisé(e) on TV
téléviseur *m* TV set
tellement so much; — **de** so many; **pas** — not so much
témoin *m* witness
temps *m* time; weather; **à plein** — full time; **à mi-**— half time; **à** — **partiel** part-time; **au fil du** — over time; **de** — **en** — from time to time; **emploi du** — schedule; **en même** — **que** at the same time as
tenace persistent
tendre (*pp* **tendu**) to stretch; **sous-**— to underlie
teneur *f* content; **forte** — high content
tenir (*pp* **tenu**) to take, hold (on); — **à** to insist on; — **compte de** to take into account; — **le coup** to hold out, last; — **pour acquis** to take for granted; **se** — **droit** to sit up (stand) straight
tension *f* pressure; — **artérielle** blood pressure
terrain *m* field; piece of land; — **de sports** sports field; — **vague** abandoned lot
terrasse *f* patio; **dîner à la** — **d'un café** to eat at a sidewalk café
terre *f* land, soil; mud; **tremblement** *m* **de** — earthquake
terre-à-terre down-to-earth
terroir *m* soil, land
tête *f* head; —**-à-**— *m* one-to-one conversation, in private
têtu(e) stubborn
TGV *m* (**train à grande vitesse**) high speed train
thérapie *f* **génique** gene therapy
tiers *m* third
timbre *m* stamp
tintement *m* clanging
tirade *f* speech
tirer to shoot; to draw (something); **s'en** — **à bon compte** to accomplish
tiroir *m* drawer
tisser to weave
tissu *m* fabric, cloth
titre *m* title; — **de transport** type of ticket; **sous-**— *m* subtitles
toile *f* canvas
toilette: faire sa toilette to wash up
toiletteur *m* (**de chiens**) (dog) groomer
toit *m* roof; — **d'ardoises** slate roof; **sous le** — **familial** at home
tôle *f* metal
tomate *f* tomato
tomber to fall; **au** — **du jour/de la nuit** at nightfall; *(v)* to fall; — **de sommeil** to fall asleep; — **sur** to come upon
ton *m* color, hue, tone
tondeuse *f* **à gazon** lawn mower
tondre (*pp* **tondu**) to mow; — **la pelouse** to mow the lawn

torchon *m* kitchen towel
tortue *f* turtle
tôt early; — **ou tard** sooner or later
toucher (**à**) to be connected (to)
toujours always; still; **comme** — as always
toupie *f* top
tour *f* tower; **tour** *m* trick
tournage *m* filming
tournée: en — on rounds (on a tour)
tourner to turn; to make the rounds; — **un film** to shoot a movie
tourneur *m* worker who fashions wood
tournoi *m* tournament; —**s du Grand Chelem** grand slam tournaments (tennis)
Toussaint *f* All Saints Day
tout(e)/tous/toutes all; **tout** *(adv)* all; — **à coup** all of a sudden; — **à fait** absolutely; — **au long** for the duration; — **de même** all the same; — **de suite** right away, immediately; — **d'un coup** suddenly; — **en** all the while; — **simplement** simply
tout-à-l'égout *m* main sewer
traçabilité *f* traceability
traduire (*pp* **traduit**) to translate; to reveal
traînée *f* streak, trail
traîner to hang out, kick around, drag along
traire (*pp* **trait**) to milk (cows)
trait *m* feature
traite *f* trade; — **des esclaves** slave trade
traiter to treat
trajet *m* trip
tranche *f* slice; group; — **d'âge** age group
tranquille quiet
transmission *f* report (medical)
transports: — *m pl* **en commun** public transportation, carpooling; — **publics** public transportation
trapu(e) thickest
traquer to track down
traumatisant(e) traumatic, horrible
travail *m* (*pl* **travaux**) work; — **à la chaîne** assembly-line work; **travaux dirigés** lab work; **travaux pratiques** lab work
travailler (**chez, avec, dans**) to work (at/for, with, in); — **chez soi** to work from home, to telecommute
travailleur(se) (**à la chaîne**) (assembly-line) worker
travers: à — through
treizième thirteenth
tremblement: — **de terre** *m* earthquake
trépidation *f* flurrying about
très very, a lot
trésor *m* treasure
tressé(e) woven, interlaced
tri *m* sorting out, selection
tribalisme *m* grouping of people who share similar interests
tribu *f* tribe; grouping of people who share similar interests

tribunal *m* court
tricher to cheat
tricot *m* knitting; **faire du** — to knit
tricoter to knit
trier to sort out
trilingue trilingual
tringle *f* rail
triompher: faire — to uphold
tripes *f pl* cow or beef intestines
troisième third
trompé(e) tricked
tromper: se — to make a mistake
trottoir *m* sidewalk
trou *m* hole; — **dans la couche d'ozone** tear in the ozone layer
troué(e) with holes
troupe: — *f* **de théâtre** theater group
troupeau *m* herd
trousseau *m* **de clés** key chain
trouver: se — to be, find oneself
truc *m* thing, object
truite *f* trout
tuer to kill
tuyau *m* pipe, tubing; hose

U

ultra-léger motorisé *m* microlight airplane
université *f* college, university
urbanisme *m* **moderne** modern urbanization
user: s'— to wear out
usine *f* factory
utile useful
utiliser to use

V

vacances *f pl* vacation
vache *f* cow
vagabond *m* tramp, vagrant, wanderer
vague *f* wave
vaillance *f* bravery; diligence
vaisselle *f* dishes; **lave-**— *m* dishwasher; **ranger la** — to put the dishes away
valeur *f* value; **mettre en** — to highlight
valoir: lui vaut to gain for him/her
valoriser to enhance; to validate
vandalisé(e) vandalized
vanier *m* basket-maker
vaniteux(se) vain, conceited (person)
vapeur *f* steam
variété: émission *f* **de** —s variety show (TV)
vautour *m* vulture
veau *m* veal; **ris de veau** *m pl* calf sweetbreads
vedette *f* movie star
véhicule *m* vehicle

veille *f* night before; **la** — **au soir** the night before
veillée *f* late evening
veiller to be awake
veine *f (fam)* luck; **avec de la** — with luck
vélo *m* bike; **faire du** — to go biking; — **d'appartement** stationary bike
vendre *(pp* **vendu)** to sell
vendredi *m* Friday
venir *(pp* **venu)** to come; — **de** to have just; to come from
vent *m* wind
vente *f* sale; **prix** *m* **de** — sale price
ventre *m* stomach; **avoir le** — **vide** to have an empty stomach
verdoyer to be green
verdure *f* greenery
verger *m* orchard
véritable genuine, real
vérité *f* truth
verre *m* glass
vers toward(s); around, about
verser to pay; to pour
vert(e) green
vertigineux(se) breathtaking
veste *f* jacket
vêtement(s) *m (pl)* clothing
vêtu(e) dressed
veuf (veuve) widower (widow)
viande *f* meat
victime *f* victim; **prendre pour** — to victimize
vide empty; **sous-**— vacuum packed
vider to empty
vie *f* life; **conduite** *f* **de** — lifestyle; **mode** *m* **de** — lifestyle; **niveau** *m* **de** — standard of living; — **de famille** family life; — **de qualité** quality life; — **dure** hard life; — **nocturne** night life
vieillard(e) old person
vieillir to get old, age
vieux/vieil (vieille) old
vif(ve) alive; lively; **au vif** on edge
vigne *f* vineyard
village *m* village, small town
ville *f* city, town; **en** — downtown
vin *m* wine
vinaigre *m* vinegar
vingtaine *f* twenty or so
violer to rape
violeur *m* rapist
vis *f* screw
visage *m* face
viser to aim at/for
vite quickly, fast
vitesse *f* speed; **à toute** — at high speeds; — **maximale** speed limit
viticulteur(trice) wine producer
viticulture *f* winegrowing

vitré(e) with a window (glass); **baie** *f* **vitrée** bay window
vivant(e) lively; alive
vivre *(pp* **vécu)** to live; — **d'expédients** to live from hand to mouth; **facile à** — easy to live with
vivres *m* food
vœu *m* wish
voici here is/are
voie *f* track; — **de secours** emergency (breakdown) lane; — **ferrée** railroad; — **piétonnière** pedestrian walkway
voilà here (is/are); there (is/are)
voile *m* veil
voile *f* sailing; **faire de la** — to go sailing; **faire de la planche à** — to go windsurfing
voilier *m* boat
voir *(pp* **vu)** to see; **se** — to see each other
voisin(e) neighbor
voisinage *m* neighborhood
voiture *f* car; **mini-**— very small car
voix *f (pl)* voice(s)
vol *m* theft
vol-au-vent *m* filled puff pastry shell
volaille *f* poultry
volée de bois *f* vert thrashing with unseasoned wood
voler to steal; to fly
voleur(se) thief
vouloir *(pp* **voulu)** to want; — **dire** to mean; **en** — **à** to bear a grudge against; **s'en** — to be angry with oneself
volonté *f* will, willingness
voyage *m* travel, journey; **gens du** — *m f pl* people who travel in campers
voyager to travel
voyelle *f* vowel
voyou *m* hoodlum
vrai(e) true; **c'est vrai** it's true
vraiment really
vu given
vue *f* sight
vulgaire common, popular; vulgar, rude

X

xénophobe xenophobic
xénophobie *f* xenophobia, a deep dislike of foreigners

Y

y there; — **compris** including
yaourt *m* yogurt

Z

zone *f* slums; — **de violence** violent neighborhood

Index

France

MER DU NORD

Pays-Bas

Angleterre

Allemagne

Dunkerque

Calais

NORD-PAS-
DE-CALAIS

Lille

Belgique

Valenciennes

Luxembourg

LA MANCHE

Amiens

Cherbourg

HAUTE-
NORMANDIE

PICARDIE

Reims

Meuse

Metz

LORRAINE

ALSACE

Le Havre

Rouen

Seine

Nancy

Strasbourg

Vosges

Rhin

Caen

Saint-Malo

BASSE-
NORMANDIE

Paris

Versailles

ÎLE-DE-
FRANCE

CHAMPAGNE-
ARDENNE

Troyes

Moselle

Mulhouse

Brest

Fougères

BRETAGNE

Rennes

Seine

Saône

Besançon

FRANCHE-
COMTÉ

Le Mans

Orléans

PAYS DE LA LOIRE

Blois

Chambord

BOURGOGNE

Dijon

Angers

St-Nazaire

Loire

Tours

Chenonceaux

JURA

Suisse

Nantes

Chinon

Azay-le-
Rideau

Bourges

Chalon-sur-
Saône

Nevers

CENTRE

Poitiers

Loire

La Rochelle

LIMOUSIN

Vichy

Clermont-
Ferrand

Annecy

Rhône

OCÉAN

ATLANTIQUE

POITOU-
CHARENTES

Limoges

Lyon

RHÔNE-ALPES

Italie

Saint-Étienne

Périgueux

AUVERGNE

Grenoble

ALPES

Bordeaux

MASSIF CENTRAL

Rhône

PROVENCE-
ALPES-
CÔTE-
D'AZUR

Rodez

Garonne

AQUITAINE

MIDI-PYRÉNÉES

Avignon

Nîmes

Tarascon

Monte-
Carlo

Monaco

Biarritz

Bayonne

Toulouse

Montpellier

Béziers

Aix-en-
Provence

Grasse

Nice

Pau

PYRÉNÉES

Carcassonne

Narbonne

Marseille

Toulon

Cannes

LANGUEDOC-
ROUSSILLON

Espagne

Andorre

Perpignan

MER MÉDITERRANÉE

0   75 km

CORSE

©1993 Magellan Geographix℠ Santa Barbara CA

Ajaccio

Afrique

Afrique francophone

0   500   1000   1500 km

©1993 Magellan Geographix℠Santa Barbara CA

Tunisie

Maroc

Algérie

Libye

Égypte

Mauritanie

Sénégal

Mali

Niger

Dakar

Gambie

Guinée-Bissau

Guinée

Burkina-Faso

Tchad

Soudan

République de Djibouti

Sierra Leone

Côte d'Ivoire

Ghāna

Togo

Bénin

Nigeria

Lagos

Somalie

Éthiopie

Liberia

Lomé

Abidjan

Cotonou

Cameroun

République centrafricaine

Bangui

Ouganda

Kenya

Guinée équitoriale

São Tomé & Principe

Libreville

Gabon

République démocratique du Congo

Ruanda

Burundi

Congo

Kinshasa

Tanzanie

Pointe-Noire

Luanda

Seychelles

Comores

Mayotte

Angola

Zambie

Malawi

Mozambique

Maurice

Réunion

Namibie

Zimbabwe

Madagascar

Botswana

Swaziland

Afrique du Sud

Lesotho

Le monde francophone

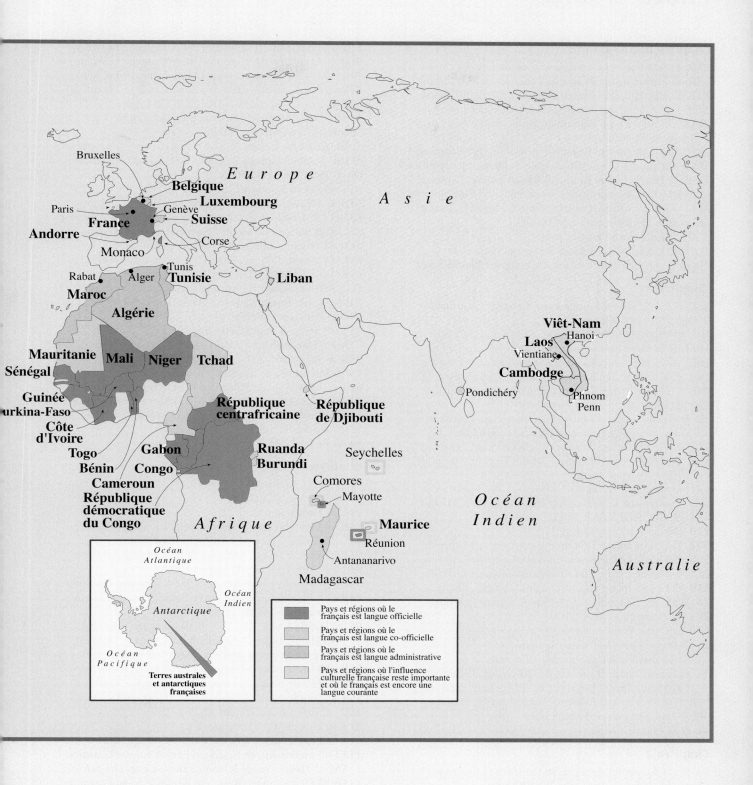

Europe

Asie

Bruxelles

Belgique

Luxembourg

Paris
Genève **Suisse**
France

Andorre

Monaco

Corse

Rabat
Alger **Tunisie**
Tunis

Liban

Maroc

Algérie

Viêt-Nam
Hanoi

Laos
Vientiane

Mauritanie **Mali** **Niger** **Tchad**

Cambodge

Sénégal

Pondichéry

Phnom
Penn

Guinée
Burkina-Faso

République
centrafricaine

République
de Djibouti

Côte
d'Ivoire

Seychelles

Océan
Indien

Togo

Gabon

Ruanda
Burundi

Bénin **Congo**

Comores

Cameroun

Mayotte

République
démocratique
du Congo

Maurice

Afrique

Réunion

Antananarivo

Madagascar

Australie

Océan
Atlantique

Océan
Indien

Antarctique

Pays et régions où le
français est langue officielle

Pays et régions où le
français est langue co-officielle

Océan
Pacifique

Pays et régions où le
français est langue administrative

Terres australes
et antarctiques
françaises

Pays et régions où l'influence
culturelle française reste importante
et où le français est encore une
langue courante

Photo Credits

124B © Heinle Image Resource Bank/Cengage Learning
125T © Heinle Image Resource Bank/Cengage Learning
125B © Heinle Image Resource Bank/Cengage Learning
126T © Heinle Image Resource Bank/Cengage Learning
126B © Heinle Image Resource Bank/Cengage Learning
128 © Heinle Image Resource Bank/Cengage Learning
129 © Photononstop/ Photolibrary
130T © JUPITERIMAGES/ BananaStock / Alamy
130B © Picture Contact / Alamy
131 © Heinle Image Resource Bank/Cengage Learning

Chapitre 4

140 © Blend Images / Alamy
143T © Photodisc / Getty
143BL © Heinle Image Resource Bank/Cengage Learning
143BR © Heinle Image Resource Bank/Cengage Learning
144R © Heinle Image Resource Bank/Cengage Learning
144L © Heinle Image Resource Bank/Cengage Learning
145 © Heinle Image Resource Bank/Cengage Learning
146L © Heinle Image Resource Bank/Cengage Learning
146R © Heinle Image Resource Bank/Cengage Learning
147 © Peter Horree / Alamy
148T © Heinle Image Resource Bank/Cengage Learning
148B © Heinle Image Resource Bank/Cengage Learning
149T © Heinle Image Resource Bank/Cengage Learning
149B © Heinle Image Resource Bank/Cengage Learning
152T © Heinle Image Resource Bank/Cengage Learning
152B © Heinle Image Resource Bank/Cengage Learning
153T © Heinle Image Resource Bank/Cengage Learning
154 © Barbara Walton/epa/Corbis
160 © Heinle Image Resource Bank/Cengage Learning
161T © Heinle Image Resource Bank/Cengage Learning
161B © Heinle Image Resource Bank/Cengage Learning
162 © ThinkStock/Index Stock Imagery
174 © Heinle Image Resource Bank/Cengage Learning
175 © Heinle Image Resource Bank/Cengage Learning
178TL © Heinle Image Resource Bank/Cengage Learning
178BL © Heinle Image Resource Bank/Cengage Learning
178TR © Heinle Image Resource Bank/Cengage Learning
178BR © Heinle Image Resource Bank/Cengage Learning
179L © Heinle Image Resource Bank/Cengage Learning
179R © Heinle Image Resource Bank/Cengage Learning

Chapitre 5

190 © Heinle Image Resource Bank/Cengage Learning
191 © ANDANSON JAMES/CORBIS SYGMA
192 © Mary Evans Picture Library / Alamy
193 © Robert Harding Picture Library Ltd / Alamy
193B © Heinle Image Resource Bank/Cengage Learning
196 © Heinle Image Resource Bank/Cengage Learning
197T © Heinle Image Resource Bank/Cengage Learning

197M © Heinle Image Resource Bank/Cengage Learning
197B © Heinle Image Resource Bank/Cengage Learning
201 © Jack Barker / Alamy
209 © Heinle Image Resource Bank/Cengage Learning
210T © Heinle Image Resource Bank/Cengage Learning
210M © Heinle Image Resource Bank/Cengage Learning
210B © Heinle Image Resource Bank/Cengage Learning
212 © Henri Bureau/Sygma/Corbis
213 © RODRIGO ARANGUA/AFP/Getty Images
215 © 2.4.7. FILMS / THE KOBAL COLLECTION
222T © Heinle Image Resource Bank/Cengage Learning
222B © Heinle Image Resource Bank/Cengage Learning
223 © Heinle Image Resource Bank/Cengage Learning

Chapitre 6

234 © Heinle Image Resource Bank/Cengage Learning
235 www.leblogdeco.fr/architecture
236T © Heinle Image Resource Bank/Cengage Learning
236B © Heinle Image Resource Bank/Cengage Learning
237TL © Heinle Image Resource Bank/Cengage Learning
237TR © Heinle Image Resource Bank/Cengage Learning
237M © Heinle Image Resource Bank/Cengage Learning
237BL © Heinle Image Resource Bank/Cengage Learning
237BR © Heinle Image Resource Bank/Cengage Learning
238 © David Porter/Index Stock Imagery
239 © Amana Images/ Getty Images
240 © Heinle Image Resource Bank/Cengage Learning
241T © Heinle Image Resource Bank/Cengage Learning
241B © Heinle Image Resource Bank/Cengage Learning
242 © Heinle Image Resource Bank/Cengage Learning
244 © Denise Kappa/ Shutterstock
245T © Heinle Image Resource Bank/Cengage Learning
245BL © Heinle Image Resource Bank/Cengage Learning
245BR © Heinle Image Resource Bank/Cengage Learning
246T © Heinle Image Resource Bank/Cengage Learning
246B © Heinle Image Resource Bank/Cengage Learning
247B © Hemis /Alamy
247T © Heinle Image Resource Bank/Cengage Learning
248 © DAVID NOBLE PHOTOGRAPHY / Alamy
253 © Heinle Image Resource Bank/Cengage Learning
254T © Heinle Image Resource Bank/Cengage Learning
254B © Heinle Image Resource Bank/Cengage Learning
257T © Zefa Visual Media/Index Stock Imagery/ Photolibrary
257B © Inga Spence/Index Stock Imagery
258T © David Frazier
258B © Heinle Image Resource Bank/Cengage Learning
266 © Heinle Image Resource Bank/Cengage Learning
267T © Heinle Image Resource Bank/Cengage Learning
267B © Heinle Image Resource Bank/Cengage Learning
268 © Heinle Image Resource Bank/Cengage Learning
271 Digital Railroad Image

Text and Realia Credits

17 Le Restaurant Régis et Jacques Marcon, www.regismarcon.fr

45–47 Extrait de Nord-Sud Échos d'enfance, de Marie-Angèle Kingué, Éditions Hurtubise HMH, Montréal, 1993

83–84 Copyright Libération, Hakim Djeroudi et Saran Koly, le 6 novembre 2006

88–89 Christiane Rochefort, Les petits enfants du siècle © Éditions Bernard Grasset

137–138 Source: Joseph Zobel, La rue Cases-nègres, Éditions Présence Africaine

152–153 © France-Amérique

154 From http://frenchballs.loco-web.com

165–167 © Nicolas Cornet / Planète Jeunes

179 Planète Jeunes, no 53, octobre-novembre 2001

181 G. Mermet, Francoscopie 2007 © Larousse 2006

184–186 Excerpt from LE PETIT PRINCE by Antoine de Saint-Exupéry, copyright 1943 by Houghton Mifflin Harcourt Publishing Company and renewed 1971 by Consuelo de Saint-Exupéry, reproduced by permission of the publisher. For the recording rights: Antoine de Saint-Exupéry, Le Petit Prince © Éditions Gallimard, www.gallimard.fr

194 Source: Le Petit Poucet by Charles Perrault; source: http://biosoc.univ-paris1.fr

195 Source: www.liberation.fr; source: Pariscope, Paris, France; source: www.contesafricains.com

198 Source: Contes de la Côte d'Ivoire

199 Source: Contes congolais

202–203 Source: Contes antillais

232 Source: Contes d'Afrique Centrale

238 Planète Jeunes, no 39, juin-juillet 1999

257 Source: PNUE, 1998

258 Planète Jeunes, no 39, juin-juillet 1999

259 Source: Paris le journal, no 125, 15 mai 2002

260 Tahar Ben Jelloun, Le Racisme expliqué à ma fille, © Éditions du Seuil, 1998, 2004

271–272 Source: Joël de Rosnay, 2020 les Scénarios du futur: Comprendre le monde qui vient, Paris, Des idées et des hommes, 2007

273 http://www.gizmodo.fr

277–279 Claude Jasmin, Le Cosmonaute romantique